本书由上海适达公益基金会赞助出版

特奥口述史
Special Olympics Oral History

| 总主编 廖 梅

这一次 请听我说

特奥体育教练卷

本卷主编 巴胜超 杜 凌

上海人民出版社

谨以此书向致力于
促进智力障碍人士的尊严和社会包容、创造更美好世界的
个人和机构致敬

To people and organizations dedicated to promoting dignity and social inclusion of persons with intellectual disabilities and a better world for all

总　序　一

国际特奥会主席　蒂姆·施莱佛博士

50年前，一项运动诞生了。

1968年7月20日，第一届国际特殊奥林匹克运动会在美国伊利诺伊州芝加哥市战士体育场举行，来自美国和加拿大的1 000位运动员参加了比赛。如今，在世界各地，每天都有108 000余项运动和比赛正在上演，吸引了超过500万运动员。

特奥的历史广阔而深邃，由数百万个人的故事构筑而成，讲述了我们在172个国家的成长历程。这是变革的故事：家庭如何从自卑到自豪，运动员如何从面对不公到通过快乐找到公正。这是被告知“你不行”到向世界展示“我可以”的故事。

我们集体的故事编织在一起，创造出一幅美丽的包容之锦。

特奥中国是我们第一个到达100万名运动员的成员组织，并继续成为我们在全球的最大家庭成员。这个国度各地人民的故事，印证了为智障人士打开机会之门，是一件多么惊人的工作。愿这些规则改变者激励新一代——融合一代——在这一基础上再接再厉。

总 序 二

国际特奥会东亚区前总裁　顾抒航

我首次接触特殊奥林匹克运动是在1999年，当时国际特奥会、民政部和上海市民政局一起筹划做一个大型宣传活动，呼吁领导人和社会各界支持特奥运动和智障人士，将中国的特奥运动员人数从5万名发展到50万名。我非常荣幸受到时任上海市民政局局长施德容先生的邀请，作为志愿者帮助策划上海站的筹款活动。转眼之间我与特奥结下渊源已经19年了。从一名志愿者，到参与2007年上海世界夏季特殊奥运会，在组委会里负责开幕式、筹款、火炬跑，再到2011年正式加入国际特奥会组织，担任东亚区总裁，我从各个角度体会到了这项工作的意义与艰辛，同时也从各个维度看到了智障人士在学习、生活和工作中所面临的挑战。

无论是作为社会参与者还是专职工作者，我必须说，中国各级政府和社会中坚力量对特奥运动非常支持，也十分理解智障人士亟需解决的问题是融入社会。

基于这一认知，在过去20年里，中国的特奥运动员从5万发展到了近120万。其中相当一部分参与基层特奥运动，少部分参加全国运动会乃至世界运动会。

在我担任国际特奥会东亚区总裁时，承蒙教育界专家和中国残疾人联合会的支持，特奥的课程进入了全国近2 000所特教学校，让社会通过体育运动看到智障人士的能力，并愿意接纳他们。

鉴于亚洲教育的特殊现象，融合教育难以真正在主流学校发展，我们在整个东亚区推出了融合学校的项目，让普通学校和精英学校的同学们与特教学校的特奥运动员一起开展体育运动，增进友谊，同时也让未来的社会引领者更早了解到特殊人群的需求。

虽然因2007年世界夏季特奥运动会在中国举办，特奥的知晓度得到了前所未有的提高，但是我们与特奥家庭成员或者特教学校老师交流，依然发现他们充满各种无奈，生活中满是困惑。当历史学者廖梅博士提出要做一套特奥口述史来纪念特奥 50 周年时，我特别赞同。智障人士因自身特点，无法表达自己的心声；监护人、家长、老师或者朋友、同事也没有更多渠道去分享大家的感受和经历。关于特奥运动的记录，在本书之前大多来自官方记录和新闻报道。因为口述史和特奥口述史项目，首次有了智障人自己记录下来的历史。50 年前尤尼斯·肯尼迪·施莱佛夫人成立特奥会，便是希望通过这项运动向世界证明，所有像妹妹罗斯玛丽·肯尼迪这样的智障人士都应该得到社会的基本尊重和接纳。50 年后的今天，这套特奥口述史除了记载中国特奥发展中的点滴故事，更向社会发表了一项重要的声明——智障人士同样应该成为历史的一部分。

在本书的筹备过程中，我有幸参加了一些访谈活动，再次遇到了让我灵魂为之震撼的特奥运动员家长，也被一直致力于为智障人士提供平等机遇的普通人感动着。我相信这套口述史不仅仅是对过去的回顾和总结，更是翻开了特奥发展史的新篇章。

祝愿特奥事业蒸蒸日上，也感谢每一位为之付出辛勤劳动的参与者。

总 序 三

廖 梅

一

1941年，23岁的年轻姑娘罗斯玛丽突然从家中消失了。

兄弟姐妹们不知道她的去向。此后二十多年里，她似乎是一个不存在的人。

罗斯玛丽是约瑟夫·肯尼迪和罗斯·肯尼迪的第三个孩子，第35任美国总统约翰·肯尼迪的妹妹，出生时因为缺氧而导致智力障碍。此时，她被送往威斯康星州的一家天主教修道院，由专人照顾。她的父亲再也没有去看望过她。

1960年代，罗斯玛丽的妹妹尤尼斯·施莱佛夫人在自家后院发起“施莱佛训练营”，带领智障孩子们进行各种体育活动。她立志帮助罗斯玛丽回归肯尼迪家庭，帮助无数像罗斯玛丽一样的人们回归美国社会，结束另一种意义上的“种族隔离”。

这是国际特奥会主席蒂姆·施莱佛在《让生命闪耀》（*Fully Alive*）中讲述的家族故事。蒂姆出生时，罗斯玛丽已成为施莱佛家的常客，一起打牌、游泳、散步，“家人们终于见到她了，美国人民也见到她了”。

邀请那些似乎在公共场所不存在的人，那些总是躲在帘幕后面的人，走到前台，和公众分享自己的人生故事与生命体验，让社会听见智障人士的声音，这就是“特奥口述史”的初衷。

二

现代口述史学发轫于1948年的美国。目前，全球范围内的人物口述史在两个领域非常发达，一是精英阶层，一是弱势群体。

口述史的最大特征是主观性，即口述史描述的世界是透过讲述者的眼睛看到的世界。

精英人物往往参与重大历史事件，其口述回忆除了展现个人生平和思想外，还为重大事件和相关知名人物的活动提供细节补充。在研究精英人物个人思想时，其口述史是重要的一手资料。在研究历史事件时，由于记忆误差等主客观原因，精英人物所讲述的史实，必须与现有文字材料或他人口述互证，才值得采信。因此，作为补充性的二手史料，口述史具有天然缺陷。

以往，普通人物很少为官方文档所记载。19 世纪以前的历史，可以说是英雄的历史。二战以后，英美学者受到社会史思潮和平权运动影响，开始研究农民、工人、妇女、少数族裔等普通人物和弱势群体，兴起了普通人物和弱势群体的口述史。这些口述史的主要目的，不是为重大事件补充现有文献记录，即不是作为二手史料存在，而是作为理解弱势群体本身的一手材料而诞生，通过口头讲述，让文档未曾记录的社群进入人类记忆，多角度、多层次构建全民历史。因而，口述史又被称为“人民的史学”，被视为是一场追求社会平等的运动。口述史所具有的主观性，恰恰契合了弱势群体研究的需求——真实反映弱势群体的生命体验及其对外部世界的主体认知。一言以蔽之，将口述史用于弱势群体，能够最大限度发挥口述史的特点。

在国内，近年来，知青、抗战老兵、农民、手艺人、少数民族妇女等普通人物和弱势群体的口述史陆续出版，学界、文化界、新闻界、机构厂矿纷纷开展口述访谈。作为蓬勃发展的新兴学科，或者说工具，口述史正在轰轰烈烈开疆拓土。目前，国内尚无残疾群体口述史问世，国外亦无智障人士口述史问世。“特奥口述史”的出版，填补了这一空白，开山辟路，抛砖引玉，希望引起全社会对残疾群体的关注。特奥口述史，不仅记录了特奥运动的璀璨瞬间，也记录了智障人士漫长的人生跋涉和独特感受，呈现智障人士家庭的生活全景。同时，通过智障人士家庭的反馈，帮助人们更好地审视特奥运动以及公共政策对于社会发展的影响与作用。

三

智障人士的亲朋好友，特奥运动的参与者，从边城到北京的残疾事业从业者，或多或少都比较了解智障人士的生活状态和面临的挑战。各大学各机构从事相关研究的专家学者，对于智障群体的困境和未来，也有着十分深刻的解读与展望。

然而，大多数普通民众，没有机会了解智障群体。这一隔膜可能造成恶性循环：父母害怕智障孩子受到伤害，将孩子关在家中。普通民众少见智障人士，在公共场合偶遇一位，便投以猎奇、害怕或厌恶的眼光。不友好的目光刺伤父母，更不愿带领智障孩子出门。

事实上，很多民众只要大致了解智障人士家庭的状况，都会伸出鼓励之手。家长为了锻炼孩子的协调性，为孩子报名游泳班遭到婉拒，站在一旁的游泳教练主动提出无偿教授孩子学习游泳。不知名的公交司机和售票员，看到母亲常年抱着孩子求医问药，或是细心为母子留座，或是特意不收车费……这样的故事大约每个智障人士家庭都能讲出一二。

无知导致恐惧和歧视，沟通带来理解与融合。

当智障人士的家庭以朴实无华的方式，向社会讲述自己的挣扎与奋斗、悲伤与欢笑，必将让更多民众对智障人士的生活感同身受，推动社会和智障人群的交流与互助。

智障人士家庭能够为社会带来什么？带来坚韧、担当和爱。体育项目有世界纪录，若人类的感情世界亦有世界纪录，这个纪录的保持者就应是智障人士的家人，残疾人士的家人。许多家庭所经历的长期的痛苦和折磨可以说触及人类的极限。他们的故事让普通人领悟，人类有着强大的精神世界，有着无限延伸的忍耐力，有着钢铁一样坚强的意志，有着不求回报、源源不断的爱。他们如同榜样，鼓励人们“勇敢尝试，争取胜利”。他们的情感经历是人类重要的精神财富。

智障人士家庭促使人们发掘自身美德，完善自我建设。孟子认为，人天生携带四种善良美好的种子：恻隐之心、羞恶之心、恭敬之心和是非之心。后世儒家追求的修身和教化，便是将内心深处这四棵小苗培育成参天大树。智障人士、弱势群体，以及所有需要包容、帮助、奉献乃至牺牲的人与事，为人们提供了成长的契机，在不断的拷问、内省和磨砺中，人们发掘并涵养同情心等美德，成为具有人道主义精神的现代公民。

智障人士家庭帮助人们培养平等、宽容的理念。一位中学教师从自己智障孩子身上懂得，并非每个学生智商皆高，她从不歧视能力差的学生，最终把一个乱班带成了地区先进集体。智障人士有智力障碍，普通人也不是十全十美，有人学不好数学，有人害怕交际，有人动作慢……每个人都有某些“障碍”，难以弥补。换一个角度考虑，这些障碍，也许并非弱点，而是另一种存在形式。面对障碍，是隐藏还是接受？是歧视还是宽容？物理学告诉我们，能量是守恒的，不会消失，只会从一个物体转移到另一个物体，或者从一种形式转化为另一种形式。我们对待智障人士的方式，很可能形成某种社会风气，最终成为别人对待我们自身障碍的方式。设身处地，推己及人，由人及己，智障人士家庭让我们学会平等和包容。

智障人士家庭、残疾群体促使社会更加关注个人福祉，引领人类的福祉事业不断前行。与普通人相比，残疾人士在生理和心理上需要更多关怀，残疾人事业的唯一服务对象就是人，积累了大量对人本身的探讨。随着科技进步，简单劳动逐渐被人工智能取代，很多传统岗位销声匿迹。一方面，机器解放了人力，让人类有时间发展自我；另一方面，机器也夺走了人类的工作，迫使人类开发新工作。这些新工作的目的，极大可能在于满足日益多元的个体发展的需求。因而，在未来，福祉事业会成为人类的主流事业，而始终埋首于个人福祉的残疾人事业将成为当之无愧的开拓者和领路人。

在受惠于智障人士家庭的同时，社会又能为智障人士家庭带来什么呢？毫无疑问，带来鼓励、支持与发展。普通民众了解智障人士家庭的人生故事和独特需求后，将学会如何与智障人士交流，如何有的放矢帮助他们。所谓有的放矢指的是，过度的关爱和包办会阻碍智障人士的自我成长，最好的帮助是既能提升智障人士的生存质量又能促进个人能力的发展。比如，智障人士经过训练，可以提高认知和动手能力，志愿者和公益组织可围绕这一目的开展活动；智障人士需要鼓励，需要与社会交往，机构学校举办年会和庆祝活动时，可邀请同社区的智障人士前去表演；智障人士能够从事简单劳动，希望越来越多的企业分割出这部分工作，雇用更多的智障员工，等等。

我们生活在同一个地球，相濡以沫，共建家园。促进人们相互理解，成为彼此成长的养分和前进的动力，这是“特奥口述史”的第二个目的。

四

“特奥口述史”于 2016 年 6 月启动。计划在 3 至 4 年时间内，出版 9 卷口述史作品，包括就业卷、特奥运动卷、特奥运动会运动员卷、特奥运动员领袖卷、特奥家庭领袖卷、特奥体育教练卷、特教校长卷、特奥志愿者卷和安养卷。其中特奥运动、特奥运动会运动员、特奥运动员领袖、特奥家庭领袖等 4 卷，主人公都是积极参与特奥活动的家庭。就业卷和安养卷虽然与特奥联系较弱，有些受访者可能从未涉足特奥活动，但是他们代表着智障人士群体的两个极端：前者基本融入普通人的社会生活，属于智障群体中发展最好的人士；后者独自在家，与社会隔绝，是融合程度最低的群体。因而，我们也将这两个群体纳入口述史，希望尽可能广幅地展现智障人士的整体面貌。体育教练和特教校长卷，收录的是参加特奥运动的普通专业人士。教练和校长长期与智障孩子们一起学习、活动，熟谙智障学生和特奥运动员的成长经历，他们将帮助读者从相对宏观的基层教育者、管理者角度，来审视特奥运动在中国的发展壮大和国家各项政策的变迁进步。志愿者卷收录的志愿者，既不是智障人士的家属，也不是残疾事业从业者，他们各有本职工作，满怀理想与爱心，利用业余时间参与特奥活动，反映了现实社会的文明进程。

每一个案的口述史由访谈和观察两部分组成，并附有照片。智障人士家庭口述史的访谈，包括对智障人士家长、本人及其老师、同事的访谈，观察为对智障人士一天活动的客观记录。残疾事业从业者的访谈，包括对从业者及其家人、同事、学生的访谈，观察为对从业者某一时间段内活动的客观记录。

口述史文本采用问答体，不采用第一人称叙述，以便最大可能还原访谈现场。

小括号（ ）内的文字记录受访者的表情和举止动作。中括号〔 〕内的文字为记录者添加的内容。

根据受访者和家长意愿，人物或使用真名，或以姓名的拼音代替。

所有主访谈都经过受访者审阅。有些内容在访谈者看来，真实反映了智障群体的现状处境，但由于受访家长不愿公开，我们尊重家长意愿，做了删节处理。

感谢所有参与特奥口述史项目的家庭和访谈员，感谢提供支持的学校、企业和机构，众人拾柴火焰高，是大家的共同努力，促成了口述史的顺利问世。

感谢特奥口述史团队的成员：国际特奥会东亚区前总裁顾抒航女士、曹忆菊女士、刘卫萍女士、沈澄女士，她们为口述史的动员、组织付出了辛勤劳动。特别是曹忆菊女士，全程协调各方关系，随时提供中英文咨询，效率惊人。

感谢哈佛大学法学院残疾人项目中国项目主任崔凤鸣博士给予中英文方面的专业指教。

感谢上海人民出版社总编辑王为松先生，当我们提出出版智障人士口述史的愿望时，他没有询问任何细节，立刻表示接受。他的果决、信任和支持，鼓励我们将特奥口述史做成一套高质量的作品。

我们热切期盼更多机构团体加入弱势群体的口述史事业。当拥有足够多的口述样本时，可以建立中国智障群体生活数据库。如果将口述史推广到其他残障群体，发起视障、肢障、听障、言语障碍和精神障碍家庭口述史，就可以设立分类口述史数据库，最终形成中国残障人士生活数据库，这对政府建设的残疾人数字数据库将是一个很好的感性补充，也必定会加快社会和残障群体的融合。如果其他国家和地区亦建立残疾人生活数据库，未来，人们就可以在全球合作的平台上，切磋琢磨，取长补短，加强人与人之间的相互了解，推动人类的全面发展。这个前景激动人心。

目 录

本卷主编的话

巴胜超　杜　凌

一

本卷收录了十五位特奥体育教练访谈，以姓氏拼音首字母为序。他们大多接触特奥运动多年，有训练特奥运动员的实际经验，比较熟悉中国特奥运动在基层的发展情况。

国际特奥会东亚区直接联系了十一位教练，并通过特殊教育学校校长、老师联络了其他四位教练。其中一位教练因休产假不便访谈，推荐了来自上海静安区南阳学校的另一位教练接受访谈。本卷访谈的教练们任教于中国各地的13所特殊教育学校，长期与智力障碍孩子一起学习、活动。他们开发有运动潜能的特殊孩子成长为特奥运动员，指导、陪伴学生们训练各种体育项目，例如：篮球、足球、乒乓球、羽毛球、棒垒球、软式垒球、旱地冰球、地板曲棍球、滚球、铅球、轮滑、速度滑冰、花样滑冰、游泳、跳高、跳远、跑步、体操、阳光韵律操等，带领学生们到世界各地参加比赛。教练们像纽带一样，一头系着一个个特殊的家庭，一头系着特奥运动会。教练的付出和孩子们的努力给许多家庭带来希望与感动，帮助家庭更好地融入社会，提升生活质量。

本卷访谈以教练的生命史为线索，分为五个部分：个人情况、学习成长、家庭生活、工作和特殊教育。在访谈实际操作中，访谈员遵循访谈提纲所列的125个问题，对受访的教练进行访谈。我们要求访谈员在受访人讲述过往年代的回忆和感触时，无论是学习、工作、生活的部分都要注重倾听，不要随意打断受访人，并根据受访人的讲述内容，适时补充相关问题。

本卷所呈现的口述史文本，虽基于同一份访谈提纲，但每个特奥教练的口述访谈内容各具特色。在口述史的采录过程中，因为访谈者性别、年龄、职业、个性、地域等主客观因素的差异，受访教练在人生阅历、职业经历、语言表达方面也各具特色，最终的口述史文本，呈现出丰富多样的生命状态。

二

从访谈文本可以看出，每个教练进入特殊教育事业的机缘不尽相同，但家庭教育、社会需求和个人选择，是基本的促动因素。热爱、擅长某项体育运动，并尽其所能积极训练队员，是大多数教练进入特奥运动，成为特奥教练的基本前提。

教练们在职业生涯的最初阶段，即使在学习期间已经接触过特殊教育的教师，真正面对特殊孩子时，都会面临手慌脚乱、不知所措的局面，都有一个不断适应和调整的过程。多数教练在刚开始工作时，都有教学、训练的师父，老教师带新徒弟，是特奥教育中不可缺少的职业交接特征。

特殊学校的教练，在日常学习、训练和特奥比赛中，不仅是教练、老师，更是特殊孩子的家人、朋友。教练们除了要完成教学训练，还要帮助孩子们处理日常生活中的吃喝拉撒睡等诸多事务，这是他们与其他普通教师群体的重要区别。相对而言，特殊学校的教师，需要比普通教师有更多的爱心、耐心、责任心。他们既要有教孩子文化知识的技能，还要有照顾孩子生活的爱心，才能完成基本的教学计划。从教练们的讲述中，可以感觉到，特殊教育学校也面临教师流动的问题。

因为学校的运作、硬件、师资、课程体系各有差异，东南西北、各个地方、各所学校的特奥教练，均能根据所在区域、学校的体育传统和师资力量，开发出适合高、中、低不同能力学生的运动项目和训练方法，特奥运动项目也各具特色。目前，特殊教育呈现向学前康复训练和职业高中教育延伸的特点，在特奥运动、特殊教育的普及和发展上，也存在南方与北方、东部与西部的差异、差距。

近年来，教练们都面临一个共同的问题，就是走进特殊学校的学生，障碍程度越来越重，能力也越来越低。究其原因，一方面说明特殊家庭的家长更加理性，大多愿意将孩子送到特殊学校，在群体生活和特奥运动中，培养孩子们的自立能力，寻找生命绽放的机会。另一方面，普通学校对轻度孩子的接纳程度也在增强，大多数轻度孩子，在普通学校与正常的孩子共同学习生活。

低能力的孩子越来越多，虽然给特奥教练的训练带来了更大挑战，诸如比赛成绩没有前几年好了，特别是集体配合的比赛项目，成绩很难得到突破。但这是好事，说明社会对特殊孩子的接纳度，在逐渐开放，融合运动项目的普遍推广，就是社会接纳度提升的最好证明。受访的教练们，也大多会将自己的孩子带到特殊教育学校，让孩子们一起玩耍，相互认识。

从特奥运动的训练、比赛、获奖等口述访谈中，可以看出，教练们是特奥运动和智障孩子、家长联结的纽带，孩子们通过在特殊学校的学习，通过教练的训练，能够获得参与社会活动的基本能力。

感谢每一位受访的特奥教练、受访人，感谢每一位访谈员、整理者、撰稿者，这些讲述、采录、整理、书写，让我们看到了一个又一个不一样的人生故事！

一个幸福的老师

——代建荣口述

代建荣，男，汉族，1974 年出生，云南省昆明市晋宁人。1993 年从昆明市体育学校毕业，分配到特殊教育学校——昆明新萌学校担任体育教师。从事智力障碍学生体育教学 20 多年，是“云南民族地区中重度智障儿童素质提高的方法和研究”“云南智障教育学校融合教育研究”等特教研究课题的核心成员。特奥高级讲师、高级教练员。2015 年 2 月，获 2014 CCTV 体坛风云人物年度未名人士体育精神奖。

口述者：代建荣

访谈者、撰稿者：张磊、史龙飞、陈俊岚

访谈时间：2017 年 10 月 26 日、2017 年 12 月 12 日

访谈地点：云南省昆明市五华区昆明新萌学校

小时候的梦想就是当老师

问：您的名字是谁起的？

代建荣：我叫代建荣，是昆明新萌学校的体育教师，应该是我的父亲〔起的〕。我 1974 年出生在昆明下边的一个郊县——晋宁县，在一个半山区的村子里。村子里面，给小孩起名字一般是父亲多一些，很少有请外人替自己起名字这种习俗。

问：您的名字有什么寓意？

代建荣：家里兄弟三个，农村起名字一般都是要蕴意好，兄弟三人分别是荣、华、聪。〔我哥〕是建华，我是第二个，叫建荣，弟弟叫建聪。农村老人嘛，有这样一个愿望，〔希望孩子荣华聪明〕。

问：您是什么民族？

代建荣：汉族。

问：小时候有没有帮着照看弟弟？

代建荣：有，弟弟小我四岁，小时候还是有一些〔照顾〕，比如带着他玩。农村里边的孩子到了一定年龄，父母是很少管的，甚至要承担一定的家务。弟弟小一点都是我带着他到村子里去玩，去爬山，或者做一些力所能及的家务活，比如说像喂鸡这一类小事情。

问：和弟弟玩的过程中有哪些印象深刻的事情？

代建荣：当时农村地区物资贫乏，有时候自己喜欢的东西，要让给弟弟。有一次我和他争一个小玩具，印象比较深，发生了很大的争执，然后父亲出来协调。

问：当时争抢的是一个什么玩具？

代建荣：其实就是类似于一个哨子那样的，塑料的，会发出响声，吹着比较好玩。父亲向我〔解释〕，弟弟比较小，想让我让给他。

问：有没有觉得委屈？

代建荣：会有一点，兄弟三人，我是第二个，在农村，很多好吃的都是偏小的。比方说衣服，新衣服肯定是大的穿，吃的给小的。大的穿旧了、穿小了，再给第二个穿。吃的，肯定不能像衣服一样摆这么多年，肯定是让给小的吃。自己在中间，就……小时候不理解这些，或多或少心里边还是有不开心的时候。

问：父母从事什么职业？

代建荣：父亲是农民，母亲是一个勤劳务实的农妇。记得我很小的时候家里养了很多猪和鸡，养大后就把猪卖了，补贴我们的学习费用、生活费用。父亲当时是村干部，在村上当主任、党组织书记，当了三十年。小的时候很少见到父亲，我现在的工作，自己的工作方式，自己的理想或者目标，都跟父亲有一定的关系。因为父亲是为了我们村子的发展，为了老百姓的生活，几十年来兢兢业业做村干部，正直、廉洁，所以他的人格、品质，很大程度上影响了我。他当村干部到六十岁才退下来，也不存在退休，因为他的身份还是农民。

问：请详细说说父亲对您的影响？

代建荣：在他的工作中，要向前发展，都要分析总结自身的问题，想尽各种办法解决这些问题。对我的影响就是：我也愿意正视自己的问题。比如说刚才上那堂课，有的老师就喜欢谈自己这堂课上得很漂亮，说些什么先进理念、教学效果。但是，我愿意辩证去看，这堂课成功的地方，我们下节课还可以运用这种方法；存在的问题是哪些，这些问题由主观原因还是客观原因造成：是上课老师自身能力不足，还是设计不到位，还是采用的教学方法、教学措施比较单一，还是对学生了解不够？我愿意客观地正视，下一堂课就根据存在的问题去改进，去寻求解决问题的办法。从我父亲到我个人，我们两个在性格脾气上是比较一致的。

问：教育这方面，母亲对你们的教育多一点还是父亲多一点？

代建荣：方式不同。父亲在大的方面，比如说自己的愿望啊，梦想啊，包括榜样引领方面，发挥的作用要多一些。母亲是细节方面，比如说生活上面的细节，吃饱穿暖啊，作息时间等等，尤其是跟邻居、跟同学如何相处方面，母亲影响稍微多一些。

问：小时候母亲给您留下印象最深刻的事情是什么？

代建荣：因为跟亲人在一起嘛，记得住的事情很多，但是要说哪件事情特别深刻，现在看来也没有特别突出的。在兄弟三人当中，她相对来说喜欢我哥和弟弟，我父亲喜欢我多一些，因为我的性格脾气有点像父亲。我在家里喜欢提一些不同看法，甚至喜欢提一些意见。我提什么意见呢？比如说今天焖的饭太多了，今天吃不完明天还要吃，甚至明天吃不完，后天还要吃，老是吃不着新鲜饭等等。我喜欢看书，打完篮球，跑完步，喜欢静下来看书。但是母亲毕竟受当时〔观念的影响〕，她不喜欢我看书，说我一天偷懒不干活。但父亲又特别喜欢我看书。

问：小时候有没有其他兴趣爱好？

代建荣：小的时候村子里娱乐活动比较少，但是有一类活动开展得比较好，就是篮球。每年都举行丰收杯篮球赛，刚好是农作物丰收以后就举行篮球比赛。那时，农作物丰收了，大家也有空闲，就参加篮球比赛。我们很小就受这个比赛的影响，跟着大一些的哥哥姐姐一起打篮球，小时候的兴趣爱好就是打篮球。工作以后，因为从事的是体育活，当时学校缺体育老师，工作量很大，每天的运动量都很大，静下来就喜欢和同学下棋、打牌，尤其是下象棋、围棋，都很喜欢的。

问：小时候的理想是什么？

代建荣：小时候的梦想是当一名老师。业余生活中篮球对我的影响比较大，教师这个职业对我的影响大，因为在农村，除了和农民打交道，对自己影响最大的就是教师群体，所以自己就想当一个老师。

问：为什么教师群体对您影响最大？

代建荣：我们实际上每天跟老师相处的时间在八小时以上，不管是一年级到六年级，还是初中阶段，自己的每一点进步都跟老师悉心付出有直接关系。所以，自己对老师这个职业比较感兴趣，觉得他们让一批批孩子健康成长。

问：当时村子里对老师这个职业是怎样评价的？

代建荣：非常高大，真正是高大上的职业，是太阳底下最光辉的职业。村子里的人对老师充满了尊敬、崇拜、敬意，农村对老师的〔态度〕确实是做到这一点，跟城市里对老师的看法差距是非常巨大的。而且这是三十年前的尊敬，不是现在的尊敬，三十年前虽然城市里对老师的尊敬也有，但是和农村群体对老师的尊敬，差距是巨大的。

问：这种差距体现在哪些方面？

代建荣：这个差距不是经济方面的，是精神层面的。充满敬意，充满尊敬，是从一言一行，从生活当中体现出来的。比如说村民对老师非常有礼貌，有些村民在日常生活中骂街、说脏话，看到老师，突然就有意识地停住了，这种尊敬体现在人格上，精神层面。相反，在物质方面，三十年前，其实农村教师是比较贫穷的，但是他们的精神是富裕的，他们是比较快乐、幸福的。

问：后来您成为老师，父母的态度是怎样的？

代建荣：他们挺开心的，作为老师，一方面是工作稳定；第二，是一个受人尊敬的职业。在我们农村里边，老师是个非常受人尊敬的职业，所以他们觉得我当老师是非常不错的，非常开心，非常支持我。我现在五华区工作，老家在晋宁，很少有时间、有机会回家去看他们，去了后他们说好好工作，家里边不用操心，没有时间就不用回来了。我以前回家次数很少，一年就两个假期回去，尽管不远，但是当时坐公交车要三到四个小时，要转两趟车。现在交通非常方便，开车去一个小时就到了。

问：除了工作外，还有没有其他文体活动？

代建荣：现在很少。我刚工作的时候是 1993 年，学校缺男老师，我是学校第二个男老师。第一个男老师是美术老师，喜欢画画，喜欢拉小提琴。我的爱好和他有所不同，所以在学校实际上没人和我参加这些活动，业余爱好一定程度上受到限制了，也就慢慢退化了。

问：您有没有固定的朋友圈？社交圈？

代建荣：现在有，原来很少。原来少，一是交通、通讯不方便，我的老乡、同学都在下面〔地州上〕，我在昆明，通讯不方便，来往很少；第二，特殊教育和普通教育，现在两者之间的交流、沟通很多，但是当时确实很少。特殊教育是一条线往前走，普通教育是各个学校之间横向交流很多，所以当时我的朋友圈很小，每天三点一线。三点就是单位——也就是我现在的学校，当时在钱局街，翠湖边上；还有一个点是我是单身，学校没有食堂，我的两餐——中餐和晚餐是到云南大学学生食堂去吃的，所以我上班、下班以后就到云南大学去吃饭；还有学历进修，我中专毕业以后就工作了，我在职进行了学历提升，去上专科，又上本科，又上在职研究生，在工作之外，还要在高校上课。这是三点一线。

问：现在和朋友一般做些什么呢？

代建荣：现在交通通信比较方便，以前的同学，主要是体育师范这块儿的同学建了一个群，互相交流比较多。因为工作需要也建了很多群，包括国内特奥教练员，大家会分享我们在当地开展的特奥的一些活动，有什么新的〔理念、想法〕互相之间交流也比较密切。还有五华区的相同岗位的，因为我在学校还兼了一点其他的工作，比如说工会主席、安保这一块都有相应的群，互相之间交流接触就多起来了。另外，在我们小区生活时间比较长，也认识了两三个〔朋友〕，也在一起吃顿饭，或者小区里面散散步，打声招呼，基本上是这样的一种生活方式。

三个老师对我影响比较大

问：您的学习经历是怎样的？

代建荣：当时村子里还没有幼儿园，我没有上过幼儿园。弟弟小我四岁，幼儿园就成立了，他就上了。我在昆明的晋宁县上的小学，乡镇现在叫二街镇，原来叫二街乡，一个村子小学，叫老高村小学，我的村子就叫老高村，是村办的小学。小学六年上完之后，到乡镇上中学，叫二街乡，它只有初中。初中毕业参加中考，因为从小的愿望是当老师，所以报了两所师范类院校，一所是普通师范院校，一所是体育师范院校，其实我两边都录取了，我中考分数还挺高的，但是又想着自己平时经常锻炼，受影响了，就进了昆明市体育学校，不是职业运动员，是属于体育师范类的，1990 年 9 月份就到昆明市体育学校上学了。中专毕业以后，1993 年就来到学校工作。

问：学习过程中有对您影响比较大的老师吗？

代建荣：有。对我影响大的是小学的班主任，初中是一个数学老师，到了体育师范学校，又是班主任。这三个老师给我的影响是比较大的。

问：能具体说一说他们对您的影响吗？

代建荣：他们对我的影响，是我想当老师这个梦想的最根本、最直接的原因。在我那么多年的学习中，碰到过很多老师，只不过这三个老师对我的影响比较大，我比较喜欢他们的管理方式，喜欢他们平易近人的风格，喜欢他们教学严谨的风格，喜欢他们单独对我辅导的这种方式。

小学班主任，是我们村子里的老师，他每天陪伴我们，生活上、学习上都比较关注我们。初中数学老师，当他讲到一些题目的时候，首先要看我会不会，我解会了，再让另外一个来解这个题目，以此来分析他的教学方法，验证他的教学效果。就是这些细小的方面，对我影响比较深。体育师范院校的班主任，因为考体育师范，中考、高考会降一点文化分，但我的文化成绩还不错，比其他同学要高一些。我们特殊教育的分层教学、分层要求，是要让一部分同学吃得饱，让另一部分同学消化得了，他就对我要求高一点，其他同学 60 分算及格，他对我要求是什么？90 分才算及格，这是他特别的地方。

问：在学校担任过班干部吗？

代建荣：在昆明市体育学校我是班长兼团支部书记。

问：都做些什么工作？

代建荣：当时做班长，要协助班主任做一些班级管理工作，比如说同学的考勤，学习的引导；团支部书记主要是团组织生活，比如说开展班上的团活动，出黑板报。还有就是住校〔的同学〕，比如组织这些同学怎样度过一个有意义的节假日，我们三年中秋节都是在班上过的，都由我们班干部牵头一起来完成。

追回这个，跑掉那个

问：您是什么时候到这个学校的？

代建荣：1993 年 8 月份。我在晋宁的郊县上完初中，就到昆明上学，1993 年毕业的时候是云南省的优秀毕业生。当时的生源政策是，你从哪里来就要回到哪里去。因为有这个优秀毕业生的政策，我可以在昆明的四区八县里任选。五华区是一个主城区，我有一个很要好的伙伴，是五华区的，他就动员我来五华区，就到五华区教育局报到。刚好新萌学校缺男老师，尤其是体育老师，我就被分配到五华区新萌学校来了。

问：刚来这个学校时发生了什么事？

代建荣：当时没有接触过这些特殊孩子，没有接触过特殊教育，当我跨进新萌学校，跨进特殊教育这个领域时，很多细节我都记得住。我上的第一堂课每一个细节我都能记住：他们是一年级的学生，我把他们从教室带到操场，体育课都要站队，就站成一路纵队，准备正式上课了，结果一个学生就跑掉了。因为在室外跑掉了，我担心他弄丢掉，就去追他，追着他，牵着他的手来到站队的地方一看，所有人全部跑掉了，然后那节课就……所有人跑掉我就赶快去找，东找一个，西找一个，找来剩下的呢又跑了。反正第一堂课就是不断地跑，不断地追，不断地跑，就在这样的状态中完成了第一节课（笑）。当时心情是着急、恐慌、无奈、困惑，不知道要干什么，就不停地追学生，当然他们也站不住队。

第一学期上完，有期末考，就考这学期我上了什么内容，满心欢喜地去立定跳远、运球上篮。当时有高年级的，我教的内容难度还稍微大一些，还有跨越式跳高，然后就检测考试，结果能达到我教学目标的人很少很少。当时心情非常沮丧，自己辛辛苦苦上一个学期，进行考试，大部分孩子都没学会。对自己今后发展的方向，要走的路子，产生了困惑，有了怀疑。

还有一件事情，在上体育课的时候，我们玩老鹰叼小鸡的游戏，靠后面的一个同学在游戏当中突然倒下去开始抽搐，我吓了一跳，我不知道……我以为是在他跑的过程当中，由于重心不稳摔跤了，摔下去摔到脑袋了。他的班主任——现在的教学副校长，他在二楼看到这个情景，说不要慌，他是癫痫病发作了，我才第一次听说有癫痫病。这件事情之后，也给我一个认识，一个教训，就是我对这些学生的了解还不够充分，我要学习的内容太多太多，我就认真找了一些关于癫痫知识的书籍来学习，后来又频繁地碰到一些类似的情况，慢慢就能处理了。当然现在我要教年轻老师怎么处理癫痫病。

问：刚到这个学校的时候，有比较有资历的老师带您吗？

代建荣：嗯。当时学校都是实行师徒结对的，我拜了一位师父，他在业务方面，在学校的工作方面，包括在遵守学校的纪律方面，各块都给我一些帮助。我第一个师父是一个音乐老师，为什么是音乐老师？当时学校主要有七门课，语文、数学、劳动，然后音乐、体育、美术等等，语文、数学、劳动是主要学科，音、体、美称为“小三科”。现在来看，当时的设置没有达到特殊教育的要求，走的还是普通学校路子，就是音乐、体育、美术老师比较少。在这些学科里分教研组，我们音乐、体育、美术三门学科的老师一个小组，组长就是音乐老师，他就是我的师父。

问：您工作初期，面临的困难和挑战是什么？

代建荣：现在回头来看，刚工作面临的困难和挑战，有一些经济层面的原

代建荣和孩子们在一起。

因。当时刚工作没有地方住，工资不够生活费。我当时拿 190 块钱，但是最低生活消费要 300 块钱。吃一顿饭最少 3 块钱左右，我体力消耗比较大，因为我晚饭五点多就吃了，晚上十点饿得不得了，得吃炒米线什么的，吃点宵夜，炒米线也是 3 块钱左右，所以一天最少 10 块钱，只是吃饭，一个月 300 块钱。

还有教学上，碰到的困难是我对这些孩子了解不够深刻，对他们运动的特点掌握没有到家，对特殊教育的发展规律掌握不到位，所以就找了一些特教书籍。我还跟学校提出，中午要带他们睡午觉，本来一线老师是不用做这些事情的，我主动提出的目的是什么？就是进一步加深师生的感情，进一步了解这些孩子的生活特性、行为习惯，建立感情。另外，这些孩子需要什么内容，要上什么内容才能符合他们的特殊需求，也是对我最大的挑战。这节课要怎么上，要上什么内容，要怎么教，教什么，没有任何人告诉我，所以就不断地一点一点地探索，这是我当时最大的问题。

问：1990 年代特教行业整体是什么状况？

代建荣：当时特教学校就是走普通教育的路子，到现在，这个路子依然有很多人在走。地州有很多地方建立了特殊教育学校，他们的师资是普通学校的，学生是轻度的，教学方法、课程设置等等，包括办学体制，都是按普通学校的路子来运作。

问：从 1993 年开始，工作发生过变化吗？

代建荣：没有变化。我到现在工作了二十四年，从工作性质来说，都没有发生任何变化。只不过我对这个职业的认同感，对特殊教育的感悟，包括对特奥运动的认识，以及在我们学校，在云南的发展方向，在认识方面有一个循序渐进，逐级深层的变化。

问：来这跟您想象中的老师有什么不一样？

代建荣：还是有一点点。特教学校的老师跟普通学校老师的区别在……就是特教学校的老师既要教孩子文化知识的技能，还要有照顾孩子生活、生存的爱心。二十几年前，在特殊教育学校，智障学生分为轻度、中度、重度，还有极重度，当时我们学校以中度、轻度学生为主，这些孩子还是接近于普通学校的学生，他们的教育、训练，难度稍微小一点。后来，慢慢地我们学校招的学生〔智障程度〕越来越重，学校老师也已经具备教育、训练重度甚至极重度学生的能力了。

特奥大门应向所有人敞开

问：您从什么时候开始接触特奥？

代建荣：我接触相对早一些，在 1995 年就接触特奥。接触特奥有一个初步认识、不太了解到系统学习、慢慢实践，到现在来说系统了解、实践成效也比较好。1995 年的时候是片段地接触，当时在体育特殊教育当中碰到一些困惑，不知道要怎么解决。当时有一些信息，说这些孩子是可以去参加比赛的，〔我产生了〕一个朴素的想法，体育老师，带学生去比赛是一件很高兴的事情，就开始组建校队，篮球队、田径队，在业余时间辅导他们，带他们训练。1996 年就确实有机会了，我们有学生参加了亚太区的第一届特奥运动会，一个学生拿了 6 块奖牌，也有金牌。通过这个比赛，我对特奥有了初步认识，就慢慢从特奥这个方向来思考更多的问题。当时还没有东亚区，国际特奥分成 6 个区，叫亚太区，后来我们国家特奥发展太快了，政府也承诺特奥运动员要由五十万发展到一百万，就在亚太区的基础上分出一个东亚区。

问：您平常训练的项目都有哪些？

代建荣：这也分几个阶段。学校只有我一个体育老师的时候，为了特奥，我训练的项目要多一些，有篮球、乒乓球、田径，后来尝试开展足球和羽毛球，还请一个教练开展了游泳〔训练〕。我训练篮球和田径多一些，占用的课时比例高一些，学生在篮球和田径方面发展好一些，参与的人多，水平也稍微高一点点，这是我最开始训练的两个项目。后来，训练了六个项目。说实话，训练六个项目困难是比较大的，毕竟体育老师不是每个项目都精通，越到后来我越吃力，所以先把训练的项目减少。为什么减少？因为有些项目我专业程度达不到别人的水平，比如乒乓球，自己和学生打着玩是可以的，如果要从教练的角度来训练，我的乒乓球水平达不到。后来我们又聘请了一个乒乓球教练来进行辅导。现在体育老师多了，有六个，他们的专业程度也比较高，他们在专业学习、训练方面基本上都是六年以上。现在我两个徒弟，一个足球专业，是重庆大学体育系足球专项毕业的，他在高中就练了三年足球，大学又是三年，现在足球队是他来带。另一个徒弟是篮球，也是一样的，高中练球三年，大学也是三年，他是云南民族大学体育系篮球专项的，一米九的大高个，比我高（笑），所以篮球也移交给他。

问：您训练他们有没有和普通孩子不一样的方式、方法？

代建荣：这个很多。高能力、中能力、低能力〔的学生〕，一起上课的时候，比如在学校开运动会的时候，怎么编排？这是特奥替我解决的。在体育训练中，一些实际困难还是自己不断摸索，慢慢解决。比如说原地拍球这个动作，用我们正常的眼光，就是拍下去，弹起来，再拍下去，又弹起来，就完了。为什么学生就是不会？一个稍胖的学生，他就是不会拍球，他最后学会拍球是到哪一年呢？九年之后，要毕业了，他才学会了拍球。后来我就分析他不会拍球的原因，就是他拍下去的时候，把球拍到 1 米远的地方，甚至 2 米远，相当于把球给扔出去了。我反应过来了，我在地上画一个小圆圈，就让他把球拍在这个小圆圈里，如果他拍不准我把这个圆圈画大一点，他慢慢地练习几次，〔我再把〕圈子缩小一点，圈子越小难度越大，最后我就点一个点，难度又增加了。第二呢，他的手和球接触的位置不对，如果是原地拍球，应该是拍球的正上方，但他拍球的侧方，一拍球就跑掉，所以我就让他接触球，他不知道什么是正上方，我就让他摸。后来我还协助他，让他感受拍球的正上方。力量大小他把握不住，拍着拍着，越拍越低，球就起不来了。有时我会夸大这个拍球，我的嘴巴张得很大，声音很大，我说你拍球要拍出“砰、砰、砰、砰、砰”，他听出这个声音，很高兴，就故意“砰、砰、砰”，球就拍起来了，球拍得就比较高，就连续。还有一个是他空间感很差，单手去拍控制不住球，我又让他用双手拍。双手会拍了，再让他一只手拍。他改不过来，还是双手拍，我就让他背着一只手。

不管是拍球，还是立定跳远、跑步，每个动作都要分解。搞教研活动的时候，我说了一句话，教研组的老师觉得好笑，后来细细分析觉得很有道理，我说什么话？我说：你们不能用正常人的眼光去看这些动作。为什么？正常人眼光看着非常简单，我们要用智力障碍的这样一个群体，去分析这些问题，去看待这些问题，我们跟他们想的一样，就明白，他们为什么不会这个动作。为什么他们跑步的时候会串道？就是因为我们经常用正常人的眼光去看，就想为什么他们会串道，想不通，我就动作分解，进行直线走，进行一些游戏。

前段时间上了一堂课，叫“我们都是压路工”，我做了一个小独轮车，木制的推车，让他们在跑道上，推着玩，他们很高兴，推过去推过来，他们也不明白推的路线就是一条直线，当他们能够达到直线走时，就把独轮车放到边上，我带着他们慢慢地直线跑。他们能够直线跑的时候，我再〔让他们〕掌握一些技术性的东西，比如说前脚掌着地，脚后跟不着地，手臂摆起来等等。这些是不同于普通学校的方法。最关键的核心就是：把体育知识，运动的动作、技能，分解到属于他们的认知水平。

问：您平常带的学员类型都有哪些？

代建荣：学员的类型？

问：就是孩子的智障程度。

代建荣：我的理念逐渐有一个变化，随着我对特奥的深入了解，特奥的理念、做法对我产生深刻的影响。一开始，我选的队员确实是一些能力比较强的孩子，不管是田径、篮球等等。能力强智商高的，当然我们特奥的说法，不提智商，就是高能力、中能力、低能力。其实能力和智商不划等号，但毕竟受智商的影响。高能力孩子学习能力较强，老师付出的相对少一些，比较省事，那最后训练出的水平比较高，作为老师，作为教练员，自己带的篮球队、田径队水平比较高，是很自豪的一件事。但随着我对特奥理念理解的深入，我逐渐明白，其实一个地区，一所学校，特奥水平真正发展到一定的高度，不是看你带的水平多高，而是看你带的学生能力有多低。

你想，这些学生能力非常低，你都能把他选来田径队、篮球队进行训练，都能带到省外比赛，那说明你这个教练的水平真是不得了，能力那么低的孩子，都能够训练到一定的高度，这是非常了不起的。

从对〔智障儿〕家庭、社会的贡献，还有特奥的理解，我觉得最难的不在于训练出几个高水平特奥运动员，而是把特奥推广到每个区域、每个地方。我对云南特奥发展有一个思路，就是以昆明为中心，从网状呈射到各个地州、县城、乡镇到乡村，如果能做到这步，每个村子特奥都发展起来，说明云南特奥水平发展是非常了不得的。

这些孩子参与特奥，参与运动训练康复以后，身体功能、运动能力协调等等得到发展，那他去做家务活，参加劳动训练，融入社会，他的综合能力就有很大的提高，可以自己洗澡，会穿衣服，自己煮饭等等，就减轻了家庭的负担，学生进步大，家庭矛盾少了。

很多家庭因为特殊孩子经常吵架，父母离异；甚至带着特殊孩子去寻医问药，因残致贫。我把这些重度的孩子选到运动队里，成为一名特奥运动员，他们通过训练，发生了变化，对家庭的改变是非常明显的。

我选运动员的理念，一开始确实是选了一部分高能力的，到后面〔选〕中能力，现在不是〔这样了〕。我的愿望是让所有的智障儿成为特奥运动员，这就是我的一个心愿。

问：不同程度的智力障碍，您的培训方法有什么不一样？

代建荣：高能力的特奥运动员，一开始还是走普通学校训练的路子，确立一个训练目标，比如要学习 100 米，分几个动作，是站立式起跑，还是蹲地式起跑，然后冲刺等等。这些技术其实跟普通训练没什么区别，因为他们不会串道，会直直地跑。他们掌握完整的技术动作难度要低一些，但是要提高他们的速度，比如说 100 米他们跑的是 17 秒，我要想方设法争取能不能跑到 15 秒，〔要跑到〕15 秒就要进行协调、灵敏、柔韧、力量训练。

如果〔智障程度〕是重度的孩子，跟轻度就不一样了。重度的，几个孩子在一起，甚至还穿插一点中度的，要考虑分层教学。虽然是同一个内容，但分成不同的难度，归纳下来就是：同一主题，不同内容，同一内容，不同要求。比如说，学习篮球是同一主题，第一组是拍球绕“S”形运球，第二组是直线运球，三组是原地拍球。同样是直线拍球，有的是独立完成，速度比较快，有一些速度比较慢，我要辅助他拍着走，一个直线内容，又分成三层。所以，根据高能力、中能力、低能力，具体地安排组织模式，训练方法上区别是比较大的。

问：这些运动员参加过哪些比赛？

代建荣：最早我训练的〔运动员〕参加的比赛叫亚太区的世界特奥运动

会，但教练不是我，我没有带队去，前期训练是我，相当于我把队员输送出去。我第一次带队是2001年，带队外出到北京。当时我们国家在特奥发展方面没有完全和国际特奥接轨，当时的特奥比赛是和盲、聋、哑融合在一起的，同时开展，叫“残奥会”，或者“残运会”，统称残疾人运动会。后来就把智力残疾这一块给单独分出来。

问：分享一下带他们外出比赛的趣事。

代建荣：带着这几个孩子从训练到比赛，其实是一件非常辛苦的事情，也发生了一些让自己难以承受的事，非常疲惫。带队集训的时候，我选了一些〔智障程度〕稍微重一点的，带着他们集训篮球，他们耐力不行，就带他们跑田径场，400米一圈。有一个特别懒惰，不用说跑一圈，他就是走一圈，都觉得嫌累。有时候真想把他放弃了，让他回家。〔因为特奥的理念〕是不放弃每一个孩子，让特奥的大门向所有孩子敞开，我就天天陪他跑步。有时陪这个孩子跑步时，其他孩子又在那闹啊，偷懒，打架。

2001年，我带着他们去参加比赛的时候碰着一个地州代表队，有点强，他们是社会上招募来的，也是一个特殊群体，二十几岁了。他们有一些小动作，拐人啊，戳你啊，踢你一脚等等，我的学生因为小经常被他们弄翻在篮球场上。当时我非常急，就在边上大声地吼，说：你们是打球还是打人啊！裁判也无奈，因为他一开始从事的是普通体育比赛的裁判，残疾人的比赛，尤其是智力残疾人的篮球比赛，他（笑）以前没有接触过，有些细节（笑）把握上，他也不知道怎么把握。

我们打得很艰辛，技术上我们占优势，但对方一个年龄上比我们大了七八岁，体力上、耐力上比我们强；第二小动作不断，但在加时赛我们还是打赢了对方，我们拿到云南省冠军。〔他们〕就围过来个个抱住我，还跳啊，叫啊，哭啊，哭得稀里哗啦的，几个小伙子（笑），太不容易了，这块金牌奠定了我们在云南特奥发展当中的地位。那一次比赛，云南只设了24块金牌，我们拿了18块，我们一个学校就把全省的金牌拿走了三分之二还多一点点。

我们在辛苦之余，吃完晚饭散步，这些孩子很享受这个短暂的休息时光。训练的时候一身的汗，甚至一身的泥，训练服脏兮兮的。但是晚饭之后，有一部分同学还知道去冲个澡，换上休闲衣服，然后在田径场上慢慢地散散步，和我聊聊家常，很享受师生的这种亲密、信任。

问：带学生参加比赛得奖的心情是怎样的？

代建荣：一个是很自豪，第二是很自信，第三是觉得这些孩子，包括我自己，作为一名体育老师，为自己今后发展的方向，找到了一个合适的点，所以我看到学生领奖我非常激动。他们在比赛中，我既紧张，又激动，我拿着相机就冲过去照相，相机带子带了一下，就摔在地板上，把相机给摔坏了，后来我就赶快找人修相机去，相机修成功，我拍下了第一张他们站在领奖台上的照片。我记得非常清楚，地点是在北京，项目是特奥篮球的个人技术，我带着两个男生、一个女同学去参加这个比赛，他们非常开心，我也非常激动。

问：您训练的学生还获得其他的荣誉吗？

代建荣：要说荣誉，主要是特奥方面的。因为特奥现在是分体育项目和非体育项目，体育项目一般走的是训练和比赛的路子，他们拿了一些金牌、银牌、铜牌。另外，我们学校的八个学生是全国优秀特奥运动员，是中国残联和国家体育总局表彰的。还有单项比赛，他们是国家集训队的优秀运动员。另外一些荣誉，比如说他们是昆明市的“美德少年”，或者“十佳少年”，他们愿意帮助其他同学，愿意和人分享自己的故事，分享自己的喜怒哀乐，愿意去协助老师，当助理教练员，当志愿工作者等等。

问：他们获得的最高奖项是什么？

代建荣：是世界冠军。因为特奥有世界比赛，有全国比赛，还有省里边的比赛。分量最重的是 2011 年，世界第十二届特奥会，篮球冠军，篮球集体项目 10 个人拿到了 1 块集体金牌，是在希腊。

问：是您带队吗？

代建荣：嗯。我是主教练。

问：请具体说一下在雅典参赛的过程？

代建荣：2011 年是第 12 届夏季特奥会，希腊主办，我们国家组织了中国特奥代表团，大概组织了七八个项目，我们篮球队是男篮，没有女篮，我是篮球队的教练，带了十个队员，在国家残联特奥训练体育基地集训，最后到雅典比赛。

特奥有体育项目和非体育项目，非体育项目倾向于特奥文化的宣传教育，有一个城市接待计划，我们提前三天去，参加了这个城市接待计划，然后就在那训练。之后，正式进驻组委会指定的一个地方，类似一个兵营，条件相对简陋一点，一人那么一小张床（笑），十几张床在一间里，洗澡不太方便，十几个人就一个卫生间。

赛前，开一次教练员会议，按照日程来，第一至四天预赛，预赛完了是复赛，最后决赛。在决赛里对荷兰、意大利。一天一场，有时一天两场，我每天回房间就分析比赛情况，对荷兰，分析他们的战略战术，分析我们应对的办法。如果他们个子比我们高，我们应该怎么打；如果他们速度比我们快，我们应该怎么打；如果他们篮下抢篮板球力量很强，或者是远距离投篮比较强，我们怎么打。每天都想三个小时。

我们是集体项目，预赛和决赛时间比较长。个人项目今天预赛，明天就决赛了，那些游泳、田径的，我们都……住在一起，旁边是游泳队，再旁边是柔道队，晚上他们都兴高采烈回来了，挂着金牌，看着他们各个项目都有金牌入账，我们什么都没有，因为我们一直打到最后，还没出结果，压力非常大。

他们在聊天、喝茶的时候，我就默默地回房间，想第二天的战术，就这样顶着压力，终于拿到了（笑）宝贵的集体项目的金牌回来。拿到后就返程，在中残联安排的训练基地住了一晚上，然后坐火车返回昆明。

孩子们很激动，我带去六个小孩，参加那么高级别的比赛。我们在校园已经进行了半年的集训，当时的队员是〔障碍〕程度比较重的，能力相对低一些，我也是顶着压力，担心有的人说云南队的队员怎么水平这么差。不是水平差，是他们程度重，能力低，让这些人能够参加高级别比赛，我们已经做到了这一点，这也是我们的理念——“改变一个孩子，温暖一个家庭”，为所有智障孩子创造更多的机会、更好的平台，获得成功，获得发展，金牌是次要的。

问：在选拔过程中，您没有选拔高层次的，而是选拔〔智障〕程度重的，为什么？

代建荣：一部分孩子经过多年教育，已经要毕业了，之前已经有比赛机会，已经达到“天花板效应”了。但对于新队员、对于低能力的孩子来说，就不一样了，因为他从来没有去过〔世界赛场〕，所以就把机会给了他。

那么那些〔没去参赛的〕孩子怎么样呢？我们积极地去创造教育的机会，通过残联、家里、学校，为他们提供一个位置。他们最终目标是什么？不是永远去比赛，永远去比赛变成职业运动员了，他们最终目标是融入社会，去寻找就业的机会。

问：选择程度重的孩子，会给教练的训练带来更多挑战吗？

代建荣：对。程度比较重、能力低的孩子，比那些运动能力强的孩子训练要难上很多倍。今天你也看到了，到处乱跑，老师的很多时间、精力，花在指令训练、课堂常规、纪律的维护上，教学内容实际上被压缩了很多，就造成教学内容完成不了。但运动能力强的学生不存在这些问题，当然有些运动能力强的孩子，也是这样一步步走过来的。

问：这些孩子参加特奥，有什么样的改变？

代建荣：改变非常大。我的前两批老队员，绝大部分都找到了工作，他们融入社会的能力大幅度地提高，与人沟通、交往的能力大幅度提高，他们融入社会以后，家庭的压力〔减少了〕……他们已经彻底融入社会了，有的在工厂，有的在送水站，有的在大型超市，有的开美容院，各行各业都有，有的还在学校，有的在酒店，同事都不知道这些孩子是智障群体。有些孩子偶尔会来到学校看看我，打声招呼，或者坐在边上看我们打场球啊，或者是帮助老师做一点事务性的工作。但是后来接触越来越少了。接触少的原因，我了解，还是家庭原因，他们不希望这个特殊群体对他们以后的生活发生一些负面影响。

问：您觉得教练人才的培养、继承，还有发展，应该要怎么去做？

代建荣：教练员继承、培养、发展，一个是宏观的，一个是微观的。具体微观层面，在我们学校，我们几个教练都是我的徒弟，走上了特奥发展的平台，掌握特奥基础知识，掌握体育教学的基本方法，逐渐了解特殊教育的基本发展规律。我会推荐他们参加国际特奥东亚区，包括我们国内的一些培训机会，争取让他们去培训。在实践方面，经常去听他们的课，进行一些探讨，他们比我小十多岁，他们的一些新点子，也给我一些启发，一方面，用我的经验去带领他们，另外一方面，他们的新点子影响我，是一种互相学习的过程。另外，也给他们一些带队比赛经验，让他们独立带队。几个徒弟，这么多年来，都成长起来，具备独立训练、独立带队、独立比赛的能力。

宏观层面，通过多种途径，去影响，去帮扶地州的特奥教练员。一个是省里的培训，我们把特奥作为省培的一些内容，讲特奥，开展特奥训练，怎么样选拔运动员，怎么样组织一个小型的特奥运动会，做一些讲座。第二是实践，在我们学校，他们来做一些观摩，来参与我们的特奥运动会。有一年学校特奥运动会，有四十个老师在我们学校跟着，从开幕式、预赛、决赛都参与。兄弟学校到我们学校跟岗实训，上课开展教研活动，做课题研究，他们全程参与，然后慢慢地建立起联系。

问：什么是“特奥融合运动”？

代建荣：“特奥融合运动”就是智力障碍群体，我们的特奥运动员，和普通学校，和正常人一起参加特奥活动……融合在一起，正常人和特奥运动员，按照相应的特奥规则，在一起开展运动。它有三种类型，叫娱乐型、发展型、竞技型，也有的叫竞赛型。娱乐型是……一听这个名字，肯定也联想到了，它的规则相对宽松一些，内容趣味性比较强。发展型，伙伴的能力，高于特奥运动员，比如说大学生志愿者，和特奥运动员在一起，大学生志愿者的能力比较高，他们知识水平、运动能力比较高，年龄也比较大，这种组合就是发展型。竞技型是什么？就是双方的能力……特奥运动员的伙伴，能力比较相近，年龄不超过三岁，在一起训练，双方不存在带领关系，能力是相当的，双方组合在一起，达到一个融合的目标，这种是叫竞技型的。

问："特奥融合运动"在你们学校是怎么开展的？

代建荣：我们三种形态都有，娱乐型、竞技型、发展型……具体项目是篮球和足球，在这两个项目中开展得比较好。篮球、足球属于体育项目，我们还有一个非体育项目开展得比较好。我们隔壁是五华区盈丰小学，我们和盈丰小学就建立了"融合学校"这种伙伴关系，我们两方签了一个协议，按照协议来发展融合学校，每年要开展融合活动多少次，要培养运动员领袖多少人，双方要在一起训练，在一起比赛，在一起开展文化交流，开展活动等等。

问：您觉得特奥运动对这些特殊孩子，是一个机会？一个平台？

代建荣：我觉得不是机会，是一个平台。因为机会，好像是他参加完这一次，下次就不能参加了，或者下次就没有机会了，特奥大门永远向所有的智障人群敞开，让他们成为特奥运动员。此外，他们参加特奥活动、特奥比赛、文化交流，这个平台是永远为他们提供的，我们特奥的年龄……运动员参加特奥的年龄是上不封顶的，只要你能参加，你九十岁、八十岁，没问题，都可以参加的，所以它是一个很好的平台。

问：您有没有利用一些媒体或者平台去宣传特奥或者特殊教育？

代建荣：很多。就刚才提到的，2012 年之后，中央电视台采访我、报道我好多次，有中央一台，五台体育频道，包括九台纪实频道。省会电视台也做了一些节目，有"中国梦想秀"，浙江卫视。省内电视台也有很多。〔平面〕媒体有人民日报、新华日报、光明日报、中国青年报、体育报。地方上的云南日报、昆明日报，都采访过我，而且有的采访不止一次，像都市时报，采访在十次以上。昆明日报专版，六七个专版，它是系列一、系列二、系列三这样的专版，谈的就是特殊教育，谈的就是特奥。所以对特殊教育，对特奥的宣传力度是比较大的。

问：就特奥运动这一块，在云南省内和省外的发展是什么样的状况？

代建荣：云南省特奥发展的特点是这样的：如果以学校为评价单位，能找到亮点，能找和省外一比高下的。因为云南的特奥开展时间比较早，1992 年就开展了，算比较早的。国内开展特奥的，从时间来分析，最早是北京，20世纪80年代在北京西城培智中心学校，当时好像是施瓦辛格到他们学校去，他是特奥大使，然后，就促进了那一所学校的特奥发展。从亮点来说，我们学校有一些项目，在国内还是不错的，也有几个进国家队的。戴任飞是2016年上海慈善晚宴的主持人，他是运动员领袖，属于非体育项目，国内没有几个人有这样的机会。

那么，如果以省为单位，我们确实有不足，我们开展的时间虽然早，但是特奥推广的面不大，比如说上海，很多县区开展特奥，开展比较成熟，但是我们云南很多县区特奥还没有开展起来，这是我们不足的地方，也是最大的问题。

省外已经有一批优秀的特奥教练员，但云南，优秀的特奥教练员，数量比较少，这个也是我们的不足。还有，地方上对特奥的重视程度、倾斜力度，观念上还有待改变，这也是我们的不足。

问：您对特奥有什么样的建议？

代建荣：如果是针对国际特奥东亚区这个层面的话，我没有建议，我觉得国际特奥东亚区在它的范围内，把特奥做得非常好，引领了地方上特奥工作的发展，影响了特殊教育学校，尤其是培智学校体育教学的转变，也推动了这些特殊孩子的生活方式，在学习，在康复方面的一些改进。

如果是针对我们云南这个层面，也确实是有一些建议，刚才也提到，我们云南特奥发展的现状，有亮点，有一些拳头项目，拿得出手的。但是，毕竟最大的问题是推广不行，就是参与特奥工作的人数少了一点，尤其是特奥要面向地州，面向郊县，甚至要推广到社区、乡镇一级，这个困难是比较大的，需要付出的也是比较大的。

我们离不开彼此

问：特殊教育是几年制的？

代建荣：大部分是九年制，因为我们国家九年义务教育是强制性的，必须完成。我们学校呢，现在是向两头延伸，第一头是学前康复训练，有一个学前康复指导中心，指导老师是脱产到工人医院——昆医附二院，师从一个康复界的名医，学习康复技术，专门负责学前班康复训练。另外一个是向职业高中延伸，我们和昆明一职中合作办职业高中，这些职业高中是三年。所以，我们学校的孩子要上十二年。

问：除了日常训练，有没有其他课程？

代建荣：校内课程除了文化课、特色课程、发展性课程，其他课程主要是家长自行安排，有一小部分也在外面辅导班学一些其他的，比如音乐、绘画、书法方面，但总体来说不多，所占比例偏少。

问：平时教练之间会有交流吗？

代建荣：还是有，这种交流一个是业余交流，第二是固定交流。比如说我们组有五个人，要固定的探讨一个什么教学主题，解决一个什么难题，要做一个课题研究，或者说我们要策划一个羽毛球训练，比赛要选一批队员，要进行训练，要涉及经费、场地、比赛的策划等等，会有〔交流〕。交流在我们这个教研组是比较频繁的。

问：特殊教育学校和普通学校最大的区别是什么？

代建荣：区别……现在谈以人为本，还是学生的不同。因为学校所有的运作，硬件、师资、课程体系都是根据学生自身的特殊情况来设置的，学生不同，就决定了其他方面都不同。学生不同决定什么？第一，我们的教室是不同的，场地设置是不同的，财政体系是不同的，我们的“三金”经费比普通学校高很多的，师资是不同的。第二，编制不同，教学编制比普通学校的要……有倾斜政策，同样的班级，同样的学生，老师的配置要比普通学校多一些，在职称晋升方面，国家包括地方政府给予特殊教育一定倾斜。

问：你们会不会把自己的教学资源和地方的同类型学校分享？

代建荣：五华区成立了一个特殊教育资源中心，在资源中心下有八个资源教室，就是我们说的“随班就读”。普通小学也有智障孩子，这些智障孩子怎么办呢？就成立资源教室……像我们学校就有五个老师到资源教室里，去帮助他们进行档案建立，个别化教育训练计划的制定，家长的工作，包括今后的教学训练辅导。云南地州的，现在特教学校纷纷成立，这些转岗老师怎么办呢？参加省培、国培①。我们云南省培主办是云南省教育厅，承办是五华区新萌学校，我们已经承办了四期省培，所有对象都是云南特教行业的老师。

其次是进行教学观摩，来学校看我们的老师怎么上课，跟岗实训。他们实践操作，上一堂课，或者是上几堂课，我们的老师跟着他们，从备课，从上课，分析学生，上完课的反思，全程跟同。第二种是他们私下，不通过省培的

---

① 省培指全省的教育培训，国培指全国的教育培训。

途径，来跟我们联系，到学校进行跟岗实训。今天你们来，还有一群文山州广南县特教学校的，来了十五个老师，要在我们学校一个星期跟岗实训。还有两所大学特教学院的毕业生来我们学校见习半年，跟着我们的老师，听我们老师的课，要写教案，我们老师就辅导他们写教案，也要上课，我们老师听他们的课，给他们提出建议。所以在云南特殊教育领域，我们学校发挥了这样一个作用。

问：您教的这些特殊孩子身上有哪些优秀品质？

代建荣：他们的优点归纳起来，第一点是朴实。因为他们智商的原因，不会耍小心眼、耍小聪明，他们做事认认真真，虽然能力有限。举个例子，有个学生，毕业后我们尝试由后勤老师带着他扫地。只要你把任务交给他，今天要把这块操场扫干净，他可以在操场上很细心地，慢慢地，很认真地扫操场，操场不扫干净，他绝对不休息，绝对不去吃饭，绝对不会回家，绝对不会停下来。

他们对同学是充满感情的，只不过他们自身的表达能力，可能无法把心里边的想法表达出来，同学互相之间是很尊重的，很团结的。他们对老师也是充满感情的，虽然有些毕业的高能力学生，碍于家庭原因，不愿意来找我们，甚至他们不知道，怎么样向老师表达。以前有人采访我，就问他们有没有送过小卡片啊，写过一封信啊。他们写信能力有限，所以，过教师节等等，收到小卡片是有的，但是毕竟少。他们对教师的表达方式是什么呢？他们看到你，就上来勾着你的手；有些他也不会说话，有语言障碍，他就跟着你走路；有些就过来抱着你啊，抱着他就不放；有的就来轻轻地拍拍你啊；有的就来到你办公室。原来我在老校区，办公室在一楼，旁边有个空的凳子，他们就坐在那个凳子上不走，上课也不走，他就坐在那看着我备课，看着我做事情，就坚决不出去。就通过这种方式，来表达对老师的感情。

问：您刚刚说到教师节，他们在教师节有没有做过让您印象深刻的事情？

代建荣：有一个，是篮球队的队员，他从家里面（笑），拿了一块西瓜，可能是他们家吃剩的，或者是他很想吃，但是没有把它吃下去，就从家里面带过来。西瓜不大，一小块，天气很热，他来的时候流着汗，估计是走得比较快，甚至是小跑过来的，那个时候如果那块西瓜吃下去，他肯定很舒服。他非常想吃，他手上也是汗，其实那牙西瓜已经很脏了，被他捏得很黑了，他就拿给我，说：“代老师，吃西瓜！”学校里面没有西瓜，他们家住得比较远，要坐两趟公交车，他就拿着那块西瓜，坐了两趟公交车，从家里面来到学校，给我吃那块西瓜。很脏，如果在家里我绝对是不吃的，但是他拿给我，我还是大大咬了一口咽下去，水很多，很甜，他看着我吃下去，高高兴兴就走了，就去上课去了。

问：这些孩子毕业后回来学校联系您吗？

代建荣：有几个有联系。有一个跟我同龄，现在也是四十多了，都毕业好几年了，他就来到学校，当时我不在，就跟其他老师问了我的电话号码，后来就打给我，到现在还有联系。

问：联系主要谈些什么？

代建荣：还是问候。有一个孩子是部队军人子女，这个孩子健康一些，他会问候，代老师你现在身体好不好啊？怎么样？忙不忙？现在有没有比赛啊？等等。他会说，代老师，你教给我那些太适用了。他在学校我教他跑步，踢足球，做一些体操动作。他是部队家庭，从小生活在部队大院里，他们也进行对比训练，单杠、双杠，也打球。他说幸好跟我学了一些，不然跟部队大院那些家人在一起，他觉得丢脸了，还好，碰到我这个好老师。也谈正事，他爸爸是部队上的一个军官，看新闻联播，谈国家政治，他也跟我谈，国家领导人肯定是不用说了，除了领导人之外呢，比如说政治局常委，政治局委员他都知道，政治局委员就好几十人呐，都知道。包括我们省里边这些大政方针，政府的政策，等等。他现在也结婚了，小孩也比较大，有工作了，比较低调，比较谦虚。另外一个孩子，因为家庭原因，健谈方面要稍差一点，他会说他的困难，他的苦闷，我也会帮他做一些心理疏导。就聊这些话题。

问：您现在每天的日常工作是怎样的？

代建荣：原来以体育教学为主，课最多的时候是一周上 28 节，有些天是要上 6 节课，从早上到晚，这是原来的工作。后来体育老师多了，课就慢慢减一点，减到我正常上课是 15 节。现在呢，因为我重心不在体育教学或者具体训练方面，主要是参与一些中层管理，事务性的，服务于前方老师的工作。每天到学校按照事情的轻重缓急去处理，比如我同时有十件事情要完成，哪件事情是最重要的，哪件事情是最急的，今天之内必须完成，就按这个顺序。

我是学校的工会主席、安保科长，安保科是一个独立的部门，负责学校的整体安全工作。近来，全国教育系统的校园安全事故发生频率、比例相对高一些，针对校园安全这块，要求各个校园要成立安保科，对接教育局的安保科、派出所、质检站之类的。我原来还是教务组长，负责体育的教学、课题研究、校内课程培训等等。特奥这部分工作我们开展得也早，学校比较重视，有一定的影响力，所以全校的特奥工作也由我负责。现在特奥除了特奥训练以外，还有非体育项目，分得比较细，有家庭领袖、运动员领袖，还有大学计划、融合学校、幼儿计划。尤其我们在融合学校方面开展得也不错。另外我还负责学校党员宣传，我是学校党支部宣传的委员，定期的通讯要撰写，要上报。我就围绕这几块的工作，每天来到学校，现在也上着体育课，按照轻重缓急的顺序来完成手上的工作。

问：学校的安保工作做得怎么样？

代建荣：学校安保还不错，现在讲究人防、屋防、技防。人防是保安队伍，屋防和技防就是我们安了很多探头在学校周边，保安在监控室对校园周边情况看得清清楚楚，一点风吹草动他们立马有应对的措施。技术层面我们有一键式报警器，有远程监控。物质方面，我们有器材设备，比如说防爆背心、盾牌、催泪瓦斯等等。内部管理比较到位，学生上安全课，进行安全教育，上下楼梯，同学之间不拿尖锐物品、管制刀具，我们的校会、安全课、班队会，把安全教育贯穿到里面来。

问：工作中遇到困难会怎么去解决？

代建荣：我会分析这个困难的根源是什么。比如说如果是教学方面的困难，问题是不是出在我身上，如果是出在我身上，肯定从自身的角度来解决。出在学生身上，学生是特殊的，问题从学生身上可能解决不了，还得从家长、老师，包括我自身来分析怎么帮助学生解决问题。现在我参与行政管理，事情出在部门的，也向部门提出合理的建议，团队共同解决困难。比如说我们带队比赛，昨天刚刚有一个全国特奥文化比赛，在四川眉山，今天报到，我们会组建一个方案，方案中会分析有一些什么困难，第一场地，第二经费，第三人员，一步一步解决。人员、运动员、教练员我们具备，就提出申请组队，经费我们可以出一点，但是所有比赛经费承担不了，怎么办？就去跟主管特奥的部门——残联，去申请经费，省残联给我们支持力度也比较大。都是具体问题具体分析，然后寻求解决困难的办法，就是这样来处理的。

问：平常和同事的关系怎么样？

代建荣：也还可以。一个是我在学校也不争什么。我性格脾气比较好，不会轻易向同事发脾气，情绪控制比较好。第二是学校男老师少，女老师多，有时候女老师也会请男老师搬搬抬抬，多年下来，也会帮他们做一点这样的事情。第三是在学校的时间长一些，所以整体跟同事不错，人缘也不错。但也不是绝对的都好，因为体育老师都是比较讲原则的（笑），有时候也会提出一些问题，会碰到其他老师接受不了的，有时候他们过后想想也想通了，也有想不通的时候，可能要好长时间才想得通（笑）。

问：现在你们学校的老师，主要来自什么专业？

代建荣：国家有特殊教育师范院校，专门培养特殊教育的老师。现在特教学校〔的老师〕很大一部分是特教专业毕业的。但是特教师范院校的专业没有细分到那种程度，作为一所学校来说，它还需要很多专业老师，除了要教语文、数学、劳动技能，还需要体育、美术、音乐的，音乐还分音乐治疗等等，需要各种各样的专业，这一部分怎么办呢？就是普通学校的补充一部分进来，比如说普通体育师范院校，或者是音乐学院的，来特教学校，就是这两种渠道。目前来说，第三种渠道有是有，但是少，也有一部分医学院毕业的，来到特殊教育学校当老师、当校医。

问：您觉得体育教育在特殊学校，它的作用、价值是什么？

代建荣：从课程体系来说，有基础性课程、发展性课程和特色课程，体育学科就是基础性课程中的一个主要学科，课时比例比较高。比如说语文学科，一个星期一个班排 4 节课，体育学科也排到了 4 节课，跟语文学科是并列的。发展性课程和特色课程，也有体育活动，包括特奥训练，现在还增加一种运动康复，也属于体育的范畴，如果把这些学科加起来的话，其实体育运动的课时比例已经远远高于其他学科。

从国家层面，教育部就规定了，每所学校必须开设体育学科，普通小学低年级不能少于 4 节课，高年级不能少于 3 节课，一个星期。现在从立法的角度来规定了，每天学生锻炼不得少于一个小时。通过体育锻炼，通过良好的、健康的生活方式能够降低近视率，这是其一。还有很多作用，从智障群体来说，特奥运动对他们的转变，乃至对一个家庭的影响，是非常非常大的。

问：您觉得特殊教育工作的价值在哪？

代建荣：还是把体育、特奥功能发挥到了最大化，通过体育的平台，通过特奥平台，来转变特殊群体。归纳下来我觉得，教练员、体育老师，我们的作用、功能是一样的，提供平台给学生，促进学生健康的成长。

问：您从事特教工作有几年了？

代建荣：二十四年。

问：您觉得工作压力大吗？

代建荣：还是有一些压力。事务性的事情比较多，现在的学生能力更低，智商也更低，这是我们碰到的一些新困难，康复训练和教学怎么结合起来，我们也在不断尝试。因为各个地州也到我们学校跟岗实训，怎么样辅导这些老师，怎么样去帮助他们，在这个领域，在这个学科，起到比较好的效果，还是有一些困难，有一些压力，总体情况就这样。

问：近些年，社会媒体对特殊教育的关注变化大吗？是怎样的一个变化？

代建荣：有，变化比较大。首先，变化得从国家层面来讲，国家这些年对特殊教育的投入是非常大的。从我们学校硬件来说，原来在钱局街只有2.6亩，占地面积很小，现在是30亩，是原来十几倍。第二，对特殊教育的经济投入，之前云南这边，“三金”公用经费是一个人1 000块钱，我们学校全年只有10万办公经费，水电费、教师培训所有开支都从这10万来。现在“三金”公用经费提高到人均6 000，我们现有一百五十几个学生，一年办公经费是90万。

国家还出台了特殊教育三年提升计划，现在进入第二个三年，第一个是2014年到2016年，第二个是2017年到2019年。三年提升计划要求地方政府人口在三十万以上的地区，必须建立一所以培训为主的特教学校，学校增加了，云南原来培训学校就两所，一所是我们新萌学校，一所是盘龙区培智学校，其他地州没有培训学校。现在多了，有好几十所培训类学校了，有的是盲、聋、哑培训综合一体的。

特教老师的待遇问题，包括在职老师的继续培训，全省的教育培训，全国的教育培训〔都在增加〕，国家大环境、大氛围，对特殊教育的关注越来越多，新闻媒体也慢慢地倾向于关注这个群体。我们特教学校这些大型活动，来的领导级别是比较高的，一般的普通小学来个（笑）主管部门领导就很不错了，但是我们学校不是的，领导级别比较高。

家庭对孩子今后的发展定位，对教育的重视程度，也有一个慢慢的转变过程。一开始很多家庭就认为，这样一个孩子，丢给学校就不管了，反正学校帮我带着，教好教不好跟我没关系。现在不同了，很多家庭重视特殊儿童、特殊子女的教育问题，在人力、物力、财力，尤其是精力方面，投入很大。各块的综合努力让特教这个行业，让这些特殊孩子，迎来了一个又一个发展的春天。

问：您在特教事业上获得过哪些荣誉？

代建荣：1999年是五华区的“优秀教师”，它是政府类的奖励，虽然级别低，只是一个区的，但对我是很好的肯定。到2006年是昆明市的“优秀园丁”。2007年是云南省“优秀教师”，我们学校到现在只有我一个人获得过这么高的荣誉。哦！2006年和2010年我获得两个全国的〔荣誉〕，“特奥工作先进个人”，这是中国残联、国家体育总局颁的，但是在云南的影响力小一些，因为他们不知道特奥工作先进个人是干什么的，虽然是全国先进。

我2012年获得一个比较高的荣誉，这个荣誉全称是“全国教书育人楷模”。我们国家现在……那一年公布的数据是全国有一千七百万教师，这个荣誉一年只评十个，我是其中一个，叫“全国教书育人楷模”。我是云南省第一个获得这个奖项的老师，是第一个，所以，当时《人民日报》、新华社、《光明日报》等全国性媒体，包括中央电视台，地方媒体就不用说了，就来到新萌，通过对我的采访，关注这个领域。那段时间采访比较多，采访还要排队，先满足中央级别媒体的采访需求，其次才能满足省里边的，如果像《昆明日报》，这些专版〔报道〕，才让他们插个队，提前接受采访，一般报社都不接受采访，因为实在忙不过来。

后来又获得了“中国体坛风云人物”。“中国体坛风云人物”也是一年评十个，我是第11届，那一届有郎平教练，她是“最佳教练”，我是“未名人士体育精神奖”。后来有一个“中国好人”，这些是国家层面的。省里边又有一个全省优秀共产党员，级别低一点的（笑），又评了十多个，市级的这一类。

问：除了这些荣誉，您最大的收获是什么？

代建荣：这些荣誉不是我最大的收获，最大的收获是找准了自己发展的目标，知道自己的人生应该怎么走。我相信一句话：选择一种工作，就是选择一种生活方式。我现在清晰地知道我的生活，就是和这些孩子的命运，和这些特殊家庭的命运，和特奥，我们云南特奥发展的方向息息相关，和他们已经拴在一条线上，他们离不开我，我也离不开他们，这就是我的生活方式。在工作之余，我的家人比较支持我，我的同事，我社区的邻居，也比较认可我，他们都觉得我是一个很伟大的老师……我自身评价自己是一个严谨认真……总体来说，跟同事、跟家人团结和谐，同时呢，有自己的理想信念，最终定位是一个幸福的老师。

陪女儿的时间太少

问：方便问一下您是哪一年结婚的？

代建荣：办证是1997年12月份，宴请同事是1998年3月份，大家都习惯说是请客那天，1998年（笑），1998年3月份。

问：有没有办婚礼？

代建荣：办了。

问：是怎么办的？

代建荣：跟常规〔一样〕发请柬，邀请至亲好友，一起到现场表达对新人的祝福，然后在酒店里订下一些酒席，把农村的亲戚、城里边的亲朋好友同时邀请过来，就吃了顿饭（笑），其实也就这么简单。

问：您和妻子是怎么认识的？

代建荣：她也是我们学校的老师。

问：这个学校吗？

代建荣：对，这个学校。当时学校在翠湖钱局街，校区小，人也少，当时我们学校就是二十……就是十九个人到二十一个人之间，应该说是（笑）相对年轻一点的也不多，就我们几个年轻老师。还有刚才提到学历进修，我上了一个专科，是汉语言文学专业的，我爱人也同时上，在一个班，实际上也是同学，相当于专科的同学，〔又是〕同事，两层原因，接触就慢慢多起来了。

问：您的妻子也是从事特殊教育，是吧？

代建荣：啊，对对对。

问：能具体说一下当时她教什么？

代建荣：她是班主任，教数学，但是也有语文、数学两个学科同时教的情况，根据学校的安排，主要是以这两个学科为主，语文学科占的比例会大一些。她比我早接触到特殊教育这一块，1992 年就来到学校当老师了。

问：她现在还在这个学校吗？

代建荣：没有，她现在在普通学校。当时我们学校很小，我们准备结婚了，打了结婚证，单位就提出来，能不能我们两个留一个在这所学校，调一个到普通学校去，我们也非常愿意，就同意了，她就调到普通学校去了。

问：为什么妻子去普校，您继续留在这个学校从事特殊教育呢？

代建荣：其实也很正常，因为总得去一个，我留下来跟她留下来是一样的意思。但是从校方的意愿来说，肯定是希望我留下来，因为男老师比较少，你看经过几年发展，现在还只有六个男老师，当时全校就两个男老师，如果我一走呢，就剩下一个男老师了。

问：那个年代为什么男老师比较少？

代建荣：还是地域的原因。很多男老师不愿意来小学从事老师工作，城市里的，初中他愿意去，大学他也愿意去。但是农村恰恰相反，农村是男老师多，女老师少，因为很多女老师不愿意待在农村，该调走的就调走了。当时教师群体毕竟收入还是比较低的，我工作了一年多，我的工资吃饭都不够，吃饭也得跟家里面要，所以很多男老师不愿意留下来也是可以理解的。

问：结婚后，有没有和父母住在一起？

代建荣：没有。因为结婚的时候赶上了五华区教育系统那批福利房，可以分房子，但要交一点钱，就是小区〔房〕，分到一套，面积小一点，60多平方米，在铁路边上，比较吵。当时，能有一个60多平方米、小两室一厅的房子，其实还是不错的，我们还是心满意足的，所以是单独住。我老家在晋宁。她父母离我们住的小区步行十几分钟就到了，没住在一起，但是跟老人经常见面。

问：您现在有孩子了吗？

代建荣：有，是个女儿。

问：多大啦？

代建荣：上高中。

问：学习成绩怎么样？

代建荣：还可以。她在一所……还属于重点高中，她那个年级有六百多人，她正常情况下是在一百名以内，偶尔还站不稳（笑）。

问：女儿成长过程中，有没有一些事情是您印象深刻的？

代建荣：总体来说……要说印象深刻的，还是对她有所亏欠吧。因为我女儿从小有鼻炎……她是过敏性鼻炎，看了很多专家，过敏源能找到，但为什么形成过敏性鼻炎，好像那些老专家跟我讲，我也没弄懂，他们说医学上也没讲这个问题。我女儿当时上幼儿园，我经常晚接，包括冬天，她经常在门卫那，有好几次我去接她，就看她趴在门缝那等着我，也不知道她趴在门缝那儿趴了多长时间，所以就经常感冒，感冒时间长了就……顺理成章地得了鼻炎。女儿很小的时候，我有一个愿望，希望女儿健健康康的。当然，很幸运的是她学习习惯很好，在学习上从来不用我操心，也不贪玩，这是我很欣慰的地方。但是，总觉得陪她时间比较少，所以（笑），她和我的感情……本来应该说女儿和父亲是更亲密一些的，但是她和我亲密程度远远不如（笑）她和她妈妈。

问：女儿喜欢体育吗？

代建荣：一般般吧。体育中考她考的是满分，但是从一个体育老师的角度来说，她喜爱的程度就是一般，你要让她去跳绳，去溜冰，她可以，爬山她也愿意，但要达到特别喜欢的程度，要报个体育院校，她达不到那种水平，兴趣爱好也没达到。

问：她平常有什么兴趣爱好？

代建荣：她兴趣爱好不是很突出。她喜欢看动画片，上小学了还在看幼儿园的动画片，叫《天线宝宝》；上高中了还在看小学生看的动画片。我有时候说：你永远长不大。第二是看漫画书籍，她的漫画书籍有些我也看，后来看了也想，她学习任务比较重，这些书籍也不是很负面的那种，所以她比较喜欢买，5 块钱 1 本，我记得，她都买成报刊亭的熟人了，每来一期都要给她留 1 本，知道她肯定会买，家里边一摞一摞的，都是动画片的书，漫画书籍。她在正常的学习之外不喜欢上任何辅导班，我们也没报任何辅导班，后来一想书法对她的写字有一定的帮助，我们有一定的引导，还稍微逼了她一把，她不太排斥，但是也不太赞成，属于一个中间的态度，练过五年书法，对写字倒是有一定帮助，练的是毛笔字，没练过钢笔，但是钢笔字写得还不错，现在看来确实对她有帮助。其他绘画、钢琴、舞蹈都没有学。

问：她平常有空会来这所学校看一看吗？

代建荣：幼儿园的时候，她在我们学校隔壁不远的地方上幼儿园，有时候会和这些孩子有接触，现在就少了一些，因为她上高中是住校，在呈贡区，离这儿有 30 多公里远，所以现在没有时间来我们学校。

问：孩子成长过程中，是您照顾得多一点，还是妻子照顾得多一点？

代建荣：我爱人照顾多一些。我工作时间比我爱人稍长一点，除了正常上课、训练，事务性的事情也有一些，像昨天晚上我就是八点多才回家，然后九点才吃晚饭，这是一种常态，不是每天都准时下班，这是一个。第二就是除了特奥的训练、辅导之外，还有各种因素，我的假期还是比较满的，没有更多的时间去关注、关照自己的女儿。在工会这边，假期会有一些工会的事务，平时不放假的时候，我主要精力是在教学方面，学生放假的时候，我就做那些事务性的工作，做一些课题研究，所以确实没有更多的时间和精力来照顾自己的女儿。

问：妻子和女儿支持您的工作吗？

代建荣：我的女儿因为跟这些孩子有短暂的接触，在一起玩得比较开心。她长大以后知道这些孩子与众不同，我的付出，她的感情，这些因素综合在一起，她还是比较支持我的工作，比较理解我对这些孩子的付出。我爱人本身就是这所学校的老师，好几个老运动员出自他们班，她对这些孩子充满了感情。她也认可我这种生活方式，也认可我这种工作方式，都还是比较支持我。

问：您家有没有其他人从事特殊教育工作？

代建荣：没有了。我父母是农民，我爱人的父母是工厂的工人，工厂已经倒闭了，他们其实是下岗工人，现在赋闲在家，也退休了。我这边是兄弟三人，哥哥是电力公司的职员，弟弟是警察，我的嫂子，我的弟媳妇，她们也是从事其他工作。

问：工作之余，您会跟同事出去打打篮球，或者出去玩吗？

代建荣：比较少。我这二十四年工作中空余时间不多，一方面就是学历起点低一点，在学历提升方面花了八九年时间，业余时间都花到那儿去了。第二业余时间也投入到这些孩子身上了，因为特奥的原因，一分汗水，一分耕耘，一分付出，一分收获。除了正常上课，还有一些专业的辅导、训练，再加上一些比赛，有的是在假期里边，得假期集训，然后适当地照顾一下家庭。其实我业余时间也是排得相对满的。

问：方便问一下您现在一年的收入吗？

代建荣：我一年收入是……一个月工资 6 000 块钱，一年 72 000 块，年底有一点奖金，不多，几千块钱。

问：日常的花销，最大的部分在哪个上面？

代建荣：应该是房贷。因为我现在住房是……当时福利房靠铁路，地方小，2009 年贷款买了一套二手房，还房贷要还到我退休。现在有一辆车子，车子每个月的开销……我车子动得少，养车一个月 1 000 块钱，一年 10 000 左右。还有女儿的学习费用，一个月也在 1 000 块钱。很多费用是我爱人（笑）出的。生活费也适当花一点，标准也低，估计在 1 000 多块钱吧。

问：您觉得收入和您对特殊教育的付出成正比吗？

代建荣：我比较满足于这样的现状吧，包括我的收入。在五华区这个群体里，因为我是高级教师，收入比他们稍微高一点点，职称比他们高了一档，多了几百块钱。主要是我喜欢这个职业，所以收入这块对我的影响比较少，收入只要满足正常开销就可以了。如果我嫌收入低的话，可能就到那些培训班去兼课去了，或者跟着我的同学去开矿，成为一名矿老板（笑）。

问：您对薪资这方面有没有一些期待？

代建荣：从收入来说，第一方面，我相信国家会对教育投入越来越大，教师的生活条件、福利待遇，包括工资水平，近几年也确实是逐步提升，而且提升幅度有点大。我 2009 年的时候还拿 1 700 块钱的工资，现在可以拿 6 000 块钱了，2009 年到现在是八年的时间，从 1 700 块钱增长到 6 000 块钱。第二，其他行业对教师群体的收入，话题比较多。从个人角度来判断，我觉得是中等稍微偏下一点点，总体处于中等水平。对于年轻老师来说，他们工作压力大，生活压力也比较大，他们要租房，要继续学习提高，生活上也有些开销，他们年轻呢……他们收入就低一些，只到 4 000 块钱左右，4 000 块钱在昆明来说是有一定的生活压力的，还是希望教育行业收入能提高一点。

问：您有特殊教育津贴吗？

代建荣：有，有一点。

问：这些特殊津贴是哪里发的？

代建荣：特殊津贴是国家对特殊教育老师群体的特殊关爱，政策倾斜，这是国家规定。但是国家规定在地方上不一定被落实，因为跟当地财政有关系。比如说，如果是中央单位，它是中央财政支付，如果是省级单位，是由省级财政资金支付，市级由市级财政，我们县级就由县级财政支付。虽然政策相同，但是有的县财力无法支付，无法落实，有的县对政策的理解有些偏差，它落实得要少一些，有的落实不到位。国家还允许地方在不低于这个标准的基础上提高，像有的省 50%，我们是 25%，这个 25%是什么意思呢？就是我们基础工资的 25%，说起来比较复杂，25%是由 10% + 10% + 5%加出来的，因为教师法规定，教师的工资不得低于或者等于公务员工资，教师法里面提到要比公务员工资高 10%，那么特教提到要有 25%的津贴，那我们教师系列本来已经拿到了 10%了，省内又给我们加 10%，我们就成 20%了。我们年轻一点的老师〔每个月有特殊津贴〕100 多，200 块，我就稍高一点，有 500 多块。

代建荣同事、徒弟口述

口述者：唐武（男）

访谈者、撰稿者：张磊、史龙飞、陈俊岚

访谈时间：2017 年 12 月 12 日

访谈地点：昆明市五华区新萌学校

问：您的名字是？

唐武：唐武，唐朝的“唐”，文治武功的“武”。

问：您是什么时候来到这个学校的？

唐武：在 2014 年毕业后来到了新萌学校，现在教学三年，是中阶段的运动课体育老师。

问：什么时候认识代建荣老师？

唐武：是 2014 年，我来这个学校实习，就认代老师做我的师父。

问：还记得你们第一次见面时的场景吗？

唐武：第一次见面在钱局街 85 号老校区，通过校长介绍认识的代老师，那个时候我就觉得代老师是一个朴素、本分的人。

问：第一次见他时，他在做什么？

唐武：当时他刚刚上完课，过来还满头大汗的，就讲了两三句话，就这样认识了。

问：学校里的师徒是一种什么关系？

唐武：师徒关系……就是年轻教师在老教师的带领下〔工作〕，我们学校，新教师可以认两个师父，一个是专业方面的，一个是班级管理方面的，学习班级管理知识。代老师是我体育课专业领域的师父。

问：他是怎么带你的？

唐武：我就每天抬着书去跟代老师上课，后面我上课代老师也来听，有什么不足的地方，代老师就跟我讲，我就自己慢慢地去摸索。

问：有没有一个具体的事情，比如哪一个问题没搞懂去问他？

唐武：2015 年，全国第六届特奥比赛，我第一次带队，带女篮嘛，代老师带男篮，开始训练，心里有点虚，害怕带不好，代老师就鼓励我，跟我讲没那么困难，自己尽力去做好就可以了。那时代老师给我的鼓励是最多的，让我感受到师父对徒弟从心理、从技术层面上的鼓励。

问：请详细说一下你们那次带队的经历。

唐武：2015 年的 5 月份，在区体育训练中心训练了将近二十多天，女篮队有五个人，男篮有十个，一起去了四川绵阳，参加第十二届残疾人运动会暨第六届全国特奥运动会。

问：那一次你们获奖了？

唐武：获奖情况还可以。比赛的话还是比较顺利，我带的队员，第一场……我也记不清楚了，是打海南队还是哪里，打了 19∶2，是胜利了；第二场也是大比分领先；第三场的时候，代老师就过来看我们这边的情况，指导一下。

问：工作中，代老师跟学生之间相处怎么样？

唐武：相处得挺好的。代老师更加鼓励这些没有比赛的学生多去外面体验。每一次出去，孩子们往往都有心理、智力或者能力上的成长。

问：代老师跟同事相处得怎么样？

唐武：感觉代老师在学校跟每个人……都是和和气气的，和和睦睦的，和蔼可亲的。

问：你们工作之余有没有一些聚会活动？

唐武：最近很少，除了学校的工会活动以外，基本很少。

问：代老师工作之余有什么兴趣爱好吗？

唐武：代老师的兴趣爱好，这个我不知道（笑）。我就觉得代老师是一个高高在上的一个……楷模性的一个老师、教师吧。

问：这种观念是一开始见到他就有吗？

唐武：刚开始见就是好多的记者来采访他……崇拜一个人，像是一个楷模，应该多向他学习。见到他也很荣幸，当时校长带我去让他做我的师父，就觉得很荣幸，要跟他好好学。

问：崇拜感在你们师徒相处的过程中有变化吗？

唐武：现在，我觉得代老师是属于踏踏实实、兢兢业业、朴朴实实做事的人，什么事情都很认真地去做，很朴实的一个人，有什么工作就尽力做好的一种人。

代建荣工作观察日记

观察时间：2017年12月12日9:30—13:30

观察地点：昆明市五华区新萌学校

观察者、撰稿者：张磊

时　间	工作内容	备　　注
9:35	代建荣走进工会办公室，和同事打招呼后坐下，打开办公桌上的台式电脑。	工会办公室在学校综合教学楼的四楼，此时办公室里只有代建荣和他的同事。
9:37	电脑正常运行，代建荣在桌子上找文件，同事谈论关于教师小组听课的事情。	代建荣的办公桌收拾得很整齐，寻找文件很熟练，动作也很快。
9:40	代建荣在查看一个关于人事调动的表格。	代建荣在学校除了担任体育老师，还要管理工会、安保等工作。
9:45	代建荣打开课件开始备课。	课程内容是“50米跑辅助练习”。
9:50	代建荣在备课。	
9:52	同事到工会询问表格填写的规范，代建荣告诉他填写的注意事项。	询问的内容是关于教师请假的事情。
9:54	代建荣继续备课。	
10:00	学校下课铃声响起，代建荣关闭电脑起身离开工会办公室，他说：“学生们要开始做课间操了，我要下去盯着。”	下课铃声内容为“下课时间到了，老师您们辛苦了”。
10:02	下楼过程中，学生们看到代建荣纷纷向他问好。	很多学生都是靠着墙边的扶手下楼，行动缓慢。
10:04	代建荣走到一楼时看到楼梯间门是关着的，他将门打开，还左右晃动查看门的牢固性。	代建荣除了担任体育老师，还要管理学校的安保工作。
10:05	进入运动康复室，拿上课将会用到的教具——独轮车。	一共拿了4个独轮车，代建荣告诉观察者：“这个独轮车是我们自己发明的，主要用来锻炼学生走直线的能力。”

（续表）

时　间	工作内容	备　注
10:07	将独轮车放在操场上之后离开。	操场是标准的 400 米跑道球场。
10:08	走到正在做课间操的学生队伍后面，和学生一起做课间操。	代建荣做操很熟练，课间操名称为“体智能”，歌曲名字是《彩虹的约定》。
10:09	有学生跑出队列，代建荣将他拉回队列中，然后继续和学生一起做操。	队列并不是很整齐，很多孩子因为行动能力差，做得不是很好。
10:11	有学生再次走出自己的队列，走向其他队列，代建荣将他拉回，叮嘱他好好做操。	代建荣的同事和他一起将学生拉回队列。
10:13	课间操结束，代建荣走向室内训练馆，拿取上课的教具标志筒。	课间操在学校综合楼前的广场上进行，室内训练馆在综合教学楼东侧。
10:15	代建荣将标志筒放置于操场跑道上，3 个标志筒一字排开。放置好标志筒后，代建荣走向综合教学楼。	
10:17	代建荣走进体育器材室，找上课的教具篮球。	体育器材室在综合教学楼一楼左侧。
10:19	走出器材室，代建荣说：“先准备一下上课用的教具，待会没有时间准备。”	
10:20	走进体育教师办公室，和同事打招呼。	体育教师办公室在综合教学楼一楼。
10:21	另一同事走进办公室和代建荣交谈听课事宜。	
10:22	同事抬着笔记本电脑向代建荣询问基层考核表的填写规范，交谈教学评比事务。	
10:29	代建荣离开办公室，进入二年级教室，代建荣和已经到达的六位女老师一起听课，上课的是一位女老师和六个学生。	二年级教室在体育教师办公室的对面。
10:30	上课铃声响起，教室里走进另外八名听课的教师，六女两男。代建荣认真听课，并在听课实录上认真填写。	代建荣书写的内容是：认识我们的身体。
10:33	代建荣认真听写并做笔记。	听课内容：点名训练。
10:36	代建荣认真听写并做笔记。	听课内容：音乐球操。
10:40	代建荣认真听课。	听课内容：推皮球游戏。

（续表）

时　间	工作内容	备　　注
10:43	代建荣认真听课，并且观察听课老师的听课状态。	听课内容：三只小猪的故事——传球练习。
10:46	继续听课。	听课记录表填满一页。
10:52	代建荣认真听课，推球练习由高跪姿势变为自立。	
10:57	练习中小朋友用力过猛将皮球抛出训练区，代建荣帮助捡回，后继续坐下听课。	
11:03	训练完成，代建荣继续认真听课，整理听课记录，写作听课心得体会。	
11:05	下课铃声响起。	
11:06	代建荣离开二年级教室，将听课记录本放回办公室之后，走向器材室，中途叫了一个学生帮他把篮球拿到操场。	
11:10	代建荣在操场上布置上课的场地，准备上课。	
11:11	一个自闭症孩子独自一人游荡到操场上，代建荣看到了将他送回教室，中途遇到寻找孩子的班主任。	
11:13	代建荣走上二楼，进洗手间。	
11:15	进入五年级教室叫学生到操场上课。	五年级教室在学校综合教学楼二楼。
11:16	代建荣将下楼的学生排成一排准备走向操场，中途有学生不听安排，代建荣用手拉着他下楼。	
11:18	代建荣组织学生排队，他脱下外衣放在地上，有七个学生已经到达训练场地，后面还有学生陆续走来。	班主任将学生送到训练场才离开。
11:20	再次整理队伍，点名。点到名的同学有些不会说到，代建荣引导他们。	
11:21	再次整理队伍，稍息立正后开始上课。	
11:23	做热身运动。	

（续表）

时　间	工作内容	备　　注
11:25	再次整理队伍，有学生走出队伍，代建荣将他拉回队伍，带领学生做热身运动。	
11:27	有学生将鞋子脱掉，代建荣让其将鞋子穿好，旁边同学帮助穿鞋。	
11:29	让学生排成一排，依次进行“推独轮车”训练。	
11:32	代建荣帮助学生推独轮车。	有的学生走不了直线，代建荣辅助他们通过推独轮车矫正走路姿势。
11:35	独轮车训练结束，进行“跨步直走”练习，代建荣引导学生沿着跑道走。	
11:43	有学生脱离训练队伍，代建荣将他寻回。	
11:50	下课铃声响起。	
11:52	训练继续，进行“抛篮球”练习。	抛篮球练习就是学生两两一组，将篮球抛给对方。
11:54	进行下课前放松运动，下课。	
12:10	代建荣走进教师用餐处用餐。	用餐处在教学楼二楼，全校老师在一起用餐。
12:13	代建荣和同事聊天、吃饭。	
12:30	代建荣走进工会办公室，开始整理上午没有处理完的事务。	
12:45	代建荣在电脑上写通报。	
12:48	代建荣同事走进办公室，和代建荣打完招呼后，彼此做自己的事情。	
13:00	代建荣在办公室写东西，说：“我过两天要出去参加一个在上海召开的会议，这两天要准备一下材料。”	
13:30	代建荣在办公室处理公事。	
代建荣告诉观察者，他现在从事的工作主要是工会和安保，也兼着其他一些职务，主要工作地点是办公室，有时候也会协助保安排查学校的安全隐患。今天下午他在办公室写东西，所以观察结束。		

快乐的“阿 Q”

——郭留仙口述

郭留仙，女，汉族，1979 年出生，浙江省建德市人。1995 年 9 月考入浙江省温岭师范学校，1998 年 6 月毕业，进入浙江省杭州市杨绫子学校任教。先后担任班主任、语文、数学和体育老师，小学高级教师。2002 年带领学生参加全国特奥会。2007 年在第十二届世界夏季特殊奥林匹克运动会中担任中国体育代表团的垒球教练。后带领杨绫子学校参与国际特奥会东亚区融合青少年领袖力训练营活动及贵州支教活动。

口述者：郭留仙

访谈者、撰稿者：章军、王拓涵

访谈时间：2017 年 10 月 17 日、2017 年 12 月 7 日

访谈地点：浙江省杭州市上城区杨绫子学校“智慧树”咖啡吧

上天留下的小仙女：不一般的童年

问：郭教练您好，您是哪年出生的？是杭州人吗？

郭留仙：我是 1979 年出生，谎称“80 后”，哈哈。我应该算是广义上的杭州人，因为我小时候在建德的外公外婆家长大，在建德读书，建德也算是大杭州地区吧，所以从籍贯上，我算是广义的杭州人。我完成学业后来杭州市区工作，现在也住在杭州，住的地方离学校蛮近的，骑自行车只要十分钟，走路也就半小时不到，天气好就沿着江边走来学校。

问：您父母做什么工作？小时候的生活环境怎么样？有没有兄弟姐妹？

郭留仙：这就说来话长了。我爸爸是杭州知青，本来是到黑龙江插队的，因为受不了那里的气候，最后来了建德插队。我爸爸是个动手能力很强的人，他可以把以前那种解放牌的大货车拆了再装回去。刚好那时候我们村里缺一个

修拖拉机的工人，所以他就在我们村里插队住下来了，与我妈妈结了婚，有了我。虽然以前农村重男轻女的思想很严重，但我的童年生活是相当幸福的。一方面，我妈妈在村里开小卖部，我们家当时的经济条件不差，我小时候经常能有零食吃。另一方面，我家人特别是外婆对我非常关心。她觉得我是上天留给他们的小仙女，所以给我取名叫留仙。虽然看我这造型不太像小仙女，比较像女汉子（笑）。我外婆是一个很善良的人，没有重男轻女的思想。她觉得不管怎么样，家里有小孩都是幸运的，我也觉得我的名字很有意义。你可以去网上搜，你搜不到与我重名的人，不会有人取这样的名字。

问：您是什么时候上学的？

郭留仙：小时候在农村长大，教育条件不是很好，但家里人都很重视教育，比如我外婆，我妈妈的兄弟姐妹里，最差的学历就是初中毕业。你想那个年代的农村，能初中毕业是很了不起的事情。

我妈妈也很重视教育。小时候农村里办幼儿园还不多，能上幼儿园的家庭也不多，能上兴趣班就更少了。但我上小学前就上过幼儿园，也报过培训班。因为妈妈对我上学的态度很坚决，有幼儿园就让我去，有培训班也让我去。可以说只要有能学到东西的地方，她都愿意花代价送我去学。

我们村里有一个拉二胡很好的人，他暑假里给大家办了一个二胡班，我也报名参加了，学会了拉二胡。附近的农村有文艺演出，我们就去演出，还给我们工资。我还记得读六年级的时候，学校新来了一个数学老师，他很积极地推广课外活动，办了一个奥数班。那时奥数班在农村其实也蛮少的，我也报了奥数班，参加奥数比赛，结果那次比赛题目真的很难，满分 100 分的试卷我只考了 8 分，连二十几分的人都可以拿三等奖。

问：当时数学挺好的吧？

郭留仙：我小时候数学很少会下 95 分，但我的语文很少会上 80 分。当时偏科偏得很厉害，文理科相差很大。以前不像现在有这么多课，到六年级有一门课叫自然，说起来现在记忆挺深的，自然课我还考过我们镇上第一名呢。

问：在小学担任过班干部吗？获得过什么荣誉？

郭留仙：我当过数学课代表，哈哈。因为我是提前入学的，在班里年龄偏小，而且小时候我太野了，玩得太疯了，老师觉得我不够稳重，再加上我不愿意跟老师打小报告，所以没当上什么班干部。当课代表也只是因为我数学成绩好而已。至于荣誉，像刚才自然课考全镇第一算不算？这方面没什么太深的印象了，毕竟那个时候学校不大，农村学校也不太流行评三好学生、三好少年这些荣誉。以前的学校不像现在会搞这么多活动，荣誉更多是参加体育比赛、学科竞赛得到的。

问：小时候有哪些好玩的事情呢？

郭留仙：好玩的事情就多了。比如说春游，现在孩子春游都是大家带着零食，到公园铺开吃。我们小时候春游都是野炊，自己扛着锅去烧饭，自己钓鱼，自己去挖蘑菇、野菜。现在的孩子是不会有这种体验的。中学的时候，新来的地理老师特别年轻，他让我们一人带一块柴，在学校操场上开篝火晚会。再有印象的事情就是运动会了。我小时候运动也挺好的，在县里的比赛拿过第二名。那次比赛我印象很深，体育老师在墙上贴了一张表，上面写你现在成绩是多少，大赛去年第一名的成绩是多少，赛会的纪录是多少。然后告诉你，你如果能拿到好成绩就把你往上排。

问：小时候接触过智力特殊的人吗？

郭留仙：说起来算有吧。小时候有一个比我大一岁还是两岁的女孩子，掉水塘里因为窒息，脑细胞死亡，变成智障了。她家旁边有个庙，她长大后就在庙里念经，后来又听说她嫁人了，再也没碰过面。当时我们同学间关系也比较单纯，我们没有欺负那个掉水塘里的女孩子，也就是不太理她，我们玩我们的，她玩她的。每次我们玩的时候，她都笑嘻嘻跟在我们后面。比如小时候玩跳皮筋啦，抓人啦，摸象啦这种游戏，我们在外面跑来跑去，她也跟着我们跑来跑去。捉迷藏的时候，我们躲起来，她也躲起来，我偶尔也会找她玩。

村里还有一个唐氏综合征患儿，比我们小好多，我都读初中了，他才读小学。但他们家很宝贝他，教会他很多生活技能。现在回村还能看到他在街上走动，智能手机也玩得很好。他每天的状态也不错。我到村里早餐店偶尔能碰到他在那边吃早饭，买包子。

还有一个孩子，他的脑子应该也是有问题，但那个孩子可疯狂了，没有人敢欺负他，都是他欺负我们。不过他唯独不欺负我，因为我借过钱给他，没要他还。我对他还有一件印象挺深的事：这个孩子老是欺负别人，老师就安排他做值日生，专门摆课桌椅。他放学后把凳子放在那里，拿粉笔画了位置。如果第二天来发现人家扫地动了凳子一点，他就打谁。全班唯一不挨打的就是我，我是可以动他凳子的。但是我也被他欺负过，我现在手上有个疤就是他留下的。但我也跟我妈说，他不是故意打我的。毕竟小孩子间打打闹闹是很正常的，也知道他的情况，没有必要去他家追究。

想法很简单：只有城里才有特殊教育学校

问：小时候最擅长的运动是什么？有打破什么纪录吗？

郭留仙：打破比赛纪录没有，打破自己的纪录是有的，哈哈。我那时候的主项应该是铅球，我可以把 5 公斤的铅球扔到 12 米外，在女同学里还是蛮厉害的。不过我小时候只是疯玩，也不知道什么运动项目算主项。在专业运动员里其实我还是不上不下蛮尴尬的。

问：体育那么好，有考虑过进体校学习，走职业运动员道路吗？

郭留仙：是的，我的体育老师也推荐我考体校。但我妈妈还是有想法的。我妈妈觉得，虽然我现在能参加比赛，拿到不错的成绩，看上去好像有运动天分，但我拿到的成绩又算不上顶尖，女孩子做运动员实在太苦了，还是不要去走职业道路了。

她的考虑也是有道理的。我妈妈不反对我参加体育活动，她觉得我天性就是喜欢玩，能在体育运动上面耗耗精力，平时不那么皮蛮好的。另一方面我当时文化成绩也挺好的，只是发挥不稳定。初中有四个班，一个班有六七十个人。我成绩好的时候可以考到学校前十名，差的时候要掉到四五十名以外，班级里前十名都进不去。

问：中考没有选择体校，后来是升入普高读书？

郭留仙：那时候中考录取是这样的，师范学校、重点高中先录取学生，然后才轮到普通高中录取，普通高中后再是职业高中和中专录取。当时师范比高中更难考，因为考师范还要再参加一次升学考试，达到分数线才能上师范。我中考的时候成绩超过重点中学梅城中学分数线六十多分，但我妈觉得我平时成绩不稳定，还是应该去考师范。她说如果我想继续读大学，以后工作了可以接着读，想想也是有道理的。我后来也到大学里进修过，但没有读过全日制的大学，可以说是一辈子的遗憾吧。

问：您当时考上哪一所学校？

郭留仙：考上了温岭师范学校，后来我在杭师大进修。专业方向呢，温岭师范是特殊教育，杭师大是体育教育。两所学校的同学，从感情上来说温岭师范的会与我更近一些。但从工作上来说，碰到杭师大的我会更有亲切感，因为聊起来总是有相同的话题，都遇到过共同的老师。

问：到温岭师范学校能自己选择方向、专业吗？

郭留仙：报名的时候我就已经确定这个方向了。农村孩子遇到升学这样的大事，很多还是由大人做主的。但农村上一辈有文化的人不多，大人自己也定不了主意，所以他们很多时候会去跟学校的老师商量。

我们这一代人，如果是农村出身的，大部分会去考老师、警察、医生这些比较固定的职业。我妈她就觉得护士太辛苦，我自己也不喜欢，所以当时让我在警察和老师之间选一个职业。但是当警察身高要求一米六以上，虽然现在我达到这个身高了，但在读初中时还在长身体，身高差两公分，还是失去了这个机会。至于为什么报特殊教育这个专业呢？我当时的想法很简单，因为只有城里才会有特殊教育学校。当时师范毕业很多都是要回村里去的。读了特殊教育专业，我毕业后就不会回到村里工作了。就算去不了杭州，我至少也能够留在建德市区。

问：在读这个专业之前对特殊教育领域有了解吗？

郭留仙：我有个学姐在温岭师范读聋哑专业，所以在入学前对这个专业还是有一些了解的，知道这是教残疾孩子的专业。但是当时对智障这个概念没有心理准备，我报到前一直认为自己是聋哑方向的。等到去了之后才知道，原来我们是学校特殊教育智障方向的第一届学生。人生本来处处都是巧合，没有谁知道今天的行为会造成明天什么样的结果。

问：您什么时候从师范毕业？

郭留仙：我是 1998 年来杨绫子学校工作的，但在毕业前我已经来过这所学校了。在师范读二年级的时候有个见习，去当地的特殊教育学校里面见习一个礼拜，见习的学校在台州温岭。第三年又有专业实习，我的实习就是在杨绫子学校度过的，一共实习了五个星期。那时的学生并不都到杨绫子学校来实习，有同学被派到黄龙体育中心旁边的黄龙洞学校，现在改名紫荆花学校了。还有同学被派到湖墅、健康路的学校。

问：参加实习的时候，有没有一个类似师徒的组合？

郭留仙：有的有的。当时有两位老师带我，一位是姓汤的数学老师，他除了教语文和数学课外，还管着图书室的工作。另一位是姓樊的语文老师，他除了语文课外还带了音乐课。所以我实习的时候也有上音乐课。这两位老师现在已经退休十多年了。

刚来实习的时候都是年轻人嘛，课间都喜欢带着孩子们唱唱跳跳的。但带我们实习的老师就会说，课间的时候你不能让孩子太兴奋，因为孩子太兴奋以后，注意力就会分散，课上就会产生情绪。当时我们就特别不理解，觉得孩子就是应该开开心心的才对，课间带孩子玩不是挺好么？虽然我们听了指导老师的意见，但是内心上还是不乐意。我工作了这么多年，现在回想起来，觉得他们当时的告诫是有道理的。

问：实习的时候，有没有发生什么让您印象深刻的事情？

郭留仙：我能表扬一下我自己吗？哈哈。实习的时候我的教案过得很快的，特别是数学课。我基本上改过一稿两稿就过了，到后期基本上一稿就过。这是挺好玩的事情，我教案改完后经常一个人看小说或出去玩，而我的同学都还在埋头改教案。

总体来说我们的实习还是蛮忙的，那时师范教育是综合性的，没有很明确的学科分类，所以我刚来这所学校的时候大部分课程都教过。当时学校不像现在有白板，有投影仪，有各种现代化的教学手段，还没有配备现在这样现代化的教学设施。所以我们很注重锻炼老师的个人技术，每天都要练粉笔字、毛笔字、钢笔字，还要练唱歌。还要学简笔画，用四宫格把小猴子下山摘桃子，丢了桃子摘西瓜，丢了西瓜捡芝麻的课文画出来。

问：实习时有没有对这份工作产生新的看法，影响您后来对职业道路的选择？

郭留仙：当时没有什么特别的感受，这就是我的工作。我们这一代人不像现在的孩子愿意去做更多的选择，或者说习惯为自己做选择。我们其实是接受安排的一代人。我去读书就知道自己是这个专业的人了，去实习也是去这个专业领域相关的学校。如果工作顺利的话就留在这个学校，继续从事这个工作，反正做得也挺好的。

我们一个班四十个同学，离开特殊教育岗位的只有十来位。而且离开特殊教育岗位的同学大都有原因，有些同学是因为回去后当地没有特殊学校，所以就只能去普小教书了。至于离开整个教育行业的同学大概就只有两三个。那个时候师范教育基本上定向招生，进什么专业就从事与专业对口的工作。

问：说到定向招生，您毕业是要考编制吗？还是有政策安排工作？

郭留仙：事实上我是属于计划委培的，计划委培就相当于定向生，教育部门会为我们安排工作。但我们的档案没有直接到工作单位手上。当时是这样流转的：我是属于大杭州地区，毕业后我的档案先从温岭师范转回杭州市教育局。因为我是建德人，所以档案到了建德市教育局。最后因为我实习的杨绫子学校需要招老师，学校招了我，档案就又来了杨绫子学校。

当时我对此一点都不知情，我是回建德教育局报到才知道档案还在杭州。

建德教育局直接跟我说，杭州已经把你给要了，你就留在杭州好了。因为我是委培生，所以建德市教育局就帮我写申请去杭州，最后解决了工作问题。我来杭州市教育局报到后很顺利地进入学校，中间没有什么其他波折了。

问：刚进学校时教什么课程？

郭留仙：实习时不是有两个指导老师嘛，我正式工作后还是跟着这两个师父学。我实习到6月份的第一个礼拜结束，6月底7月初毕业，8月份就来报到，月底又参与了一些学习，9月份就来上班了。虽然我教的班级是一个全新的班，并不是实习时带的那个班，但好歹老师们也是脸熟的。

课程方面，我本身偏向理科，实习时我就偏向数学，刚进校给我排的课就以数学课为主，第一年还带过音乐课，最终走到体育这条路上，中间还是有波折的。我没有去体校走职业道路，读师范的时候也隐瞒了自己的体育特长。但等我到师范上完第一节体育课后，体育老师就叫我礼拜几下午来参加训练，他就直接把我拉进集训队了。我工作教体育也是无意〔促成〕的。师范教育是综合性的，它没有很明确的分类，刚来这所学校时，大部分课程都教过，音乐、美术也教过。可能因为从小就练体育，在这方面会有一些喜好或者一些固定的习惯，而且档案上也写了有在体训队参与训练的记录，刚好当时学校里有个体育老师退休了，前面的体育老师年纪也都慢慢大起来了。学校的班级也多，体育老师不够，所以我就被派去当体育老师了。

但那时候还不是专职的体育老师，因为我刚工作的时候，老师〔的课程〕没有现在分得那么细，很多时候我们都是教一门语文、数学主课再兼任一些其他的副课。后来随着学校发展，老师分工慢慢地细化，我教数学课的任务就渐渐没有了。

初出茅庐的教练：各种难忘的第一次

问：刚开始教这些学生，遇到什么困难？

郭留仙：总体感觉还好，因为我的两个师父都很好，数学师父，为人很严谨，教给我很多理论知识。他对孩子要求很严格，但对孩子耐心也很好。这些方法都潜移默化地影响了我。语文老师特别温柔。所以我整个过渡还是挺顺利的。后来我刚上体育课时，学校派体育老师来带我。学校里一代传一代的这个传统一直在坚持，这个方式挺好的。当然，到现在我就变成别人的师父啦，哈哈。

问：在执教过程中，有形成自己的方法吗？

郭留仙：每位老师肯定会形成自己的风格。我现在虽然带徒弟，但他跟我上课的风格是不一样的，每个人都有自己的习惯。我在不同时间段的风格也不太一样，最近就不断地提醒自己和徒弟，要不断减少家长对孩子的辅助。

现在因为孩子们的〔智力障碍〕程度重，教学过程中很多时候需要有家长来辅助。但为了培养孩子的独立性，我们会跟家长和老师说，怎么样来减少辅助，怎么样来让孩子更多地参与活动。有一段时间我特别喜欢用游戏上课。因为学校排课变化，我们每年的班级经常会有变动，带的班程度不一样，教的东西就不一样。但是有一个是不变的，就是肯定要把所有的技能都切碎，切细，然后在每一个细的环节上，采用各种各样的方式训练，不断地、重复地去练。这个原则不管是什么程度、什么阶段都要坚持。

其实方法说来说去大同小异，在书上也能找到，在其他场合也都能听到，重点是你能把这些方法实践到什么程度，落实到什么程度。即便都用同样一个方法，换一个人去教同一个孩子，得到的结果也是不一样的。

问：您身边有具体的例子吗？

郭留仙：我现在带一个今年刚工作的老师上体育课，我在那吹哨子集合，孩子们都很听话过来排队。但他吹哨子叫孩子们集合，有几个孩子没来他就慌了。因为一年级的孩子没有排队的意识，有几个孩子不知道吹哨子是要集合了，听到哨子没有反应，喊他名字才会来。这个新来的老师不知道这点，他一看四五个孩子排好了，还有几个没来，他就去抓。等他把没排队的孩子抓来了，这边排好队伍的孩子也跑掉了，队伍就乱了。所以教学方法光说是没有用的，是要靠一点点琢磨出来的。我们有时候开玩笑说，这个其实不是方法，是人的气场。一个老教师往那一站，学生们会怕一点，所以会赶紧过来集合。倒不是学生怕不怕的问题，实际上我也笑嘻嘻的，也没有特别凶他们。

问：您刚开始教体育的时候，还没有带队参加特奥会比赛，是吗？

郭留仙：是的。但是我从教课到带队比赛，中间时间很短，大概半年多就开始带队训练了。这也是当时体育老师少的缘故，我有点被迫赶鸭子上架的意思。对于特奥训练，我也是在不断摸索。

问：您入职之前，这个学校有带学生参加特奥比赛的经历吗？

郭留仙：有，我 1998 年入职，但事实上学校在 1992 年就参加过福建的全国比赛。1996 年，我们有队伍去上海参加亚太区的比赛。我入职之前学校还参加过香港的城市邀请赛。

问：当时学校已经形成了参与特奥竞赛的传统了？

郭留仙：也算不上传统。我入职之前的特奥参赛是断断续续的，比赛形式也很难说已经成型了。即便是我入职以后，杭州市的特奥赛事仍旧按普通中小学生运动会的形式开展，两年一次，跟普小一样比谁高，比谁快，没有按特奥的规则策划赛事。

一直到2006年，轮到上城区的杨绫子学校主办运动会的时候，我们才把运动会的规则改成特奥会的。那次比赛就算我们杭州市的第一届特奥会了，现在就这样轮下来，各区轮着办。明年办杭州市的第八届特奥会。不过虽然外部的发展起步很晚，但我们学校一直都有这个氛围在，每年都会办运动会。

问：还记得第一次带队参赛的经历吗？

郭留仙：第一次带队参加比赛好像是2000年还是2001年，年份太久远了，有点不太记得了。那时我们学校的女子队参加了北京举办的全国篮球赛，在海淀区的一个篮球馆比赛。当时定的赛制是女子三打三的半场。

参加这项赛事对我来说是一个挑战：我一个玩田径的，突然要带一支女子篮球队出去比赛。但我们最后取得的成绩也还不错，在自己组别里拿了第二名，虽然一个组别总共就三支队伍，但我和孩子们也是挺高兴的。我们当时的老校长非常重视这次比赛，他亲自陪我们去。我们后来也很走运，我体育师父的先生在北京刚好有些公司上的关系，所以赛后还去看了天安门和长城。

比赛整体给人的观感还可以，这次比赛让我第一次觉得智障孩子的比赛也能做得很正规，有开幕式入场，甚至还有火炬传递。那时特奥运动刚刚引进中国，推广时挺注重仪式感的。像我们这种小型比赛中，也会安排一个跑火炬的环节，让选手和观众感受一下氛围。现在想来有好有坏，反正形式感挺强的。

问：您最难忘的外出经历是哪一次？

郭留仙：应该是2002年全国第三届运动会。我们学校第一次派代表队参加全国的综合性赛事，当时我们出足球队、女子篮球队，还有田径代表团。那是我们第一次参加很隆重的开幕式，跟电视里看到的一样。这次比赛跟前一次比赛相差十年，所以办得特别隆重。

大赛把开幕式安排在西安古城门上，把城墙当做背景，出场很炫，从城墙两边走下来，走过舞台，从两边入座。我们坐的位置前面就是仪仗队的兵哥哥。点火仪式也很炫，是桑兰点火，然后烟花“唰”地窜上去。

还有件事情挺有意思的，我们前面不是仪仗兵吗？灯光照得很热，9月份西安的天气也挺热的。就看着一个兵哥哥中暑瘫下去了，另一个兵补上，两个

郭留仙教练（右一）纠正学生的动作。

兵把他抬走，我们就小声音地说，前面坐着副主席呢，这个兵回去是会被记过还是处分呢？

那年比赛的管理非常到位，所有比赛项目都在西安的国家跳水运动管理中心进行，主办方按照国际性赛事的标准来承办比赛。我当时带的是女子篮球队，我跟裁判聊天的时候听他们说，所有裁判都是国家下文件从各个系统抽调上来，提早一个月就集中到国家跳水中心培训。他们每天要跑三千米，每天学规则。因为特奥会很多规则跟普通运动会不太一样，所以需要特别培训。

比赛参加得多了，就会遇到各种各样的情况。到哈尔滨比赛的时候，住的是大学里的高低铺，考虑到安全，我们都住下铺，睡的是硬板床。不是每个房间都有浴室，洗澡都得去澡堂。南方人每天比赛回来有汗都要去洗澡，有个阿姨说就你们南方人事儿多，每天都来洗澡。

后来到上海参加世界特奥会，参加开幕式大家要从浦东到浦西去。集中起来总共有几十辆大巴车，整个上海的交通全给我们让位。上海特别棒的是志愿者，那些志愿者真辛苦，真是非常感谢他们。上海的开幕式，所有运动员都入场，把中间的草坪隔出做舞台，把运动员都安排在这里。特奥会是重在参与的运动会，全部运动员有上万人，整个入场式最起码得有一个多小时快两个小时。在体育馆里一圈都有志愿者，全场统一指挥，只要运动员过来，全都是做欢呼的动作，一直做两个多小时，还要面带微笑。我们入场结束后看开幕式，他们还不能离场，就站在旁边看，等我们离场的时候他们继续欢呼，还给你加油，等所有人离场他们才能撤。

比赛中也有各种各样好玩的。最近较好玩的事情，有个裁判老逗我们一个足球运动员。运动员他不太分得清小动作跟犯规的界限，他有小动作，裁判不吹，他们就觉得合理，动作大了就变犯规了，犯规严重了就会被红牌罚下。裁判看到他就跟他开玩笑说，给你一张红牌好不好，他就说红牌不要，红牌不要，不能踢球。有一次比赛，裁判上场之前又逗他玩了一下，结果他上场就站在那边不跑不动了。我就问他干嘛不跑，他说红牌不要，红牌不要。然后我就告诉他，你只要不出现那个动作，就不会给你红牌，你如果站在那边不动，就要给你红牌了，然后他就去踢球了。他是个很有运动天分的孩子，但是思维的抽象性不是很好，要让他自己自主思考很难。

快乐的“阿Q”：工作中的困难与动力

问：您现在面临的最大困难是什么？

郭留仙：现在还有个压力，这两年特奥会东亚区推进融合比赛，推进得太快了，跟杭州的教育发展有点脱节。特奥会举办的融合比赛，要求跟融合学校的正常学生一起参赛。

这个政策的初衷肯定是好的，校队的一些队员来给我们做日常的训练，无论对我们队员的人格发展，还是竞技水平〔的提高〕都是有好处的。但是对他们来说，如果要放慢速度来跟我们训练，和我们融合，他们日常训练的节奏就会被打乱，他们自己也有校园系列赛的压力。如果我们不和校队的队员融合，选择竞技能力弱一点的，跟我们配对刚好合适的学生，那人家也有学业压力。

竞技强的那部分孩子以后要走职业化道路，如果没有走，那他肯定要好好学习，准备考试，不能跟我们一同开展日常训练。所以我们融合队员的年龄段其实是很尴尬的。如果按年龄相近来推，我们的特奥队员融合十六到二十一岁年龄相近的正常孩子，他们都在初中和高中阶段，没有办法来长期参加我们的训练。如果把融合年龄段定到十八到二十一岁，可以去签大学校队的队员，他们没有学业压力。但毕竟我们学校的孩子只到高中毕业，身体素质和大学生又有差距。所以要我们主动地去配合东亚区推进融合学校，用融合学校来推进融合运动、融合体育的话，客观上存在很大困难。我们很认同东亚区的做法，但实践的难度相当大。我们现在融合足球的训练是跟小学融合，相对来说好一点，因为小学生更多以兴趣为主，小孩子年龄小的时候，在智能上和运动能力上会接近一点。但总体而言，压力依然很大。

问：这份工作应该是既有压力又有很大的收获，至少收获和付出是成正比的吧？

郭留仙：如果我说不成正比你能接受吗？哈哈（笑）。如果按正常标准来说，其实是不成正比。比如说我在普小去教一个孩子，教了五遍之后，他应该学会了。但是在这里的话，你教一个孩子有可能教二三十遍，他也不见得就会那个动作，因为他本身的条件限制了他。但是有时候又想想，你把一个什么不会的人都能教会，也够强的。我们有时候也算是有阿Q精神了，你去教天才很容易，把方法教会他就可以了，因为他会自学，他自己会成长。但是你去教智障孩子，他的思维就限定了他很多东西。

问：天才能从一做到一百，智障儿童可能就要从零做到一？

郭留仙：能做到一，对他来说就是胜利。怎么说呢？去教天才，他本来就有那些外围条件，本来就会很多东西。但是你去教智障儿童，很多东西都不会，他没有那些外围条件。就好像现在让一个天才和一个智障儿童过钱塘江，天才看到旁边有座桥，有桥多容易过呀。但智障儿童只看到了一条江，别的什么都没有看到。后来他去找个木筏，找各种方法，最后也过江了，或者最后也能够浮在水面上尝试过江了，你想多不容易是吧？比那个能顺着桥就走过去的人厉害，对吧？这有时候是阿Q精神，但事实上我觉得也是这样，我们要去想更多的方法来做这些事情，才会有可能成功。这也是一份很有挑战性的工作。

问：孩子父母应该都很配合您的工作吧？

郭留仙：也不完全是。大部分父母是配合的，因为毕竟特奥对孩子的进步帮助是很大的，这是其一。其二，中国很多家长都好面子，他回去不会跟别人说我的孩子去参加什么特奥比赛，只会跟人家说我孩子去参加全国比赛了。这对他来说也是一种荣誉，所以家长大部分是配合的。曾经也发生过家长因为没让他孩子去参加比赛来闹的。有些家长不仅支持你去，还能帮着做一些事情。在普通教育中各种各样的家长都有，但特奥这条线上很少会有奇葩的家长，也很少有不支持的家长。

问：这些孩子毕业后，和他们或家长还有联系吗？

郭留仙：会有的。毕业生会回来看我们，偶尔也会来邀饭。有一个孩子挺多年没见了，他搬家了，与他的联系断掉了。以前通讯不像现在这么发达，他只给我留了座机号码，座机换了就没有了。也不知道他怎么做到的，又把我的电话找回来了，他就来喊我吃饭。那天邀我吃饭，非得他和其他几个学生请客。我说不行，我请你们吃吧。他说不行，非得他们自己 AA 掉。后来我跟他说你们再叫我吃饭，要么大家全 AA，要么我请你们。如果你们再这样请我，我就不来吃饭。所以后来我们再吃饭就大家全 AA 了，这也很有意思。我和孩子们就跟朋友一样。家长也有一些有联系的。有一些家长在孩子毕业以后，因为特奥运动过程当中大家关系挺好的，偶尔也会聚聚。他们有时也会诉诉苦，与我沟通一下。

问：这样的话也相当于一个朋友圈，对吧？

郭留仙：对，相当于一个朋友圈。现在体训队来参加特奥比赛的这些孩子，〔障碍〕程度相对来说是比较轻的，所以他们很多都挺好的，都用微信，我朋友圈里就有很多孩子，这些孩子除了特奥运动以外，还有很多其他专长。有个学生爱画画，没有人教他，他自己画，画得跟照片一样，能画到你惊讶为止。现在有朋友圈很方便，他们有什么进步，我给他点个赞，我有什么进展他们也给我点赞，有什么事情喊我一下，通讯发展带来很多便利。有些毕业生毕业后还没找到工作，在家没事干，就会给我打电话。其实他也说不出什么，只是告诉你老师，我想你了，我想跟你聊聊天呗。然后就说我今天吃了什么之类的话。其实聊的东西也挺少的，聊一会就好。

问：孩子们对您的工作是有认可的。

郭留仙：现在〔孩子的障碍〕程度重了。程度轻的孩子基本上都认可我们的工作，很喜欢来参加体育活动。重的那些孩子呢，不太会表达，也有少数不爱运动的。但只要活动设计得合理有趣，还是愿意参加的。只要他能够自主完成任务，能获得成功感，就很愿意来玩。但有时候不能完全这样，因为到一定程度后要练体能，就不可能完全有趣。出现这种情况，孩子还是会有抗拒心理。

发生在身边的改变：特奥运动的现实影响

问：家人、朋友对您从事的工作有什么看法？

郭留仙：嗯嗯，我属于独立得比较早的孩子。上师范以后，我的大小事情都自己拿主意，基本上我自己定了，通知家里就可以了。家里还是蛮支持我的工作，有时候我妈妈会把我的工作当作一种炫耀的资本，跟邻居聊天，他们问你女儿最近怎么样，忙不忙什么。她说唉哟，我女儿很忙的，女儿又带队去参加全国比赛了。她并不觉得从事特殊教育是一份不能说的职业。我也有很多很好的朋友，有很多事情需要他们来帮忙，他们都很 OK，他们有时候也觉得我这里蛮好玩的。家人或朋友，对我工作的认可度都挺不错的。

问：从事这个工作，您对这些特殊人群的看法是否有所改变？

郭留仙：我读书就是这个专业，知道是怎么一回事，所以我一开始就做好心理建设，没有特别大的排斥或者说不舒服。而且我读书和刚工作的时候，在国内接触的大部分还是轻度的孩子。轻度孩子很多时候并不能从外表上看出来，你就只觉得他不会读书，考试考个位数而已，其他的都没有问题。你跟他交流、跟他聊天都没问题。

但我读书刚接触〔智障孩子〕的时候，还是有一点心理震动的。上专业课，老师给我们看国外的录像，让我们看看国外的重度智障人群。看完录像反应很大，我们班半数以上的人心里都不舒服。大家之前接触到的特殊教育，更多的是盲啊聋啊，智障也是轻度的，并没有接触到影像里那么严重的孩子。我看完录像那天中饭都没吃。但人总有个适应的过程，录像里的那种重度孩子，我们学校现在也已经有了。

问：程度越来越重，是为什么呢？

郭留仙：我觉得有多方面的因素。首先是我们社会进步了，人们愿意把那些程度轻的放到普通学校去做融合教育。第二是因为我们有越来越多的方法来发现他们了。你想想你小学时说不定你的班里，或者隔壁班里也有这样的孩子。以前没有办法，只能说这孩子天生就笨，没有读书的天赋。现在有各种手

郭教练（右一）帮学生整理书包。

段来检查孩子的问题。今天我刚看到一条新闻说，一个智商 130 的孩子考试永远在中下水平。130 是天才呀，他为什么考试就在中下水平？去看医生，发现这个孩子是多动症，注意力缺陷，很少能把时间集中在学东西上。所以说医疗的发达会使我们有更多机会来发现、评估他们。此外，也有家长思想开放的缘故。家长思想开放了，愿意把孩子从家里送到学校接受教育，愿意选择好的学校来读，也愿意为孩子的未来花更多的精力，以前有很多孩子是被关在家里的。我们的教育事业也在发展，有更多的手段给他们做康复，去教育他们，让他们适应社会。

润物细无声：从业二十年间的行业变革

问：您从业以来，特殊教育发生过一些什么变化，比如说生源、教育制度，或比赛方面？

郭留仙：有啊，除了说到的生源变化或比赛制度变化，学校本身也有变化。1998 年刚到杨绫子学校的时候，学校的教学还是跟普小一样，只是教的内容会简单点，我们会花更长时间来教他。到 2002 年 2003 年，我们开始接触个别化教育，开始接受培训什么是个别化，到现在个别化已经成为我们的日常工作，我们会对每个孩子做一个评估，根据评估结果做一份适合他的学习方案。

我这个班里面的孩子，有的在数数，有的可能做加减法，不一样的水平给予的内容不一样，教学不一样，有一些特殊的安置，这就是我们这所学校一个非常大的变化。这两年有另一个变化，就是非常注重实践。孩子可能学不会一万以内的加减，但可以用计算器来替代，学会了这些知识不会用也没用，所以我们就更多地实践。去年开始，周边好多社区的一些公共设施，都愿意来配合我们搞实践。比如说九年级有个医院的主题，我们就把孩子真的带到医院去，假装去看病。虽然孩子没有生病，但是我们跟医院讲好，医院也愿意配合我们，怎么去挂号啊，怎么看医生啊，医生也问你，今天头痛不痛啊，然后去付钱，去取药。我们就把课堂搬到生活中去，这也是一个很大的变化。

问：这些变化是哪一年开始的？

郭留仙：没有特别明显的节点，是慢慢〔变化〕的。像个别化，我们 2002 年就开始慢慢地接触，但是到 2008 年、2009 年，每个孩子才有他自己的个别化。我们放到场景中的实践，也是慢慢来的。

另外我们的硬件上有很大的变化。我们学校最早是在滨海路，非常小的一个学校，没有跑道，当时也有十来个班。2006 年迁址到这里，因为 G20 我们做了提升工程，重新装修。像艺术长廊，都是前年统一装修过。所以现在学校的硬件啊康复器材基本上可以跟国际接轨，〔有的〕已经是前列的了。我刚到这所学校时，很多教具都是手工做，现在外围硬件方面，只要学生有需求，很快都可以落实。

问：比赛项目这些年有没有变化？

郭留仙：项目呢，我们以参加省市的田径比赛为主，外面的比赛，这两年基本都是传统项目为主，足球项目每年都会有外出比赛。这两年在大力推融合，融合赛就是足球和篮球全国比赛。我们刚刚从北京参加融合足球赛回来，在 11 月份要去参加融合篮球赛。

我们学校的特奥训练分两条线，一条线是随着外出参加比赛走的，还有一条的活动以当地的一些爱心活动、融合活动为主。我也做旱地冰球，接下来我们会做滚球场地了。

问：学校体育课的项目是不是也有明显的变化？

郭留仙：很多时候，项目变化是根据外围比赛来的。大部分时候我们以田径为主，但也受大环境决定。譬如说 2005 年到 2007 年，因为团队性项目在特奥比赛中比个体项目难开展，我们作为浙江省最大的培智学校，老师相对来说接触特奥活动多，经验多一些，学校就更多地承担集体性项目。我们学校人数多，运动员也好选一点，因此很多团队项目进入到我们学校，这是一个。第二个是要发展新兴项目，我们的体育老师相对有经验，新兴项目就放我们这里推，比如棒垒球，如果我们实践得好，再往外扩。

问：棒垒球是哪一年开始的？

郭留仙：棒垒球项目开展得蛮早的，2002 年、2003 年就有。杭州跟日本的一个城市是友好城市，日本的棒垒球发展得非常好，要定一个学校来做〔棒垒球〕交流，我们就接了这个任务。棒球我们一直没开展过，因为球小速度太快了，学生接受不了，而且容易砸到，危险，所以我们开展的是慢投垒球。这两年我们孩子的程度越来越重了，慢投垒球对他来说都危险了，所以我们现在用的是软式垒球，偶尔会把这个项目放在课堂中，有时候有人来做爱心体验，也会拿这个项目做。

问：现在学校有多少学生？

郭留仙：210 人左右，从学前到职业高中毕业，现在是学生最多的时期，我们是慢慢在扩大。以前学校只有六年小学，然后扩到九年义务教育，扩到十年，最后又往两头延伸，现在是十三年。其实有十五年，有的孩子毕业了，没有工作的先在这里实习，比如说超市，算职前训练。学校的班级目前不会再扩太多，我们会把精力放到随班就读、卫星班去。就是把一些边缘的孩子放到普小去，然后未来慢慢把中度孩子都放到普小。我们学校有一些老师去做巡回指导，规定这个孩子在普通课堂中需要完成哪些任务。

问：你们现在的教育理念是跟国际接轨吗？还是正在摸索自己的一套教育理念？

郭留仙：嗯，怎么说呢，前沿的教育理念，我们也是不断地在吸收。但再前沿的东西，不适合我们是没有用的，所以会外派老师去参加培训，回来根据学校的状况，把那些方法，学习之后的感触，结合我们学校做一些尝试。

我们学校很支持，比如说北体在这个周末会办第一届融合体育论坛，邀请国外的专家，我们学校也有老师去。校长很愿意把一些年轻老师送出去学习。我们也会请一些国外的老师来。我们今年暑假做了一个平移课堂，美国的老师直接到我们学校来上课，我们学校的孩子报名，招募了一些普通学校的孩子，做学生融合的课堂。

问：您现在主要带的项目是？

郭留仙：教学的话，现在的课全都是体育教学，是运动与保健这个学科。根据教的年级，内容会不一样，低年级偏向于康复；中年级会有一些跟普通小孩子一样的走跑跳投运动；高年级更倾向于去教终身体育类的项目，比如说教孩子打篮球，他在社区里自己也可以拍拍球，投投篮。我们也把很多特奥运动项目放到课堂中。

特殊学校的教学内容跟普通学校相比，特点是范围很广。普通学校可能只教一些走跑跳投田径类项目，我们除了普通学校常规的项目，还会教面向低年龄学生的软式垒球、滚球。今年开始，有健身房到我们学校来开体能公益课，可能接下来我们慢慢会把一些健身房的体能锻炼方法，带进课堂。

特奥会这块，我带的更多的是田径，这是我的主项。也带过羽毛球、慢投垒球。如果学校组队参加全国比赛，或省里到这选了队员去参赛，我们也是分工合作的。如果我不是主教练，那我会去辅助主教练。大家都是一个团队，要不然这么多事情是做不完的。

问：这些年比赛中有没有印象特别深刻的事情？

郭留仙：印象深刻的事情其实蛮多的，无论成绩高于我们预期，还是竞技上没有〔达到预期〕，很多的小事情归结到一句话，就是运动员的表现会出乎我们的意料。

前两天在培养小队员，有个孩子理解能力挺好的，但是家长说他从小体质很弱，经常会生病，稍微运动就会累。上礼拜我们刚好开始足球融合训练，出乎我意料，他很喜欢足球。因为他理解能力好，我们新推的旱地冰球项目也选了他。等于说那天下午他要上两堂训练课，我们用的都是外聘教练，所以在训练时没发现这个情况。第一堂旱地冰球课上一个半小时，第二堂足球课上两个小时。他那天下午实打实的三个半小时的训练课，结束后我就在想，他会不会特别累。第二天问家长，家长说回去就吃好睡好了，一点事都没有。

像这种孩子，家长开始都很担心说不能练或者体质差，不能长时间练。有时候我们也担心，因为很多智障孩子都伴随其他疾病。但那天下午我们惊讶到了，这个大家都担心的孩子，做了三个半小时的运动之后，回家都没什么问题。就是很多很小的事情，表明孩子的潜力很大，永远超乎我们的预想，意料之外。

问：您和同行有交流吗？比如其他学校的老师。

郭留仙：经常有交流。而且我的情况比较特殊，1998 年工作，大概 2000 年就开始接触特奥。正巧中国特奥会因为上海的世界特奥会，2003 年到 2007 年有个大发展。我比较荣幸，加入到特奥讲师团，到全国一些地方去讲课。那个时候我就积累下一些朋友，到现在为止，还有一些朋友会通过网络，在 QQ 或微信上与我交流。

我们推进新项目也会去交流。比如我们从上海引进旱地冰球项目，就与上海的学校搭上了联系，〔邀请〕我们去打友谊赛之类的。浙江省的交流相对全国会更频繁一点，浙江省每四年都会有一个省的特奥会。杭州市的〔交流〕基本都有 QQ 群之类的组织，都经常在聊的。虽然我们没有经常搞线下活动，但有大活动，大家都是非常热情的。

问：特奥教练员会不会流动？

郭留仙：也会流动，但是非常少。特奥教练员大部分来自特殊教育学校，面向社会的，比如体育局，或是体院的比例相当小。这一二年开始，社会上的专业教练会来加入。我们学校，今年开始就会有外聘教练来。外聘教练会来上一些非常专业的课，像旁边那个健身房也主动说要上公益课，当然具体的形式与模式都在探讨中，因为没有太多的经验可以借鉴，我们正在努力去摸索。

忙碌生活：难得浮生半日闲

问：比赛之余，您一天的工作是怎么安排的？

郭留仙：现在的工作分有比赛和没比赛两种情况。一个学期都没比赛的话，我会跟秦老师两个人七点半到校，上一节四十分钟的早训课，到八点十分左右结束。八点半是学校的大课间，晨间锻炼，全校都出操。接下来就是上课。课程安排就根据学校课表来了。我们学校老师的工作量都挺大的，基本课时维持在 18 到 20 课时，不算体训跟大课间，一周要上到 18 节课，至少也在 16 节课以上，平均我每天要上 3 到 4 节课。每周还有教研活动。

如果有比赛，比如这个月有一场足球比赛，那么早上其他项目就会停掉，时间全部让给足球队，每天早上练足球。到赛前一到两个礼拜下午也会跟进赛前训练。同时保持其他的常规工作，每年还有单项的比赛。今年下半年我们在做素质运动会，上半年我们做了篮球周。

我们还有课堂教学的研究任务，比如这次素质运动会，我们就在摸索做一个体质监测，测试一下哪些项目对一个年龄段的孩子是否适合。比如说正常幼儿园走平衡木的测试任务，交给我们学校一、二年级的孩子能不能完成？如果能完成，他们完成的数据，能否体现出身体素质和体智能方面的发展？如果这些数据都是合适的，那么我们就会认为幼儿园走平衡木项目，放在中重度智障群体里的八到九岁孩子身上测试是合理的，会建议学校每年都拿这个项目来测平衡和移动的能力。

问：相对来讲，比赛的日子会更忙一点，还是相对有弹性一点？

郭留仙：从工作量来说，比赛期间工作量会稍小一点，但从压力和精神集中度上来说，会高很多。首先是出去的安全问题。家长把孩子给你，二十四小时孩子都是你的。所以你从一睁眼就要看着孩子。还要卡比赛时间点，比如早上八点半有比赛，八点要检录，至少得提前一个小时吃早饭，而且不能吃太饱。像足球项目还得穿鞋子袜子，孩子们经常会丢三落四。所以你自己六点半就要起来，六点四十分到五十分叫孩子们起床，然后组织他们吃早饭，带到比赛场地。比赛回来还要盯着他们洗澡，给他们洗衣服，然后还不能让他们吃过量的零食，反正你二十四小时都要看牢。孩子们有时还吵架，你还得去劝架。你还要关注比赛的结果，要看对手的录像，计划下一场比赛怎么踢。

有时候比赛行程紧张，一整天都有比赛。到了晚上，大赛赛会要求你去参加技术会，技术会完了，我们教练组还要商讨下一场的比赛方法，然后给队里开会，开完会看着他们洗澡，然后睡觉查房。有些孩子因为兴奋或各种各样的原因，到十一二点都不睡觉。等他们都结束了我们才可以坐下来。从一出门到回来都是这样的循环。

如果碰到赛程允许，比如说踢得不理想，赛事提早结束了，空出一个整天来。我们就开始想，既然到这个城市，该带孩子们去哪里看看啊。去年我们去看鸟巢，今年带他们去故宫，每次尽量争取让他们看看当地的风景。总的来说，虽然比赛时工作量稍微小一点，但我们的压力会比在学校里更大一些，整个行程下来很紧张。

问：现在的工作压力还是很大吗？

郭留仙：压力还是有的，一个时间不够用，要做的事情太多了，脑子里面有很多想法，来不及做。第二个就是现在孩子程度越来越重了。以前的孩子我们可以用健全人的方法，只要把时间拉长，来回训练就好了。但现在你得自己去摸索很多方法。现在比以前花了更多的时间来训练孩子，但是我们得到的结果可能还没有之前的好。

带他们外出参赛也是这样，孩子获得好成绩才会有自信，才会更高兴，更愿意参加比赛，对吧？怎么样让那些程度重的孩子去参加大型比赛，对我们是一个挑战。因为这两年一些赛会的发展方向不太对，全国性的比赛主要还集中在足球和篮球上面，而且开始慢慢向校园系列赛的竞技性比赛靠拢。从主办方的角度来看也没有错，但问题是我们学校现在招收的孩子程度越来越重，参加比赛相当困难，更不要说拿好成绩了。

再比如说，他们这批孩子毕业了，找到工作后如果再参加比赛，或者训练，会打扰到他的工作，我们并不希望这样。因为无论是特奥会还是什么活动，最终都希望他们能够通过这些活动的历练得到独立于社会的能力。如果已经工作，已经可以在社会立足了，为什么要把他叫回来呢？当然我们偶尔开展一两天的活动，邀请他们回来参与也是一种非常棒的方式，但如果要长期训练，带他外出参赛，影响日常工作，我并不是特别建议。毕竟特奥会也不是一项职业性比赛，没有那种必要。

问：在工作之余有什么业余爱好？

郭留仙：我业余爱好可广泛了，喜欢旅行，然后音乐，喜欢看现场的一些表演。中国足球都不好看，恒大还可以看。比如说看张学友的演唱会，张惠妹的啊，前段时间还去看了话剧，空闲时间都去旅行了。现在体育老师多起来后，我们协商了一下，可以建立轮休制度。

郭留仙学生口述

口述者：朱以灵（男）
访谈者、撰稿者：章军
访谈时间：2019年6月21日
访谈地点：浙江省杭州市上城区杨绫子学校“智慧树”咖啡吧

问：我在对郭老师的采访中，希望了解她的同事、学生对于她的印象，所以想对你进行访谈。你现在是在这所学校读书，还是在这里工作？

朱以灵：工作，因为我2015年就已经毕业了。那一年我们学校要参加洛杉矶〔特奥会的〕国际比赛，赛前我还做了心脏手术。手术后还在病床上挺痛的时候，我就跟老师说，我可以去参赛。先天性心脏病没有办法，有时候跑跑步喘气喘得很厉害，心里比较紧张。但我知道自己的身体状况。

问：你什么时候认识郭老师的？

朱以灵：大概是在2013年前后吧。

问：郭老师当时是你的体育老师，还是班主任？都教哪些项目？

朱以灵：她当时是我的体育老师，项目上，田径、篮球、足球都教。当时我们学校的葛〔理达〕老师带队参加福建足球比赛，郭老师也在福建培训，我们比赛后跟郭老师见了面，于是就认识了。之后她教我田径、足球、篮球之类的项目，现在还对我进行特训。我是2016年以后才正式跟郭老师学习。

问：跟郭老师相处过程中，给你印象最深的一件事是什么？

朱以灵：那我可能要花上好几个小时才能想得起来。

问：没关系，可以慢慢想。不用急。

朱以灵：我对郭老师的印象，其实也说不出什么特殊的印象，就是感觉她对待我们比较认真。无论上课还是训练都非常关心我们，包括关心我们的生活方面。她也很理解我，非常理解场上的运动员。我们阿布扎比特奥会最后一场和荷兰队打，比分咬得很紧。我的脾气很暴躁，犯了几次规，她跟我说没关系，非常理解我。我在广州刻苦训练的时候，她也非常鼓励我。我们阿布扎比比赛前刚好是她生日，我们给她唱了一首生日快乐歌，专门帮她庆祝生日，可惜第二天就输了，有点对不起她，有点失望。

问：体育比赛的成绩很多时候也是要看机运的，你们已经做到最好了。

朱以灵：主要是当时荷兰队有个很高的队员，我们防不住他。我们在体质上比不了对方，他们个子高，打球方式就像易建联、朱芳雨、周琦这种“老大哥”，一条龙过去，我们比分就下来了。那时候比赛非常激烈，输了以后我的心情非常郁闷，非常糟糕，有点迷茫。但是郭老师非常理解我。

问：所以你内心是非常感谢郭老师的，对吧？

朱以灵：对。我真的非常感谢郭老师对我们这么多年的帮助，包括她做其他方面的事情都非常刻苦，她还到边远地区去支教，去做一些慈善活动。

问：你觉得郭老师在你心中是个怎样的形象？

朱以灵：我觉得郭老师是一个好的老师。来到这所学校前我还去过别的学校。我看新闻上说有的学校会体罚学生，还要让学生在雨天里露天做作业，这些学校不尊重学生。还有校内打架的我也遇到过，我去打野球，人家也看不起我。来到这所学校不一样，这里对我来说是个家庭。现在学校也需要我，我也离不开这里，除非以后不打球了。

问：你现在在球队里打什么位置？

朱以灵：以前是打控球后卫，但成绩不行，因为容易出破绽。现在是得分后卫。我的位置也要看场上对手的情况。有时候郭老师高兴，〔但〕也会不满意，她对学生要求也是蛮严格的。

问：我觉得你以后肯定能成为像科比这样的球星。

朱以灵：不一定，因为我们是特殊孩子，大球星的目标很难达到，你看科比成为大球星也花了很长的时间。而且要低调，我觉得我要低调，不能太骄傲，太骄傲的话容易亏，老师说过。我记得我在阿布扎比的时候，球场上我压力大了就大吼一声，把内心的东西释放出来。因为我想赢比赛，所以我每次比赛都要释放一种内心的嘶吼。

问：能具体讲讲某一次郭老师带你们去比赛的故事吗？

朱以灵：郭老师这次带我们去〔阿布扎比〕比赛，首先在广州训练，训练了几个月，3 月 9 日从广州白云机场坐飞机到迪拜，玩了两三天以后再到阿布扎比。在阿布扎比住的是高档酒店，广州基地的条件稍微差一点，但还能克服。第一天到阿布扎比是晚上，特别困，困的时候感觉很累。第二天我睡到天亮，郭老师打电话过来说你还在睡啊?！可以下去吃早饭了，再不吃早饭就没得吃了。后来去了一些地方玩，那时候挺开心的，又兴奋又开心……

郭留仙同事口述

口述者：王文娟（女）、周月仙（女）

访谈者、撰稿者：章军

访谈时间：2019年6月21日

访谈地点：浙江省杭州市上城区杨绫子学校“智慧树”咖啡吧

问：您是什么时候进入杨绫子学校工作的？

王文娟：我是2014年入校的。不过我不是体育老师，我是康复老师。因为体育运动跟康复有些联系，所以和郭老师经常合作办活动。我很早就接触特奥运动了，我在体院上大学时，学校承办过一次全国特奥轮滑比赛，我参与了这次活动，还被授予了志愿者证书。从那时候开始，我也逐渐对特奥运动有了了解。

问：您是什么时候认识郭老师的？与她共事多久了？

王文娟：我进学校后一直与郭老师共事。我们一起参加了学前融合教育计划，还一起去过四川绵阳的残疾人运动会。当然我们也不是每天都在一起，因为每个老师都有自己固定的班级，平时我在我的班，她在她的班。遇到活动时我们才在一起工作。

问：平时会跟郭老师交流工作经验吧？

王文娟：是的，但是不多。我们融合计划会开事前会和结束后的整理会议，会跟她一同沟通，交流经验。

问：可以具体介绍一下你们某一个合作项目吗？

王文娟：嗯，可以。比如说幼儿融合计划（打开手机相册，展示项目相关的视频和照片）。在进行融合计划时，郭老师为项目搭建起一个整体性的框架，起到组织者的角色。而我负责落实具体的活动形式与活动内容，协同分工。

（周月仙老师此时走到我们身边入座）

问：您可以做一下自我介绍吗？

周月仙：我叫周月仙，你叫我周老师就好。

问：您跟郭老师共事多久了？

周月仙：很久很久，快二十年时间了。我和郭老师差不多时间进学校，只比她晚了一年，她也是我的学姐。

问：你跟她一样教体育课吗？

周月仙：不，我是教美术的。

问：你们平时会一起组织活动吗？

周月仙：我们都是艺术组的，所以我跟她共事也比较多。学校里有大型活动，我们都是一起参加的，毕竟文体不分家么。

问：可以具体讲一讲，你们负责的某一次大型活动吗？

周月仙：比如说我们学校的画展，是郭老师先提出来这个点子，我们来配合她搞这个活动。大家都是同事，所以肯定都会一起参与一个大项目，别的老师也会参加。她虽然是体育老师，但也是我们的组长，她会在办活动时给我们提种种意见和建议，使我们的活动办得更好。可以说她是一个总体上的组织者，我们负责具体的落实。

问：你们之间有没有发生过让您印象深刻的事？

周月仙：在我的印象当中，郭老师是一个非常有教育情结的人。今年 6 月 1 号那天，我们要坐清晨六点多的大巴到上海去。她带队员去参加比赛，我去看画展。那一天郭老师早早地就去接学生了。照理来说，一般是由家长把学生送到学校里来，但是郭老师考虑到特殊孩子的特殊性，害怕孩子不能及时赶上车，她就亲自去接他们。虽然这是件小事情，但也不是人人都能办得到的。郭老师会考虑到方方面面的问题，我觉得她做事情是非常周到的。而且她也很会为家长考虑，比如说她会帮助参赛学生办签证。我觉得其他学校的老师很难做到这一点。

王文娟：（递过手机）这是我给她写的报道。

周月仙：我觉得郭老师的品质是非常难能可贵的。我只是个老师的角色，但郭老师不单承担了老师的角色，还承担了妈妈甚至父亲的角色。特别是带体训队训练的时候，郭老师不仅是老师，更多时候还起到一个妈妈的角色，除了关心孩子们的体育成绩，还要关注他们的心理问题、生理问题，日常生活的种种都要照顾到。

问：我做工作观察日记时，觉得她确实从头到尾都在为学生考虑。

周月仙：对，她做事所有的出发点都是为学生考虑。我觉得一个没有情怀的人是做不到的。很多时候跟家长沟通，家长也不一定会理解你的苦心。比如说为参加比赛的孩子去办签证，老师要带着材料一趟一趟自己去跑。说难听点，这是孩子的比赛。老师为你的孩子争取权利，争取到参加的机会已经不容易了，没有义务去包办一切。但即便如此，有的家长也会有各种不理解。我觉得郭老师在这方面真是非常地耐心，真的跟对自己的孩子一样给这些孩子创造机会。她周末的时候也会经常带孩子去看球赛。这些都是额外的付出。从孩子发展的角度来说，我觉得她比有些家长对孩子的帮助更大。

问：您跟她工作之余还会参加什么活动吗？比如说支教？

王文娟：我刚好看到郭老师正为一个贵州的公益项目做筹备。

问：能不能举一件和她共事时让您印象深刻的事情？

王文娟：我记得在幼儿康复计划刚开始的时候，郭老师首先把详细的计划内容、理念等材料发给我。她跟我说，她不像我们设计游戏一样设计活动，她在设计活动时考虑得比较全面，会考虑特殊儿童的特殊性，考虑接触特殊儿童过程中的一些异样的观念，在设计活动时要尽量消除在活动过程中容易让大家产生分歧的细节。比如说我们要给孩子分组，有的时候正常孩子看见特殊孩子觉得怪怪的，不愿意跟他们在一起。于是我们就利用一些方法避免这个问题。比方说我们通过选颜色来分组，我们的孩子选，普通孩子也选，如果孩子们选到同样的颜色，就放在一起组成团队。这样就不容易产生隔阂，孩子们感受起来也比较自然。后来我们就沿用了类似的方法，使用音乐教学，听音乐的过程当中，孩子们自然地放下戒心。

问：周老师也有类似的经历吗？

周月仙：太多了，一下子想不起来……就比如说我们学校承办过的舞会。对于特殊孩子来说，到外面去参加这种活动的机会是非常少的。郭老师在办这个活动的时候，无论从策划，邀请函，还是衣着都非常讲究。我觉得她其实是给孩子一种仪式感，包括走红地毯，她都想到了。说实在的，我本来觉得我们的孩子是感受不到多少仪式感的，但当舞会开始后，孩子们跟爸爸或者妈妈穿着礼服走上红地毯的时候，我发现他们脸上洋溢的笑容跟正常的孩子是一样的。他能体会到当时的情景给他的感觉和状态，也会非常地自信。

王文娟：我觉得郭老师搞这次活动的用意，就是鼓励家长，家长看到自己的孩子西装革履的时候，心里的感觉是不一样的。

周月仙：是的，活动结束后，回过头来看每张照片，你也会感觉到，其实我们努力的意义是非常大的。

郭留仙工作观察日记

观察时间：2019 年 1 月 22 日 8:00—15:30

观察地点：杭州市上城区杨绫子学校

观察者、撰稿者：章军、王拓涵

此时学校正举办篮球冬令营活动，郭教练在活动中指导孩子参与篮球运动。

时　间	工作内容	备　　注
8:00—8:20	八点钟准时到校开始工作。	
8:20—8:40	带领篮球冬令营的学生做篮球热身操。	
8:40—8:50	带领同学们休息喝水。	
8:50—9:07	结束休息，命令同学排队，练习防守姿势。之后开始绕桩练习，老师不断地为同学们纠正姿势和方位，提醒技术要点。	经过几次纠正后，同学们有了很大进步，绕桩熟练了很多。
9:07—9:13	同学们喝水休息，老师组织同学整理绕桩训练用的标志桶。	
9:13—9:24	打开音响开始播放音乐，由秦老师带领学生做“捉尾巴”的游戏，自己在一边用电脑观察、记录。	“捉尾巴”游戏的规则是，将同学分为两组，一组在裤子后面塞上布条作为“尾巴”，让另一组同学去抓有“尾巴”的同学。 一位同学感到身体不适，老师让他出去喝水，但他一直找不到自己的水壶，老师起身带他来到自己的书包前拿水。
9:24—9:26	游戏中间休息，老师帮学生塞“尾巴”，收拾场地上的杂物。	
9:26—9:37	同学们继续玩“捉尾巴”的游戏。老师在一旁一边用手机录视频，一边告诉同学谁该抓谁。	
9:37—9:45	老师组织同学喝水休息。	

（续表）

时　间	工作内容	备　　注
9:45—10:14	同学一对一练习篮球攻防。老师让几名基础较好的同学自由练习投篮，自己指导其他同学的防守技巧。之后防守训练逐步向对抗性比赛过渡，同学们开始传球和上篮。老师在一旁指导防守技巧，并训导犯规的学生。	
10:14—10:26	训练中场休息，同学们喝水、吃水果，老师在一旁记录。	
10:26—11:00	休息结束，继续开始训练。训练中一名学生脚抽筋，老师上前查看；又有学生发生冲撞，老师上前调解，指导学生走位的技巧。受伤休息的两名学生玩手机被老师发现，上前指正。	
11:00—11:30	开始投篮训练。大部分同学练习三分球投篮，小部分同学被老师留下继续练习防守动作。	老师指导同学进行罚球训练，示范动作，并用长杆在篮板上指出投篮时该瞄准的位置。
11:30—11:55	老师与同学在餐桌上交流上午训练的成果。	
11:55—12:10	返回操场准备午休，监督同学写寒假作业。	
12:10—12:38	督促学生安心午休；向同学家长打电话，准备送生病的同学回家。	同学不知道怎样用“等待”一词造句，老师为他举了好几个例子。
12:38—13:25	有学生从自己的铺位站起来走动，老师及时制止。同时整理场地，在笔记本电脑上处理文档。	在同学睡后老师起身整理他们的文具与书包，打理睡觉用的垫子，督促他们不要在午休时打闹。随后在场地一边的椅子上打开电脑，处理文件，同时监督全体同学午休。
13:25—13:36	午休结束，叫学生们起床活动，在场地里自由运球投篮。	
13:36—13:46	布置下午的训练场地，安放塑料桩，组织同学运球投篮。	
13:46—13:55	结束自由活动，老师收拢队伍，组织同学们做准备活动，整理场地。	热身活动形式与上午一致。

（续表）

时　间	工作内容	备　　注
13:55—14:18	同学们在另外两位老师的带领下进行训练。	老师有事暂时外出。
14:18—14:42	训练中场休息。	老师中途回到体育馆，随后又外出。
14:42—14:43	双方队员交换场地后继续训练比赛，老师回到赛场在场边指导比赛，强调控球的重要性。	
14:43—15:02	训练中场休息，同学们吃水果、点心。老师教育抱怨队友打得不好的队员，与其他两名教练交流队伍情况，队员与老师一对一单挑练习攻防。	
15:02—15:22	同学们继续上场训练，老师在一旁指点队员动作，录制视频。	
15:22—15:30	全天训练结束，老师指导学生做放松运动，教育小队员不要沉迷抖音，注意早些休息。	训练结束后目送学生被家长接送走。

扎根平凡培硕果

——葛理达口述

葛理达，男，汉族，1981年出生，浙江省绍兴市诸暨人。1999年毕业于温岭师范学校，进入浙江省杭州市杨绫子学校，先后担任班主任、体育教师、德育主任、总务主任等。2002年率领浙江省足球队参加西安特奥会，2003年参加杭州特奥会工作，2006年带队代表中国赴日本比赛，2007年带队参加上海世界特奥会，2015年带队参加洛杉矶世界特奥会。

口述者：葛理达

访谈者、撰稿者：田乐、章军、王拓涵

访谈时间：2017年10月17日、2017年12月21日、2018年1月9日

访谈地点：杭州市杨绫子学校“智慧树”咖啡厅

热爱运动，从少年时起

问：您是哪一年出生的？

葛理达：我是1981年6月11日出生的。

问：您是在杭州出生的吗？

葛理达：不是，是在绍兴的诸暨市。我出生的村子叫“后溪村”，在村子边上有一条溪，所以叫“后溪”。小时候主要在溪里面玩，一会抓螃蟹，抓完螃蟹跳到水坑里面，游一会儿泳，玩玩水。上山摘水果，下水抓鱼……这就是小时候的生活。

问：您有兄弟姐妹吗？

葛理达：至亲的没有，我的堂兄、堂弟有很多。和我的年龄相仿的兄弟姐妹都不多，都大我个三五岁，所以，小时候主要还是跟同龄人玩。

问：您父母在家排行第几？

葛理达：父母……父亲在家排第三，母亲排第四。

问：您的家族是什么时候在后溪村定居的？

葛理达：有很多年了，我爷爷的爷爷就在这个村了。

问：您家族有没有祠堂？

葛理达：那个时候也不是祠堂啊，叫公社。村里面有一个大队部，大队部里面有个电视机，大队部里面还有乒乓球桌，小时候经常去打，乒乓球桌也就是一张破桌子。

问：这个村的居民大都是同姓的？

葛理达：对，我们属于外姓，还有许多姓。我姓葛，不属于大姓，这个村大部分的人都姓宣，宣传的宣。

问：姓氏的区别会不会影响到大家的关系？

葛理达：村里的关系比较复杂一点，因为同一个姓的远房亲戚都有牵连，像我们就比较简单一点，只有邻居关系，不涉及亲戚的关系，关系就没有那么复杂。

问：家里当时主要从事农业生产？

葛理达：对，我妈妈当时主要是给人家代工服装，是做衣服的。诸暨旁边就是浦江，浦江里面有个大陈镇，专门做服装的，我妈就从那边拿材料来做衣服。我小时候经常会帮忙做衣服，衬衫领子这里不是硬的吗，要粘一块板上去，然后把它翻过来，拿个针把它捅硬、捅尖。衬衫这里还有一个袖口，也是硬的，也是一样先拿个硬一点的东西粘上去，然后把它翻过来，把它捅直压平，烫平，再缝上去。这些事情都是经常要做的。家里以前条件还不错，我爸开三轮摩托车，经常出去，去镇上啊，诸暨市里面，周边村子啊，去走亲戚啊，去玩啊……

问：那个时候还有集市吧？

葛理达：有，前两年有，这两年可能还有的。像农历二月半，国庆啊，都有的，小时候去得多一点。那时候爸爸妈妈用赶集的时间，去买农具和便宜的生活用品，我们去也就跟在后面。印象深刻的是当时有个马戏团，篷搭在那里，但是门票比较贵。

问：当时时令节庆的时候，有没有一些仪式？

葛理达：那比较少，仪式感现在在农村也都比较淡了。因为我出生是 80 年代，大家都各顾各的家，想致富，多干活，所以大人一般都忙于赚钱，忙于过上好日子。小孩么，家长就让你好好读书呗，读不好书以后就在农村里做农活，给人家打工。所以他们老是用回农村打工吓唬我。

问：大队的电视大家平时看不看？

葛理达：一般都老年人看，我们不去看。到我懂事以后，大概二三年级的时候，基本上农村里条件已经不错了，像我十岁的时候家里就买了电视机。那时候电视机是黑白的，我们村里只有条件最好的，开企业的家里才有一台彩色电视机。

问：那时候主要的信息来源就是电视吗？

葛理达：是的，广播也没听，信息会比较闭塞，所以你就只有干活、读书、过日子呗，没有其他比较好的去向。

问：小时候有没有想过长大要做什么？有什么理想吗？

葛理达：小时候哪有想那么多，没有想那么多，没有其他的出路，就是读书一条路。

问：当时村里有幼儿园吗？

葛理达：我没有读过幼儿园，直接上小学一年级。

问：几岁上一年级？

葛理达：七岁。之前都在家里，小时候就玩呗，没有像现在要早教什么的。

问：小时候父母对您的管教多不多？

葛理达：管教也还可以吧。读书方面基本上不管，为人处世这方面管教得比较多一点，小时候还要做很多家务活。

问：七岁上学是在村里吗？

葛理达：对啊，其实那个时候村子也不是特别大，所以也没有完整的学校，一、二、三年级在同一个班级里，叫做复式班。这种复式班现在很多偏远的山区可能还有。那时候也是挺有趣的，可以听老师一会上一年级，一会上二年级，一会上三年级的课，听过后，二、三年级的课都已经学会了。那时我们村里所有小学生加起来，也就二十来个人，隔壁大一点的村子有完整的小学。那个时候有书读就可以了，没有像现在这样追求教育质量。

问：很多课程都是由一位老师来教？

葛理达：对。科目基本上都有，主要是以语文、数学为主，画画课、体育课啊，还有音乐课。

问：当时这些课有没有印象比较深的？

葛理达：语文课、数学课。那时候我老要给其他小朋友批作业，我第一个把作业交给老师，老师批完我的作业，然后其他小朋友的作业就是我给他们批呗。

问：三年级之后就转到另一个学校去了？

葛理达：对，三年级之后就到隔壁村去上学。他们那有完整的小学，从学前班、一年级一直到六年级，都有专门的班级。初中也在隔壁村上，叫矿亭村，是单独的初中部。小时候感觉很远，有两公里路，全是自己走过去，无论刮风下雨都是要自己走。

问：转到隔壁村那个学校，有差别吗？

葛理达：那差别大了。那时候一、二、三年级的学生在一块，到了四年级就有平行班了，同一年级好几个班。我在自己班级里成绩比较好，到隔壁村有成绩更好的同学，所以要重新去适应，重新去竞争。

问：适应的过程难吗？

葛理达：还可以，没有多少障碍，主要是上进心比较强，会努力地比过、超过人家，像六年级考试的时候我是全镇第一名。

问：那时候在学校有没有当过班干部？

葛理达：小学是劳动委员，到初中我是班长、团支书。

问：您有什么爱好或兴趣？

葛理达：农村里吃饱穿暖就不错了，就是喜欢玩爬山爬树，跑来跑去啊……到初中以后感觉自己能跑。当时在学校里，应该是小学四年级的时候，学校有个篮球队，我就去试了一阵子，也参加过学校的田径队，喜欢跑步，尤其是中长跑，跑八百米。

问：从小就喜欢体育？

葛理达：对，体育，跑步。篮球经常打，有篮球筐，地都是泥地。初中篮球就不打了，那个操场很不平，学业压力又特别大，就跑跑步。体育课的时候比一下，谁好谁就去比赛。

问：初中也是在矿亭村？

葛理达：不，是在红桥乡。矿亭村是红桥乡最大的村子。那个镇叫安华镇，镇里大概有三四个片区，整个镇只有一所初中，初中时就到镇上读书了。

问：要住校了吧。

葛理达：对，住校了。

问：出去上学父母还管您吗？

葛理达：主要靠自己，那时候家长哪有空管你读书呢，稻子熟了要收割稻子，还要去拔草，草拔出来以后丢到池塘里喂鱼。

问：做家务和农活会不会影响学习？

葛理达：做作业的时间没有现在这么忙，我现在就感觉女儿的学习时间不够用，那时候没有啥压力。作业对我来讲简直是有和没有差不多，不是很重要的一种任务。

问：那时候比较喜欢哪个科目？

葛理达：小学我比较喜欢历史，初中比较喜欢英语、自然科学，偏科蛮厉害的。语文和数学不好，到初中的时候因为数学比较难，家里没有人教我，也没人给我请家教。考试的时候，最后几个题目没有训练量就做不来。语文么，从小就没有词汇积累，然后拼音吧，从小老师也不讲究的。别说以前，到现在我女儿，我读的很多音都被她纠正，说和老师上课讲的不一样。但英语因为大家一起学，没什么难度。自然科学就是靠背、靠理解、靠做实验，所以那时候我这两门课很多时候都是全镇第一，考全镇第一，老师就跟我妈讲，还给我奖品。

问：您在中专时就专攻特殊教育专业？

葛理达：对，前段时间我还跟几个朋友提起过，那个时候还不知道什么是特殊教育，就想早点赚钱。我有很多同学都去考高中，然后要读大学，我觉得去做老师算了，早点赚钱，也就不去考高中了，所以就考师范，师范考不上就做工程师吧，去读技术学校，那时候想多赚点钱。

问：您是哪一年上师范的？

葛理达：1996 年去读师范，在温岭师范读了三年多毕业。温岭师范有特殊教育专业，一开始只有聋人专业、盲人专业，我入学那年的前一年，也就是郭留仙老师入学那年，是第一次招收智力障碍专业的师范学生，我是第二批特殊教育专业的。

问：您当时为什么选择这个专业？

葛理达：那时候呢，读师范的成绩比读高中的成绩好，成绩最顶尖的学生一般都去读师范了。我距离最顶尖的学生还差一点，诸暨师范没有考上。我有一位亲戚在诸暨市教育局工作，他认识温岭师范学校的一位校长，因此就知道我的分数足够去读温岭师范的特殊教育专业。我还不知道读的是特殊教育，就知道去温岭师范读书，收到录取通知书说是这个专业，然后也就去了。当时年纪小啊，大人一般不来跟你讨论的，通常都是爸爸妈妈讲好，他们可能觉得这个专业的就业前景比较好，具体的我自己也不知道，反正就去了呗。

问：去读特教之后有什么不同的感受？

葛理达：第一年，感觉和初中的学习一样，很紧张。第二年、第三年的时候就慢慢习惯了，师范里面数学等方面并不是很强，学得更多的是琴棋书画这些东西。我初中时，这方面是很弱的，也没有什么画画啊、唱歌啊、写字啊这些副科，相对来讲要弱一点。所以读师范期间，我花在这些方面的时间就比较多一点。

一方面，师范学校让你重视这些基本功，像我不太会唱歌，五音不全的，也要去学乐器，比如钢琴啊等等，乐谱都不认识的人要去学钢琴，要考试。唱歌也要参加合唱，参加艺术节等等。

然后写字，以前感觉写字就是完成作业就好了，到师范里边就可以接触到书法啊，硬笔书法、软笔书法，每天利用课余时间做大量的练习，开始写楷书，后来写隶书，找乐趣。然后就有更多的时间去运动，又是踢足球，又是打篮球。

其实到那个时候才真正知道怎么打篮球，怎么踢足球，小时候纯粹是玩的。到初中连玩的时间都没有了，就是比跑得快，个子也不是特别高，就是很能跑，学校里中长跑的冠军基本上都是我，也没有特别的方法或者训练，就是天生很能跑。

后来学校的田径队老师说，要我跟校队的队员一起参加训练。校队队员都是专门招过来的体育特长生，我跟他们一起比，一起训练，对体育慢慢有了更多的兴趣。然后又做体育委员嘛，学校里的这种活动，平时班级里的训练、早锻炼都是由我组织的。

还有呢，我喉咙比较响，带队口令喊得响亮。那时候师范生上课，除了基本功比如跑、跳、投要练，还有组织学生上课，还有口令，喊得响亮所以比较有自信。到毕业的时候就希望自己能够从事体育教学。

问：上师范时，需要去特殊学校实习吗？

葛理达：有的，那时温岭有一个特殊学校，见习就在那，见习就是去跟班但不上课的。在温岭师范第三年的时候，把整个班级拆开，联系一些学校，由学生自己报名，去特殊教育的学校实习。那时我就选择了杨绫子学校。杨绫子1984年建校，我实习的时候已经1998年，那时学校在老杨绫子巷那地方。

实习的时候男孩子不多，学校里老师也不多。我印象最深刻的是，学校里就一个年纪非常大的老教师，那时候校长特别喜欢男孩子。郭老师那一届呢有很多男孩子，但是他们都是外地的，跟我一样，都是诸暨、温州那些地方的。外地老师，按照杭州市当时的政策，是不允许进入杭州的学校的，所以我们很幸运，成了进入杭州的第一批外地中专生。这是很难的，你想，中专生能到杭州来工作，那是因为有特殊的政策，所以我们刚好第二年，就有机会留在杨绫子学校。

问：您上学的时候认识郭老师？

葛理达：认识，她是我师姐，关系一直特别好。她也很喜欢运动，也经常运动，所以特别熟悉。

问：特殊教育专业和其他专业上的课程，有什么不一样？

葛理达：那时候，特殊教育和普通教育还是很相近的。我印象很深，那时的孩子都是在普通学校里面读书成绩相对来讲差一点，但智力上差别不大的孩子，也就是轻度的障碍。所以在读师范的时候，学的基本方法大部分都和普通教育一样的。

在学习中会加一些特殊教育的科目，比如心理学、教育学、特殊教育的技能等等，比如做个别化的行为矫正，还有学盲文、手语啊，这些课程都有，都学过一点，但早就还给学校了。因为后来没有用到。

问：后来主要在特殊教育的体育方面继续深造？

葛理达：进入杨绫子学校以后，因为每个老师都要确定自己的学科，有些人喜欢语文，有些人喜欢数学，有些人喜欢画画，就做艺术老师。我们属于中师毕业，后来去参加进修了。我在杭师大的体育系进修，以后又参加各种各样的体育培训班、教练员培训班，包括特奥的教练培训班、特奥的高级讲师班等等。培训的机会多了，看得多了，加上平时又能够在工作当中进行实践，总结反思，慢慢地，相对来讲，自己的水平渐渐就提高了。

机会平等，特奥生涯历久弥坚

问：您是怎样走上特奥道路的？

葛理达：我 1999 年参加工作。读书时，我就比较喜欢搞体育，擅长的是中长跑，平时也爱打篮球、踢足球。我是学校班级里的体育委员，组织一些体育方面的工作。想到以后工作，就去做体育老师，做自己喜欢的事情。

毕业以后，有机会来到杭州杨绫子学校。学校也是让我教体育，那时候还担任了班主任，我一边做班主任，一边上体育课。两年以后，也就是 2000 年到 2001 年，我就开始做专职的体育老师。真正参加特奥运动是在 2000 年，到嘉兴参加了一个特奥教练员的培训班，第一次接触到了特奥。

那时的培训班，是东亚区的一个教员培训班，像中国特奥的一些前辈，都是培训班的讲师，像北京的何毅、孙崇禧，还有东亚区的安娜老师、苏丽莉老师，都是带我们启蒙的讲师。参加培训班以后，对特奥有了基本了解。培训班也教了一些怎么样带孩子训练、怎样制定八周训练计划等等技巧。回来后，就开始搞女子篮球项目。

我真正带队，是2002年。当时学校代表浙江省组建了一支足球队。白手起家，从接触学生，在学生中选择球员，到自己摸索怎么训练。虽然我对足球运动很喜欢，但是没有专业的带队训练知识，这个项目开始之后，训练了有半年的时间。9月份，我带着这支足球队到西安，参加全国第三届特奥会。

那是中国第一次举办大规模的特奥会，规模非常大，当时我的印象很深刻，浙江省派出了规模很庞大的一个代表团，包括篮球、足球、田径、羽毛球、乒乓球，以及综合性的一些项目。

省里把我们这支队伍，专门拉到了萧山，在萧山特殊学校，进行了为期大概个把月的集训。第一次参加比赛期间，因为经验不足，加上对手的情况也不了解，所以就摸索着去打比赛。我们的运气还不错，当时我们队员的能力分组，分在第五组，第五组内对手的赛场表现不是很好，所以我们拿了一个冠军。

第三届特奥会之后，就有不少特奥方面的培训，还有特奥形式的比赛，越来越多，每年都要参加好几次比赛，学校也开始重视特奥运动。那时，杭州市举办的相关运动还是“特殊学校运动会”，刚好有一届2003年轮到杨绫子学校承办，我们就把杭州市的特殊学校运动会改成了杭州市的特奥会，以特奥运动的形式来开展，按照特奥的规则，在黄龙体育中心举办运动会。

第一次搞得效果很好，这一次特奥会之后，杭州市的特奥运动会，或者特殊学校运动会，就都以这次比赛为模板，一直搞到现在，每两年一次，这也成为杭州市的一项传统的活动，是很有意义的。

后来2004年、2005年，我们还参加了很多比赛，有特奥东亚区的足球比赛，全国的单项比赛等等。2006年，学校的足球队代表浙江省去比赛，获得了中国特奥会的赞赏，所以选派我们作为中国代表团，参加了在日本举办的国际特奥会。当时是由我带队的，我们球队，训练得非常非常认真，代表中国出去比赛，成绩也很不错，也获得了金牌，这是我们学校第一次参加国际比赛，走出国门去参加比赛。

在国内的赛事当中，每年我们都会参加全国的足球比赛，成绩不是特别好，基本上有第二、第三，很少拿到冠军，包括2006年全国比赛、2010年全国比赛，成绩都一般。

现在呢，孩子们的能力越来越弱，所以实事求是说啊，学校足球队的比赛成绩也在下降。但是，我们特奥运动的传统还是一直保持下来。到2007年，我们学校也有机会参加了在上海举行的世界特奥会，那一年，我们派出了多个项目的运动员，有垒球、足球，还有其他项目，也拿了金牌。

最近几年，我们主要开始搞融合运动。所谓融合运动，就是和普通的中学生、小学生、大学生，融合在一起训练，一起组建队伍，一起参加比赛。以融合运动形式也参加过很多次比赛了，包括篮球、足球等等。在2015年，我们融合足球队，浙江和河北两个省共同组建的一支队伍，又被选派到洛杉矶，参加世界特奥会，当时拿了第四名。

近几年，主要参加的是全国比赛，像特奥争霸赛、残疾人争霸赛，每年都有一次。先是南部赛区，或者东部赛区、西部赛区的一个分区赛，然后再打进总决赛。最近两年我们都有参加，成绩也不错，去年拿了冠军，今年拿了第五名。还有一项呢，正巧是这两天比赛的，在福建举办的一个足球的青少年校园赛，也是以融合运动的形式。这是我走上特奥的一个成长经历。

问：在您的成长经历中，哪一阶段的学习最重要？

葛理达：我觉得三次培训是最重要的。第一次培训是特奥教练员培训，也就是2000年在嘉兴的培训，留给我的印象是很深刻的，让我真正接触到了特奥，了解了特奥。那时候我还不是真正地了解为什么要分组、为什么要按能力分组，这种每个人都有奖牌的理念跟以前的理念发生了很大的冲突。原来我是按照更高、更快、更强的奥运精神去理解特奥的，那时候孩子的能力相对而言也是很好的。

第二次培训是中国特奥会派我去参加一个特奥高级讲师培训班。参加培训班以后，除了学会怎样训练、怎样了解孩子外，我学习到很多讲课的技巧。后来有很多机会让我去讲课，压力很大，因为下面坐着很多教练，都是专业人士，你要有东西跟他们讲，讲得不好他们就会觉得听你的课没有意义。原来对学生〔讲课〕我比较在行，但是对普通的教练员讲课难度还是很大的，通过这个培训班，在给老师做培训的技巧方面，我获得了很大的提高。

就足球专项来讲，我参加过L1的专业培训，那是亚足联组织的一个培训。首先参加的是初级培训班，从初级培训班中选择优秀的学员参加L1的培训班。在L1培训班里，每个学员都由亚足联讲师手把手地培训，教我们怎样训练，把一些好的训练理念、训练技巧讲给我们，然后大家一起讨论，一起模拟试验。通过这个培训班，我在足球训练方面变得更加专业。

这三次培训缺一不可，做老师当然对学生要做到了解，然而光了解学生，没有技巧也不行，通过学习，通过和专业的教练员的交流，我获得了更充分的发展空间。

问：特奥会的体育项目，我们学校有哪些优势？

葛理达：优势很难讲，因为每个项目，每个学校都可以开，只是说我们学校是浙江省最大的智力障碍学校，所以领导一般会把一些大的项目、难搞的项目放在我们学校。

就比如说大球类的运动，包括篮球、足球、冰球、地板曲棍球，都是难度很大的。我们以团队项目为主，其他学校搞个人项目，比如乒乓球、羽毛球。他们容易搞，学生一个人去参加，可以拿两块金牌、三块金牌。我们学校，主要搞团体项目，去参加比赛了，一年半载也不一定拿一块金牌，毕竟竞争是很激烈的。

以前，运动员按能力分组的时候，还可以拿几次金牌，现在全国比赛不按能力分组，一个项目的金牌在全国就只有一块。现在的比赛，能分两个能力层次，有两块金牌就算是很好的了。但从另一面讲，团队项目虽然苦归苦、累归累，对孩子来说是比较有利的，对孩子的提升作用也比较大，教育更加深刻。这也意味着对孩子的要求更高一些，不仅要有个人技术，还要有团队协作，这种能力，在我们学校现在的学生里很难培养成熟。因为学生障碍的程度越来越重，不要说团队协作，就是能跑步也已经很不错了。所以现在搞集体运动特别难。

问：学校的足球队是不是传承得比较好？

葛理达：是的。我从 2002 年开始带第一支足球队，足球队一直是我们学校的特色。

问：是十一名球员的普通规则吗？

葛理达：是五人制足球。以前都是纯特奥的规则，五个人都是特奥运动员，现在开始搞融合运动，会有一到两个是融合伙伴。我们会邀请绿城学校的专业、半专业队员做融合伙伴，跟我们一起来踢，提高我们学校足球运动员的水平。

问：足球队的成绩怎么样？

葛理达：足球队的比赛，我们参与的机会更多一点，我们今年就参加了两场比赛，第一场去苏州，是全国特奥足球争霸赛东部赛区比赛，我们拿了第四

葛理达教练（右一）与同学们在篮球场。

名。争霸赛的前六名去北京参加全国的总决赛，我们拿了全国第五名。去年我们拿了全国总决赛B组的冠军。

问：孩子们是选拔出来的？

葛理达：那肯定的，一定是选一些相对来讲合适的、生活能力比较强的。一般生活能力强的孩子，他的运动能力也要强一点，要选择经过比较完整训练的。家长一起去的也有，家长跟着会更加放心，孩子们能够更好地去锻炼锻炼，见见世面。

问：您有很多带孩子出去比赛的经历，带出去是不是责任比较重？

葛理达：是的。带出去的话，一般是既当爹又当妈，对吧？洗澡、喝水、吃饭，都是要看牢的。不能让孩子吃多了，比方说吃饭，很多孩子会暴饮暴食，吃得撑了，要是饭菜好就吃很多，饭菜不好还不吃……吃多了，要去医院。又比如洗澡，他们在家里洗澡要爸爸妈妈帮忙的，你要给他把水温调好。比赛结束以后，衣服肯定是很脏的，有些孩子还要给他洗衣服，当然大部分孩子都是可以自己洗衣服、晾衣服的。晚上睡觉了，他要踢被子，你还要去查房，给他盖被子。

问：一般外出比赛，由几个老师带队？

葛理达：带队一般两三个老师，孩子七八个到十个都有的。

问：去参加特奥会、运动会，费用是哪里出？

葛理达：费用有些时候学校出一部分，有些时候是省残联出一些，到了当地以后，吃喝拉撒由当地的中国特奥会组委会出，我们一般负责训练、来回路上的费用。

问：您在工作和比赛中有没有经历过很感动的事情？

葛理达：一件事情、两件事情很难说很令人难忘。主要还是看到孩子们的发展，一个人的发展，我通过带他来参加训练，帮助他成长，最后走上工作岗位，我觉得这是非常难忘的。

我给你说的朱同学，他一开始并不是特别喜欢参加运动。后来我就带他打篮球、踢足球，他就慢慢喜欢上了运动，然后带他去参加比赛。他的交往能力很强，很自信，发展得很好，后来我们智慧树把他留下来参加工作。现在他可以一边工作，一边参加训练，还可以利用学习时间去参加比赛。

我觉得培育这样一个孩子是让我感动的。还有一个王同学，她从小身体非常弱，是个唐宝宝，其实她不是非常适合参加剧烈运动的，但她很坚强，一开始参加田径运动，后来参加游泳，身体越来越棒，也很阳光，也很自信。现在也在智慧树上班，她是我们的形象大使。她妈妈也是特别让我们感动的，一开始是陪着她参加运动，后来她妈妈参加了特奥，成为当地的家庭领袖，她积极发动周边的人，一起参加特奥，现在是我们当地家长的一个非常优秀的代表。她特别热心，在推动残疾人工作、推动残疾人就业、推动特奥运动等方面，都非常热心。所以她们母女两个人都成了非常优秀的代表，这也是让我十分感动的。

比赛过程中感人的小细节，当然也有很多，但是这些都是刹那间的感动，不能成为永恒。成为永恒的是我能够看到孩子们通过长年累月的训练，身体变得棒棒的。通过经常参加特奥运动，变得自信了，变得阳光了，能力更强了，为他走上社会打下良好的基础，我觉得这才是真正的让我可以永远感动的事情。

问：要给孩子们成就感吗？

葛理达：对对，这是一个。第二个呢就是比赛，运动，就像开一个 Party 一样，可以经常让他们走出去，认识各种各样的人，对吧？在学校里，或者在家里，相对来讲，认识的人很有限。以前的话，他们不大可能走出去，现在家里条件都不错，思想也更加开放了，家长还会带出去，以前家长一般都不愿意带孩子去公共场所。

所以我觉得特奥，对特殊的孩子们来讲，真的是一种福利，它的规则和理念完全是为了他们。我一开始工作的时候，也没有真正学会这样的理念，还是追求更高、更快、更强，但是接触到这个理念以后，我非常感动，它给每一个人都创造了平等参与的机会。

问：融合活动是指什么？

葛理达：融合活动是特殊学生和健全人在一起举行活动。融合活动现在有很多种，融合伙伴有不同的年龄，不同的来源。比如说社会上的单位、企业，经常会来献爱心；孩子们喜欢玩游戏，那么大学生来做志愿者活动；还有中小学生就来和他们一起玩。

从学校的层面，现在也有很多融合学校，带着我们的孩子走到他们的学校里面，请他们的孩子走到我们这里来，一起来上课，一起来玩游戏，主要是运动。和融合学校组织的活动以运动为主，特奥融合学校是要签合同的，两个学校之间直接签订特奥融合学校的协议，建立一个融合学校的关系，定期开展活动。

问：和社会上的单位也要签协议吗？

葛理达：和企业的融合活动有各种形式，一般的企业是零星来的，各种形式都有，各不相同。我们学校是全开放的，随时可以来，只要你联系好落实好，都没问题。

问：融合运动对特殊的孩子被社会接纳是不是很重要？

葛理达：我认为融合运动对于普通孩子的受益更大。因为我们的孩子毕竟理解力是有限的，通过融合运动，我们的孩子能够接触到普通孩子，跟他们一起玩一下，玩过结束了，也可能记住的不多。但是普通孩子到这里来，了解他们，接纳他们，这会让他们有更多的理解、更多的感悟，对吧？所以来这里的经历对于他的学习、人生啊，有着很长远的意义。现在很多人都愿意来我们学校，和我们的孩子结对，同时也有很多社会上的人士愿意来。如果以后小孩要读大学、要考国外的大学或出去干什么，都需要有这样的经历。

问：对于来学校的融合伙伴，有什么筛选标准吗？

葛理达：没有筛选，是全纳的，只要他跟我们协调好，在工作上面能够匹配，就没有问题，我们没有拒绝的融合伙伴，无论是个人还是集体。

问：这种融合运动近几年是不是多起来了？

葛理达：目前呈上升的趋势，但没有说集中多起来，现在可以说整个社会对特殊群体的关注到位了。

问：您对自己的职业生涯和特奥运动有什么展望？

葛理达：近些年来，整个国家、整个社会对特奥运动都比较关注，我能够接触特奥，也是因为这个机缘，随着国家和社会的关注，接触特奥的机会也越来越多，因此有机会参加特奥培训，包括教练员培训、讲师培训、足球专项的培训。进一步也有机会去做讲座，作为讲师给其他一些地区的教练员上课，这对我个人的发展和成长来讲，起到了很大的作用，我十分感谢特奥运动给我带来的收获。

从孩子的角度来讲，他们更加受益匪浅。我有很多孩子，通过参加运动，一方面增强了体质，让自己的身体更好，心态更加阳光，更加自信了。另一方面，他们也锻炼了能力，每次带他们出去，他们学着自己坐车，自己准备比赛，自己洗漱、吃饭啊等等，学会了一些独立生活的技巧。对他们来讲，生活能力，以及与人接触、与人交往的能力，都是通过特奥运动有了很大的提升，为今后走上工作岗位打下了重要的基础。我的很多球员都已经工作了，工作也很好，有些在欧尚，有些在星巴克等单位上班。

从学校的角度来讲，通过特奥运动这个平台，也展现了学校的形象。我们学校也比较重视特奥运动，现在有很多的特奥活动也都是放在我们学校里举办。前段时间有一个东亚区的中美交流团，来到中国交流了大概一个星期的时间，有一天就来到我们学校，这表明对我们学校的工作还是非常认可的。

在我看来，特奥运动是一项非常有意义的运动，未来我们必须要全力以赴，去支持这项运动。一方面，我们做好基础工作、本职工作，带好队，带学生积极地参与特奥运动。另一方面，也要利用我们现有的资源，推动地区特奥运动的发展，争取让特奥运动普及到更多的中小学学校中去。现在主要是推动融合运动，希望让更多的人能够接纳特奥运动，能够参与到特奥运动当中去。这是我未来可以做的，也是能够做到的一些工作。

踏实干事，扎根杨绫子的讲台

问：刚毕业的时候，特殊教育还处在萌芽阶段吗？

葛理达：也不算萌芽阶段了，已经比较成熟。真正萌芽阶段是80年代，也就是杨绫子学校刚建立的时候，我进来是90年代末，学校已经很完善了，杨绫子学校已经很有名声。

问：您参加工作时是这个学校里最年轻的一批老师？

葛理达：那时虚岁十九岁，他们〔同事〕一般都比我大一岁。那个时候住在学校教师宿舍，不管是我们学校的还是普通学校的，很多年轻老师都住在宿舍里，也认识了很多朋友，来自各个学校的。

问：您是怎么去上班的？

葛理达：骑自行车啊，一群人早上骑自行车出发，晚上骑自行车一起回去。刚刚工作的时候，晚上比较辛苦，要备课，所以学生放学以后，要在学校里吃饭，吃完饭以后备课，大家一起备完课，七八点钟一起回宿舍，生活很简单。

问：当时上哪几节课？

葛理达：刚开始上数学课、体育课，然后做了班主任。那时候什么工作都要会，不是说你只会教体育，那不行，什么课都要会，班主任工作也要去做。特别是做班主任，我做了很多年，然后开始做专职体育老师，因为经常要带队出门，班主任不在整个班级要乱掉，没人管了，所以就不再让我做班主任。

问：当时杨绫子的老师都是特殊教育专业的吗？

葛理达：有一些是，有一些不是。当时整个学校，在我印象中大概有三十来个老师，读过特殊教育专业的估计也就个位数，大部分是从普通学校调过来的老教师。他们很敬业，那时的孩子情况也比较好，都是轻度智力障碍的，教学只要〔比普通学校的孩子〕降低难度就可以了。

我们那时候经常说降低要求，小步子多循环，他们就学会了。但是现在不行了，现在很多孩子生活都不能自理。当年，学生的程度比较好，孩子们毕业之后，完全可以像普通孩子一样，去做出租车司机、公交车司机、保安，开公司的也有，都是能力相对不错的。但是现在没有了，现在能够跟你正常交往，能够自己做点事情，就像在智慧树做服务生这样，能够担任一点任务都已经算不错了。他们没有办法完全自主地融入社会中去，一定要人们多关照。

问：杨绫子学校主要招收什么样的学生？

葛理达：我们就是针对智力障碍的学生。

问：任何程度的障碍都可以？

葛理达：现在的学生，大部分的障碍程度是很重的。轻度的孩子都在普通学校，只有重度的到我们学校来。所以现在的学生能力很弱。

问：是什么原因让特殊学校的重度孩子越来越多了？

葛理达：因为整个社会更文明，接纳程度更高了。像过去，学生只要不会读书，考试三四十分的都把你塞到特殊学校里面。现在像这样的孩子都在普通学校里，有些是随班就读，有些是安排在卫星班，这些都是新的安置形式，就不需要到特殊学校来了。其实特殊学校是一个很封闭的环境，虽然很安全，也没有什么压力，但对那些轻度障碍的孩子来讲，他们还是不适合这里，还是由正常的社会去接纳他们比较好。

问：学生或者家长选择学校时都会考虑什么因素？

葛理达：学校是有地区限制的，我们学校就招收上城区的孩子。

问：这里的孩子容易沟通吗？

葛理达：那要看孩子的情况，每个孩子情况不一样。没有办法沟通的也有，特别是低年级的，认知能力还比较弱，你跟他讲道理讲不通，骗也骗不去，拉也拉不动。

问：学生的上学时间是怎样的？

葛理达：周一到周五上学，每天下午 15:40 就放学回家，都不住校。周末、寒暑假都有的。

问：学校课程设置和普通学校有不一样的地方？

葛理达：那差别太大了。培养目标不一样，普通学校是培养能够应试的人才，我们是培养能够适应社会的独立的人。他们不需要每天管生活自理之类的事情，我们的孩子是要教会生活自理的。

像低年级学生，教他的是如何自己穿衣服、自己洗脸刷牙、穿鞋绑鞋带这种事情。到中年级了，就要教他们扫扫地、抹抹桌子、整理家务等等。到高年级，要教他能够走进超市、走进医院、走进社区，各种各样，还有银行。到了职业高中，他们需要学习一些职业技能，去找工作，对吧？在普通学校肯定不是这样的，他们教的都是语文、数学，要考试的东西，对吧？

问：教这些生活技能，都是以课程的形式？

葛理达：对啊。比如现在的语文课，就叫做“生活语文”，学的东西都是跟生活紧密结合，数学课也叫“生活数学”，生活当中用到的东西就会多一点。

问：这些课程有相关的教材吗？

葛理达：那肯定有。有很多种教材，有全国统一的，有各个学校自主编的，各自出版的。更重要的是，老师有自主决定教材的权力。因为我们的学生，每一届的能力都不一样，每个班里的孩子能力也不一样，所以你必须要根据他们的能力，来制订相应的教育教学计划，然后设计课程。

问：设计课程时具体要怎样应对不同的孩子呢？

葛理达：备课时就设计分层教学，在同一个集体课堂之下，给不同的学生设置不同的教学目标。比如说，今天要上一堂篮球课，学习传球，有些人训练他们两个人面对面传球；有些因为害怕球，那就抛到地上接反弹球；有些人呢只能拍拍球，按照不同的能力去设计不同的课堂内容。

问：体育课在所有的课程里是不是占据一个很重要的地位？

葛理达：都重要的，所有课程都很重要的，哪一项不重要？在我的观念中，没有一个项目，也没有一门课程是尤其重要的。人都要均衡发展，各个方面也是相互促进的。比如说光练身体那不行，对不对？语文数学知识还得学一点，否则你到社会上字也不认识，写不出字，手机也不会用，那也不行，对吧？你体育不行，你身体的协调性如果不行，以后生活自理肯定有困难。你劳动技能不行，很懒，那也不行，对吧？生活还是需要方方面面、各种各样的技能。体育呢，主要内容是对身体的训练，目的是让学生们的身体能够更加健康，这是第一个目的。第二个目的是更加快乐一些，平时做做游戏，获得一个成功的体验，就跟特奥一样，那就更好了。

问：体育课是每位老师负责具体几个项目，还是各种项目都要教？

葛理达：小学老师嘛，就是各种项目都要会，没有像高中、大学啊，只管专项。跑、跳、投、球类啊，都要会一点。相对来讲，我更专业一些的是田径、足球，因为这方面的经历要更多一点。

问：孩子最喜欢什么项目？

葛理达：游戏呗。跟孩子们在一起主要是玩游戏，因为我们不可能像普通学校或高中大学一样，教一些技术技能，我们要把这些技术技能分解，包含到游戏当中去。

问：职高三年学习什么呢？

葛理达：职高就是职业高中，学一些职业技能，比如说学烹饪、学做西点、学园林等等，之前是学习一年，有一个职高班，后来就变成三年。现在我们有很多专业：洗车、种花，还有烹饪、西点、客房服务，都有老师来教他们。

问：这些老师也是特殊教育专业下的方向吗？

葛理达：专业老师分很多种，一般都不是特殊教育专业的老师。像西点的话，一般是普通的烹饪学校的老师，比如洗车啊，普通的老师也可以去学，难度不大。像种花这种难度很高的，那就需要更专业的，比如学园艺的老师。

问：杨绫子学校的学费贵不贵？

葛理达：什么学费也不用交，就是吃饭的钱要交一下，交午餐费就可以了，其他全免费的。

问：我们学校的培养目标是什么？

葛理达：培养目标，要根据孩子的能力来分层。能力好的孩子，我们希望他能走上社会，做一个自食其力的人，能有一份工作。能力中等的孩子，能够居家生活，能够参与社区生活，到工疗站去上课、上班，自己回家能够自己烧饭。当然程度特别重的，肯定还是要有人照顾。

问：杨绫子学校不是进行某一个阶段的教育，而是要把学生培养到有进入社会或者家庭的能力？

葛理达：我们要到十八九岁毕业，等于从幼儿园、小学到职业高中，全部都有。

问：学生大约十八岁就要离开学校了，离校后就业如何解决呢？

葛理达：对。怎么说呢，其实也一样，那时候有那时候的困难，现在有现在的困难。那时候的社会接纳程度没有现在这么好，所以也就看孩子和家庭自己吧。学校能够做的，其实就是推荐，推荐你去工作了，你能不能最后坚持下来，也是要打问号的。比如我第一年教的一个学生，通过三年的职高训练，去了新侨饭店工作，到西点部，工作了很多年，中间也是困难重重，比如换个领导或者什么事情，他很容易受到冲击。孩子的适应能力又没有那么强，能力又不是那么好，现在整个社会接纳的大环境还是要好一点。

问：学校推荐学生去工作，是不是要和一些单位建立联系？

葛理达：对啊，职业高中有专人在做这样的事情，叫就业指导。现在很多孩子在星巴克、肯德基、麦当劳、必胜客工作，12月份圣诞节的时候，智慧树三周年店庆，就搞了很隆重的一个颁奖仪式，感谢这些企业，把企业代表都请过来，给他们颁奖，表示感谢，然后也推荐几个孩子到企业工作，那天就有孩子和他们公司当场签合同。

问：您能不能也简单地介绍一下智慧树和它的发展史？

葛理达：智慧树是我们学校为了拓展学生实践建立的一个场所。我们学校有个职业高中，职高设有烹饪专业、西点专业，孩子经过职高三年的训练以后，具有了基本的职业技能，但是又因为没有正式场所，可能跟社会上实际的工作需要还有一定的差距。为了给他们搭建平台，学校就在上城区残联和上城区教育局的指导下，成立了这个非营利性的组织，它是独立于学校，独立运行的，目的主要是让孩子们有机会在这里非常真实地和社会上各种各样的人接触，进一步提高服务技能，增强交往能力。为更好地融入社会，走向工作岗位打下良好的基础。

这个机构是2014年圣诞节成立的，到今年的圣诞节，刚好是三周年，今天我就在忙三周年店庆的事务，到时候要请很多的嘉宾来，他们支持了智慧树的工作，我们向他们表示感谢。像杭港地铁、杭州市公安局上城分局等等一些单位，一直在订我们的产品，比如智慧树的蛋糕等，我们要向他们表示感谢。

另外还有很多企业，接纳我们学校的学生去就业，比如星巴克、欧尚、肯德基、永和豆浆等等企业，我们也要表示感谢。这是我们举办店庆活动的主要内容。你可以看到店里这些服务的孩子，他们还不是毕业生，还是高三的学生，仍然在读书，但每天会轮流到这里来实习，包括给你们泡咖啡、服务、整理收拾啊，这样的实习机会非常好，非常真实。

问：在接触特殊孩子家长的过程中，对他们有什么了解？

葛理达：我原来做大队辅导员，做德育主任的时候，家委会这块工作都是我做，对家长比较了解，能够体谅他们。家长都是不容易的，其实孩子还是很幸福的，最困难的是家长。他们需要支持，需要理解，他们需要一个很漫长的过程，才能够走出痛苦。

作为老师，对家长，一般都是鼓励为主，让家长有更强的信念来教育孩子，不要放弃，因为一旦家长放弃了，光靠学校是做不好教育的，必须靠家校一心，协同在一起，这样孩子的能力可以提高得更快，掌握更多的能力。首先是生活自理能力，其次是家庭生活能力，然后去成为一个独立的人，让他以后能够每天自己照顾自己，这已经很好了。如果他的能力还不错，那就到社会上去。让家长始终保持一种信心，我们要坚持用乐观积极的态度去教育。

问：家长会怎样为孩子考虑未来的出路？

葛理达：出路这东西啊，没有一种普遍的方法。这就跟我们其他的普通家庭一样，每个孩子走的路都不一样，因为家庭背景不一样，或者个性脾气不一样，特长不一样，孩子能力不一样，所以并没有一条普遍的道路可以走，而是因人而异，因家庭而异。

每个家庭走的路都不一样，像王同学妈妈她带着孩子走出去，先打开自己的心，然后再去感染别人，发动更多的人照顾特殊的孩子们，她是很有代表性的家长。

一般的家庭，那无非就是看孩子的能力，孩子能力好一点，就让他尝试一下去社会上工作；如果孩子的程度比较重，也可能是家里人自己解决啊，去工疗站、去社区。孩子的出路不是靠一模一样的方法可以解决的。

当然也有很多很好的案例，比如说有些妈妈自己开办一个托管机构，把孩子的同学都叫来，每天有事情做，比如说洗洗菜、买买菜、烧烧饭，下午上节课、做点劳动，现在已经做得很大了，已经是江干区的一个代表了，机构设有洗车房、手工作坊、图书馆，也在慢慢成长扩大。还有些家长自己开个小卖部，开个店给孩子去做。社区里的工疗站也给孩子提供一个庇护所，孩子们可以到那做一做手工。从我们学校毕业的学生，最后还是要回归到家庭中去、回归到社区中去。

问：您现在的工作量如何？

葛理达：工作量要看具体情况。每天平均要上 2 到 3 节课，一个星期有 10 节体育课。然后要处理学校的行政工作。以前我主要负责学生处的工作，负责搞活动。我们学校重视以活动育人，只是教条式的教育，可能不一定有效。现在呢，做总务工作，总务更加繁琐，更加啰嗦，很多人的吃喝拉撒都要管，还要把卫生搞干净，所以事情特别多。

问：在工作中有没有遇到过困难或比较棘手的事情？

葛理达：其实工作也没有太大的困难，我的工作就是很细水长流的事情，就是很平平淡淡的事情，坚持每天都把工作做好，把每个孩子都照顾好，把每节课都上好，就可以了，没有很棘手的事情。

你说棘手的事要怎么说呢？无非就是教育孩子遇见的一些麻烦。其实这些都算是普遍性的问题，打个比方，每个班里学生有能力好的、能力差的，水平相差很多，就面临怎么样设计课程的问题，要满足不同层次孩子的需要。还有学生毕业了，面临找工作的问题等等……其实一般的问题不会困扰到我们，谈不上有什么困难，我们就是过日子一样，每天让孩子们过得开心一点，学到更多的本领就可以了，工作比较单纯。

问：工作中最有成就感的事是什么？

葛理达：我现在没有太大的成就感。现在做总务主任，以前呢，最早是做带队老师，很有成就感。每天就想着怎么样搞球队训练，怎样把球员的技术提高上去，经常想怎样应对一些比赛，怎么样把对手打败，出门比赛怎么样带孩子玩得开心一些……后来呢做了德育主任，又做大队辅导员，学校里所有大大小小的活动，尤其是学生活动，都由我组织，那也还是蛮开心的，我也很会组织带孩子们玩的活动。现在做总务主任就不一样了，每天就是搬搬东西、吃喝拉撒的事情，学校里总有很多事情要忙。

问：岗位变化是您自己主动选择的还是学校安排的？

葛理达：那是没得选的，领导让你干什么你就干什么，也不论是什么职务，都是一份责任啊。做行政工作其实没意思，但既然老师们相信你去做这个工作，你就得把工作做好，其实也一样，做什么工作都是做。但是无论做什么工作，我觉得参加组织特奥运动，和孩子们在一块，才是最开心的。行政工作也不可能做一辈子，等到行政工作不做的时候，我还是会把自己的时间给孩子们，和孩子们一起玩玩啊，运动运动，去参加一些比赛，去见识各种各样的社会情况，这是最快乐的，是我最喜欢的事情。

问：学校每年都进新老师吗？

葛理达：每年都进，每年都招五六个，每个老师的情况不一样，想法也不一样，他们来来去去主要取决于自己，而不是学校。

问：跟您同一批进来的老师，现在还在学校吗？

葛理达：和我一起进来的有六个老师，现在剩下三四个，比例还是蛮大的。因为我们选择的余地比较小，像普通学校，老师可以很好地流动，今天到这个学校以后到那个学校。我们这个群体就只有这么几所学校，不可能有很多的地方去，除非是特殊老师变成普通老师。我呢，就是过普普通通的日子，做一个普普通通的老师。

问：学校有什么宣传机构，向社会展示学校和特殊人群？

葛理达：我们主要通过活动来提升知名度和影响。其实我们知名度已经很高了，不需要再做宣传，现在需要做的事情是静下心来把孩子教好，对教好学生来说，知名度其实没有什么实质的作用。

以前学校有很多活动，这不是为了提升学校的名声，而是希望有更多的社会人士来关注和帮助特殊群体。但是呼吁社会的关注，只是学校的一部分工作，不是说我们学校呼吁怎样对待特殊群体，社会就会很快变得开放，对吧？我们现在主要的，还是关注自己的学生，这是我们的本职工作，社会的进步不是一蹴而就的，也不是靠学校来提升。社会进步是一个渐进的过程，要几年、几十年甚至上百年，对吧？

问：除了老师，还有没有志愿者来工作的？

葛理达：志愿者有很多的，每个礼拜都会有的。都是大学生啊，或社会上的一些有爱心的人士。

问：他们主要做什么工作？

葛理达：一般做助教，上课时由他们来协助，比如说给你一个孩子，你协助他上课。也有些是他们自己来搞活动，我们策划好，安排好活动的内容，提供给场地。

问：社会上有没有一些捐赠的资源到学校来？

葛理达：我们学校不大接受捐款。因为我们不是慈善机构，我们是公立学校，办学经费是有保障的，不像一些民办机构需要募捐。当然也有捐赠的人，愿意做这个事情，我们也很欣慰，包括智慧树，它是独立法人，可以接受社会的捐赠。但相对来讲，凭借智慧树的营业能力，可以自食其力，所以不需要经费方面的担忧。

人家有这份爱心送上来，那当然是好，我们很多的设备都是捐赠的，像学生的饮水系统，直饮水机，打开开关就可以倒水喝，这种设备都是社会人士捐赠的。

问：杭州除了杨绫子学校外，还有其他特殊学校吗？

葛理达：有很多，每个区县都有。全国每个区县，只要是三十万人口以上的区县都要有所特殊学校，我们和其他学校平时有很多交流，我们都很熟的，杭州市特奥会每两年有一次交流，还有教研活动等等。像上海、江苏、广东、河南、河北的同类学校都特别熟，如果教练员一块坐下来，彼此之间都特别熟悉的。

珍惜幸福，特殊教师的家庭生活

问：您是哪一年组建自己的家庭的？

葛理达：我是 2005 年才登记结婚，2006 年举办的婚礼。

问：那也才二十五岁呀？

葛理达：对，二十五岁已经很大了，不像现在的小年轻，像你们毕业都二十四五岁了，对不对？读个研就二十六七岁，然后就要谈婚论嫁了。那我还可以再玩个七八年这样子。

问：您是怎样认识太太的？

葛理达：我老婆就是我们学校的音乐老师，所以近水楼台先得月，哈哈。她跟我同一年进来，是杭州人民中专毕业的，她是杭州人，我是外地的，我家里条件比较差，她家里条件比较好，所以就死缠烂打呗，纠缠不休呗。

问：她学的是特殊教育专业吗？

葛理达：不是，她是幼师专业的，杭州人民中专毕业，进到学校来以后，还是普通中小学的教师编制，连着职称等一起转迁过来的。

问：您女儿喜欢运动吗？

葛理达：她喜欢玩，跟我一样，喜欢运动。小的时候体育成绩特别好，一年级、二年级的时候，全班跑步50米拿冠军，但是个子没长，这两年就差一点。虽然打篮球会长个子，不过女孩子嘛，我没有带她打篮球，还是跳跳舞、滑滑冰啊，现在学冰上芭蕾的花样滑冰。

问：您有没有带女儿来过学校？

葛理达：她经常来的。我经常会跟她讲我的学生们，她来的时候也经常接触这些孩子，主要是和她差不多大的孩子，比她大些的她可能有点害怕。她从幼儿园、小学一年级时就来过，跟年纪差不多的人玩得蛮开心，只是那些孩子相对来讲跟不上她的节奏，但是她还是蛮喜欢和他们一起玩的。

特别是她妈妈班级里的小孩，她和他们的关系都特别好。学校里的、这里的孩子们的情况，我也经常跟她讲，这方面的事情她都懂，也特别愿意来这里。小的时候，比如学校里开运动会，她会过来参加。现在学业压力越来越大了，也没有太多时间来做爱心活动，主要还是让她知道有这样一批孩子，她可以去支持他们。

问：您和太太从事的都是这个工作，你们的工作有没有影响你们的教育理念？

葛理达：那肯定有很大的影响。虽然女儿现在学习压力比较大，但是我们还是很注重生活质量，因为对孩子来说健康是最重要的，特别是你看过太多的特殊家庭后，就会发现，你拥有一个健康的孩子，已经是很幸运的事情了。你就会觉得这是非常非常的一个……怎么说好呢？这是一种恩赐。所以要去珍惜当下的生活，珍惜这种幸福。

在家庭里，我就感觉大家都是很珍惜的，都很爱玩，学习当然要照顾到，但也不能超出负荷。要根据孩子的能力去追求，就跟特奥一样，有多少能力做多少事情，对吧？孩子有多少的本领就考多少成绩。我们督促她努力，但是不纠结。

问：您觉得这份工作的待遇怎么样？

葛理达：待遇就是一般的工薪阶层，教师的待遇在整个社会上当然是偏低的，但是你既然选择了这个工作，就不需要太多计较，毕竟你拿的也不是特别少。选择当老师的人，其实没有太多这方面的想法，如果有这方面的想法，可以做其他的工作，可以去经商，去做投资啊……

葛理达同事口述

口述者：秦骑泳（男）

访谈者、撰稿者：王拓涵

访谈时间：2019 年 4 月 16 日

访谈地点：杭州市杨绫子学校“智慧树”咖啡厅

问：可以请您自我介绍一下吗？

秦骑泳：我叫秦骑泳，是“90 后”，大学毕业后就来到杨绫子学校，一直在这里当体育老师，现在也做副班主任。

问：您是怎么来到杨绫子学校的？

秦骑泳：通过普通的应聘上岗。

问：大学主修的是特殊教育专业吗？

秦骑泳：不是，我读的是杭州师范大学体育专业。

问：在做特殊教育之前，有没有了解过有这样一群孩子？

秦骑泳：了解过的。我小时候就有接触过。小学时，班级里就有这样的两个同学，和普通同学不太一样，需要老师和同学的特殊关照。

问：您从事特殊教育与那两个同学有关吗？

秦骑泳：倒还不能算有关系。来杨绫子学校其中一个原因，是过来看到学校不错，在这里工作会比较好；第二个原因是我爸也是残疾人，我从小是在残疾人家庭中长大的，所以说对特殊情况没什么抵触感，就顺其自然地应聘上岗，从事相关的工作。

问：您怎样看待这些特殊的孩子？

秦骑泳：没什么特别的看法，我就跟对待正常人一样去对他们。比如说我该教给普通学生的内容我也得教给他们，而且得教会他们，不能因为是特殊的孩子就降低对他们的要求，对吧？但是在教他们的过程中使用多种方法，多次地重复。

问：您要上几个班的体育课？

秦骑泳：我教七个班，一周将近 20 节课，有时候一天上 6 节课，有时一天上个 3 节、4 节，这是最基本的工作。

问：工作压力还是很大的。

秦骑泳：对，课比较多。体育课从最简单的跑、跳、投开始，小孩子从单一的动作学起，像跑、跳一类的田径运动是所有运动项目中最基础的东西，对小孩子我会教跑、跳、投这一类动作，作为课堂常规内容。到了初中或者是六年级以上，可能会涉及一些篮球的简单运球，足球的简单运球，接下来是传球、接球、投篮、射门之类的简单运动环节。再往上走，到了高中，就会涉及一些比较专业的技术动作，到后面可能会组织学生一起打一场比赛，比如三打三的篮球赛，除了田径和大球类，还有其他一些项目。我们还没有形成一个成熟的教学内容的规定，只有一个大体的课程标准，也就是新课标，所以具体内容要自己根据新课标去设计，我的课基本上就是以特奥项目为基础，在课堂上面逐步教各种运动方法。

问：您主要负责教的项目是篮球?

秦骑泳：对，我的主要工作是教篮球，篮球以我为主，足球以葛理达老师为主。平时上课的话，其实都是一个老师去教各种项目，另外学校会帮我们配一些其他的老师来辅助一下，在比赛训练队的教练上会更专业化一点。

问：在上课之外还有照顾孩子的一些工作吗?

秦骑泳：也有的，比如中午午睡的时候管一管，管班级秩序，管管发脾气的小孩子等等。

问：您有没有参加特奥的培训或者带队比赛的经历?

秦骑泳：有，那太多了，有些外出比赛印象很深刻。我是 2014 年大学毕业的，那一年我就跟葛老师一起去参加了南昌的一个高中篮球赛。2015 年我带队参加了在四川成都举行的全运会，中间还有一些杂七杂八的小项目。今年也参加了不少比赛。

问：您印象最深刻的比赛是哪一次?

秦骑泳：印象最深刻的是刚来学校那一年，2014 年我跟着葛老师去南昌带队比赛，拿了冠军。当然印象深刻不仅仅是因为成绩好，更是因为比赛过程太过曲折了，那次比赛必须每一场都赢了才能拿第一，如果输了就不知道会拿第几名了。比赛前面还挺顺利的，到后面成绩被别人赶上来了，比赛持续的时间又比较久，所以说心里是很刺激的，我们非常努力地打拼，最终才拿到冠军。

问：能不能谈一谈您和葛老师在工作上有什么交集?

秦骑泳：和葛老师的交集，一个是训练，一个是在课堂上的。其实主要的交集还是在训练队的时候。我刚来时，在师范大学学习的教学方法，都是和普通学生去交流，有些教法在对特殊孩子的时候需要调整，有些内容要简化，有些方法要更有针对性，或者是要树立一个特殊教育的观念。在这方面，还是葛老师老道，他经常会在小的细节上面对我进行纠正。

问：在您和葛老师共事的过程中，有没有什么令您印象深刻的事？

秦骑泳：印象很深刻的就是，葛老师临场应变的能力比我快得多，在教学过程当中遇到难点，他会有不同的办法去突破，在比赛的时候他的指挥、临场应变，非常灵活。比如2015年在四川举办的全运会上，葛老师带的女篮队伍分在B组，第一场比赛输得很惨，葛老师就通过第一场比赛总结分析，比赛刚刚结束，他就直接在场地上面调整部署，立即进行训练，在训练中直接改变了我们的防守策略，这个策略改变速度非常快，训练也不算多，第二场比赛上场打赢了。所以说他临场应变的能力比我要好很多，在赛场指挥这方面有很多需要我学的。

问：您对于特奥的理念有什么见解？

秦骑泳：我以往对于比赛的观念，认为能赢是比赛最重要的目标，因为从小的运动经历是被竞技项目所贯穿的，所以说我的理念就是争取胜利，要我说，既然能赢干吗不赢，对吧？当然对于特殊的小孩子来说，在这个参与的过程中，失败也完全没有关系，我输了也无所谓，但是平常训练的时候，我们要把争取胜利的理念展现出来。

与此同时，也要提倡共同参与，比如我带一个足球队有十多个人，水平有高有低，但也要让这十几个人全部上去参与，就算比赛输掉也没关系。我们希望每个孩子都能勇敢参与，争取胜利，让每一个孩子多多去尝试，首先是让他们能够尝试特奥比赛，接着去追求生命。

实话实说，特奥会属于低层次的比赛，运动员的竞技水平是比较低的，但是竞技过程的观赏性一样非常高。有些小孩子在训练的时候不知道有输赢这个概念，但是参加过比赛之后，在一刹那他突然会明了什么叫输什么叫赢，这个进步是小孩子在学校里面学不到的。在比赛的同时，我们特殊的小孩子，也有机会从保护他们的塔里面走出来，和社会进行沟通，社会人士也可以走进塔里面，把他们带出来，这是特奥给全社会的一个重要的机会。

葛理达工作观察日记

观察时间：2019 年 1 月 22 日 8:00—15:30

观察地点：杭州市上城区杨绫子学校

观察者、撰稿者：田乐、章军、王拓涵

时　间	活　动　内　容
8:00—8:20	到校，准备工作。
8:20—9:40	在办公室处理总务工作。
9:40—11:30	进入操场，组织热身活动，组织投篮训练，与学生一同练习防守。
11:30—13:25	午餐、休息，和师生交流。
13:25—14:10	与同学一起打篮球、指导投篮动作。
14:10—14:35	组织学生穿好队服，准备比赛。先练习篮球进攻战术，然后练习防守。打电话沟通学校事务。
14:35—14:55	休息期间，与秦老师商讨改进训练效果的模式以及提高投篮命中率的教学方法。
14:55—15:10	和朱同学等轮流进行单独对抗练习。
15:10—15:20	向朱同学强调突破的重要性，注意不能球一到手就投篮。
15:20—15:30	训练结束，指导学生做放松活动。和学生告别，下班回家。

人生因特奥而美丽

——韩雅娜口述

韩雅娜，女，汉族，1973 年出生，北京人。1989 年考入北京市宣武师范学校体师班，1992 年毕业进入宣武区槐柏树小学担任体育教师。1999 年进入宣武区培智中心学校担任义务教育部中高年级体育教师；2014 年担任义务教育部中高年级、职业教育部体育教师。2016 年学校合并为西城区培智学校，担任高中部体育教师。2000 年 1 月取得特奥教练员资格，并作为北京队教练先后参加第三届至第六届全国特殊奥林匹克运动会。2003 年取得特奥讲师资格，前往多个省市为特奥教练员及特奥运动员领袖进行培训。2007 年作为中国队教练参加第十二届世界夏季特殊奥运会。

口述者：韩雅娜

访谈者、撰稿者：吴瑶瑶

访谈时间：2017 年 9 月 12 日、2018 年 5 月 29 日

访谈地点：北京市西城区培智学校办公室

撒欢的童年

问：韩教练您好，可以从小时候聊起吗？

韩雅娜：好的，那我就想到哪聊到哪了。我 1973 年出生，祖籍是河北的，爸爸当兵转业到了北京。我出生在北京，家里两个孩子，还有一个弟弟。说起名字，我和弟弟还有叔叔家的两个孩子的名字都是奶奶给起的。虽然奶奶没什么文化，名字说不上有什么深刻的寓意，但我们都觉得挺好听。

问：弟弟比您小几岁？聊聊和他的故事？

韩雅娜：弟弟和我差三岁，他现在邮局工作。和弟弟好玩的事情还蛮多的，那个年代，我们这个年龄的人，一般都是大的管小的。比如说接送幼儿

园，记得那时我刚上小学一二年级，大人都上班去了，我每天放学之后接他回家哄他玩。说来也奇怪，我们从来没有打过架，感情一直就很好。

小时候家里挺穷的，爸爸是警察，妈妈在工厂上班，一个月他们就挣几十块钱，反正生活还是挺紧张的。在那个年代，各家的条件都差不多，不会说有哪家特别富裕，所以在那个环境中也不懂什么高质量的生活标准。记得小时候，家里有个罐子是专门放动物饼干的，妈妈会定期发几块给我和弟弟，我们就觉得特别高兴，就这样很简单的事情，都会让我感到特别幸福。

问：那时，有没有印象比较深刻的一些趣事？

韩雅娜：小时候有挺多趣事的（笑），印象最深的就是体育训练。记得下雪天，教练带我们越野跑、打雪仗，这个场景给我留下的印象特别深。然后，就是上面说到的妈妈给我和弟弟分饼干吃，你几块、我几块，我多了你少了这种，想想就觉得挺逗的。还有奶奶带着去抓蚂蚱，回来烤着吃，这可真是我童年最快乐的事。

那会我特别喜欢回奶奶家，邻居家的大孩子会大半夜去抓麻雀给我烤着吃，可能是因为我是从城里来的孩子，所以比较招大家喜欢，都对我特别好。从小我就特别爱玩，奶奶也很爱玩，她经常会带我去河里蹚水，去爬山……现在想想都觉得特别美好，我很爱我奶奶。童年还是过得挺自由自在的，每天跟院里的小朋友一起玩，做游戏，也会因为淘气挨打、挨骂，但都没留下什么不好的印象。

问：您跟父母呢？有没有印象比较深的事情？

韩雅娜：和我爸妈啊，印象比较深的事情……也没有什么大事。记得小时候我们家养猫，有一次我家的猫把邻居家的鸡给咬死了，人家找上门来了，我爸一气之下就把猫拴在树上打了一顿，算是给人家出气。我特别喜欢那只猫，心疼得哭了好长时间，好久都不跟那邻居说话。那个年代，家长生活压力大，没时间哄着我们，更不会娇惯，挨骂挨打也不新鲜。还有就是我小学毕业直接被保送到重点中学，我爸一下子给我买了三件新衣服，可把我高兴坏了，到现在还清楚地记得其中两件的样子。

问：小时候您就一直和爸爸妈妈在一起生活么？

韩雅娜：最小的时候是和姥姥、姨在一起，因为我爸妈工作不在一个地儿，所以多数时间我都住在姥姥或者大姨、三姨家，在他们家住一段儿，在自己家住一段儿。

问：那说说跟姥姥和姨在一起的故事吧。

韩雅娜：那会儿她们还都住在农村呢。现在我特别喜欢去农村、去山里，可能就是小时候在那个环境中长大，所以对那样的环境比较喜欢。我记得，那会就喜欢跟着大人去山里拔野菜、放牛放羊，看老母鸡孵小鸡儿……这些开心的记忆已经模模糊糊的，那时我才四五岁的样子，六岁就回城里上学了。

问：小时候有一起玩得比较好的小伙伴么？

韩雅娜：我舅舅家有四个孩子，有比我大的也有比我小的，我们几乎都在一起玩，吵吵闹闹的挺热闹。因为爸妈都不在身边，大人小孩对我都特别好，有什么好吃的都偷偷给我吃，去哪儿都会带着我。我好像还在那个小学里面跟读过，反正没人看着就跟他们一块儿去学校。我在城里学习过唱歌什么的，就会显得比农村孩子会得多一些，记得他们组织什么活动，我还去报幕和表演唱歌，觉得挺好玩的。

问：小时候印象最深刻的事情是什么？

韩雅娜：过年吧，因为我姥姥正好是快过年之前生日，全家都会回去给她庆生。过年往往会比平常吃得好点，大家能吃白面，那个年代平时只能吃得起黑面，就是用白薯晾干后磨成面。所以，一到过年家家都蒸白馒头、年糕，还会点一个红点儿，再做一些菜，这已经算很丰盛的了。

一到过年，全村的人都会聚在一起，早上5点多，大人就起来去挨家挨户拜年，所有家的男人包括十几岁的孩子都凑在一起。拜年串门都是提着一篮子大馒头，到谁家就送馒头，人家也不会全留下的，留下两个，剩下的让你带回去，就继续去下一家，那时候我觉得这个还是挺新鲜的。

还有庙会，农村有表演队，一到过年就挨着村子去表演，舞龙、舞狮、踩高跷等民俗表演，那场面真的特别热闹。我舅舅就是踩高跷的，因为村之间的路都不是特别长，他们就直接踩着高跷过去。我想这也是我小时候为什么特别喜欢回农村过年的原因，感觉年味比城市更浓。

问：现在呢？还经常回去过年么？

韩雅娜：还是会经常回去。我姥姥1913年出生，2013年去世的，整整活了一百岁。现在过年就没有小时候那种气氛了，大多数人都外出打工了，也就过年的时候才回去。村子里已组织不起来一个表演队了。再说，现在的农村已经很现代了，住的、用的、吃的都和城市没啥区别，年味自然也少了很多。听说这两年又有人开始组织这样的队伍，希望找回过年的民俗味。

问：奶奶和姥姥给您留下的印象都是怎么样的？

韩雅娜：她们两个真的完全不一样，哈哈……奶奶是那种特别好玩，会带着我抓鱼、爬山，到处疯着去玩的。姥姥属于比较传统的妇女，一直都穿对襟的衣服，还裹小脚，我给她洗脚的时候，看到她脚趾头都是窝在一起，跟断了似的，特别特别小。那时候，想给她买鞋都挺困难的，要找很多地儿才能买到那种鞋。姥姥到去世之前记忆都特别好，她说我们老辈子的事儿，她记得都特别清楚。回忆她那时候，怎么裹的小脚，怎么走不了路，都得扶着墙走路。但姥姥是那种特别能干而且要求比较严格的人，她自己养大了六个孩子。

开启体育人生

问：您几岁开始学体育？

韩雅娜：好像十二岁，五年级的样子吧。

问：为什么选择走体育这条路？

韩雅娜：我的老师觉得我行，就让我练的。家离学校还挺远的，刚开始的时候爸妈不太支持，觉得离家远晚回家不安全。为此老师特地去我家给父母做工作，他们就同意了。

问：是不是挺辛苦的，每天的训练量特别大？

韩雅娜：是啊，小时候训练真的特别辛苦，但不知道为什么我当时非常听话，也特能吃苦，只要老师让练什么我就练什么，可能因为是自己选择的是自己喜欢的吧。经过专业训练之后，教练就开始慢慢安排参加各种比赛，市里的、区里的运动会，每年都基本上能拿第一。

问：您主要练什么项目？

韩雅娜：练田径，最早的时候也练跳高和跳远。其实，我小学就这个身高，后来就不长了。记得体育老师还逗我说："怎么当时光看你身体素质好了，忘了遗传问题，你爸你妈个子不高你肯定也长不高，哈哈……"但话说回来，我确实学什么都特别快，要点掌握得很好，所以就算训练比较苦也觉得挺快乐的。

问：是什么事或人让您喜欢上体育的？

韩雅娜：是我的体育老师赵老师，到现在还一直有联系。赵老师那时非常年轻、长得也很帅，每天都会带着我们这帮孩子训练。除了训练严格以外，他对我们特别好，比赛之余带我们去公园玩，出去吃东西，大家都非常喜欢他。他教东西很灵活很有方法，能用一些简单的方法解决大问题。

问：他可以算您的启蒙老师了？

韩雅娜：对，我就是受这位老师的影响，好多跟他训练的同学到现在都还坚持参加体育活动，比如跑马拉松、踢球、爬山什么的，即使没从事体育行业也依然坚持。

问：很多家长觉得学体育会影响课业成绩，您父母有这方面的担心吗？

韩雅娜：那时候家长不太会过问你学习怎么样，学不学、学得好不好都得看自己。我就读于北京市第 89 中学，回民中学，当时宣武师范学校把体育师范班放在这个中学。那时，每天早晨和下午都要参加训练，因此也确实耽误了不少课业。但我们上学那会儿，不像现在这样父母要求一定要考上高中、读大学，我们可以上中专和职业学校。对于学习其实真不算太用功，考学直接上了体育师范，也就没费多大劲。后来，在体育师范毕业就直接参加工作，当时差不多十九岁，所以到现在教龄都有二十五年了。

问：学生时期参加的比赛，有没有让您觉得特别难忘的经历？

韩雅娜：有一次印象比较深刻，那是我第一次代表学校参加区里的比赛。刚开始，我跳高得了第一名，跳远得第三名，特别开心。但到接力跑的时候，想着一定要再拿个第一名，要拿最好的成绩回馈老师，让他感到骄傲，同时也为学校争光。结果，我摔倒了……当时的操场不是塑胶跑道，是沙土场地，所以一摔倒就把整个腿全都挫伤了。摔倒的当下其实我并不觉得疼，立马爬起来就继续跑，但还是由于失误没拿到第一名，拿了第二名。

其实摔倒还拿到这样的名次已经挺好了，老师也觉得不错，我却觉得特别愧疚和委屈，因为赛前练得真的非常扎实非常好，就在那一直哭……

问：学生时代有没有一些同学或事情让您记忆犹新？

韩雅娜：同学呀……我最好的同学是小学时我们的班长，她也是全校的大队长，学习成绩特别好。我记得那时特别逗，我们在学校不怎么说话，她有她的一帮朋友，我有我的一帮朋友。但只要一回家，我们俩就在一起玩，几乎是那种时时刻刻黏在一起。我经常去她家睡午觉、买冰棍、写作业、看书……天天在一起弄这点事。记得有一次，我在她家睡得迷迷糊糊，回家才发现脚上穿了一只我的鞋一只她的鞋，这事我们现在提起还啼笑皆非，哈哈哈……她一直挺关注我的工作，还跟我到学校看望过这些孩子。到现在我们还是很好的朋友，她现在已经定居国外，但每年回来我们都会聚一聚，一起待上几天。

问：还有其他与体育有关的故事分享么？

韩雅娜：哦……对对对，还有就是我拥有的属于自己的第一套运动衣，那一刻真的特别开心。我不是练体育嘛，刚开始没有运动服。过去我们穿的运动衣是那种蓝色带两个白条的，像校服。我记得有了第一套运动衣，就穿上它高兴得满院子跑，那时真的特别容易满足，感觉拥有了全世界。

走进特殊学校

问：小时候您有什么理想，实现了吗？

韩雅娜：算实现了吧。我小学开始就参加体育训练，也特别喜欢我的体育老师，就说长大想当体育老师，后来确实也成了一名体育老师。以前，我在普小当体育老师，1999 年被调到特殊学校。

问：您以前接触过这类孩子么？

韩雅娜：没有接触过这类型的孩子。以前很少见，完全不知道这种情况的孩子有这么多。刚调过来我十分不适应，他们的残疾程度、各种情绪问题，还有的孩子长相上也和普通孩子不一样……一时之间真的感觉很别扭，没办法接受，大概适应了两三个月才慢慢好转，但那会儿还不确定能不能干下去。半年以后，才感觉适应了这份工作。我记得，差不多半年的时候，我带孩子们参加北京的广播操比赛，竟然得了第一名呢（笑）。

问：您适应得还挺快的。

韩雅娜：还行，尽管他们学东西慢，但只要对他们有要求，能下功夫去教他们。像刚才带他们走队列似的，已经走得很好了，他们都走过好几场大赛的开幕入场式了。

问：刚开始工作的那半年，您在情绪或思想上有什么波动？

韩雅娜：说实话，当初在普小已经干得挺不错了，完全能适应教学。突然调任到这里，刚开始有点怕，因为不知道该怎么教这些孩子，怎么与他们交流、相处，怕自己教不好他们。调来之前，领导找我谈话，我是拒绝的，觉得自己干不了。后来，领导反复找我做工作，说学校缺人，作为共产党员又是骨干教师，你得去呀。说如果去了真干不了，过几个月再给你调回来……

问：这些孩子哪些方面与普通孩子不一样？

韩雅娜：有些孩子看上去挺正常的，部分自闭症孩子症状会明显一点。他们的语言发展迟缓，有障碍，说话内容、速度及音调异常。对语言理解和非语言沟通有不同程度的困难；在日常生活中，坚持某些行事方式和程序，拒绝改变习惯和常规，并且不断重复一些动作；兴趣狭窄，会极度专注于某些物件，或对物件的某些部分或某些特定形状的物体特别感兴趣，而对外界事物不感兴趣，不大察觉别人的存在；与人缺乏目光接触，不会主动与人交往；模仿力较弱，不能掌握社交技巧，缺乏合作性。

问：您觉得特教学校和普通学校有什么不同？

韩雅娜：在普通学校，老师基本上按教学大纲按计划教学就行。但在特教学校就不行了，虽然我们有课程标准，但由于每个学生情况都不一样，每个班级也不一样，所以教学一定是以学生能力为基准，会给每个孩子制定个别教育计划，设计适合他们能力范围的学习内容。

问：特教学校在哪方面比普通学校做得好？

韩雅娜：对学生个性化、针对性教育这方面，特教学校真的是因人施教。我们学校基本上每个类型的孩子都有适合他们的教育计划，甚至特殊孩子每个人都有一套属于他的教学方案。

问：您刚调过来工作时，会不会有师父教您如何去适应特教环境？

韩雅娜：师父倒没有，那个年代体育老师也少，我记得有一个体育老师和我一样，从外调过来的经验也不足，但是教育、管理学生方面跟其他老师学了不少，体育方面在普小积累了一些经验，所以进入状态还是比较快。

问：教育、管理学生方面学到一些什么？

韩雅娜：比如说什么类型的学生具备什么特点；应该如何引导学生；适用什么样的教学方法；学生不听话该怎么办；学生哭闹又怎么解决……在教学的过程中，只要一遇到问题我就马上会去请教其他老师。同时，我也参加了很多相关方面的培训，积累下来不少教学知识、教学方法和实践经验。

问：进入这个学校到现在，也教了不少学生了吧？

韩雅娜：从 1999 年到现在……实在太多了，教过的学生太多。记得有个从普小转过来的男生，其实他不属于智障孩子，可能就是学习障碍，说话聊天都挺好，长得也挺漂亮。他个子不高，但篮球、网球、足球、轮滑……这些体育项目都练得挺好，属于运动能力特别强的学生。刚开始，其实我还挺怕他走歪的，因为他学习不好，还经常和社会上的一些孩子混在一起。后来有一次，我们备战全国比赛进行集训，当时我被分派带篮球队，他和另外两个学生在足球队。训练的时候，貌似是其中一个学生被别的孩子欺负不敢反抗，他却不干了，说：“谁要再欺负他，我就跟谁急。”别人一看，哎哟！这孩子怎么这么猛啊，就都不敢欺负他们了。这事我还是后来听他们足球教练说的，当时真的感觉挺欣慰的，觉得这孩子行，仗义、有正义感。通过这件事让我对这个孩子另眼相看。现在他长大上班了，在商场做销售卖电器，听说干得还挺不错的。

问：教学生涯中，有没有比较难忘或感动的事？

韩雅娜：有的孩子特别知道心疼老师，每天都到办公室来问有没有事情需要帮着做。每次外出活动都抢着帮老师背书包拿东西。有的孩子原本特别自卑，不爱跟人交流，通过参加体育活动，变得开朗自信了，生活自理能力也提高了，还能帮忙照顾队里其他同学。有的孩子几年训练比赛下来，沟通、适应等能力都得到很大提高，毕业后都能去工厂上班了，而且干得非常不错……这样的事情太多了，因为这些转变让我觉得我的工作非常有意义。

问：如何评估孩子是智障的？

韩雅娜：需要去医院做评估的，现在招生严格了，早些年有些学习有困难的孩子，也有可能会进入特教学校的。

问：学生家长是从哪里知道学校招收这些类型的孩子？

韩雅娜：如果家里有特殊孩子，家长就比较关注这类型的学校，现在招生都是按区域划分，学校会提前发布招生的通知。

问：和其他学校的老师或教练，会一起交流经验或切磋教学吗？

韩雅娜：会有，北京市特教中心组建了体育学科教研组，我们会经常在一起进行研讨活动，这样一来自然沟通交流的机会就比较多。

问：学校的孩子一般分为哪些障碍类型？

韩雅娜：我们这边主要是智力障碍，轻度、中度、中重度都有。现在，轻度的孩子越来越少了，提倡融合教育后很多轻度的孩子可以去普通学校上学了，但现在自闭症的孩子比较多。

问：训练时会区别对待么？

韩雅娜：肯定会，必须区别对待。一个班可能就七八个孩子，他们的学习内容、目标要求、教学方法都会有所不同。

问：这些孩子也像正常孩子一样，从小学、中学、高中一级级读上来么？

韩雅娜：孩子从幼儿园就能来我们学校，等年龄到六七岁的时候就升到义务教育部，十六岁之后就可以读高中部。学生从幼儿园开始上，到最后毕业能在学校上十五年。

问：如果有孩子没办法走上社会，会不会要求再多读一年或几年？

韩雅娜：很多孩子家长都这么想，原来我们学校允许比较大的孩子继续留校，但学生越来越多，学校的力量确实不够，后来学校规定十九岁就要求必须毕业，不然下面的学生上来就没位置。

问：刚刚看见训练时还有一些家长陪同。

韩雅娜：对，能力比较低的孩子家长会陪同，刚刚陪同的家长是那个小姑娘的爸爸，因为她有严重的癫痫，学校怕有什么危险。

问：有没有让您印象比较深的家长？

韩雅娜：家长和家长也不一样，有的比较乐观，有的却比较悲观。谁家有这样一个孩子，压力都挺大的。有些家长会觉得看不到希望，会担忧他们长大了怎么办，他们哪天不在了孩子怎么办……这些都是他们最担心的。

但大部分家长还是比较乐观的，会注重培养他们的自立能力，希望他们学会独立照顾自己。教了这么多学生，各种各样的家长都见过。比如，有的妈妈本来漂漂亮亮的可时尚了，孩子也长得挺漂亮挺可爱，但随着年龄增大，孩子情绪问题越来越严重，把妈妈折磨得特憔悴，这真是没办法的事。

领操的那个男孩，他爸爸妈妈对他特别宠，爸爸专职照顾他。他刚开始练体育的时候，爸爸特别心疼，老觉得他不行。小的时候，他参加北京市比赛，爸爸都会跟着。后来，要参加全国比赛需要住在外面，他爸爸就含糊了。我记得特别清楚，当时开家长会征求家长意见，同意参加就报名，不同意参加就换人，他爸爸纠结了很久，还跟着我们到比赛的地方看训练、居住的环境。直到他觉得比赛的条件确实很好，老师照顾学生也非常周到，这才放心。这个孩子在体育方面取得了很多好成绩，各方面能力也得到发展，这位父亲现在非常支持孩子参加体育活动或体育比赛。

问：在融入社会方面，学校会提供一些教学培养么？

韩雅娜：有的，我们所在的高中部校区，主要教学内容就是培养学生职业技能。这里有洗车培训、酒店服务、模拟超市等，教室后面配有洗衣房，可以教他们洗衣熨烫……除了这些，学校还安排美工、编织课程。希望学习训练能帮他们掌握职业技能，有助于他们步入社会，找到适合的工作。

问：在教学中收获最多的是什么？

韩雅娜：我觉得是教过的孩子都有所发展，再有就是我有一个比较好的身体，每天过得非常简单快乐。

问：普通学校会带孩子出去春游、外出参观，这边会开展类似活动么？

韩雅娜：会有这样的活动，就是开展得比较少，主要担心带孩子外出不安全。我记得有一次夏令营带学生去草莓园摘草莓，还安排了一些拓展活动，大家玩得都特别好。当时，我姑娘还特别小，被我带去当志愿者，我发现她跟他们在一还挺合得来，给他们出主意什么的，相处得特别融洽。

问：学校跟家长的互动多么？

韩雅娜：跟家长互动挺多的，学校会给家长组织培训，比如智障儿童教育管理训练，每学期会请家长来学校共同给学生定学习计划，还有运动会、六一儿童节这些。关于孩子学些什么，学校要求老师征求家长意见，邀请家长来学校参加活动。每天早上和下午放学，老师都会在学校门口和家长沟通学生的情况。

问：您教过的学生毕业后回来看过您吗？

韩雅娜：嗯，有。今天还有几个孩子来，说教师节过来看看，但不光看我，是来看学校所有的老师。

问：现在还与毕业学生保持联系吗？

韩雅娜：有，但不会聊很多，就简单在微信上过节问候一下，偶尔会聊聊他们的工作，就是简单的日常沟通。

问：学生毕业后都做些什么工作？

韩雅娜：我知道一些，嗯……其中一个孩子，也是我带过年头最长的一个，是我刚到这个学校就开始带的，现在一个高档酒店当厨师。

问：那还挺不错啊。

韩雅娜：他在我们学校学的就是烹饪专业。

问：他们的工作是自己找的，还是学校或政府分配的？

韩雅娜：有的是学校或残联给推荐的，有的是家长自己给找的。

问：您会运用媒体或某些平台宣传学校或者这些孩子么？

韩雅娜：没有，我没有这方面的渠道，平时主要通过特奥活动或者学生的一些活动，还有私下微信或者和身边的一些朋友去分享吧。哦，对对对，还真有那么一次，是西城区组织的优秀党员先进事迹宣讲，社区找到学校说你们这是不是有个特教教练，想要邀请参加这次活动。于是，学校就派我参加，主要让我们把自己的事迹、工作什么的写下来，然后去社区宣讲。

后来又被推荐参加比赛，我和社区领导和学校说，我可真没有演讲比赛的经验啊，平时就在讲台上讲讲，真到那个舞台上还真不知道自己行不行，哈哈……想着没准备上去肯定不行啊，就开始准备写稿子背稿子，还挺用心的，上台演讲的时候，我把演讲稿叠成扇子的形状，还附了个漂亮的封面，看完翻页就把它折过来。真是特别担心，想着万一忘了怎么办，不过还好，现场演讲效果还很好。

问：从教这么多年，有没有想换个学校或者转行？

韩雅娜：没有。我属于比较传统的类型，单位领导给分派在哪里工作，就好好工作呗，不会有什么其他想法。有时候我的同学也会问我：“哎，你也怪了，为什么不想着换个其他工作试试呢?”当初在普通学校我就干得挺好，所以同学就会觉得为什么不换个地方，比如说换个重点学校，这样自己孩子上学就更方便。但我从来没有这个想法，真的是领导让我在哪儿工作，我就在哪工作了。现在，如果真的让我去其他学校，换一个地方上课，我还真不会去。我已经对这个学校有感情了，对这里的孩子也有感情了。

我眼中的“特教工作”

问：日常在学校上班的情形大概是什么样子?

韩雅娜：我通常七点半就到学校，先搞卫生、吃早饭，然后开始上早操，紧接着就有体育课。中午有午餐和休息时间，下午一般是活动课，学生可以根据自己的兴趣选择课程。

问：工作中的辛苦或烦恼是如何调节?

韩雅娜：哎，都干教育这么多年了，很多时候都已成为一种惯性，不会觉得真有什么受不了的时候。但上学期真的很辛苦，一个星期我能上到 20 多节课，基本没有休息时间。我上课会跟学生一起锻炼，上着班就健身了，有时候想想也挺好。说实在的，作为老师只要看着孩子们高高兴兴的，我也会觉得很高兴，看到孩子们一到操场那么兴奋，我也就跟着兴奋起来了。

问：现在的收入大概是多少?

韩雅娜：大概七八千的样子。

问：刚参加工作的收入呢?

韩雅娜：100 块左右吧。

问：收入一般都怎么花?

韩雅娜：呵呵……吃穿住行呗，我不算是会计划的人。除了抚养孩子，就是给父母买点东西，日常消费什么的……我自己的话，主要就是衣服、护肤品，还有就是假期出游。

问：目前的收入和付出成正比么?

韩雅娜：没这样对比想过，全国的教师不都这样么？收入这东西不能比，我有个亲戚家的孩子，年纪轻轻就月收入两三万，是很羡慕怎么能赚那么多钱，但我从来不会感到心里不平衡，不然的话就整天为此感到不开心了。

问：学校有特殊教育津贴么?

韩雅娜：有，特教是有津贴的，大概几百块吧，这一部分是普校没有的。

问：作为特殊学校的体育老师，您的价值在哪？

韩雅娜：说白了，每个人的工作首先是为了满足自己生存的需求，是吧？你得养活自己啊，再有我觉得这样简单的工作环境比较适合我。我从来没有干过其他方面的工作，就知道教课，哈哈哈……另外，我觉得自己做得也不错，这里也有人需要我，被人需要就觉得值得吧。不然这些孩子谁来教啊，总得有人教他们吧。说回来，我一点都不觉得我这工作有多伟大，其实真的没什么，工作的初衷就是为了养家糊口，而我的工作能帮助到别人，会让我觉得这份工作很有意义。

问：学校还有其他体育老师么？

韩雅娜：没有，这个学校体育老师就我一个，其他都是班主任。

问：您一个人带所有孩子的体育？

韩雅娜：是的。

问：那确实挺辛苦，平时会和班主任一起讨论学生的事情么？

韩雅娜：会，我们学校，老师沟通会特别多。因为学生情况每天都需要沟通，比如说学生今天情绪如何，有没有癫痫发作的孩子……这些都需要老师之间及时沟通交流。另外，学校的老师经常会一起讨论有关学生的教育问题、教学策略、学生发展等问题。老师关系都非常融洽，能互帮互助相互体谅。

问：工作之余会一起组织活动么？比如聚餐、出游等。

韩雅娜：这倒是很少。平时大家工作都挺忙的，休息时间老师们都要顾孩子、陪老人……所以不太会用业余时间聚在一起。基本上，大家开开心心地上班，下班就各忙各的。

问：教练的培养需要哪些方面的支持？

韩雅娜：通常，对教练的推广或支持主要集中在培训方面。中残联、特奥会一直在做这样的工作，我算是接触特奥比较早的一批。培训只给我们提供一个学习的机会，至于后期学得怎么样，真的要看个人，是不是肯干的人，是不是愿意静下来钻研。很多人培训完回去就算了，因为培训组没有特别要求您回去要怎么样，更不会给我们分配任务。

有些老师回去觉得学校条件不允许，或者学生怎么样就搁下了。但是，如果愿意干事，经过培训，就尝试将教学经验或教学案例学以致用。这个过程需要自己不断去实践，不断摸索，才能找到好的方法去训练学生。因为培训告诉你的是基本方法，但这些理论或方法并不完全都适用于你的学生，所以还需要总结出很多适合的策略，再用不同的教学方式去带这些学生，才能带得好。反正，真的要教练员很投入，很下功夫，很用心去做这些事。要知道这些孩子毕竟不是普通孩子，在能力方面还是很薄弱的。

问：这里的孩子怎么表达对老师的节日祝福？

韩雅娜：哈哈……（脸上露出欣慰的笑容）教师节学校会组织学生向老师问好，全体一起祝老师“教师节快乐”。学生自己会制作贺卡，当收到他们亲手制作的礼物时，真的特别特别开心，因为这是他们发自内心的祝福。这些孩子真的很懂事，每次走到楼道里，孩子只要看到你，就会非常热情地叫你，恨不得追着叫你。我们的学生特别实在、特别天真。

问：工作中，最大的困难在哪？

韩雅娜：困难啊，我教的年头多了，也不觉得有什么困难了，呵呵……当初，刚到这边的时候比较迷茫，不知道怎么管、怎么教。现在，已经见过各种各样的孩子，就比较得心应手。其实，要教好学生，关键是要充分地了解他们，这样才能找到适合的教育方法、策略，对不同的孩子，需要不同的策略。教学中慢慢积累多了就不那么难了。

问：他们学东西需要重复几遍，才能记住？

韩雅娜：这个不一定，要看学生的能力。我大多采取“小步骤多循环”教学模式，让学生尽量多地练习。

问：反复循环教学，这种工作节奏是否让您觉得枯燥？

韩雅娜：不会，即便是相同的技能，我也会变换很多不同形式让他们练习，尽量将教学变得丰富、有趣一点。

问：您希望他们能达到什么样的程度？

韩雅娜：每个老师在教孩子的时候都会有所期待，不然教不教、教成什么样子都无所谓了，是吧？对不同的孩子有不同的期待，自闭症小孩，就希望他们参与学习的时间越来越长，能听从指令跟我有所交流；能力强点的学生，希望他们能掌握更多的技能，在体育方面能取得不错的成绩，在生活自理、社会适应等方面也能得到更好的成长。我还希望所有的学生都有一些兴趣爱好，掌握一些项目，提升一些能力……这样即便他们离开学校后，也能有的玩，有能力参与一些社会活动，帮助他们更好地慢慢融入社会。

问：您从教这么多年，有没有什么动力或信念支撑着您一路走来？

韩雅娜：我觉得还是对这些孩子存在感情吧。我经常会跟朋友、家人、认识的人说我们学校的学生是最可爱的，他们是多么实在，本性是多么善良，想必这也是我一直愿意在特教学校工作的理由吧。

结缘特奥　终生追随

问：第一次接触或知道特奥是什么时候？

韩雅娜：我最先接触特奥是在2000年1月参加全国培训的时候，培训后我取得了特奥教练员资格，这是我第一次听说特奥。

问：还记得培训内容么？

韩雅娜：好像是地板曲棍球，具体记不太清了，这些年大大小小的培训参加太多了。特奥组织的培训，每次都会有一些项目，比如说特奥篮球项目、特奥滚球项目这些，会针对每个项目的方法、规则、如何开展训练、怎样要求学生等教学知识，进行细致的讲解和实践演练，都是一整套比较完整的教案，所以每次都受益匪浅。

问：您平时训练什么项目？

韩雅娜：我们学校长期开展的有滚球、田径、篮球、乒乓球，田径练得相对比较多。

问：聊聊您和学生一起参加过的大型比赛。

韩雅娜：嗯，大大小小的比赛参加得还挺多的，1999年9月进入特教学校，2000年1月参加全国培训取得特奥教练员资格，后来作为北京队教练先后参加第三届至第六届全国特殊奥林匹克运动会，主要负责的项目有地板曲棍球、篮球、滚球、乒乓球、田径等全国单项比赛。2007年，作为中国队教练参加了第十二届世界夏季特殊奥运会，这是唯一一次世界级的比赛。2003年取得特奥讲师资格，之后就开始协助中残联及特奥会到多个省市为特奥教练员及特奥运动员领袖培训。

问：这些比赛您的学生有去么？

韩雅娜：有，我们学校的学生参加的是田径比赛，在2007年第十二届世界夏季特殊奥运会中获得金牌和银牌。之后，带学生参加过历届全国特奥运动会和一些单项比赛，全国规模的比赛参加的相对比较多。

问：全国的比赛都参加什么项目？

韩雅娜：主要集中在田径、地板曲棍球、篮球、滚球、乒乓球。

问：那比赛获奖的次数多么？

韩雅娜：获得过不少奖项的，特奥会就获得过不少。我印象最深的有这么

韩雅娜（左四）参加 2007 年上海第十二届世界夏季特奥会。

几次：2001 年全国第一届篮球特奥会获得银牌 1 枚；2004 年全国特奥乒乓球比赛获得金牌 1 枚，银牌 2 枚，铜牌 1 枚；2006 年全国第四届特殊奥林匹克运动会获得金牌 9 枚，银牌 5 枚，铜牌 2 枚；2007 年世界夏季特殊奥林匹克运动会金鑫同学获得金牌 1 枚，银牌 2 枚，这次在世界级的比赛获奖真的很难得。至于其他地区级的特奥比赛，北京、上海、西安、青岛、哈尔滨……这些就更不用说了，我们的学生还是非常优秀的，斩获的奖牌成果也非常不错。

当时学生获得奖牌之后，下来就给我挂上，说老师你也和奖牌拍拍照，这些孩子可逗了，哈哈哈……

问：赛后孩子们会有情绪吗？

韩雅娜：当时我还年轻，自己有情绪，不过学生性格都挺像我，事情过去了就过去了。那次在青岛比赛，比完赛我就带他们去海边玩了，玩得可开心了，比赛的结果如何也就觉得没什么了，我还一直留着和学生在海边玩儿的照片呢。比赛就是这样，结果怎样是没办法控制的，让孩子重在参与，享受过程才是最重要的。

问：孩子们在比赛中获奖困难么？

韩雅娜：还是挺不容易的，从零基础到掌握技能，这个漫长的过程比较难，需要学生和老师付出很多辛苦和努力。实践是最好的演练场，只有学生参赛的机会多了，他们的技能水平才会逐步提高，才会积累更多比赛的经验。其实，我对他们没有过高的要求，不会说参加比赛就一定要拿奖牌，只要学生认真了努力了就行。

问：参赛中有没有一些比较有趣或有意义的事？

韩雅娜：有趣、有意义的事……其实，我们参赛时整个状态是很紧张的，主要是带这些孩子有太多要操心的事。除了比赛训练，还有吃饭、睡觉、着装、出行、安全、队员之间的关系等等，这些都需要教练去操心。

比赛期间，我每天都要去查房，看看他们第二天比赛的衣服准备好没有，号牌缝好没有，吃得怎么样，睡得怎么样，空调是不是关了，是不是遵守纪律了……诸如此类大大小小的事情。

这些看起来不起眼的小事，对培养学生的良好习惯、发展能力方面却很重要。话说回来，并不是每个教练都如此，谁让我是个爱操心的人，会比较在意学生在活动中的每个细节，我经常教育他们说：我带出来的学生，赛场上要努力拼搏，场下要讲文明懂礼貌，仪容仪表一定要干净整洁。

平时训练时我对他们挺严格的，但教育方式还是挺温和的，跟学生通常都有说有笑的。每次外出比赛，我都会在赛后带他们去逛街、逛公园、买吃的。这群孩子出去玩的机会很少，所以只要比赛是我带队，就希望尽量多带他们出去见见世面。

记得有一次，带乒乓球队去青海比赛，原本行程安排中没有出游，那次我是自己跟学校提的申请："我肯定能保证这些学生安全，好不容易来一次，就想带他们出去看看，要不然都不知道他们还有没有机会再来了。"当时，学生们那个兴奋劲啊，真的无法用语言形容，就是撒开了玩，也不把我当老师了，很随性。拉着给我拍照，帮我拿东西，说他们是我的大保镖，哈哈哈……所以说大点的孩子都能哄着老师玩了。

那次出游让我感觉到学生真的跟我很亲，也知道心疼我（脸上露出满足和欣慰的笑容）。每次带他们出去活动都这样，到哪儿比赛我会提前上网查查，能带他们去哪儿玩。还有一次去四川比赛，我就带学生去公园喝茶，到江边和老人们跳广场舞……这个过程是学生们最开心的，也是我觉得最有趣、最有意义的。

问：有没有让您觉得遗憾的事？

韩雅娜：遗憾的事啊？最遗憾的是带北京队参加第一届全国地板曲棍球比赛，就一分之差与冠军失之交臂。那次的比赛队伍是在全市范围内选拔出来的能力比较强的学生，我和另一个教练带队组织训练。之所以感觉遗憾，是因为大家为这个比赛付出的辛苦太多了，而且运动员素质相对比较好，准备得很充分，训练也比较好，比赛没拿冠军让我觉得很遗憾。

问：您能回忆一下参加过的特奥会么？

韩雅娜：2007年那一届吧，那是头一次世界级的特奥会在中国上海举办，当时我是作为中国队教练参加。众所周知，2008年我们承办了奥运会，在特奥会之前我们就跟着奥运会一起做过很多赛前宣传。其中，印象比较深的就是特奥长跑活动宣传，带着学生和学生家长一起参加的。

问：特奥长跑活动宣传效果如何？

韩雅娜：在北京就有好多地方都开展过，记得在天坛是进行火炬仪式，还在世纪坛、海淀公园开展爱心长跑，我们都去了。还作为特奥教练员，跟随组委会去做过很多教练员和运动员领袖的培训，都是为了特奥运动会备战。

问：聊聊特奥爱心长跑活动？

韩雅娜：我记得是2005年，在海淀公园举办的一次爱心长跑倡议活动，主题叫做“未来·我们创造”。当时，我带着学生和部分家长一起去的，还有一些别的学校的学生。活动当天，特奥会的官员、中残联的领导、特奥的形象大使、工作人员及有关媒体出席了活动，场面声势比较浩大。那个时候其实大家对特奥活动还不如现在这么有熟识度，所以通过这种形式进行宣传。

问：作为深度接触过特奥运动会的教练员，能谈谈您对这个比赛的理解吗？

韩雅娜：在我看来，特奥是一个特别伟大的事。特奥不仅给智障人士带来了健康的体魄，更丰富多彩的生活，最重要的是引起全社会高度关注，了解智障人士。

自特奥进入中国以后，不仅受到国家的高度重视，每四年举办一次全国特奥运动会，宣传力度非常大。每次参加特奥比赛到一个城市，这个城市的居民马上就了解特奥是怎么回事。我们只要一到这个城市，人们看到我们胸前挂的牌子，就知道这是参加特奥会的运动员，对我们非常热情。

特奥让残疾人士走进大家的视野，也让残疾人士接触到更多的人，刷新了在群众心中的印象，这就是特奥的成功。对学生而言，通过特奥会使学生不管是精神层面、心理层面还是身体上都得到一定发展，我们的训练也有了更高的追求目标。

问：您怎么看待特奥融合运动？

韩雅娜：这是近几年特奥工作的重要项目，也是特奥迈向一个新高度的标志。原来，参与特奥运动会的都是特奥运动员、家长、特奥教练以及与特奥工作相关的人员，没能给其他人近距离接触特奥的机会。

现在不一样了，特奥融合运动给予智障学生与正常学生一起训练一起比赛的平台。我记得，在一次活动中有一个普通学校的学生说："我以前不了解这些孩子，但是通过这次活动让我了解到我可以帮助他们，原来他们如此可爱，并不像我想的那么可怕，我愿意和他们成为朋友。"现在我们学校每年都会跟普通学校一起搞体育活动，还一起参观、参加演出等等。融合运动让更多的人有机会接触到这群特殊学生，这是一个相互促进、相互成长的过程。

特奥光辉下的改变

问：学生参加特奥后，在哪些方面有所成长？

韩雅娜：对他们的帮助，除了身体上的、心理上的、社会适应方面的，还有就是家庭吧。其实，特奥活动对家庭也特别关注，很多家长原先很自卑，不愿意带孩子出去。通过特奥运动会，给了这些孩子一个很高的展示平台，孩子在特奥中得到发展，获得成长，他们的改变让家长刮目相看。很多家长都表示：自打我家孩子参加全国比赛，看到孩子得金牌，见证孩子在运动会上作为代表发言……家长越来越自信，也慢慢地愿意带孩子出去了，愿意跟外界沟通了。以前，有个自闭症学生，我带她参加过很多比赛，还带她去香港浸会大学参加活动，回来后我把活动照片拷给家长，家长看了特别自豪，很高兴地拿去跟亲朋好友分享。

特教学校的孩子，自信心增强，真的非常重要。通过体育运动，他们的身体素质提升了，在这个过程中自信心也增强了。在这些基础上，我发现他们的社会适应能力也有所提升，在训练和比赛期间需要培养他们的自理能力、人际沟通能力和社会适应能力，例如怎么吃自助，怎么和同房间的同学保持友好关系，怎么洗衣服整理房间等等。这种经历，对这些学生来说才是实实在在最有用的，对他们的生活和未来发展真的影响不小。

问：这些孩子身上哪些品质让您觉得是最宝贵的？

韩雅娜：这些孩子都很善良，你别看他们自身有一些障碍，但他们都很愿意帮助别人，真的是发自内心地、一心一意地帮助别人。我们的学生很实在，非常听话，从心智年龄来讲，他们发展得是比较慢，但他们非常能坚持。在体育训练中只要他们能力能达到的，就会努力去做到，除非真的达不到，才会懊恼地放弃，但从来不会偷懒。

问：您觉得对孩子哪些方面的支持最有利他们成长？

韩雅娜：需要家长、老师、同学还有社会上其他参与者一起给予支持。让这些孩子，特别是自闭症学生进入到团队活动，真不是件容易的事，需要老师的悉心关注引导，需要家长的配合支持，需要同伴的陪伴，让他们能更加放松、有安全感。比如，我会在训练中，让他喜欢的同学和他组成小团队，叮嘱不能任意脱离团队，让他们逐渐适应与别人交往，慢慢习惯彼此的陪伴。这些孩子大多胆小、心理脆弱，非常需要教师的陪伴、鼓励和认同。家长就更不用说了，他们是这群孩子最信赖的人，所以我们训练中不排斥家长的陪同参与，这会让学生更快地适应环境，也是对老师最有力的支持。

问：从事特教工作后，您的生活产生什么变化？

韩雅娜：人生观会有些转变。接触这些孩子之后，我学会了感恩，就觉得幸好我是个正常人。每个人生活都不容易，都会遇到一些不好的事情或者不顺心的事情。有时候，我会傻傻地想：每一种动物都会出现残疾的概率，人类也一样；这个概率落在别人身上了，就是他们替我们承担了这份不幸。所以，就觉得所有的正常人都应该感恩这些残疾人，是他们替我们承担了这些概率、这种痛苦。

问：这是我第一次听到这样的说法，确实蛮有深意。

韩雅娜：对啊，这么一想就觉得所有正常人都有义务帮助这些残疾人，尽量让他们生活得更好一些。另一方面，看到残疾人的生活处境，再看看自己遇到的一些事，就真觉得不算什么了。孩子学习不好，我就想人家的孩子还学不了呢；孩子不听话了不可爱了，就想好在我家孩子还是健全的、没毛病的……真的，特教学校的老师大多有这样的想法。

问：这样的想法会影响您教育女儿么？

韩雅娜：会啊。我对她要求没那么高，只要她快乐就好，不要回头再抑郁了，心理不健康了。孩子读高中的那段时间，我真的挺辛苦的，天天接送上下学。每次她一上车，我肯定最先问她：今天开心么？在学校过得怎么样？我不会问今天学得怎么样，我觉得孩子已经在学校学得挺辛苦了，只要她每天开心就好。

问：社会上逐渐增多了对这些孩子的关注，您有这样的感受么？

韩雅娜：有，我们的特殊孩子好多是自己坐车上下学，大家觉得很自然，对残疾孩子大家已经越来越能正常面对，不光是怜悯了，慢慢地就变成尊重了。我觉得尊重是最好的，因为他们就是社会一员，如果老用特殊眼光去看他们，会使他们觉得不能融入普通群体中。随着国家对残疾人工作宣传力度越来越大，更多的人愿意以志愿者的身份帮助残疾人，利用一些休息时间去温馨家园，给那里的残疾人进行运动指导。

问：哪些机构或者企业组织会比较关注特殊孩子？

韩雅娜：除了残联、教委、特奥会、特殊教育中心这些，也会有一些企业或慈善机构、街道办事处来我们学校组织一些爱心活动。捐助的也挺多的，学校经常会收到一些玩具、学习用品、运动器材什么的，还有一些医院来给学生义诊。

问：您这么多年肯定获得过不少荣誉？

韩雅娜：荣誉也有一些，比如2010年被中国残疾人联合会、国家体育总局授予全国特奥工作先进个人称号；2013年被北京市委教育工作委员会、北京市教委等部门授予北京市优秀教师称号，被西城区委教育工作委员会、北京市西城区教委评为北京市西城区优秀教师；2014年被评为北京市西城区教委西城区学科带头人；2015年被北京市残疾人体育运动协会评为优秀特奥教练员。

问：获得荣誉同时也承受了很大压力，特别是教学或一些大型比赛时，您是如何调节的？

韩雅娜：压力大的时候肯定是有的，特别是大型比赛的时候，训练任务重，教学又特别紧张，训练这些孩子真的比较辛苦，不仅出力还真得费心去教。通常，我都是通过睡觉、看电视，让自己放松下来，慢慢地调节自己的急躁、担忧的情绪。

问：这很像您的风格，一看就是比较乐观、积极向上的人。

韩雅娜：还好吧，哈哈……训练累是肯定的，但既然是分配给自己的任务，就要尽量将它做好。

传承体育　新生代新力量

问：来这个学校实习的都是体育大学的学生？

韩雅娜：对，他们每年9月份第一个学期安排学生过来这边实习。

问：对于实习生，学校会给他们制定培养方案或计划吗？

韩雅娜：这些学生的专业都是体育，但牵扯到实际教学，经验有所欠缺，比如教师的一些基本功、教学能力、学生教育等方面。

作为教师，尤为重要的是要懂得如何教学生，特殊学校就更需要懂得如何教残疾孩子，这并没有想象的那么简单，需要经验积累和实践培养的。所以，这些实习生到学校后，先跟着我看我怎么工作，每天的常规工作是什么，如何开展训练，如何实施教学，还有包括班主任的一些工作，都会让他们跟着看，慢慢地带他们。

这个过程中，第一步会告诉他们怎么上课，上课的步骤是什么，教案的规格是怎么样的，怎么了解这些学生，怎么组织广播操，怎么组织学生训练……包括搞一个小型运动会，前期需要准备哪些，中期应该怎么组织，后期应该怎么做，都会教给他们。第二步就让他们来授课、写教案，我要看你是怎么写的，然后在授课当中教师的基本功，比如队列、组织、口令都要教。实习生刚来那会，有的连口令都不会喊，都得从头教。教孩子这件事，并不是说我做一遍给你看，学生立马就会了，特别是我们这的孩子就更不可能，要用什么样的方法才能真正教会这些学生，教师需要去琢磨。

问：学校招聘老师是怎样的流程？

韩雅娜：学校招聘需要根据教委的规定，比如说北京户口、学历、专业这些，然后经过学校考察之后报到教委备案。学校可以自己组织招聘，需要什么岗位可以安排招聘，但必须要符合教委的规定才能录用。

问：对新老师的培养、教学技巧或学生管理方面，有一些什么经验可以分享？

韩雅娜：特殊教育比普通教育起步晚，从事特教工作的人也少，近几年国家才开始制定课程纲要、编写教材，之前没太多可借鉴的标准。所以，在特殊教育教学中，教师之间都是互相研究、互相学习。

作为老教师，都有带青年教师的任务，在这个过程中，首先要保持一种平等的、互相尊重的关系，年轻人有他们更新的理念、知识技能，所以和年轻人接触一定是互相学习、互相促进的过程。我对他们的指导主要是教师基本功、学生管理、教育教学方法、训练比赛等方面，通过共同备课、互相听课的形式进行。带青年教师的时候我会毫无保留将我会的传授给他们，当我遇到不懂不会的地方，也会虚心向他们请教，比如说一些多媒体技术方面，他们就教了我很多。现在，我每年还会带北体大的实习生，对于这群教育行业的新生力量，我希望如果他们选择体育教学工作，最重要的是能实实在在地爱这个岗位，能尽快适应这份工作。

问：您教学这么多年，有没有形成一套自己的教学方法？

韩雅娜：会有一些方法，平常会写一些总结性的东西和大家交流。比如，我在《体育教学与康复训练相结合满足智障学生发展需要》这篇论文中，在了解特教学校体育与康复课程现状的前提下，提出体育康复的目的与方式，以及体育与康复相结合过程中应注意的问题。主要通过对一名脑瘫学生实施教学跟踪，详细描述了将康复训练内容融入体育课堂中的具体方法及效果。这些年的教学，确实带过各式各样的学生，接触的教学案例更是不少，所以会有一些学术或经验交流方面的成果分享。

问：您对新生代的老师、教练的成长发展有什么寄语？

韩雅娜：我当然希望学体育教育的学生，学有所成后都能从事这份工作，毕竟他们都是从体育大学出来的拔尖人才，基本的专业能力素质都是很强的。他们每个人都有自己的专业，乒乓球、羽毛球、篮球，如果真能留在学校，不管他们是到中学还是普通小学，还是特殊学校，肯定对学校的体育发展很有帮助。

我希望他们能发挥自己的长处，如果他们留下来愿意待在学校干这份工作，在教学方面真的还要不断学习，毕竟在学校学的一些东西，在实际工作中不一定能全部用得上，还有很多方面是欠缺的。在实习过程中，我经常对学生说："真的想当一名教师，咱不说多么优秀的老师，至少是合格的老师，就必须从自身的教学基本功下手。在对待学生的教育方面，还要不断地跟老教师学，不断在网上查一些学习的课程，不断吸纳一些新知识，不断去学习提升自己的教学能力，不是说你从体育大学毕业了就是合格的。"

现在的年轻老师能留在特教学校的都是比较有爱心的、踏实的，我现在带的体育老师是个男孩子，非常有爱心。做特教工作就是要踏踏实实，要沉下心来不断去学习，不断去思考，最终还是要靠自己不断地钻研。特教这份工作，真是要用心去琢磨的事，不用心那是肯定做不好的。

家人是永远的支持者

问：和老公是自由恋爱吗？

韩雅娜：是朋友带着一起打球认识的，算是朋友介绍吧。他是从事建筑方面工作的，就是很顺理成章地在一起了。我不是那种特别有心的人，会要求什么条件，他属于特别会过日子的人，不需要很浪漫，平平淡淡过日子就挺好。

问：分享一下你们恋爱或结婚的一些故事？

韩雅娜：谈恋爱没啥可说的，我们这辈人没有现在年轻人那些事情。两个人觉得合适差不多了，双方家长也没什么意见就结婚了。好像也没有特别的求过婚，结婚也没大操大办，领了证，家里人、亲戚朋友吃饭庆祝了一下。我们家属于比较民主的家庭，父母对我和弟弟都没什么要求，你们觉得想怎么样就怎样，我和老公还是比较规矩传统的人。

问：他支持您的工作吗？

韩雅娜：他不会干涉我的工作，只要是我想做的事情他都会支持。

问：您觉得老公是一个怎么样的人？

韩雅娜：嗯……他吧，很会照顾人，家里什么事情基本上都是他弄。我们的兴趣爱好差不多相同，都喜欢户外运动，所以一到周末或节假日，不是背包行走就是开车出去玩，感觉在一起非常有共同语言。家里的那些事，他们也完全不指着我了，都很体谅我的工作，尽量都帮我分担了。

问：老公有没有做过让您感到特别高兴或感动的事情？

韩雅娜：特别的好像也没有，可能因为他做得太多了，都是生活中的一些事。我们谈不上什么激情或者有多么感动浪漫，他主要表现在对我生活中的体贴照顾和关心，这让我觉得比甜言蜜语都好，这样简简单单、普普通通的生活挺好。

问：结婚多久有了孩子？

韩雅娜：闺女是我二十六岁的时候有的，大概结婚两年的样子吧。

问：女儿出生，老公的反应是什么样的？

韩雅娜：特别高兴，你想孩子出生肯定全家都很开心啊。我记得生孩子时挺害怕的，一直追着大夫问可不可以给我剖腹产，特别紧张担心。我记得很清楚，我家孩子一生出来，大夫的第一句话就是："嘿，这闺女还真不白。"果然，我们家闺女长得不白，哈哈。

问：您的孩子多大了？

韩雅娜：我女儿十八岁，学美术的，今年刚考上北京印刷学院，大学专业也与美术相关。

问：在孩子成长过程中，有什么特别的事？

韩雅娜：我家孩子是那种挺有个性的小孩，但挺懂事的。这孩子给人的感觉非常有礼貌、懂规矩，比如从小不乱扔东西，不去跟别人争抢什么，还会主

韩雅娜在青海湖。

动地去帮助别人，小时候她只要看到乞讨的人就想给钱。她从小就跟着我当志愿者，六岁就可以陪着比她大的特奥运动员上厕所、回房间，训练时会帮着运动员拿器材、看衣服。

问：您的工作对孩子有影响吗？

韩雅娜：会有些影响。我女儿从小跟着我，会经常与这些智障孩子接触。可能因为有这样的经历，她很能体谅别人，记得她班里有些随班就读的智力障碍学生，她就会对他们特别好。这些孩子可能人缘不太好或者有一些不太好或不恰当的行为，别人不能理解的她就能理解，从不会讨厌或排斥他们，经常主动地帮助他们。我感觉我的女儿相对于其他同龄孩子会更懂得知足和感恩，她会觉得不管自己学习怎么样，长得怎么样，至少我是一个正常孩子了，这已经很幸运了。

问：那她肯定非常支持您的工作？

韩雅娜：会，她会经常跟同学说我是干什么工作的。她上高中的学校跟我们学校是特奥融合的伙伴学校，老师和同学来这参加活动以后，回去就和她说：我今天看见你妈了，什么什么……她觉得挺为我骄傲的，也挺愿意让我见她同学，愿意向同学介绍我和我的工作。

问：她小时候有没有想过培养她跟您一样学体育？

韩雅娜：没有，她体育方面不行，学美术是因为她自己喜欢，并不是我们从小培养她的。从高中开始学美术，因为自己喜欢吧，所以学得特别快，高考的时候美术成绩还挺不错的。

问：能聊聊您的父母吗？

韩雅娜：他们都退休了，我爸爸喜欢画画，妈妈喜欢唱歌跳舞。我爸爸工笔画非常好，估计女儿遗传了姥爷的画画基因，哈哈……

问：你从普通学校调职过来，爸妈什么态度？

韩雅娜：他们都挺支持的。他们没有觉得我的工作有什么特殊或者怎么样，都是从事教师这个行业，觉得在哪干都一样。

问：他们来学校这边看过么？

韩雅娜：在菜市口校区的时候，有一次他们路过，我就带他们到学校看看。我爸妈是特别善良的人，经常说残疾孩子可怜，让我要对学生好点。

我每年都会带爸妈出去玩，现正在计划“六一”如果有时间，就带他们去南方玩玩，每年至少带他们出游两回。我父母属于那种特别依赖人的，他们自己不出去，非得要我带着出去玩才去。其实，我挺愿意带他们出去玩的，每次出去看见他们高兴的样子，就感觉瞬间又年轻了一点。

问：和父母记忆最深刻的一次出游是去哪？

韩雅娜：青海，是印象最深，也是玩得最开心的一次出游。去之前还特别担心，毕竟海拔太高，父母都有慢性病，心脏和血糖不太好，去之前给他们买了一些预防的药。每次出去都会让我很意外，在家的时候哪哪都不舒服，这也疼那也疼，但只要一出去玩，什么毛病都没有了。青海那次，真没想到他们去了之后，适应得比我们还好，完全没有什么反应。

一到青海湖，看到风景那么优美，这两人就高兴坏了，开始各种地摆姿势、骑马拍照片，还学着发微信朋友圈给朋友看。每到一个地方，他们都赶紧跑到风景近处去看，看那满地的野花，我爸竟然摘了一朵花对我妈说：“这一辈子我都没有送过你什么花，更没给你戴过花……”说着就给我妈插头上了。我当下就被逗乐了，哎呀！你们俩可真太逗了。确实，那边的天气真的好，蓝天白云空气特别清新，到处是野花。

哦，对了，我们站在草丛里拍照的时候，竟然还看见土拨鼠，这是我们第一次看见野生的土拨鼠。

问：您的朋友对特殊教育关注么？

韩雅娜：我的朋友圈子挺小的。除了学校的同事，接触比较多的就是从小一起长大的同学、朋友。不知道是不是因为我从事这份工作的原因，身边的朋友还挺关注这些孩子的，我老跟他们说起我的学生。

问：他们听您说完之后，都有什么样的反应？

韩雅娜：他们通过我，对这些孩子有了更多了解，在我和他们讲述之后，他们会从观念上对这些智障孩子发生一些变化。现在，好多朋友都会说如果这边需要志愿者服务，他们特别愿意来参加。接触之后，都觉得这些孩子特别可爱，和他们在一起觉得特别快乐。我好朋友有在幼儿园工作的，她那也会有一些自闭症的小孩，我们经常会交流这些孩子的事情。

问：人生中您最希望得到什么？

韩雅娜：家人都开开心心的，健健康康，就行了。

问：您觉得您是一个怎样的人？

韩雅娜：我是一个比较乐观的人，对生活充满热爱，最大的愿望就是有足够的时间，足够的钱，去我想去的地方。

韩雅娜实习生口述

口述者：邓明（男）

访谈者、撰稿者：吴瑶瑶

访谈时间：2018 年 12 月 4 日

访谈方式：电话访谈

问：怎么称呼您？

邓明：我叫邓明。

问：现在哪工作？从事什么职业？

邓明：我就职于北京市外国语实验学校海南校区，在一个小学当体育老师。

问：您和韩教练是怎么认识的？

邓明：我和韩教练是大学实习的时候认识的，当时学校安排我们几个学生去韩教练所在的学校实习，她是我们的实习指导老师。

问：跟韩教练实习了多久？

邓明：差不多半年，四个月的样子。

问：实习期间，韩教练在哪些方面给您的引导最大？

邓明：在实习之前，我根本没有接触过特殊教育这一块，大学里学习的是体育教育，主要针对的是正常孩子的体育教学，所以这个领域对我来说真的很新，自然需要学习吸收的东西会比较多。刚到这的时候，面对各种类型的特殊孩子，真的不知道该怎么做。韩教练就一步步地指导我们如何去分析不同类型的学生，如何采取不同的方法去训练他们。

问：这段实习经历对现在教正常孩子有帮助么？

邓明：嗯……因为实习的时候面对的是那些特殊孩子，所以教会我如何针对不同孩子给予一些比较好或者适合他们的方法。这段实习经历，让我懂得用多元化的视角去理解学生的差异性，正常孩子虽然没有很多特殊情况，但还是表现各个不同，所以教学方法是共通的，能够将掌握到的知识和本领学以致用。同时，也给我一个提醒，现在小学的孩子有一些比较活泼、好动、闹腾的，面对这些孩子就需要更多的耐心、更适合的教学方式去引导。

问：接触各种类型的特殊孩子，最大的感受是什么？

邓明：面对这些孩子和家长，我最大的感受就是：这是一种不幸，也是一种幸福。家长觉得他们有这样一个孩子，会比普通家庭要负担更重；有些家长每天陪着孩子来学校学习，这就需要他们放弃自己的事业专门陪伴孩子。而这些孩子呢，虽然生理或心理上有缺陷，但他们在家人眼里依然是一个宝贝。

问：在与韩教练相处的这段时间，觉得她是一个怎样的人？

邓明：韩雅娜教练是一个有爱心、有耐心，对学生非常认真的教练。工作中，踏实肯干、有责任心、一丝不苟，特别是对学生教学能真正做到因材施教。咱们广安门校区有自闭症、智力障碍、唐宝宝、多动症等各种类型的学生，面对多元化的特殊孩子她都能一一的照顾到，并根据各自的情况因材施教。

问：生活中她是怎样的人？

邓明：生活中，与韩教练相处得蛮愉快的，生活中的她是个比较活跃的人，比较乐观，活泼好动的类型，待人非常亲切。

问：聊聊对韩教练印象最深的一件事？

邓明：印象最深的事，我想想……哦，韩教练以前好像腰受过伤，印象最深的就是她每天午休时，就在办公室的小沙发上休息一会，经常能听到她跟我们说腰不舒服。

问：您接触过特奥会么？

邓明：接触过，学校、教练或者老师都非常支持学生多去参加特奥会这样的比赛。韩教练之前有带学生参加特奥比赛，所以她一直坚持让孩子练习特奥项目。我接触过滚球运动，滚球运动对正常人来说比较简单，只要掌控好力量和方向，就能顺利击中目标。但是这些特殊孩子，因为他们本身自控能力比较差，通过滚球运动进行练习，锻炼他们的自控力，提高他们的身体素质。

问：特奥会对这些孩子和教练员有什么样的影响？

邓明：如果孩子们能参加特奥会，还能得到一个名次，这会让他们自己和家长都感到非常自豪，会觉得这些孩子在社会上是有能力、有价值的。对教练而言，自己的学生如果得到不错的名次，当然是为他们也为自己感到高兴。

问：现在您也是一位体育老师了，教师这个行业需要在平凡的岗位上默默为学生付出很多。

邓明：韩教练从事特教这么多年，一直坚持在这个岗位上，再艰苦的环境也没有放弃。正是因为她有这份爱心，才能做到不放弃这帮学生，坚持做好这一件事。现在我也开始从事体育教育这份事业，我应该向韩教练学习她这份对工作、对学生的热爱和坚持，做一个有责任心的教师。

韩雅娜工作观察日记（一）

观察时间：2017 年 9 月 12 日 7:00—11:00

观察地点：北京市宣武培智学校

观察者、撰稿者：吴瑶瑶

时　间	工　作　内　容	备　注
7:00	从家出发乘坐地铁到学校。	
7:45	到学校进食堂吃饭。	
8:00	正式上班。	
8:30	广播召唤学生进行早操。	
8:35	动员各班老师给学生排队。	
8:40	开始当天操前运动，安排两位学生台上领操，组织老师进入孩子队伍一起参与。	4 首运动操
9:00	正式开始进行早操，站在学生队伍前领操，中途下场指点鼓励学生。	广播操
9:20	中场休息，与学校老师互相聊天，了解孩子今天的情况及有无特殊情况。	
9:30	请其他老师协助将学生排成两列纵队，老师站在学生中间，一名老师两名学生。	
9:40	一组一组为单位进行齐步走训练。	
9:55	组织老师和学生绕操场进行齐步走，学生由老师和家长一起协同，韩教练带着大家喊口号说注意事项。	
10:15	完成今日早操和当天训练，点名若干学生下午来操场进行比赛项目的训练。	
10:25	解散，各班老师带回学生。	
10:30	与体大的实习生交流今天的工作安排，询问他们的想法和个人安排。	
10:50	收拾早操的场地，关闭音响设备进行善后工作，回办公室进行教学记录。	
11:00	观察结束，单独约访谈。	

韩雅娜工作观察日记（二）

观察时间：2017 年 9 月 24 日 7:00—11:10

观察地点：北京市回民学校/西城区第二届残疾人运动会训练基地

观察者、撰稿者：吴瑶瑶

时　间	工　作　内　容	备　注
7:00	带领同学到达现场，进行场地熟悉。	
7:10	进行运动会入场式彩排。	
7:30	候场准备。	
7:40	等候开场，组织学生入场前活动身体。	
7:50	与同事聊天，等候开场。	
8:00	组织学生站队，查看学生各场比赛时间。	
8:05	开幕式开始，准备出发，叮嘱相关事项。	
8:10	开始组织同学准备入场。	
8:20	正式带队走过主席台。	
8:25	组织学生站队参与开幕式。	
8:29	给团队学生拍照。	
8:30	听开幕致辞。	
8:38	与裁判、教练员沟通了解赛场情况。	
8:40	组织学生退场进入观看席。	
8:45	组织老师给学生、家长发水。	
8:49	带学生进行 50 m、100 m 比赛检录。	
8:50	带领学生进行赛前热身运动。	
8:54	给学生讲解跑步要领及注意事项。	
8:57	坐边上稍事休息，喝水。	
9:00	向检录员咨询比赛卡对接事宜。	

（续表）

时　间	工　作　内　容	备　注
9:08	带学生入场准备 50 m 比赛。	
9:18	与学生家长交流孩子比赛情况。	
9:23	给参加 100 m 跑步的学生进行赛前指导。	
9:25	陪伴 100 m 参赛学生赛前检录，嘱其活动身体。	
9:34	100 m 开跑，跟跑拍照。	
9:36	陪伴 200 m 参赛学生赛前检录。	
9:43	组织 400 m 男子队员赛前热身，讲解要领，叮嘱小心跑完就行，不用争抢。	
10:05	给准备参加接力赛的运动员讲解比赛规则。	
10:10	与以前同事聊天，介绍自己学生。	
10:17	让学生准备参加接力赛，进行协调工作。	
10:28	比赛结束，向孩子家长汇报赛况，表扬孩子今天的表现。	
10:33	回到学校看台区域，与当日到场的孩子家长聊天，了解孩子的近况。	
10:38	组织老师给学生家长发放肯德基午餐。	
10:45	吃午餐，等候召开闭幕式。	
11:00	找比赛负责人咨询闭幕式事宜。	
11:10	无闭幕式，学校老师团队进行拍照留念。	

学生们的大朋友

——韩超口述

韩超，男，汉族，1982 年出生于黑龙江，云南省昆明市盘龙区培智学校体育教师。2006 年 7 月毕业于云南师范大学体育学院体育教育专业。2008 年 8 月进入特教行业。2009 年作为主教练带队参加国际特奥东亚区足球西南赛区比赛；2010 年作为云南省特奥轮滑队主教练，参加全国第五届特殊奥林匹克运动会；2013 年作为云南省足球队主教练，参加全国特奥足球比赛；2015 年作为云南省特奥轮滑队主教练，参加全国第七届特殊奥林匹克运动会。2009 年、2017 年参加国际特奥东亚区举办的足球、轮滑高级教练员培训班，荣获高级教练员资质。2018 年担任云南残疾人体育协会理事一职。

口述者：韩超

访谈者、撰稿者：陈俊岚、张磊、史龙飞

访谈时间：2017 年 10 月 26 日、2017 年 12 月 7 日

访谈地点：云南省昆明市盘龙区培智学校

爷爷的祝愿和父亲的影响

问：请您简介一下自己。

韩超：我姓“韩”，“韩国”的“韩”，“超级”的“超”。这个名字是我爷爷给起的。

问：名字有什么寓意？

韩超：我爷爷的意思是让我要赶超他们〔大家庭的其他成员〕，不要落在他们后面。因为我的那些叔叔、姑姑，他们都是农民，没有上完学，爷爷就说，你要赶超他们，要去上大学，我是这辈人当中第一个考上大学的。

我考体育也是歪打正着。刚上高中时候，学校有两千多人，我的文化课程

是全校第66名，在实验班，后来到高三的时候，我就开始不务正业了。为什么呢？因为我在尖子班呐，高考的时候就没考上，整个人就失落了。然后我爸说："你去复读一下嘛"，我就去复读。复读以后就考上了体育专业。

问：您是什么民族？

韩超：汉族。黑龙江人很少有……只有满族。

问：您什么时候来到昆明的？

韩超：2002年来昆明读的大学，但是之前还有一段，我独自来过，1998年背着我的父母来过昆明。

问：您兄弟姐妹几个？

韩超：我家就我和弟弟，我从小带着他，弟弟现在也在昆明，跟我一样，考上体育专业。

问：小时候家里条件怎么样？

韩超：哦，条件可苦了！我们家是农民，父亲是老师，我妈是真真正正的农民。我家是黑龙江的，在黑龙江的松花江的一条小支流旁边，松嫩平原挨着大兴安岭中间那个部分，是山地和平原，河套平原相接的地方。那有一条小河，叫通肯河。

我爸当年可以考大学，因为身体原因没有考——我爸身体有点类似小儿麻痹，当时就腿脚不太方便。我们东北话叫有点垫脚，就走路的时候一条腿长一条腿短。我爸高中毕业，就没考大学，回到农村，村子里民办教师招聘，他就去了。十八岁参加工作，干了两年，到二十岁，就开始转正。

家庭条件呢，当时东北农村，我还穿过补丁的裤子。小的时候这个地方有个大补丁，屁股上一个大补丁。这个袖口，磨得都是开的。我妈妈就是这样折了之后缝了一遍，给我弟弟穿。

我上高中，正好我弟准备上初中，是需要钱的时候。记得那时候回家，正好农村有婚礼，我爸和我妈就拿回来这么大一盆，别人吃完的剩菜剩饭，没有冰箱，就放在灶台旁边，每顿饭拿出来热一下，那个其实已经有点发酸了，但是拿在锅里边炒一下，还可以吃。因为我们两个男孩儿，将来要上大学，更需要钱，经济特别拮据，就是这样。

问：父亲也是老师？也是从事特殊教育的？

韩超：是，我从小基本上是在学校长大的。我学会的第一个字，是用粉笔写的，不是用铅笔、钢笔。从小在那种环境中长大，对学校这种氛围，太亲了！小的时候我很羡慕当老师的，想要从事教育这个行业，因为我看过我爸拿着手在那“突突突突”①，在那摁的时候，心里特别好奇。“欸，这个东西，就摁出好多洞，翻过来一摸就知道是什么字。”我就跟我爸说：“爸，你教我呗。”我爸说：“你现在还不能学这个，等你上了大学你看呗，你要觉得好的话就可以选择这个行业。”还是那句话，就是当老师是受我父亲影响，祖辈传下来的。

问：您从事特殊教育很大原因是来自家庭的影响？

韩超：额，也可以这样理解。就是说我对教育这个行业……因为我们家多少辈都是从事教育，我出生之后，别人家的孩子玩的就是泥巴，拿着弹弓打人家玻璃。我从小干的是啥？我们家有一个柜子，那时候农村没有书架，都是一个大柜子，掀开柜子我就坐进去，拿着手电筒在里面翻，《彷徨》《呐喊》，还有《毛主席语录》，叫我爸教我查字典，看书。

问：您的兴趣爱好是什么？

韩超：在家的时候基本上就两件事，看书，写字。都看什么书呢？比如那些外国友人，从事特殊教育行业的，美国、法国、西班牙、英国这些从事特殊教育的人，他写完书之后，马上就传入中国……假如他 2015 年写的，2016 年、2017 年就翻译了，我就买了看。我从事特殊教育，学的叫教育心理学。现在心理学很多，绘画心理学，还有沟通心理学，所以家里心理学的书特别多，比如《绘画心理分析》《变态心理学》《心理画：绘画心理分析图典》。

再一个，特殊教育每年会有个自闭症论坛，上面有一个纯英文资料，比如说行为需要怎么治疗，什么样的行为代表什么样的含义，在家里面我都会去看。英文，大不了百度翻译一下，有一些翻译不太恰当的自己来翻译。

而且我媳妇是英语专业八级，同传翻译证，她一个小时工资 1 500 块钱。所以我说，来，给我翻译一下。她说给我 2 000 块钱。开玩笑嘛，对吧！但是也会让她给我翻译，比如说最新的从特奥东亚区下载的资料，全是英文的。

中国有一个叫物理康复师的论坛，上面都会有发表的一些论文，还有一些书籍，下载下来，自己看，这些都是我的兴趣爱好。

问：除了日常工作，参加哪些文体活动？

韩超：马拉松，我去过，你们去了吗？昆明前两天的那个马拉松，跑跑多好。我平时喜欢打打篮球，爬爬山，骑骑自行车，〔骑自行车〕环滇，环了好几次滇池了。

问：你有固定的朋友圈吗？

---

① 盲人写字板发出的声音。

韩超：有！我这固定朋友圈，我跟他们在一块都是在说我的事！因为我没有孩子，所以说的都是我学校的这些孩子。他们现在已经不怎么带我玩了，为啥呢？只要一说这些事，你们学校……完了，从头到尾就没他们什么事。基本上都是我说我在学校这些事，我跟他们说，来，来我们学校洗涤一下心灵。到最后，我全给他们劝来了，他们经常买一些小吃什么的给我，“去，拿给那些孩子吃。”

我的大学

问：接着聊一下您的学习经历。

韩超：以前我是很猖狂的一个人，因为我的高考成绩英语 126，数学 0 分，就考上大学。考体育的总分 300 多就可以了。而且我语文、物理、生物都好，化学稍微差点……到了大学，英语课都不去上，结果英语三级我没过。太丢人了，后来我就想着，好好补吧。

到大二时，不行，得转变！看书，看了许多专业书，开始改变自己，写论文。学校有校外科技节，我去参加，我那篇论文拿到省上获奖了。论文内容是呼吸技术对一百米成绩的影响，就是呼吸几次，怎么呼吸。这个技术是我高中的教练教给我的，但是我不知道为什么，到了大学就开始研究这个事。

后来我就跟我媳妇两个，组了个社团。我说你是旅游行业的，咱们整一个小旅行社好吧。我们就在大学办了一个旅游协会，相当于一个学校旅行社。等我们大四实习的时候，就把这个社团交给我们的小师妹，现在依然还在。

你知道我为啥考到这儿来吗？我当时考的有一个哈尔滨大学和圣彼得堡大学联合办学，有点像免费师范生，两年本科，三年研究生，本硕连读，就是学费太贵了，5 000 块。云南师范大学才多少钱，1 200 块钱，然后每月还发给我 83.5 块。那时候家里穷啊，没钱，就挑便宜的，我就到这来了。

问：大学学的什么专业？

韩超：我是云南师范大学体育学院的，学的是体育教育。

问：大学有没有让您印象很深的课程，或者经历？

韩超：人体解剖学。有一个叫关建民的老师，到了下课之前，他说：“我们今天讲的这些内容……”“我这有一个问题，大家来抽一下，抽签。”我说：“怎么抽呀？”“咔”一声，把扑克牌翻开，他说都在扑克牌上了。“来！抽！”我就拿出一张来，上面写着“人为什么在跳跃脚着地的时候，容易扭到脚踝？”

我当时就懵了，我说这很容易就扭到了啊！哪里有为什么呀？我就在那儿解释："因为那一侧的肌肉比较紧绷，外侧的肌肉比较松弛。"他说："有点靠边了。"我说："这还不对吗？"他说："你再想想。"后来我觉得想不出啥来了。

后来我才知道原来是这两侧的肌肉，一边是舒张的，一边是收缩的，它不一样，所以容易崴脚。这边是舒张的，所以要练这一部分肌肉的舒张和松紧度，要控制它的力量。

问：大学这段时光对您的意义是什么？

韩超：在体育学院，要求人不但智商要高，情商还要高。在大学，运动医学、运动力学、人体解剖学，我们都要学的。就像训练，你身体有多少块肌肉，每块肌肉控制哪个动作，这都要学。还有运动营养学，每次运动完了以后，喝多少水，要什么时候补充盐分，什么时候补充维生素，这就是营养学。

我们那时候学得特别杂，但是每一样你都得专呐！去年，我上完课后，有孩子有点脑瘫，再加上胆小，就在我旁边，旁边那人撞了他一下，"啪"，他就倒了。"老师，疼！"我一摸，以为脱臼了。看着不对，就往上一捏，原来是骨折了。脱臼我可以帮你复位，但骨折没办法，赶紧走，就上骨科医院。

从一点半左右到那，一直到晚上六点多。三个男的，干得满脑子是汗，就在那个仪器那，要看着显示器，X 光，核磁共振。那几个大夫都是戴着面罩，穿着防辐射服的，我就直接穿这身，那个大夫说你三年内不要孩子你可以过来。我说，"赶紧整，整完，这孩子都哭成那样了。"我说我不穿了，反正我还年轻，还早呢。

那个辐射特别大，家长都在外面，大铁门关着。我就〔穿着〕这身，所以他们说你为啥不要孩子，我说怎么要？我没有办法，不是不要孩子，那个事才过去几年，我要什么孩子，这些孩子够我玩了。什么是奉献，这不就奉献吗？这些事我一直都没跟人说过。

做孩子们的榜样

问：听说您来学校工作以前，有过一年到沃尔玛工作的经历？

韩超：我是 2008 年 8 月 8 号进入特教行业的，之前在沃尔玛干。我在沃尔玛那年，再熬一个月就能当上主管。但是我给自己定的目标是，只在这待一年，那一年，我把自己的棱角磨掉了。

问：您是什么时候来到这个学校的？

韩超：2008年。在沃尔玛上班，我已经改变了不少，我就想找一个单位，干干体育老师，正好师大实验中学招人，原来在那实习过。我说在那实习一个月试试，结果那个校长说："你别实习一个月了，实习一个月太短了，在这儿干半年吧！干一个学期，我看看。"干完一个学期发现，我倒是很认认真真地做事。可就是钱的事，你想啊，人还是要生活的，前一年都是我媳妇养着我。因为工资太少了，完了我就跟那个校长说，我要辞职，我出去卖卖房子，攒攒钱。完了钱也攒够了，我一个月挣2万，但总这么漂着也不是回事。我是学体育的，世代都是当老师，到我这断了，不行啊。后来我就跟我爸商量，我说："爸，社会上太复杂了，我还是怀念当老师的日子。"我爸说："那你就去吧！"

正好，盘龙区培智学校招人，我大学来这个学校实习过。我当时跟校长一说话，校长说挺好，而且我这性格，有啥说啥，没有遮遮掩掩的。校长看我这么黑，一看就是在操场上晒出来的，我都没好意思告诉他，我天生就是这个颜色。

应聘的时候，校长急需一个会轮滑的教练，学校刚刚成立特奥轮滑队，正好我又特别爱轮滑，我一考试，成绩也好，专业技能也可以，就招聘了我。

问：来到这个学校是怎么跟这些孩子相处的？

韩超：无障碍沟通，因为我以前来过，有好多孩子在大学的时候就见过。所以对他们来讲，从脾气啊或者说个性来讲，我都是……就是很轻松。

问：说一些您跟他们相处、交流的事例？

韩超：刚来的时候，有个孩子滑冰滑得挺好的，他是唐氏综合征，十一岁吧，我带着他滑冰。这孩子，有点语言障碍，他都是用声调来代替。比如说，"韩超滑冰啊？"你就根本听不懂。慢慢用了几天吧，他那个语调什么的，给他分析出来，跟他沟通，就觉得这个孩子很听话。可惜他后来不在了，得了一场急病，2010年不在了。这孩子去参加特奥会的时候，家里特别困难，妈妈是个清洁工，据说这个孩子还是捡来的，我们学校还有另外一个练足球的孩子，也是在路边捡来的。

平时训练，我给他们买水果，训练完毕了，自己买几十块的水果给他们吃。他们已经这样了，外面的人很少过来看他们，每天训练，满头大汗，我看着他们就觉得这些孩子那种付出啊，那种流泪啊！有的时候，他们训练，汗掉在地上，能滴这么大一滩。

所以你要说跟他们沟通啊什么的，有什么案例，这个数不胜数。要说记忆犹新的，每件事情都可以拿出来说。但我觉得这是我的工作，你要说有多伟

韩超教练

大，我觉得不算伟大。伟大的是他们的父母，我们跟他们，最多九年，父母要跟他们一辈子。

我爸经常跟我说，前两天打电话还跟我说，你对这些孩子要好一点，不要对他们太狠。该批评的时候批评，千万千万不要打他们，不要骂他们，他们已经是天上的星星了，就不要让他们陨落了，这是我爸跟我说的原话。

问：讲一下您日常的工作安排？

韩超：我日常的工作安排，他们就是我的安排（韩超教练指着窗外球场上下课休息的孩子们说到）。我的安排全是他们，我的眼里还有心里，在学校里面想的都是他们。

我天天坐在这，有课上课，没课观察，看着孩子。在课上他们表现的是一个面，下课了在操场上是另外一个面，在课堂上隐藏的哪些特点我需要给他纠正。九年级有一个孩子主要练游泳，他身体条件非常好。有一天他就坐那睡一上午，我就坐那跟他吹吹牛，说着他就开始掉眼泪了。他就开始跟我说了，妈妈有的时候会因为他哭啊，爸爸有的时候会劝他妈妈。这其实就叫亦师亦友，如果你总当老师，孩子会惧怕你，你没有榜样的力量。

我来到学校，任何衣服，从来没把拉链拉下来过，从来没有那种敞着怀的，他们哪个敞着怀我都会主动拉起来。这是一种行为举止，也是榜样。我在学校从来没有弯着腰走过路，都是昂首挺胸的。有孩子弯着腰走路，我到后面“啪”一拍，他立马就直起来了。这就是榜样的力量，时间长了给他们一个正面的引导。

我觉得这是当老师，当教练应该干的事情，要“身正为师，德高为范”。

问：和同事之间的关系怎么样？

韩超：我认为还行！

问：跟他们有一些什么活动？

韩超：就坐在这屋里，喝喝茶，讲讲学校里面这些事，哪个孩子上课时什么样啊，我更关注这几个运动员的心理变化，训练中的问题我给纠正过来了，那么在课堂上，是否他又放任了呢？还是对他继续教育，跟着下去，如果跟着下去的话，那是不是他就按照我的意愿达成了那个目标，或者说成长得更快一点。对吧！对于训练的进度也不会有拖延，同时这个孩子成长得更加健康一些。

问：去年教师节有哪些活动？

韩超：上班！我教师节训练，没有放假，依然训练！三八妇女节，女老师，只给一天假！教师节，老师放假，学生得管，我的训练谁管？还得我来，所以教师节对我来说很陌生。我教师节那天，我媳妇给我发了521块的红包，这个我记得。

问：孩子们会不会送一些小礼物？

韩超：会呢！我收了好多贺卡！那么厚一沓贺卡，我电动车里面还有一个呢！就是前一段时间教师节孩子给我的。平安夜的时候，还会给你苹果。教师节他会给你拿花，端午节的时候给你拿粽子，月饼，都有。他们心里很纯洁，喜欢你就是喜欢你！你没招，我就喜欢你，爱咋咋滴。所以跟他们在一起，我跟你说，我开心得很。说句实在的，这是一份职业，要是认认真真做下去，那就是一份事业。再加上点爱心，真正就变成了理想。

因材施教　亦师亦友

问：你们的特殊教育是几年制的，最多可以学几年？

韩超：我们学校九年义务教育，有小学，初中，可能过一段时间还要开高中。现在还有个学前教育。

问：除了训练还有什么课程？

韩超：我还教书法，就是书法课。

问：特殊教育学校和其他学校有什么不同？

韩超：跟你们讲一个事情，我们一朋友，他家小孩在普通学校，出现点问题，上课的时候总笑，不管老师说啥他都笑。那个孩子不喜欢语文老师，数学可以答100分，语文只答到70多。他就说我们家孩子是不是有什么问题啊，注意力也不集中，是不是有毛病啊。跟他一沟通我才知道，他为啥不喜欢那个老师，因为那个老师就不喜欢男孩啊，尤其是调皮的男孩。

我们特殊教育学校，是不放过任何一个孩子，真正做到了一切为了残疾孩子，为了残疾孩子的一切。教育的目的是干啥，是育人还是育心？因为我们没有成绩的要求，普校要求成绩，比如参加了什么比赛，获得了多少个奖。我们这没有，我们要这个孩子健康成长，像一棵树一样，虽然它有点弯，我尽量按照它的长势，给它修剪成一定的形状，让它变成一个景观。而不是像他们〔普校〕那种，这棵树不是弯了吗？我把他掰直了，齐刷刷的一条道，就像大街上那个广告牌一样，统一。我们这不是，我们叫因材施教。

问：如果您没来特校当教练，现在会干什么？

韩超：如果不当教练，我还真不知道去哪，因为我觉得来这很适合。如果我不干特殊教育行业，去干什么？可能会约几个朋友，包一个山头，建一个实习基地，专门给我们学校毕业的这些孩子去那种菜，种有机菜，养猪，用猪的粪便做肥料，旁边建个鱼塘，鱼又可以卖钱，再种一些蔬菜，循环了。这些孩子有工作的地方，企业主、企业家可以买我的蔬菜，我想干这行。

问：您是什么时候知道特奥运动会的？

韩超：2008 年来了之后就开始知道了，我一来就开始搞特奥轮滑。师父告诉我，让我上网查一些资料，特奥东亚区那个网站，上面有很多资料，特奥职教指南、特奥教练职教手册，还有特奥融合的手册，自己下载，自己去学习。你要想当一个合格的教练，需要什么样的条件，上面都有。要注意自己角色的转变，从事特奥的时候是教练，上体育课的时候是老师。

问：什么是特殊奥林匹克，什么是特奥融合运动，是怎么开展的？

韩超：特殊奥林匹克运动是尤尼斯·肯尼迪·施莱佛开创的，这是一个智力残疾患者参与的体育活动。她的弟弟有智力障碍，她就向所在州提出一个议案，可不可以举办一个特殊人的运动会？1968 年就正式成立了特殊奥林匹克有限公司，是一个非营利性的慈善机构，它的总部在华盛顿，叫美国特殊奥林匹克有限公司，它有自己的使命，有自己的口号，就是所有的运动员参加比赛必须满足三个条件，就是“七十八”：智商在七十以下，八周岁以上，一年内系统训练八周以上。

参赛人员按年龄分组，有的按能力分的，按年龄分组分很多个阶段。八到十一岁，十二到十五岁，十六到二十一岁，二十二到二十九岁，这是按年龄分组。按能力分组，一个组别必须多于三人，少于八人，成绩要相当，第一名和最后一名，成绩不能相差15%，预赛和决赛不能相差10%。

问：特奥融合运动呢？

韩超：融合是以融合伙伴，就是正常学校、正常人与特殊孩子一起进行的体育项目。为了体现运动的公平性，比如融合足球比赛，智力正常的融合伙伴，只能传球，不能射门。在场上，按照一定的比例，比如说五个人的话是三比二，或者是四比一，按照比赛的能力，来确定。还有年龄，融合队员的年龄和特奥运动员的年龄，相差不能超过五岁。

特奥融合运动，是普及特奥运动，提升这些特殊孩子在社会上的认知度的一种很好的实践。通过融合伙伴来普及，通过融合伙伴的参与，提高特殊孩子的竞技水平，增加他们的交流沟通，增加他们的自信。

问：您的队员参加过国际特奥会吗？

韩超：没有！

问：孩子们参加过中国特奥会吗？

韩超：中国特奥会参加过两届，2011年和2015年的，轮滑和足球项目，省里面下发参与文件，我这边派人。我最希望我这些队员，二十四个，全走掉，全去参加特奥会。然后我再培养新的，这对我来说是一种挑战，为啥？因为这二十四个是从这些孩子中挑出来的精尖的，都是鹤立鸡群的，我希望这些孩子都去参加东亚区比赛，比完我就训练新的孩子，〔让更多的孩子因为特奥而有所提升〕。

问：现在二十四个队员有多少个参加过特奥会？只有一个？

韩超：所以说我可怜不？那些得过金牌的孩子，都毕业了。

问：您平时的训练项目有哪些？需要重复的次数多吗？

韩超：多了。简单的项目，对于某些孩子来讲是复杂的，复杂的项目，对于某些孩子来讲是简单的，重复，就只能重复，错了再改，改了再改，一点一点改。每次改的时候就要问他，你做对了吗？想想，你觉得怎么样？这就是发展他们的自主思维，你不能说你干什么呢？这就麻烦了，对于他们来讲，他们就觉得老师在骂我。做错了，得用一种引导式的，你觉得这样行吗？或者怎么样？跟刚才一不一样？想想，马上就要改。做完之后，你确定刚才做的改了吗？你确定刚才的动作要领记住了吗？

有时候我会拿手机给他录下来，跟他说这是第一遍，这是第二遍，完了之后看，他就“哦，对！”拿视频去对照，放慢动作，你哪里不对，这个时候你应该怎么样去做。他们就会去想。他们想的过程有点慢，改正的过程也很慢，所以要重复重复重复。

重复是必然的，可能会认为我们的工作很枯燥，我不觉得枯燥，是很有意思的过程，相当于一个探索，你怎样把他纠正过来，是考验一个人能力的时候，你的知识贮备量够不够。如果贮备量够，你可能就把他纠正过来了，也是自己一个提高的过程。教他们，他们提高了，其实我们也在提高。

问：您比较满意的训练项目是什么？

韩超：轮滑，滚球，足球，都挺满意的！我训练这些，都能去参加比赛，这拨儿去了以后，回去我再训练另外一拨儿，我一百多号人，轮着去参赛，我得忙死，但是没有这个机会，对吧？我真希望他们去，我现在有三拨儿队员，就轮滑这一块。有一个小女生，叫蒲丽坤，她去参赛过，其他梯队，就没人去过。我有人，可机会并没有想象中那么多，因为全国光注册的就有一千三百万，所以太不容易了。

问：那像这种〔名额少的情况〕，有没有去争取过？

韩超：争取，我们要不争取的话……因为确实是有些项目，我们是区级单位，能跟省级单位直接联系，已经很不错了，所以省级单位那边能给我们名额，我们尽量就去；给不了，尽量争取，能争取一个是一个。但有的时候确实是经费有限，能给的名额也有限。

2010 年、2014 年、2015 年特奥会，游泳项目，2010 本来只能去四个，争取了七个人。轮滑这一块，云南省只给四个名额，我们学校两个，新萌学校两个，你想想我们学校那么多人，一个梯队就有八个人，八个人才去两个，怎么办？所以就只能挑两个最优秀的去。

问：您和学生参加过什么重要的比赛？

韩超：参加的基本上都是国家级的，省级的也有。2008 年参加东亚区的特奥融合足球赛；2009 年参加特奥中国的单项足球赛；2010 年去的是福建福州，第五届特奥会。2011 年参加全国的游泳比赛，单项。2011 年还参加过天津足球的单项赛。2013 年、2014 年在云南省举办的特奥融合足球赛，第九届云南省的残疾人运动会，我们也参加了。云南省原来没有滚球这个项目，后来我跟东亚区沟通了一下，说特别想发展这个项目。东亚区给我做了培训，残联那边也特别支持，云南省参加，就把这个项目落户到我们学校。

问：这些比赛中有没有您印象特别深的？

韩超：2010 年去福州参赛，有个小孩，他被评为自闭症，有点像注意力缺陷综合征。他得了第三名，领奖，铜牌，旁边站的是第一名，金牌。他说：

“我不要，我不要，我要那个!”旁边那个就把脖子上〔的金牌〕摘下来，要给他。我就跟他说，这个就是你的。因为我跟他们在一起时间长了，他们知道我的手势，他就知道，他就把那个〔铜牌〕往脖子上戴上去了。

金牌不容易，你的铜牌已经很好了。如果想拿到金牌应该怎么样去做。要对他进行心理疏导，下次戴什么奖牌他都能欣然接受，其实这就是他心理的一个变化。以前在学校里，老师让他做什么，他不想做就“嗯嗯嗯嗯嗯……”。回来之后呢，老师跟他说，他就知道，就去做了。

问：作为特奥教练员，工作中有些什么难忘的事情?

韩超：张小某，她有一段时间就不愿意搭理我，她现在有点青春期，有的时候又特喜欢我，这个时候我就发现不对了，赶紧跟她家长沟通。就像刚才，这个孩子过来叫我一声，我看他一眼，他那个眼神就像这样……（韩超教练的办公室在操场边上，下课了学生经常来找韩教练玩。刚刚有一个小男生来找韩教练，看到韩教练正在做访谈，他就站在门口，一句话也不说。看到韩教练看他，他说了一声：“韩超，哩咯哩咯。”韩教练回了他一声“哩咯哩咯”，他笑着跑开了。过了一会又来，还是像刚才一样。）

就像我们刚才说话的时候，〔学生下课吃饭了，学校的每一个楼梯口和拐角处都会有老师主动站到那里看着，有的甚至边吃饭边站在那，这都是老师们的自发行为，担心小孩子急着下楼吃饭会摔倒，老师们每天都这样自愿守着〕，手里面端着碗呢，那饭还有很多呢，就赶紧让他们不要乱跑。没吃完呢，有的时候就得拿着一个饭碗，盯着他，让他吃完，就像我那个王小某，她长得比较瘦，必须得多吃点肉啊，要不然身体长不高，身体不够强壮，身体健康出现了问题，训练就会生病。因为她觉得不好吃，没办法得盯着她在那吃。就端着个碗在那，吃，我吃一口她吃一口，我明明吃不下了，我得硬往下噎呀，我不噎进去，不给她做个表率〔不行〕，这不就是一个老师的形象，一个教练的形象吗?

问：有没有特别难带的孩子?

韩超：没有教不会的孩子，只有不会教的老师。

问：在教轮滑的时候有没有独创的方法?

韩超：每个孩子身体条件不一样，训练的技能分简单的、复杂的，不一样，没有什么一定的方法，我这第三拨孩子，有七个，每一个都不一样，有的左脚有问题，有的是右脚有问题，有的膝盖有问题，有的是腰椎有问题，有的是臀大肌力量不足，有的自信心不行，有的是犟，还有自信心爆棚，乱来的。最明显的有个孩子叫小吴，这跑那跑，衣服乱扔，我教他怎么做啊，午休的时候，把腿伸出去，搭在凳子上，他趴在我大腿上睡了一中午；另外一个班的也是，满世界跑，但到我这就好使啊，牵着鼻子走。所以方法很重要，要因材施教。

问：您有一些自己的特殊的教学方法吗？

韩老师：板砖，是我用来训练孩子们的一种教具。我拿回来板砖给那些踝关节肌肉力量不强、稳定性差的这些学生用，给它立起来，站在上面，它会抖，加强他踝关节的稳定性。有专门的稳定球，但那个对于他们太难了，所以就只能自制。板砖是最好的，因为它那个轮子和那个板砖，着地的方向，一模一样，而且还能控制脚的朝向，不至于外八字。

问：这些经验是您总结的还是老教师教您的？

韩超：有的是师父教给我，她比我大十岁，每次上完课回来问老教师，老教师就会告诉我问题，完了就虚心地接受。所以最重要的是老教师，其次是特教同仁，然后是自己去摸索，就是这样，这样才能合格。在我们学校，教育还要多元化，因为每个孩子都不一样。他们说叫什么折翼的天使，我说错了，我们这些孩子是天使，没折翼。

问：假如不能做教练，接班人希望是一个什么样的人？

韩超：这个人要有爱心，对特奥要有很深的了解。特奥这件事情，不是像当老师一样，教好就好，要关注的是孩子内心的成长。

问：您的学生通过体育运动和比赛有哪些改变？

韩超：他们的改变，自信心，社交能力，沟通技巧。有个孩子，在公交车上碰见我，从正义路〔公交站〕跟我吹到云南映象〔站〕，下车之前我就跟他说，“小伙子你比较牛了，现在比我都能说了。”他已经沟通无障碍了，很不错的。出去比赛之后，他们学会了交朋友，自信心提高，有一种领导力，会去观察别人，会主动跟别人打招呼。但以前不会，真不会。这就是社交。

问：您在训练中有受过伤吗？您的耳鸣是不是运动中受的伤？

韩超：在训练中，我带着他们踢足球，有个孩子一球就打我这，也有老伤在。因为练足球，我要去跑，跑着防守，教他们防守，后面有个孩子，就给我打了。那个小孩力道还重，从后面直接就给我一脚，正好打我这，感觉“嗡”的一声，我没在意，等回到家洗了个澡，开始发炎，就像中耳炎那种，现在稍微一碰还疼。我想着无所谓嘛，结果第二天就开始，那个声音……就像电视上交流电那种声音，就一直叫，叫了一天，还不行，后来我发现没声音了，我说完了。必须要请假，去医院一看，是耳聋，缺失百分之七十五的声音，就给我吓坏了，但大夫说没事，你去做做高压氧舱，做了七天高压氧舱，然后打针，住了七天医院，好了。

问：这些年您在培智学校当教练收获的是什么？

韩超：开心！开心！就是开心！所有的一切都是这两个字！我们学校有一个牌子，老师的相片在上面挂着，每个人上面都有一句话，我那一句话到现在都还记得，那是我刚来学校的时候写的，我写的是“一个人内心是开朗的，他的笑容也是开朗的”。我到现在都很开心，活得很没心没肺。

问：教过的孩子毕业后会回来看您吗？

韩超：哎呀，会！我们有个孩子都已经结婚了，还网恋呢。那天我走在大街上，后面有个人“啪”一巴掌拍在我身上。我说谁，“韩超”。哎，小家伙，我说干啥呢？这是我，吓我一跳。网恋呐，网恋了一个宜良的小伙子。有一个还住在我家旁边，天天晚上出来遛他家狗。

问：这些孩子的优点有哪些？

韩超：天真无邪，真诚，什么是出淤泥而不染？他们才是！他们不会撒谎，他们的眼睛告诉你什么就是什么。

问：平常会用什么媒体方式来做一些宣传？

韩超：学校举行活动的时候，校长会邀请电视台、报纸。比如我们做那个滚球，邀请了昆明日报，还有昆明电视台，都做了特别报道。

问：跟家长的沟通情况是怎样的？

韩超：家长和我们都有微信，有些孩子也有微信。昨天晚上就有个孩子跟我聊，学校训练啊，都要跟他们沟通。我告诉他们家里怎么训练，照相，或者录成小视频告诉我，然后我再到他们家里告诉他们怎么训练。

问：有没有很难处理的关系，比如说孩子出了事情家长责怪这样的情况？

韩超：没有！家长很开明，家长不会出现那种“啊，你为什么把我们家孩子弄成这样了？”不会，而且我们都尽量避免这样的事情发生。还是那句话，训练要专业，教他们的身体，心理，这些多方面地来考量，才能避免受伤，同时又能得到正确的身体锻炼。

问：您觉得特奥教育还有哪些地方需要改进？

韩超：特奥教育，国家已经重视了，可是在各个省份上来讲，普及度应该更加广一点，让更多的人来认识。比如说现在有很多普小，不知道有这样的学校存在，他们认为随班就读的那些孩子就叫特殊教育的孩子。他们没有想到，还有这样一所学校。人们对特奥运动的认知度太狭隘了，应该让更多的人来认识。

问：讲讲您生活中遇到最高兴的事！

韩超：最高兴的事就是他们获得奖牌的那一瞬间，眼泪都掉了。但是那一瞬间，他在上面会抖，你过去跟他说，不要紧张，给他一个眼神，等他回过神来，等他自己想明白了，领奖的时候，他会招手。我的天呐，那种兴奋感。

问：别人眼中的您是一个什么样的人？

韩超：别人眼中的我是啥样我不清楚，因为我很少去关注这些。有的时候发现我孤立在这些人之外，假如说他们那一堆人，在那讨论，我会把自己从那个圈子里面跳出来。可能就像心理学家说的，一个人多么开朗的笑容，都难以掩盖他内心的孤独。

我回到家是一句话没有，我跟媳妇两个人一人捧一本书坐着在那看，电视在那放着，我俩很少说话，吃饭的时候会交流一下，其他时间基本上就是她看一本书，我看一本书。

从 2008 年到这个学校接手特殊教育行业，在我这现在已经变成事业了，因为在这个过程当中我体会到了快乐。我已经用心在做这些事情了，无论是教学，训练都好。我在学校里面搞特奥，我的师父经常跟我提出建议，为什么？因为特奥就像一棵树一样，从她接手，到我接管，到现在为止。在她那是小苗，到我这长成了树。如果真的枯萎了，她会难受的。

临时抓着去办结婚证

问：和妻子是怎么认识的？

韩超：我们是大学同学，我们认识特别好玩，在火车上。旁边是两个以色列人，没有说普通话的，还有一个湖北的，“天不怕地不怕，就怕湖北人说普通话”，我当时就懵了，这一节车厢我没一句会的呀。

这来云南的火车，大部分都是云南人。我听不懂，就买了点吃的，到处溜达，走着走着，到一个人跟前，〔她〕一口纯正的东北音，一看，穿着校服，上面写着“鹤岗一中”，老乡！当时我就嗨了，东北的，黑龙江的。你怎么知道，我说你这写着呢，鹤岗是哪的？难不成是云南的？她说你哪的，我“啪”把我云南师范大学的通知书抽出来，我说你看！云南师范大学，她也“啪”抽出来，云南师范大学。我俩坐那就开始吹上了。

吹着吹着，我发现旁边有个老头呢，一句话都不说，那种眼神看着我。我才明白人家不可能像我，一小姑娘，不可能一个人来啊！我说，您好，您是她父亲吗？对啊！哎哟，撞枪口上了！我就聊了一下，赶紧走，跟她说我在哪个哪个车厢，她也没来我这。睡觉之前要去她那玩会儿，后来发现这个不好，旁边有个哥们说，咱俩换一下座位，最后一天我就坐在她后面，那天晚上我就没有睡觉，一直吹，一直吹到昆明，到了昆明三点半。下了火车，我们就一起坐着 2 路车到师大。到了师大，就认识了，一直到现在。

问：婚礼是怎么办的？

韩超：是临时抓着去办结婚证的，我还上着课呢，浑身灰头土脸的，我记得是 12 月 12 日，星期五，刮着大风，吹得我满脸灰，操场上跑步跟他们踢着足球，她就冲到学校来，“我们俩去办结婚证。”我说“为啥呀，房子都买了，你落户就完了呀！”“人家说了，必须得办结婚证才能落户。”她把所有东西往那一摆，就欠着一个结婚证，“我俩先走嘛，先去办去。”我俩三点半出发，去五华区便民服务中心，你知道吗？就穿着这个大衣，“哗”脱下来，里面还穿着我们学校的那个衣服，还有一个特奥标志，头发都是压扁的那种。我媳妇说这是有史以来最丑的结婚照。

问：所以就这样结婚了！

韩超：对！

问：你们有孩子了吗？

韩超：孩子我们没有，我估计我们也不会要孩子。有这些孩子我就够了。

问：不要孩子，父母理解吗？

韩超：不理解！

问：他们是什么态度？

韩超：到最后就几个字：“我尊重你们的选择。”这是你们的生活，我当父母的不说这话，那我当父母就失职，但是说了这话呢，也伤你们，也伤我，反正最后还是尊重你们的选择。

问：打算补办婚礼吗？

韩超：不办。办啥婚礼啊，办婚礼太浪费了！人这玩意儿吧就这么回事，当你物质生活达到一定程度之后你才去想精神生活，学过哲学吗？哲学的五大需要是啥？吃，穿，住，用，行。人家开车开四个轮，我天天骑电动车冻得跟狗似的，对吧？吃，穿，住，用，行，我吃现在能吃饱了；穿，我穿的……用，刚刚达到自己的想象；行，还是个电动车，我要是电动车坏了，我得天天挤地铁。办婚礼，真的办婚礼太费钱了，我要是办一次婚礼的话，这一年的工资就少掉一半去了……

问：您考虑的问题还是很多嘛。

韩超：对！是谁说的？“往往美好的事物背后都有凶残的一面”，生活并不像想象中那么美好，除了工作之外你还要生活，在学校多么开心，回到家你也要保持开心的状态。2006 年大学毕业，那一年，我吃了一年开水煮白菜。大白菜，一块五一颗，我可以做出三样菜吃，早中晚，三顿饭，搞定，就一颗大白菜。所以那个时候就养成了吃菜的习惯，慢慢的，吃了一年之后发现吃肉不舒服了，就开始吃素。一直到现在都不怎么吃肉。

问：您多久回一次老家？

韩超：我大学的时候，2003 年、2004 年、2005 年暑假各回去过一次，然后 2011 年回去过一次，没了，四次。

问：那是为什么就……

韩超：没办法回去，回去一趟两个人〔路费〕需要一万多，亲属你得买点礼物吧，我都已经当爷爷辈的了，过来给你磕个头，一百块钱红包，拿得出手吗？我们那一个村子，一百多户人家，基本上都姓韩。知道在昆明的一个爷爷辈的，或者叔叔辈的，大爷辈的回来了，不得来看一眼嘛。那孩子从出生我都没见过，叫啥名都不知道，冲过来就管我叫爷爷，大过年的，我哪有那么多钱？

问：从事特教和特奥家人支持吗？

韩超：从事特教这个行业，我爸就特别支持。我爸就说，没事，你有啥不懂就问我。我跟爸说，有个培智学校挺好的，我爸说你去吧，这个行业不错，挺支持我的，也给了我不少鼓励。

从事特奥这个，我媳妇特别支持我。我是 2010 年的时候带她来过学校一次，她一年没来了。她说来到学校之后有种恐惧，心里面堵得慌，她说有点像噩梦一样，心塞那种，不知道怎么排解。我说为啥？她说看着那些孩子我难受，我说那你多给他们买点东西吧，那些年我媳妇给他们买了好多好吃的。巧克力啊，糖果啊，尤其东南亚、马来西亚的果干，还有日本的软糖。

过了一年，她说我去你们学校当义工去，我说可以啊。以前来了，她就坐在我办公室里不出来，现在她说你们这些孩子去参加比赛回来，那些孩子好开心呐！所以能让这些孩子一拨儿一拨儿出去参加比赛，特别好，自信心，身体健康，个人的社交能力，明显增强。

我媳妇也说你把这个特奥好好搞，你看我后面那双轮滑鞋，是我媳妇给他们买的。那双鞋 2 600 块，那双小的是 2 200 块，都是媳妇花钱给他们买的。我说学校可以报账，媳妇说这点钱还是出得起的。你说支不支持，还是支持的，这样的行业，不光家人支持，朋友圈都支持。

韩超师父口述

口述者：赵俊梅（女）
访谈者、撰稿者：陈俊岚、张磊、史龙飞
访谈时间：2017 年 12 月 7 日
访谈地点：昆明市盘龙区培智学校

问：老师您贵姓？全名是？

赵俊梅：我姓赵，“英俊”的“俊”，“梅花”的“梅”，赵俊梅。

问：您先自我介绍一下吧。

赵俊梅：我是昆明人，1974 年出生的，毕业于昆明师范学校的体师班，是体育老师，但不是特殊教育专业。1993 年到盘龙区培智学校的，从事特殊教育已经 24 年了，我是培智学校第一任体育老师，在这个过程中，出任过团支部书记，少先队辅导员，教研组长，整个综合教研组组长，带过我们的特奥队，开展了培智学校第一次运动会，第一个广播操等等，凡是与体育有关的，都是我亲手建立起来的。

问：您上课情况是怎样的？

赵俊梅：在 24 年间我几乎都是上体育课，学校在 2006 年的时候，派我出去学感统训练，回来之后一直上感统课，上到 2014 年。在整个教学体系上，我对这些孩子进行训练都是从基础开始，主要从低年级进来，养成一个良好的课堂常规、课堂习惯，从简单的一些走、跑、跳、投，人体最基本的动作开始学习。到高段以后，我们的孩子会从简单的体育技能学习，比如说向前滚翻呀，拍球跳绳呀，根据孩子的程度，还有生理条件，可以选择性地学习一些球类、器械类，还有体操类的，简单的带有技巧性的动作来学习。

问：韩超教练来了以后就是您带他？

赵俊梅：嗯，对！

问：您与韩教练共事多久了？

赵俊梅：我不知道韩教练是哪一年来的，如果他现在工龄有十年的话，我们已经共事了十年。刚来的时候，师徒结对他拜我为师父，那个时候我们就开始特奥教练员的培训，当时我们学校特奥运动相对弱一点，在建立项目的时候我们选择了足球，全国有一个足球教练员的培训，给学校两个名额，所以我们两个都去了。

培训完以后，昆明市就做了一个特奥足球的比赛，我们就全力以赴地组队，开始带队出去比赛。那次的成绩非常好，出去了三个组别，我们都拿了冠军。虽然他是我的徒弟，但就像我的左右手，有时候，我想到的东西不用我去表达，他就可以做到，就是我们那种合作〔很默契〕，在工作上我们是合作伙伴。工作交给他我非常放心，或者我没做到的，他可以做到。我觉得他非常细心，也非常认真，又非常愿意吃苦。所以我慢慢地就脱手给他做，体育工作啊，或者训练工作。他会把我们学校的特奥工作带到一个更好更高的平台上去。

问：您对他的第一印象是什么？

赵俊梅：第一印象，当时他来了非常地勤学好问，随时都是师父长师父短。学校的培训或者教学上的事情，他都是第一时间主动问到我，这样他也学习了很多，也非常地谦虚，他也想把事情做到最好，做到完美。

他是一个愿意付出也肯学的年轻人，从他来之后，学校的体育工作，还有训练工作，名义上虽然是我在当领头的，但实际上很多工作我都放手让他去做，因为我很放心，他会把这个工作做得非常好。我有这么一个徒弟，觉得非常自豪。到后来又有徒弟来了，又能帮到我，所以我现在最骄傲的就是，我有三个徒弟，都是学校最棒的。

问：现在的评价呢？

赵俊梅：没有变化呀！我觉得他一直都是这样的人。有时候他会问我，师父这个该怎么做，我就告诉他你放手去做，因为你还年轻，你应该有更大的梦想。

有的时候比如说训练呀，或者特奥工作呀，还是会有一些冲突嘛，自己的想法，还有学校的政策，还有一些特奥工作的衔接。比如说比赛，他负责轮滑，比赛的层次越高，教练去了可以学到一定的经验，可以看到赛场经验，可以看到学生突发的状况怎么处理，但是因为有时候学校工作呀，教育局不让去呀，经费的问题，他也很失望。但是他也会自我开解一下，总体来说他对这个工作付出了他自己的热爱，对学生也好，对这项工作也好，是真心地去爱这项工作。

问：假如说遇到那种情况，他发牢骚吗？

赵俊梅：这个牢骚他会跟我说，因为我们之间非常熟嘛。他会跟我说，你看这个比赛，不能去啊。我呢也会跟他分析一下，确实是很好的机会，每个教练辛苦付出了，都想要有一个证明自己的平台。

问：你们之间这样的交流多吗？

赵俊梅：是挺多的！是一些工作上的交流，实际上师父只能教给他最基础的东西，就像我们盖房子，打地基一样，我们先把地基打稳了，然后上面盖高楼那是他的事。他那几年来还是沉下心来，各方各面，都认真地在学，他可以担当了，那么他就自己盖自己的高楼大厦。

问：工作上你们有没有印象深刻的事情？

赵俊梅：我觉得就是我们打翻身仗那次。当时我们学校特奥运动是处于被动的，没有项目，没有去独立比赛的能力，基本上就是其他学校有比赛了，过来借我们一个人。后来我们一起去培训，一起去当教练，回来昆明，就组织了一次比赛，然后我们出了三个队，我们想好了，一定要打一个翻身仗，要让省里边知道，培智学校确实有那么一批老师带了那么一批好孩子，也可以去参加比赛，就奔着这个目标。

我们肯定还是设计了一下，怎么来告诉他们〔我们的学生也很棒〕。当时我们开着按摩专业嘛，我们就让那些学生帮裁判员、教练员按摩，用的就是专业。我觉得让这些孩子，出去以后服务别人，也感受到他们除了会踢足球，还可以自豪地把自己的专业展示给不知道的人。

有时候我们会一起出去玩，我们学校有一大波老师都跟我们处得非常好，特别跟韩老师也处得非常好。我们也会有一些主题的活动，他都很配合的。你别看他非常魁梧，但是我们每一次去玩他都非常配合，他经常是男同志唯一的代表。

问：您觉得韩教练是一个怎样的人？

赵俊梅：他首先非常地严谨，对这份工作非常热心，而且还细心，也特别关心孩子，问长问短。他在我们学校的学生当中还有好多粉丝的，不管男生女生都比较喜欢他，他也会关怀孩子们，比如说问问这个孩子穿暖了没有，缺什么没有，好多女生也非常喜欢他。而且他带孩子会根据不同孩子的要求……比如说九年级的孩子会说，韩老师，我们要干什么！可以，没问题！他就会带着孩子又唱又跳，让孩子感受到非常快乐。

问：今天课间操的时候他好像带着孩子们一起唱《小苹果》，他平时也这样吗？

赵俊梅：他平时也会啊，只是现在在大校区了，以前在小校区那边，课间操的时候都是他带着又唱又跳的。他每天都带着学生唱《小苹果》呀，那些学生太喜欢了。都是他带着学生在那，调节气氛。

问：那师徒之间有没有出现过意见分歧的时候？

赵俊梅：会有呀！有时候分歧就在于，比如说某一件事我觉得应该这样做，他觉得应该那样做。但是有时候他也看到我很坚持，他会做一些让步。后来我把这个事情交给他了之后，我也尽量不去干预他。我尽量放手，不能用我的老的想法去管着他。

问：韩教练他是怎样处理跟您之间的分歧？

赵俊梅：一般也是把这个事情说了之后，我们会冷静一会，或者大家坐下来，小组讨论一下，把问题提出来之后大家会有一个商量，然后折中找一个平衡点出来。

韩超工作观察日记

观察时间：2017 年 12 月 7 日 9:30—17:15

观察地点：云南省昆明市盘龙区培智学校

观察者、撰稿者：张磊、陈俊岚、史龙飞

时　间	工作内容	备　注
观察者距离盘龙区培智学校有两个小时的车程，到达时韩超教练已经在办公室。		
9:30	韩超在办公室看书，边看书边做勾画。	韩超的办公室就是学校的器材保管室。
9:33	韩超继续看书，时不时抬头望向窗户外面的操场，他说："我随时都得留心着他们，有时候有的孩子会突然摔倒，或者是又打架了。"	韩超的办公室在一楼，窗户迎着学校操场。
9:36	有同事路过韩超的器材室，和韩超打招呼，他们谈论了一些关于学校教学考核的事情。	
9:40	同事离开。韩超打开书桌上的热水器开始烧水，说："给你们烧点茶喝，我平时也要喝好多水。"	
9:43	韩超继续看书，有学生走到韩超的办公室门口，站在门口喊了"韩老师"，然后离开。	韩超说经常会有学生来找他，他们都很喜欢韩超。
9:46	有学生来找韩超拿羽毛球，韩超将羽毛球给了学生，并叮嘱他们按时归还。	韩超是学校的体育老师，同时也负责学校的体育器材保管工作。
9:48	韩超走出办公室，站在操场边观察学生。	韩超说他喜欢有事没事就在操场边观察学生的行为举动，这样有利于他上课时更好地管理学生。
9:50	有两个学生看到韩超在操场上，走到韩超面前归还昨天借的沙包，韩超带领着他们回到器材室，将沙包放回到沙包桶里。	
9:52	课间操开始，学生们到操场上集合，韩超走出办公室，帮助班主任老师整理队伍。	

（续表）

时　间	工作内容	备　　注
9:54	做操队伍已经整理好，学生们开始做操。韩超看到不会做的同学就上去拉着他们做，纠正动作。	很多老师和韩超一样，穿梭在学生之间，看到做得不规范的，或者是脱离队伍的就将他们拉回队伍中。
9:57	学校广播里开始放《小苹果》，学生跟着节奏跳舞，韩超拿上话筒跟着广播的伴奏带着学生们唱《小苹果》。	韩超事后说，他经常会带学生们唱《小苹果》，学生喜欢听，只要听到这个歌曲就很幸福。
9:59	换了一首歌曲，韩超拉着学生一起做操。	
10:02	课间操结束，按照惯例由今天的值日生安排今天负责卫生的同学。一群学生围着韩超和他打闹。	
10:05	韩超和学校老师站在学生中间谈论关于学生请假的事情。	
10:07	学生准备回到教室上课，韩超及其他老师在楼梯口看着学生走回教室。他说：“学生上下课的时候，我们都会来看着他们上下楼梯，害怕他们因为拥挤摔倒。”	
10:10	上课铃声响起，还有学生在操场上溜达，韩超让他们赶快回教室。	
10:15	韩超在办公室翻阅资料，有学生来器材室借沙包，韩超拿了两个给他。	学生来器材室借器材韩超不做记录，他说他都记得谁借了什么。器材室里哪里有什么他也一清二楚，这和他原来在沃尔玛工作过有关。
10:18	韩超看书，喝茶。	
10:20	有一个老师来借一个篮球。	
10:25	有学生到办公室找韩超一起打篮球，韩超说下个周再打，他让学生运动的时候注意安全，动作慢点，不要摔倒。	韩超说经常会有学生来找他一起玩，学生很喜欢他。
10:29	接到一个电话。	
10:35	有同事来找韩超询问关于网络连接的事情，韩超和他谈论解决方法，两人聊天。	
10:37	有自闭症学生往学校大门口走去，学校保安将他拉回来，韩超看到了让他回教室，不要到处乱跑。	

（续表）

时　间	工作内容	备　　注
10:40	韩超的师父来找韩超问一些关于学校考核的事情，韩超和她谈论。	韩超说："她是我刚来学校时带我的师父。"
10:44	早上来借羽毛球的学生来归还羽毛球拍，韩超让学生放回到原处。	
10:48	韩超在办公室休息。	
10:52	韩超帮助在操场上上课的老师管理学生。	
10:55	韩超指点新来的老师关于上课的事情，有个学生上课时间跑到花台里找虫子，韩超将他拉回来上课。	
10:57	韩超站在操场边看新来的老师给学生上课。	
11:00	有学生见韩超不在办公室，想要去韩超的办公室，韩超将他叫回，说："我平时不在的时候不允许他们去器材室，因为他们拿了器材会忘记还。"	
11:03	韩超回到办公室休息，喝茶。	
11:05	韩超走到器材架上，拿下一双轮滑鞋，同时从放轮滑鞋的架子旁边拿出一块毛巾，回到座位上开始擦轮滑鞋。	韩超在学校教授的课程主要是轮滑，他也是学校特奥轮滑的教练。
11:08	继续擦轮滑鞋，他说："下午我有轮滑课，要帮学生把鞋子提前擦一下。"	
11:10	韩超从鞋架上拿下一双比其他鞋都大的轮滑鞋，说："这是我媳妇给孩子们买的，两千多块钱，我媳妇有时间都会来看这些孩子，会给他们带一些礼物。"	
11:15	有学生看到韩超在擦轮滑鞋，站在门口说要鞋子，韩超说现在还不能玩，学生离开。	
11:17	韩超看到有学生在花台找虫子，韩超让他不要把花弄死了。	韩超说这个孩子特别喜欢到花台里找蛐蛐。
11:25	有同事离开学校，路过韩超办公室，看到韩超在门口和学生打闹玩耍，问韩超下午是不是有课。	

（续表）

时　间	工作内容	备　　注
11:28	韩超在办公室门口和学生玩耍。	
11:35	韩超在办公室门口晒太阳，保安大叔走过来和他聊天。韩超告诉大叔自己在做特奥口述史的项目。	
11:38	午饭时间到，韩超准备去吃饭。	
11:40	韩超在用餐点打饭，看到学生打闹，让学生不要闹了，好好吃饭。	韩超说他们的午饭都是在学校吃的。
11:45	韩超站在操场上吃饭，说："我们要守着学生吃饭，怕他们打闹受伤。"	
11:47	有同事吃完饭路过，和韩超打招呼。	
11:49	一个学生捧着自己的饭菜走到韩超面前，一边吃饭一边看韩超，时不时还会叫一声"韩老师"。	
11:53	韩超吃完饭将餐具放回餐具回收处。走向办公室。	
11:55	韩超烧水，清洗杯子，准备泡茶喝。	
11:58	韩超喝茶，休息。	
12:02	韩超的同事来谈事情，韩超叫他坐下一起喝茶。韩超从办公桌的抽屉中拿出烟递给同事抽。	该同事负责着学校的后勤工作，经常会和韩超一起讨论关于学校管理的事情。
12:05	办公室外有学生约韩超一起去打篮球，韩超让其离开，韩超说："下周再玩，这周不能玩了"。	韩超说这周孩子们不听话，经常不归还借出去的篮球。
12:07	韩超继续和同事谈论关于学校管理的事情，喝茶。	
12:09	学生过来办公室门口站着，看到韩超和同事聊天，学生在门口不敢进去，说了一声"韩老师"，然后离开。	韩超说，他的办公室从来不允许学生进来，因为他不想让学生形成这种习惯，他这里是器材室。
12:13	韩超继续和同事聊天，这时他的小师妹从外面走进，询问韩超关于下午训练的事情，然后离开。中途韩超叫小师妹一起喝茶。	

（续表）

时　间	工作内容	备　　注
12:16	某同事路过韩超的办公室，和韩超打招呼。	
12:19	学校送餐车辆欲离开学校，韩超隔着窗户叮嘱学生注意安全，让行动方便的学生拉着行动不方便的学生远离车辆。	
12:22	刚刚站在韩超办公室叫他的学生再次上门，学生叫了一声“韩老师”后迅速离开。	事后韩超说，其实这个学生是想要糖吃，韩超经常会从家里带一些糖果来放在办公室。
12:25	韩超和同事继续喝茶聊天，中途同事问韩超时间，韩超看自己的手表，两人讨论手表的时间。	韩超虽然一直在办公室坐着，但是他会时不时透过窗户留意操场上的学生。
12:27	学生再次上门叫“韩老师”，韩超将其叫进办公室，从立柜的第三层里拿出一包糖，给了学生两块，并叮嘱他今天只能吃两块。学生拿着糖高兴地离开。	一开始给了一块糖，学生还不走，眼睛直盯着一包的糖，后来韩超又给了他一块。韩超说这些糖是他的妻子让他带到学校的。
12:30	同事离开，韩超收拾书桌。	
12:35	韩超将垃圾打包，送到学校的垃圾桶里。	
12:38	上午要借篮球的学生又来了，韩超还是没有把篮球给他。	
12:40	韩超休息，说：“待会要上课，上轮滑课。”	
13:00	韩超拿出上午看的书来看，说：“我平时没事的时候就喜欢看看书，我看过的书很多，我媳妇和我都喜欢看书。”	
13:20	韩超在看书。	书名《绘画心理学》。
13:23	有学生没有去睡午觉，韩超让他回去睡觉。	
13:25	韩超在看书。	
13:51	韩超收起书籍，把书放在办公室立柜的最上面一层，他说：“我的书都是收在最上面，我怕学生什么时候进来把我的书拿走了。”	在韩超的立柜上还挂着一幅他自己写的字，他说他也喜欢写毛笔字。
13:53	韩超走出办公室到学校操场上，看上课的学员有没有来。	
13:55	辅助韩超上课的女老师来了，韩超和她商量待会上课的事宜。他让女老师待会帮他看着能力弱一点的学生，他今天要分组训练。	

（续表）

时　间	工作内容	备　　注
13:58	有学生从教室里走出来，韩超让他们到操场边的亭子下面休息，不要被太阳晒到。	
13:59	韩超让到的学生和他一起去器材室拿轮滑鞋。	
14:02	从器材室出来，韩超带着学生回到操场边的亭子下面，他让学生把轮滑鞋放在地上，先进行热身运动。	
14:05	韩超整理队伍，和学生说今天的训练内容。	这节课总共有七名学生上课，韩超和协助他的女老师给学生上课。
14:07	韩超对学员进行分组，他让协助老师将能力弱的学生带到边上进行基础的动作练习，他带着五个学生进行训练。	韩超说分组训练有利于提升训练的效率，同时也可以鼓励能力弱的学员向能力好的学员学习。
14:10	韩超让五名能力稍好的学员先跑两圈操场，他在边上看着他们跑。	
14:13	韩超叫出一名男同学带着其余四名同学做热身运动。此时四名同学一字排开。	五名学生，三男两女。
14:14	韩超看到一名男同学的衣服纽扣开了，帮他扣好纽扣，让他把腿张大一点，跟着前面带队的同学做热身运动。	
14:16	学生做热身运动时，彼此间距越做越小，韩超把他们拉开，并且夸奖做得好的一名女同学。	
14:19	韩超拉着一名学生的手和他一起做绕臂运动。他穿梭在学生之间，看到做得不认真的就及时纠正。	
14:22	韩超看到带队的学生裤子往下掉，帮他提好裤子，并辅助他做压腿运动。	
14:26	韩超将事先准备好的红黄两色的伸缩带发给学生，告诉学生红色的拉力大，给力量大的同学用，黄色的给力量弱的学生用。孩子们争着要红色的带子。	
14:29	韩超让学生手持红黄带子，平举在身前，用力抬腿。	

（续表）

时　间	工作内容	备　　注
14:32	韩超让学生绕着操场走一圈，放松一下肌肉。	韩超乘着学生走操场，走向协助上课的老师，查看她那边的进展情况。
14:35	韩超让学生将红黄带子套在小腿上，做横向跨步的训练，并给学生做示范。	
14:37	韩超将一根红色的带子套到自己的脚上，给学生做练习示范。	
14:40	韩超将学生两两分组，让他们相对站立，手拉手，一起做横向跨步运动，还让他们一起喊“一二，一二”。	
14:43	韩超让分好的小组做来回练习；他和另外一名学生组成一组，拉着学生的手一起做横向跨步练习。	
14:45	韩超和一名学生一起给其他同学做示范，有学生开小差，韩超叮嘱他认真观看。	学生的注意力很难长时间集中，韩超每做一个动作都要提醒一下学生认真听讲。
14:48	韩超协助学生做练习。	
14:52	训练学生做横向跨步练习。	
15:05	横向跨步练习结束，韩超让学生回到操场边的亭子下面。他将红黄两色的带子收回来，并告诉学生待会要进行轮滑练习，叮嘱学生待会一定要听安排。	
15:08	韩超给学生穿轮滑鞋、护具。	
15:15	所有学生都穿戴好了轮滑鞋和护具，韩超让大家先坐着，叫到谁的名字谁起立进行练习，其余的不能自己滑。	
15:18	韩超拉着一名女学员的手练习轮滑，一边滑一边告诉她练习的要领，同时叮嘱坐着的学生好好观看。	
15:25	韩超扶着一名不是很熟练的学生一步一步滑，因为学生行走不稳，有时候几乎是韩超抱着他练习，韩超满头大汗。	
15:30	所有学生都练习了一遍，韩超对学生们今天的表现不是很满意，他说今天注意力不够集中。让学生们把轮滑鞋脱下来。	

（续表）

时　间	工作内容	备　　注
15:33	韩超帮助学生脱轮滑鞋和护具。	
15:35	韩超和学生们一起把轮滑鞋拿到器材室放好，学生把自己的鞋子递给韩超，韩超将鞋子整齐地放到原来的地方。	
15:38	韩超将学生一字排开，进行课程总结，同时对今天学生的表现进行评价和总结。	
15:40	韩超留下两名表现不好的学生，给他们布置了一项练习腿部力量的作业。韩超做示范，并且叮嘱学生认真听讲，有一名学生老爱走神，韩超指了指自己的手表提醒学生要专心听讲。	
15:43	韩超嘱咐学生回家要认真完成作业，回到办公室。	
15:45	韩超在办公室休息，喝茶。	今天的天气特别热，正午气温在25度左右。
15:47	韩超将器材架上的轮滑鞋取下来进行擦洗，说："明天没有轮滑课，今天就将它擦好，要不然时间长了会臭。"	
15:50	韩超在擦轮滑鞋，有同事下班离开路过和他打招呼。	
15:52	中午和韩超聊天的男老师又来找韩超，说学校教学楼上的校名牌需要上去查看一下，最近多风，担心牌子会被风吹下来。	
15:55	和同事聊天，主要内容还是学生的事情。此时门外一个等着家长来接的学生突然哭了起来。韩超探出头看了一下情况，转身坐下说："不用管，他经常这样，家长一晚来几分钟就哭，要让他试着学会独立，所以我们先不要去管，看看情况再说。"	门口的警卫大叔看到学生哭，上前安慰，但是学生继续哭。
15:58	韩超和男同事聊天，韩超说："我每天下班了也不愿意回家，我都会再多待一会儿。"此时窗外传来家长呵斥学生的声音。	
16:05	韩超在办公室休息，有学生家长来接孩子，看到韩超并主动和韩超打招呼。	

（续表）

时　间	工作内容	备　　注
16:10	和韩超聊天的男同事离开，韩超从书架上拿出书来看。	
16:15	韩超在看书。	书名《绘画心理学》。
16:20	韩超在看书，有同事邀请韩超一起去外面吃饭，韩超拒绝了，说今晚上有其他的事情。	
16:25	韩超在看书，他说他喜欢看书，和观察者聊了一些关于运动神经方面的知识。	
16:30	韩超和观察者聊天，说他过去的一些事情。	韩超很爱聊天，但是聊的内容很多都是他的学生，他特别担忧他的学生的将来。
16:45	有老师来归还篮球，韩超将篮球放到保管篮球的地方，每一个篮球上都有标记。	
16:55	韩超准备离开学校，他说今天晚上有事情，所以要走了。	
17:15	韩超离开学校，此时学校里面已经几乎没有人了。	

让每个人有尊严地活着

——何义口述

何义，男，汉族，1970 年出生，北京市西城区培智中心学校体育教师。1990 年毕业于首都体育学院。1993 年调入北京市西城区培智中心学校，从事体育教学及训练 30 年。1993 年成为特奥教练员。曾参加过两届世界夏季特奥会、四届全国特奥会比赛。在全国特奥会上，曾担任过足球及滚球技术代表。自 1993 年至 2016 年，曾多次参与全国篮球、乒乓球、地板曲棍球、滚球、足球 5 个单项比赛的组织及裁判工作。2000 年通过特奥会高级讲师培训后，一直承担东亚区特奥会、中国特奥会教练培训和讲师培训工作。先后培训教练 600 余人，讲师 100 余人，志愿者近 1 500 人。2001 年至 2005 年，荣获“全国十佳特奥工作者”。2006 年，被评为“北京市优秀教师”。

口述者：何义

访谈者、撰稿者：周萍萍、魏宏亮

访谈时间：2017 年 11 月 21 日、2019 年 4 月 18 日

访谈地点：北京市西城区培智中心学校西直门校区
北京市西城区培智中心学校广安门校区

好老师的影响非常大

问：您是哪一年出生的？有兄弟姐妹吗？

何义：1970 年，有一个小我五岁的妹妹。

问：您老家是哪里的？

何义：北京。

问：小时候的生活状况是什么样的？

何义：我在同龄孩子中间，家庭状况是比较好的，小时候能吃到巧克力，

很多小孩都吃不上这些。

问：您父母亲从事什么职业？

何义：我父亲是军人，母亲是工会的干部。

问：您是汉族吗？

何义：对。

问：讲一下小时候印象比较深刻的小故事？

何义：小时候我的一个老师姓林，叫林成霞，她对我特别好。我爱读书的习惯就是她培养起来的，因为她教语文，经常鼓励我们写一些小文章。谁写得好，谁就能在全班同学面前朗读自己的文章。别的学生在上面朗读的时候，会听到他们用了很多优美的词汇，在自己的写作中，也想用这些词汇。这些词汇来源于书本，来源于课外书中的一些文章。从那个时候起，我就开始爱看书了，原始的冲动就是想到讲台上去朗读自己的作文。多看书，多积累词汇，慢慢就形成了爱读书的习惯。

我觉得一个好老师对一个学生的影响是非常大的。很多人都会觉得很奇怪：你一个教体育的竟然爱读书?！很不理解。实际上就是小时候养成的一种习惯，就是那位林老师对我的关注，使我建立起读书的兴趣，使读书成为生活的一部分。

问：说一下初中之后的学习经历？您是几岁上初中？

何义：我是十三岁上的初中。我上学的经历挺坎坷的。小时候因为父亲在部队，母亲随军，我上学比较早。该上五年级的时候，小学由五年制改成了六年制。因为我年龄不够，就需要上六年级，就多上了一年。初中毕业后我就去师范学校了，等到师范第四年，我又赶上师范改制，由四年制改成三年制。我上了三年半，又比别人多上了半年学。师范学校毕业以后，我就去了体育教育学院。

问：是本科吗？

何义：不是，是大专，北京市西城区师范学校。

问：当时学的什么专业？

何义：体育教育。

问：您上大学最喜欢的体育运动是什么？

何义：足球。我小时候是学体操的，协调性还可以。总跟一些专业足球队的学生一块踢足球，就喜欢上足球了。

问：大学有没有参加足球队或者比赛？

何义：有一些企业会找我们去帮他们踢企业内部的联赛，也参加过北京市组织的一些比赛。

问：在学校有没有担任过班干部？

何义：当过体育委员，组织学生参加体育活动，运动会报项目等。

问：学习经历中，有没有值得骄傲的事儿？

何义：最骄傲的就是几何学得比较好，参加过比赛，就像奥数题一样，比较难，考进前三名。

爱挑战，不期而遇进入特教

问：您是什么时候接触特殊教育学校的，是刚工作那会儿吗？

何义：不是，我是从1993年才开始知道有特殊教育学校，原先都不知道。我以为特殊教育学校就是工读学校。可能你都不知道什么是工读学校，就是把有违法或轻微犯罪行为的学生送到工读学校，有点像少年劳教所，但是他们可以回家。

实习的时候听说过聋哑学校，比如北京市第二聋哑学校，还有北京市第四聋哑学校，现在这两所聋哑学校合并在一起了，就在新街口新华百货后面，叫北京市启喑学校。那时人们都叫残疾人学校。

问：当初为什么会选择做特殊教育？

何义：我1993年来到这所学校，当时不太清楚培智学校的性质。记得我在一个会上认识了这所学校的校长，了解到学校缺一名体育老师，因为我从小练体育，也非常喜欢体育，我表示愿意去教体育。他说："行，你来吧！"他和我所在的普小的校长住在同一个楼里，他们两个一聊，我原学校的校长还不愿意放我走。因为在普小男老师非常少，学校一般不愿意放。后来，这个校长说我们学校真的缺体育老师，您就支援我一把。校长就说看我个人的意愿，如果我愿意去就放人。

我当时想调走还有一个原因，就是学校有一个不成文的规定：夫妻双方不能在同一个单位工作。我爱人也在这所小学教学，所以早晚也得分开。我是男同志，我出来也好适应。

我就到西城培智中心学校试讲。一上课，看到全是这样的学生，心里就开始打"退堂鼓"了，我就想走。正当我往学校外走的时候，遇到了改变我命运的人——孙崇禧老师，后来，他成了我的师父。

孙崇禧老师是新中国培养的第一批体育教育方面的专业人才，也是第一批参与国际特奥运动的教练员，资历非常老，也非常有经验。他正好进学校，和我迎面碰上。孙老师待人特别热情，跟我聊了很多。他和我说：“你可能没想到学生会是这样的，不太适应。这样好不好，你先听我上几节课，不用急于答复，听完一星期课以后，如果你觉得能干你就留下。如果你还是觉得不适应，你要走我也不拦着你。”我说：“可以。”我心里还犯嘀咕：这样的孩子我们能教给他们什么？他们能学会什么？

后来，就听了孙老师一星期的课，被他教学中表现出的热情深深感染。我这个人比较喜欢挑战，觉得可以尝试一下。听完一星期课以后，我就和孙老师表示想再上节课试试，他同意了。他就把学校最好的一个班给了我，让我去教。

这节课我上得非常痛快，因为这个班的学生属于轻度智力障碍，个别学生按现在的标准来看应该属于学习障碍，肢体运动方面不但没有什么问题，有的孩子运动能力还比健全孩子强很多。而且这些学生在年龄方面，比我教的普小学生要大一些，有些学生十四五岁，相当于初二、初三的年龄。另外，培智学校的班额小，当时人数最多的班里也就十六七个学生，有的班才八九个学生。我在普小教一个班差不多有五十个学生。后来，我就选择留了下来，从 1993 年一直干到现在，有 24 年了。

问：刚工作的时候，有没有发生过让您感触很深的事？

何义：那是 1993 年冬天，给学生上课的时候有点咳嗽。当时有一个叫瑶瑶的学生，她能力比较差，所以她不参加早训练。有一天我来学校，她在门口等着我，我就说：“瑶瑶，你怎么来这么早？”只见她从书包里拿出一包药，我记不住是什么药了，可能是感冒药，她就给我。然后，她就指着我的喉咙说：“咳咳。”她不会说完整的话，就用简单的肢体语言和简单的字词来表达。我问她：“是不是我咳嗽需要吃药啊？”“啊啊。”这件事我特有感触，可能咳嗽两声自己都没太注意，但这孩子觉得你跟她有感情，她就想着你、惦着你，挺让我感动的。

提供全年龄段教育

问：请介绍一下西城区培智中心学校的基本情况。

何义：我们学校现在一共有三个校区。总校区在西直门，招收的是九年义务教育的残疾学生。第二个校区在菜市口，就是原来的宣武区培智学校，招收的主要是九年义务教育的残疾学生。第三个校区在广安门，广安门校区分两部分，一部分是初中部，就是把西直门校区和菜市口校区适龄的初中学生，都集中到广安门校区。还有高中部，高中部属于职业教育，对残疾学生进行初级的职业培训。

问：西直门校区的学生年龄一般多大？

何义：这个校区学生是七到十六岁。

问：学校开设了哪些课程？

何义：目前主要有生活语文、生活数学、体育、美术、音乐等课程。

问：学制是几年？

何义：学校针对残疾儿童提供九年义务教育。九年后，一部分学生去西城培智中心学校广安门校区，一部分学生去残联组织的“温馨家园”，也有去“职业康复站”的，一部分学生去企业从事简单工作，例如酒店服务员、宾馆保洁员等。这些企业会给他们发工资，并缴纳社会保险。残障程度较轻的学生可以走向社会，大部分残障程度较重的学生最后还是回到家里了。

我们学校的学生以智力障碍为主，大部分学生属于多重残疾，除了智力障碍之外，可能还会伴随着脑瘫、视力障碍、听力语言障碍或肢体残疾等情况。IQ 值在 70 以下的学生属于智力残疾，我们学校就可以招收。单纯听觉言语障碍的学生应该去聋校，单纯视力障碍的学生应该去盲校。北京市目前有一所盲人学校，还有几所聋校，归北京市教委管理。

问：学校外面有一些锻炼设施，是给学生做训练时用的吗？

何义：那些设施一部分属于幼儿园，一部分属于培智学校。很多幼儿园小朋友玩的设施，也同样适用于培智的教学和训练。我主要的精力放在培智学校的教学，同时也帮着幼儿园带一些课，比如轮滑课和小足球课。毕竟是一个单位的，不管是师资力量，还是教学设施、体育器材等，都是资源共享。

问：幼儿园是什么情况呢？

何义：幼儿园每个班都有一到两名有特殊教育需要的儿童。我们这儿原来有个“育红幼儿园”，是专门招收智障残疾儿童的。在 2007 年的时候跟我们学校合并了。之后，既招收正常儿童也招收智障儿童，成为一所融合性质的幼儿园。

问：咱们的幼儿园和其他幼儿园一样，普通小孩都可以来上？

何义：对，以健全孩子为主，也招收残疾孩子。

问：从小就让他们过来？

何义：对，我们学校提倡融合教育，从小培养健全小孩不要歧视残疾孩子，和他们一起活动的观念。

问：上课也在一个班里？

何义：对，都在一起。进到学校以后吃、喝、拉、撒、睡等一切教育教学活动，他们都在一起完成。

搭建融入社会的平台

问：有没有幼儿园家长不理解为什么要和智障的孩子在一起上学？

何义：有的家长可能不理解，但通过学校的宣传，包括组织家长开放日等活动，会让家长改变态度。比如每个月学校都有融合运动会，幼儿园孩子、智障儿童在一起开小运动会。融合的春游活动，把家长邀请过来，让他们看到在活动中这些孩子之间是互助的、平等的。而且我们把这个意义跟家长讲清楚，慢慢地大家都接受了。我们幼儿园的孩子既有健全的，也有智障的，大家很和谐。

国内目前提倡融合教育，就是把一些特殊儿童融入到社会主流教育当中，在普通教育系统中开展教育。我们的特教教师去当巡回指导教师，给这些残障学生和教师提供一定的帮助。比如说在幼儿园，首先在学生间建立起相互的了解。过去没有开展这种融合教育，很多健全孩子的家长都让自己的孩子躲这些有特殊需求的孩子，包括智力障碍、自闭症等等，觉得他们很可怕，怕他们攻击到自己的孩子。通过融合教育，让他们相互之间有一个更深的认识，能够使这些健全孩子了解他们，让他们也参与到正常的社会生活当中去，去学习生活，为他们搭建一个平等交流的平台。

其实，特奥的目标跟融合教育基本上是一致的，特奥搭建的这个平台是通过融合运动〔加强交流〕。比如组建一支融合篮球队，在这个球队里，一部分是健全的孩子，一部分是智力障碍的孩子。特奥运动会就是专门为智力障碍儿童举办的运动会。

融合运动分得很细，可以分成三种类型：第一种叫做“竞技型”。要求咱们的特奥运动员和融合伙伴年龄相近、能力相近，组成一支队伍去参加比赛。第二种类型属于“发展型”。就是融合伙伴的能力要高于我们的特奥运动员，通过让他们在一起训练，相互提高，慢慢使特奥运动员的水平能够跟这些伙伴运动员接近，最后达到“竞技型”。“竞技型”是我们最理想的目标。第三种类型是“休闲型”。“休闲型”可以有多种形式，融合伙伴的能力明显要强于我们的特奥运动员，包括年龄等各方面的差异都很大。比如搞融合活动，就属于“休闲型”。

所以说，特奥的融合主要是针对运动项目来说的，它分得很细。跟现在国内提出的融合教育在理念上是相近的，但划分不一样，在运动方面更细了。比如它会有融合篮球队和融合足球队等等。每一个融合球队都会有三种类型：竞技型、发展型、休闲型。

问：任何一个项目可能都存在这三种类型。比如“休闲型”就是大家在一起做游戏，不以区分谁胜谁负为目的。

何义：对，因为水平差异非常大。还比如请一些知名的足球明星来和我们一起参加活动，这都属于“休闲型”。即使他也跟我们运动员参加融合比赛，但依然属于“休闲型”的融合比赛，不符合“发展型”和“竞技型”的标准，只是一次活动。而“发展型”要在一起训练，“竞技型”更是要求一起训练，一起生活，一起比赛。

问：关于家长们对融合教育的态度方面，残障孩子的家长和健全孩子的家长，他们有什么态度？

何义：如果要细说的话，也是从特奥运动和融合教育两种去说。首先说特奥运动员的家长，他们愿意自己的孩子参与到活动当中。比如这些孩子参加特奥，不管是哪种级别的比赛，这孩子的确是得到了改变，得到了提高，所以家长们愿意参与。融合伙伴的家长们也是一种很支持的态度，因为他们的孩子通过训练，通过融合，有爱心了，懂得去帮助关心别人了，能够帮助一些比自己弱的人。同时，也增强了孩子的社会责任感，这是在特奥融合运动中产生的变化。

而在融合教育当中，我想更多的表现是家长们不排斥他们了。有的家长甚至鼓励自己的孩子：你去接触他们，能帮他们就帮一帮。当然，他和特奥融合运动还是有一定区别的。

问：这实际上也是社会文明程度提高了，家长们的观念有了改变。

何义：对，家长们最初是排斥的：你不要理他，他会打到你，会伤害到你……害怕孩子受到伤害，害怕有意想不到的事情发生。通过特奥运动让更多孩子去了解他们。特奥运动的宗旨是通过运动给这些智障孩子搭建一个融入社会的平台，让更多的人去了解他们。通过这种形式提高他们的生活质量，提高他们的社会地位，改善他们的生活环境。我们的融合教育实际上说到根本，跟特奥基本上是一致的。邓朴方先生曾经说过“要让他们有尊严地活着”。每个人都要有尊严地活着，这实际上是一样的。

问：实际上这是一个最核心的价值观。

何义：对，这是最核心的价值观。我们应该怎样看待弱势群体？这个社会应该是个什么样的社会？

不断探索教学方法

问：除了安排训练课程，学校有没有国家统一设置的课程和课表？

何义：学校现在给这些孩子提供两部分课程，一部分课程走教材，属于综合教学；另一部分是针对性的康复训练。现在患自闭症的学生越来越多，康复训练以自闭症儿童为主。我们有三个班基本上全是自闭症儿童，老师们专门给他们开展有针对性的训练，训练内容根据每个孩子的实际情况由老师制定。2016 年，教育部出台了《培智学校义务教育类课程标准》和教材，现在我们部分年级正尝试开始使用。没有统一的课程标准之前，我们学校使用自己研发的校本教材。

问：您的学生中除了自闭症、智障的还有哪些类型？

何义：有唐氏综合征、脑瘫，当然主要以智力障碍为主。还有一些其他多重残疾的，比如伴随着聋、视力有障碍的。

问：您初次接触特殊儿童，在方式方法上有没有让您感触特别深的？

何义：给我感触特别深的是，那时候老提一个口号：“小步子多重复”。这就是一种教学方法。当然，要是天天跟你说“小步子多重复、小步子多重复”，你也会听烦的。但是，为什么说我的师父孙老师是我生命中最重要的人呢？他引导我很自然，没有刻意要我怎么样，他就是用他的行为来带动着我走，给我树立一个榜样。他怎么去做，我就学着怎么去做，就是一个老教师那种言传身教，是潜移默化的，不是说非要我去把一些条条框框背下来，他允许我发挥。

再有，我采取一个新的教学方法，他会问我为什么要这样做。他问我为什么的同时，就是激励我去思考。有的时候，很多老师都会觉得这种方法好用，那我就用用。但是，根本没有细想为什么要这么用，是针对这类型学生，还是针对那类型学生管用？根本没想过。师父总是问我为什么要这么做，我逐渐就形成了一个习惯：做一件事情，包括训练中选择一些训练方法，我就问一下自己为什么要这么做。把这些都想透了，慢慢就形成了自己独特的方法，包括对于各种类型的学生，我心里都有一个重新的划分。

很多人都认为学生都是特殊的，每个孩子都不一样，所以对每个学生采用的方法都是不同的。实际上，它也有共性的地方，但是这种共性的东西很少。我们要通过一定的积累才能看到，这里面是有一定规律可循的。

问：教学这么长时间，有没有针对某一类型的孩子有一些自创的方法，在咱们学校推广或者现在还在用的？

何义：从1994年在我师父的点拨下，我开始对自闭症儿童有一定认识。自闭症现在是一个非常普遍的问题，而且这个问题没法解决。因为自闭症是一个全球性的问题，为什么会出现自闭症，成因到现在还没有搞清楚，就谈不到解决的方案。很多人都说自闭症用这种方法或用那种方法就能够康复，实际上我不这么认为。

我的观点是：我们应该一分为二地来看问题。每个人都说自己的方法适用，但我试验过很多种方法，不管是“地板时光”还是“结构化教学”等诸多方法。这些教育方法我认为都是正确的，但又不是说绝对的，为什么这么说呢？不管用什么方法，对于自闭症这种类型的孩子，很多方法或许在某个阶段有效，可能过了这个阶段，这种方法就失效了。

从这些年的体验来看，我觉得在学生中开展运动是效果最大的，也是最明显的。尤其是在自闭症儿童的训练中，通过运动训练来改善自闭症儿童的情绪问题，会有非常明显的效果。在国外，也是通过运动的方式来帮助自闭症。当然，也包括其他的，比如“结构化教学”，我们很早之前提出来的叫“程序化”，跟“结构化教学”很接近。在1999—2000年的时候，就开始“结构化教学”。在最初我做的时候，还不叫“结构化教学”，因为当时我还没有接触到“结构化教学”这个概念。当时我给他起的名字就叫“程序化教学”。就像计算机编程似的，在固定的时间、固定的地点，由固定的人对自闭症开展较为固定的训练，起到的效果非常好。

问：“程序化教学”这个名字是您给起的？

何义：对，就是我在学校里，在教这些自闭症小孩的时候，我给它起的这么一个“程序化”，每天就像给计算机编程似的，把他们在学校的所有时间给他安排好，固定的时间、固定的地点、固定的人物。如果有变化，会提前告知这些小孩，让他思想上先有个准备，预先接受。否则，突然有一个变化，他可能就控制不住情绪了。

至于提前告知，我还是从特奥方面得来的启发。因为特奥方面也提到过，特奥把智障儿童分成数种类型，每种类型都有相应的教育策略。特奥提出对这种情绪不稳定的儿童运动员，如果你改变训练环境、训练时间、训练地点，一定要提前告知他，让他思想上有个准备，把它应用到自闭症的教学实践中有一定的效果。

但是，我觉得在当时所说的“程序化教学”，我还是以运动训练为主，帮助学生稳定情绪。比如：将有氧和无氧的运动项目相结合，根据学生的情绪变化，采用相应的办法。虽然做了很长时间，但是我不敢说做得很成功。包括我自己说的这些，也是针对我所教的那一部分学生，在那一个阶段，这个方法是适合他们的。

作为教师，不要把问题总推给学生：这个学生有这样或那样的问题，这个运动员有这样或那样的问题，所以我没教好……不是这样的，可能在这个阶段，我们没有找到更加适合他们的方法。这就需要不断激发我们自身，不断丰富自己的知识，丰富自己的阅历，不断去尝试。这是作为一名特教教师应该不断去思考、不断去研究的一个方向。

问：特教教师应该不只是一个教学的执行者，他应该是一个研究者。

何义：我觉得作为一名特教教师，您可以成为一个很专业的教师，但我不提倡成为专家型教师。首先，您所面对的教育案例太少，只是您学校的。我作为体育教师，所有的班我都教，我的教育案例肯定要比一个班主任要丰富很多。尤其我们现在又是包班制，作为一名班主任或者单一的某个学科的教师，咱们就举个最简单的例子，您写出的论文就是一两个孩子，或是班里的那几个孩子。所以，那些东西我觉得没有普遍价值。

问：从事这项工作，您有没有想到过放弃？

何义：既然干了，我没有想过放弃。其实，中间有很多机会我可以离开学校去从事别的工作，但是，我没有动摇，仍然坚持下来了。因为我觉得这个职业非常有意义，而且有一种自我实现的心理满足。它让我看到学生通过训练发生的巨大转变，看到他们的家庭发生了变化，我会有一种自豪感、成就感。每当看到孩子转变时候，这种责任感就会加重。

特奥成就了我和学生

问：您从什么时候开始接触特奥运动？

何义：1993 年，我已经成为一名特奥教练员了，带队参加的是北京市的特奥运动会。那时候还不叫特奥，就是特教学校运动会，但所有比赛项目都是特奥的比赛项目。

从 1994 年开始，就改成了特奥了。真正有推动的，是 1996 年在上海举办的亚太区特奥运动会。我当时是帮助训练运动员，本人没有参加那次运动会。然后，在孙崇禧老师的带领下，我逐步做教练工作，带领学生先后参加过区级、市级、全国乃至世界级的运动会。比赛项目方面，不管是综合的还是单项的我都参加过。

随着工作逐步深入，我的身份也由最初的一名普通教练员，慢慢成为运动会当中的裁判员。又从裁判员逐渐变成了裁判长、技术代表，就是这么一步一步发展起来的。在特奥讲师方面，我的身份从最初的特奥学员教练，成为特奥教练员讲师，成为中国特奥高级讲师，成为东亚区特奥的高级讲师，帮助东亚区所在的成员国进行教练员培训。

问：从 1993 年开始接触特奥，相应的几个时间点，您还记得清楚吗？比如您何时成为裁判长、技术代表？

何义：从 1993 年到 1999 年，这个阶段我是一名特教学校的体育教师，一名普通的带学校运动队的教练员。1999 年，我们被选中代表中国参加在美国举办的夏季特奥运动会，我有幸成为中国特奥体操队的主教练。2000 年，我参加特奥教练员培训班，逐步成为特奥教练员的讲师，去培养初级特奥教练员。2002 年，参加了亚太区主办的特奥高级教练培训班，成为特奥高级讲师。2003 年，成为第三届全国特奥运动会足球项目的技术代表。从此之后，我就承担起全国不同单项比赛的裁判长或技术代表。比赛项目也比较多，比如：我做过冬季项目“地板曲棍球”的裁判长、技术代表。特奥篮球的一些单项比赛，我也做过技术代表。

问：您现在训练学员的项目有哪些？

何义：训练的项目有体操、足球、篮球、乒乓球、羽毛球，还有地板棒球、雪鞋跑，主要是田径类的。

问：在训练的时候，这些孩子一般要训练多少遍才能学会？

何义：这不好说，因为每个孩子的情况不一样。有的动作学生一遍就学会了，有的内容可能终身都学不会。比如说跳绳，能力比较强的，你教两三天他就能学会，能力比较弱的可能终身都学不会。但是，能力比较强的孩子在训练中也会遇到一些情况。比如篮球三步上篮的动作，很多孩子学 10 遍、20 遍就学会了，但有的孩子就是学不会，终身学不会。这就是肢体不协调，不是教练水平高低的问题。

问：您有没有哪些训练项目效果挺好的？

何义：这种太多了，尤其在训练当中出现了很多，只要出现就当做一种成功的案例来讲。主要是根据学生的情况，不管训练还是教学当中，我们要允许学生出错误，要允许学生学不会，因为他们本身都是智力有障碍的学生，在认知、肢体方面都比正常孩子差很多。你教健全的孩子，也不见得都能一教就会，尤其在运动方面。

在训练当中，会遇到很多实际问题。比如我去教一些能力差的小孩技术动作，做了很多次示范，讲了很多，但他们就是学不会。怎么办？我会让一些年龄大的运动员去教年龄小的，有时候他们反而很快能学会，比我教的效果要好。当时，我也觉得很奇怪。通过长期观察，我发现年龄大的运动员在教他们的时候，发出的指令是简单、直接的。不像我们，总是怕学生听不懂，会说很多话。我们说得越多，他们反而可能越糊涂。不如我们直接抓住要点，直接说他们能理解的那些词，他们可能很快就学会了，这是在教学训练中慢慢积累的一个经验。

很多时候，好像是我在教他们学习，但当你真正静下心来去观察，平等对待他们的时候，你也能学到很多东西，这是站位不同的缘故。

问：在训练当中，您有没有一些印象很深的、很有意思的小故事？

何义：记得 1999 年，我带着运动员训练体操项目时，当时有一个体操倒立的技术动作，我一直解决不了学生向下俯身、双手撑地、起身的连贯动作。因为已经做过很多基础的训练，他们的支撑力也够了，但就不会顶这一下。我教了很长时间，学生都做得不是很好。其中，有两个学生怎么都学不会，做不出这个动作。

当时我孩子还很小，有一次我在家里哄小孩，她站在床头那边，前面搁着一个软包的那种沙发，非常软，我家小孩在玩儿，很无意就向下俯身，推着软的地方停顿一下，但是脚没有摆起来，身体处于悬空状态。这一下我觉得挺好，第二天给学生训练时，我就让他们站在稍微高一点的地方，底下铺上垫子，当然也很硬，就是上面给他们铺上一层学生认为很软的、有毛的毯子，我说："这毯子非常软，摔不倒。"然后，学生往下走，一倒一推，就立起来了。然后，把毯子撤掉。慢慢地，学生就学会了。

在训练学生练平衡的时候，脑瘫的孩子，还有平衡力差的孩子存在心理问题，怎么去解决？我觉得非常有意思，循序渐进，要不断想办法。比如他不敢在平衡木上走，其实他已经具备这个能力，但就是不敢，那就要想办法琢磨。人在胚胎期，在母体中的时候，是团成球状的。出生以后，不管是中国人还是外国人抱小孩，都呈现一种环状，处于环状的保护下，他在身体上、心理上都很依赖、很信任这种保护方式。在训练走平衡木的时候，我们也要去尝试做好保护。先握着他的一只手，然后，慢慢两只手逐步放开。之后，换成呼啦圈，一手扶着呼啦圈，一手攥着他的手，逐渐在正面、侧面换成一只手。之后，换成是一只手牵引着他。最后，松开手。通过这种小招，很有意思，也很有效果。

问：教过的学生们有哪些优点或品质，您觉得是比较宝贵的？

何义：优点很多，最让我感动的是他们的执着精神。只要是他们认准的东西，就会不懈地努力去学，包括对人也一样。比如他认准了你是个好人，他就对你特别好。不管能力如何，他们都很执着。

问：您教的孩子都参加过哪些特奥运动会？

何义：参加过很多届，夏季、冬季都参加过。最近，我有四个学生参加了冬季特奥雪鞋跑项目。雪鞋跑是一个国际流行项目。雪鞋比较大，像一个拍子似的，运动员要穿上雪鞋在雪上赛跑。当时，困扰训练的主要问题是场地。在夏天训练，北方那个季节是没有雪的。所以，我会给学生找一些有人工草坪的操场，底下是软的，让学生穿着雪鞋到草地上去跑，但这和雪地里的感觉还是不一样。后来，还会带学生去一些沙土地上进行跑步训练。

问：比赛的结果怎么样？

何义：还好吧，这四名学生拿了四块金牌。具体还有几块银牌几块铜牌，我没记清楚，每个孩子的成绩还都可以。

问：通过雪鞋跑训练，对孩子身体方面有哪些好处？

何义：从身体角度来讲，不管是协调性还是力量平衡，各方面都能提高。我会做不同的训练，比如：力量的、柔韧性的、灵活性的、平衡性的、协调性的……它是一个综合的训练，不是单纯地给学生练跑。学生的身体素质都会获得不同程度的提高。我觉得最主要的还是精神层面的提高，在这个过程中，帮助这些孩子建立起团队精神、互助精神。

许多孩子，从小在家里，家长们总会有一种愧疚感：我把孩子带到这个世界上来了，孩子是这样的！那种内疚感下，家长们就会在物质上尽量给予这些孩子大量补偿，而往往忽略了孩子们精神层面的需求。最后，形成一种什么样的状态呢？谈不上自私，因为他们从智力水平上还达不到那个层次，就是那种

“以自我为中心”的意识非常强。

举个最简单的例子：分享。比如一个小孩儿今天带来了几块糖。作为健全小孩儿，他有这种社会交往能力，他懂得拿出来跟大家分享。但是，咱们这些孩子就不懂得分享，他会认为这就是我的。

“你跟老师的关系好吗？”

“关系好。”

“你喜欢老师吗？”

“喜欢老师。”

“那这块糖给老师吃可以吗？”

“不可以！这是我妈给我的，凭什么给你呀？”

他们就是这种意识、这种状态。而通过集体性的训练以及活动，帮助他们建立起一种和谐的关系，让他们知道：所有好的东西要和大家一起去分享。

问：您的学生参加比赛都是您带着去吗？

何义：也不一定，还有其他的老师训练，所以也有别的老师去带。

问：您带着学生去参加比赛的时候，有没有哪些有意思的小故事？

何义：1999年，我带贾思蕊他们去美国参加世界特奥会的时候，因为要适应环境以及倒时差，我们提前到了几天。到那边以后我突然发现，由于一些原因造成的纰漏，体操的规定动作跟比赛规定的动作不一样，所以需要现练。

最让我感动的是这些小孩真是特别执着，特别能吃苦。因为技术动作整个全改，需要重新练自由操的动作，包括之前已经练好的女生平衡木突然间变了，需要一点一点修改。他们不怕苦、不怕累，重新练。尤其是贾思蕊，她的平衡木比较差，但每次训练完以后，她都会主动跟我说：“老师，我要加练，再练一会儿。”其他小孩看到她练，也都跟着练。男生因为要上器械，比如双杠、跳马等等这些，我必须得保护着。这些孩子看到我给他们练这些，连旁边身体素质比较差的一些小孩也跟着加练。有时候我怕他们过于疲劳，不让他们练，但他们都努力坚持下来了，而且动作表现得非常好。

问：您会因为教过的孩子没能参加特奥比赛而觉得遗憾吗？

何义：首先，作为一名教练员，一名教师，给学生提供比赛的机会，我只有建议权。做决定是由学校领导，我们一起平衡着，去给孩子提供这种机会。所以，从这方面来说，我没有更多遗憾。我们不是按照奥运会的选拔体制，但我们会给学校里所有参加训练的这些孩子，不同的人不同的机会。根据他们的能力是第一点，第二要根据比赛的项目设置。比如：对参加篮球项目训练的学生来说，人家这次举办的是足球比赛，我有很多学生是练体操的，但某次比赛如果不设体操项目，咱们也没办法。

问：只要有比赛项目，有机会，我们还是尽量给孩子们提供，让他们多出去，多见世面，多去比赛。在训练准备及比赛过程中，逐渐提高他们各方面的综合能力。

何义：对，对。

问：特奥运动对这些孩子的帮助有哪些？

何义：最初，我曾经给所有参加特奥运动的运动员提出过三条，现在想起来也适用。你问我特奥能给这些孩子带来什么？我就说这三条。它不仅是给运动员提出来的，包括我们所有从事特奥的这些工作者，我觉得这三条也同样适用。

第一，特奥能使你获得强健的体魄。不管是教练员还是运动员，在特奥运动中通过锻炼身体会得到不同的发展，身体素质能得到改善。

第二，很重要，在社会交往方面，特奥将使你结识更多的朋友。如果没有特奥运动，我和你今天就不会坐在这里交谈。我们相识不也是在特奥上吗?!作为一名特奥运动员，他通过出去参加比赛，认识了全北京市的很多运动员，认识了全国的很多运动员，认识了世界上很多运动员，他们最后结成了朋友。所以，特奥使你在社会交往能力上得到提高，广交朋友。

而第三条是最重要的，特奥将使你获得自信和勇气。作为一名运动员，首先要有自信心。要是没有自信，你就不可能赢得比赛。勇气呢？就是“克己胜于败人”。就是要有勇气去面对自己的问题。人们往往有打败别人的勇气，但当面对自己的问题时，很多人是没有克服自己问题的勇气的。克服自己的问题，要强于打败别人。这些年只要我带队，在训练过程中，都会逐渐给运动员们传播这三个方面。

问：不是简单的说教，而是要在训练过程中让他们去感受。

何义：对，如果我们直接跟这些孩子去说这三条，他们不会理解。比如我们今天做一个运动，做体操的时候有一个挺身跳的动作。怎么练挺身跳？我会给每个孩子摆出 5 个高度。第一个高度是在原地的，第二个高度离地有 10 厘米，〔第三至第五个高度分别是〕20 厘米，30 厘米，40 厘米，不同的高度。在训练中，由学生自己选择跳哪个高度。跳起，打开，落地，前脚掌着地，屈膝缓冲，就这么一个简单的动作，但对于这些孩子来说，别看高度只有 10 厘米，对于很多特奥运动员来说，他要从心理上克服这 10 厘米的高度是有很大难度的。

在训练当中我不强迫他们，不会强迫他们必须上这个高度。我会鼓励他们："你去尝试一下。如果今天你没敢去尝试那个高度，没关系，我们下次训练的时候你还可以去尝试。"通过不断训练，以及周围同学的变化，再加上教练员的鼓励，使他逐步树立起自信，然后鼓起勇气上到那个高度，这就是一个变化。

光靠我说的这三句话，他可能理解不到，但通过训练，他自身慢慢地改变，他可能说不出这些话来，但他能体会，能从自信当中去做出这些。比如：有些孩子自信心增强了，他们就能逐渐鼓起勇气去面对生活中的诸多问题。

过去，他们总是在回避，在躲，在退，在逃。而现在，通过我们的体育训练，他们敢于站出来去面对了，这就是特奥给他们带来的最重要的变化。

问：通过参加运动比赛，他们得到过哪些荣誉？

何义：我们有一个最出色的运动员叫贾思蕊①。我可以带着你去参观一下四楼的特奥长廊，在走廊里我们做了一个特奥长廊的宣传片，有一些照片是她参加社会活动的，包括国家领导人接见的一些照片。贾思蕊还获得"特奥全球信使"的称号，作为"特奥全球信使"参加过很多社会公益活动。

此外，特奥长廊涉及的内容很广。它不完全从竞赛角度，包括人文关怀等等都在这个特奥长廊里有所体现。它见证了西城区培智中心学校特奥的发展史。从最初我们是怎么发展，项目如何单一，没有人特别看好，没有人去重视，然后逐渐地发展。实际上伴随着中国特奥的发展，西城培智参与了最初阶段大部分的活动。

中国特奥运动的起源地就在我们西城培智中心学校，是由西城培智逐渐发展起来的，可以说是早期中国特奥的一个发展简史。那个时期，老施莱佛先生带领着特奥代表团来中国，第一站就到了西城培智。我们当时举办了一个小型的社区特奥运动会。在那次活动当中，特奥这个概念就引进中国了。然后，从西城培智这边慢慢发展起来。最初，是由民政部负责，真正得到极大发展的，是中国残联介入以后，就是邓朴方先生跟特奥组织建立联系以后。

问：您教过的学生毕业后，从事哪些职业？

何义：参加特奥训练的学生大部分都走向社会了。但是，很多没有参加过训练的，留在家里的比较多。不管是"温馨家园"还是"职康站"等单位，都

---

① 贾思蕊的口述收录在本套丛书《特奥运动会运动员卷》。

是挑有一定自理能力或能够独立走出家门、自由上下班的孩子。当然，我训练的孩子，尤其是参加了多次比赛，他们走向社会的能力明显要比没有参加过训练的孩子强很多。

问：您从事这个职业二十多年，特奥带给您自身的变化有哪些？

何义：如果没有从事这个职业，如果我在普通学校，首先，可能不会让我去教体育，那我自身的特长可能就发挥不出来；第二，我不会像现在这么执着，对于工作的热情可能也没有现在这么高。我说的这些都是可能性，因为人的每个时期都会随着环境、社会的变化而变化。

从事这个工作以后，看到很多家庭的不幸，在不幸中你又能够发现不幸中的一种幸运。一个孩子能遇到一位好的教练，一位好的老师，他的人生可能就改变了。你能看到这个社会中很多平时看不到的真的一面、善的一面。因为现在社会压力比较大，人到一定年龄接触社会比较深了以后，可能想得多一些，受负面的影响多一些。在这个时候，当你看到一些正能量的东西，人生态度还是比较乐观的。

问：您觉得教练工作的价值有哪些？

何义：教练体现特奥运动最直接的价值，是一个执行者。就像刚才说的，他不仅是一个教授技能的教练，他更是一个监护人、教育者，多重身份。他真正的价值体现在他怎么能够改变一个运动员的生活现状，使他能够得到提高，通过你的帮助，改变周围人对他的看法。而真正的帮助还是帮助家庭，家庭的转变对于孩子起到至关重要的决定性作用。

我觉得一个教练员你能够帮孩子树立自信，他的家长就有信心了。很多家长都特别缺乏自信。有一个运动员，他的父母离异了，他的父亲非常优秀，清华毕业，一路上顺风顺水，结果生下孩子以后，他不能接受自己怎么会有这样一个孩子的现实！他花了很多钱，甚至请人给孩子做法事。受过高等教育的人居然信这个，也体现出他的不甘心。最后，他求孩子的母亲：放过我吧，咱们离婚吧，你要多少钱我给你多少钱，我真的没法跟他一起生活……

离婚对这个孩子和他的母亲都造成了很大伤害。这孩子刚来的时候非常自卑，内向，什么都不敢去尝试。即便具备这个能力，他也不敢去做。通过我们长期训练，包括帮助他去参加比赛，他在比赛过程中取得的成绩给他带来了转变。当他母亲看到他转变了以后，他的母亲也在转变。刚离婚的时候，他母亲丧失了独自带孩子生活下去的勇气，有一种活不下去的念头。但当她看到孩子的转变，她特别感动。再后来，她母亲又重新找到了生命中的伴侣，组成一个幸福的家庭。可以说通过锻炼，通过特奥运动，不仅给孩子带来了改变，也给这个家庭带来了新的希望。

问：您的职业不仅改变了学生，也改变了他们的家庭。

何义：对，我觉得特奥就是这个使命，包括特殊教育也是一样的。作为一名特教教师，我经常和一些同行交流转变孩子的方法，原因是什么？因为不仅要自己知道，还要学会和其他人分享。有些特殊的孩子，他们不会说话，但每个家长看到我们都客客气气地说："老师好！""老师"这两个字实际上是想向您请教的，因为他们面对的只是一个特殊儿童，而你是要面对许许多多的特殊儿童，你的经验、方法和见识必然要比他们丰富。而这些孩子早晚要回归家庭，回归社会。你的方法在他学习的这个阶段适用他，你就要把这种方法告诉家长，让家长在生活中或是在毕业以后还延续这个方法。那么这个方法不仅仅帮助了这个孩子，更帮助了整个家庭。所以，我愿意和家长分享这些方法，我觉得这是很重要的。

作为教练员也一样，当运动员出去比赛，出成绩只是一种成果。而他在整个训练过程中，身体素质得到提高，技术水平、技术素养得到提高，更重要的是他的自理能力也获得提高。外出比赛，爸爸妈妈不能陪着他们，他需要有简单的洗漱能力，自己独立吃饭的能力，清洁个人卫生的能力等，这些都是在训练和比赛当中一点点培养出来的。

作为一名教练员，带领运动员出去比赛，你的角色不仅仅是教练员，还是孩子的监护人，也是教育者。不仅从技术层面，还有在生活层面都是对孩子的教育，包括道德约束、纪律、常识等等方面，都由你去教育他，帮助他认识。所以，在这个过程中，我们也是在改变学生，在帮助他们的家庭。

问：您在特殊教育学校从事工作这些年，得到过哪些荣誉？

何义：2006年，获得"北京市优秀教师"。2001年至2005年，获得"全国十佳特奥工作者"。

问：您怎么评价特殊奥林匹克运动？

何义：我觉得特殊奥林匹克运动是人类发展史上一个伟大的善举，它充分体现了人文关怀。这项运动的核心价值，我觉得是改善了人与人之间的关系，提升了平等的高度。

人们对平等的认识，在健全人群中也是分阶层的。在每个阶层当中，没有绝对的平等，只有相对的平等。不管是什么样的人，总能够在某一方面，认为自己是有优越感的。在某一方面会产生高人一等的感觉，不管他是哪个阶层的，什么层次的，都会有这种想法。

但是，特殊奥林匹克运动会打破这种习惯，拉近了人与人之间对于平等的认识。我觉得这个意义是太伟大了！它超越了种族，超越了国籍，超越了许许多多社会所反映出的诸多限制。我在这方面的语言可能不是很准确，但是表达了我的一个心理状态。

不公平的氛围毁了学生

问：您在工作上遇到压力会怎么调解？

何义：会通过运动去调节，平时我有健身的习惯。我本身比较喜欢运动，经常出去踢球，也做一些非常激烈的运动去放松，运动后身体会分泌多巴胺、内啡肽等，都是能够调节的物质。

问：在当时的情况下，包括现在，您觉得这些压力主要来自哪些方面？

何义：我觉得是一种焦虑吧。

问：您会因为什么事而焦虑呢？是因为比赛的成绩吗？

何义：对于成绩来说，就像刚才我说的“克己胜于败人”，我的目的是教育培养。我所说的这种压力可能会敏感一些。

问：是由于学生的残疾程度越来越重，您的有些期望他们可能根本达不到吗？

何义：这是一方面，还有一方面是你的工作社会上不认可。我指的不认可，就是我感觉我很多学生在社会上受到不公正、不平等的待遇。他们其实具备胜任某种工作的能力，但别人不接纳，永远把他们排斥在正常人范围以外。反馈回来后，我会有一种巨大的心理失衡。我工作的目的是什么？我的意义在哪儿？我觉得很多特教老师都会有这种心理。

前几年我到教委开会，还有好多人会说你们是傻子学校的。即使作为教育工作者，都这样说我们。社会上的歧视和偏见是很难一下子改变的，现在好多了，它也是逐渐在消退，可是，依然存在。

问：我们会感到自身的无力。

何义：特别的无奈，尤其是当你看到一个特别优秀的孩子，被社会这种体制给毁了的时候，我指的真是给毁了。

我曾经教过一个非常好的小孩，能力非常强。她得的是秽语综合症。她发病的时候就是抽搐，嘴里会说出一堆社会市井的那种脏话。我从她四年级也就是不到十岁的时候，开始给她做运动训练。通过运动训练控制肢体，最后达到控制自己的行为和思维的目的。这个小孩在运动过程中表现非常好，篮球打得也非常好，一个女孩子上篮动作做得非常漂亮。通过比赛培养起自信了，她也慢慢克服了自身的疾病。

毕业以后，她去了一家酒店工作，从最低层服务员做起。当时，没有任何人知道她是从西城培智出去的学生。如果不是跟她聊很长时间，她跟健全人差不多，您根本看不出来，她能很好地融入社会了。当然你要是说让她写个文章啊，这方面可能会差一些，处于这种状态已经很好了。她在工作上很积极、很肯干，慢慢做到酒店的领班，当了一个小领导了。

一个很偶然的机会，她妈妈去酒店找她。她妈妈可能不太了解这个社会状况吧，属于比较单纯简单的人，把谁都当成好人。人家当着她的面儿夸了几句她女儿，她就觉得人家特别好，就跟人家交心，说什么我们孩子从一个弱智学校毕业，能发展成这样，我特别心满意足。但是，说者无心，听者有意。在私底下人家就把这个消息传开了，说这孩子我们了解了，是从弱智学校毕业的，那肯定就是弱智呗！人家就是这么认为。然后，她再安排工作就没人听她的了。很多人在她背后指指点点地议论，女孩子又比较敏感，遇到这种情况心里很苦闷。想跟家里面说，家里面也不理解，她也没有地方去诉说。结果，这个女孩子已经发展得那么好了，最后生生被工作环境逼成精神病了！整个人完全精神分裂了……

前几年，我去看她，她就在大街上到处游荡。哎呀……后来，我再去看她，家里也不知道她去哪儿了，我也就跟她失去联系了。那时候，学校还经常有些活动，会请她过来跟大家一起参加活动，把她当成一个比较正面的、积极向上的榜样，为后面这些同学树立的一个榜样。结果，这孩子最后就没有什么联系了……（眼中泛着泪光）

这件事造成我心理上特别难受的一个阴影。我们作为学校老师，付出了那么多的努力，为这些孩子倾注了那么多心血，孩子们也的确成长起来了。我们不需要别人认可我们的工作、我们的态度、能力等等这些。社会给予这些孩子一些公平的机会、平等的待遇，可以吗?！当然，我说的属于一个个案。但是，从这个个案背后，折射出其他的许许多多的孩子，他们也会在他们的工作环境中，受到这样或那样不平等的待遇。

我们作为教师来说，付出的不求回报。但是，我真的希望社会能把这些回报，去回报给我们教育出的孩子们，这才是我们真正想要得到的一些心理安慰，这实际上才是对我们工作最大的认可和理解。所以，当我想到这些事情的时候，会有一种无力的感觉。在这种情况下，你无力去抗衡，这跟无奈还不一样。

潜移默化周边人

问：现在，社会对残疾儿童的关注多了。

何义：比以前多很多，包括民众的认识都不一样了。

问：有哪些具体体现呢？

何义：体现最明显的就是我刚参加工作的时候，当时通讯非常差，没有手机，只有 BP 机，找电话还很不方便。记得有一次，我带学生们去春游，有个朋友呼我，我没找到公共电话，就没回。回单位后有电话，我就给朋友回了个电话。他说这一天到晚的你干嘛去了。我说带学生春游去了。当时，我的朋友随口就说了一句话，对我刺激很大："哎，你们还春游什么啊？你们一出去，就是北京一景啊……"

他为什么这么说？当时的确是，你走到街头巷尾，可能看到这种智力残疾的人，不会去关注他。在 1993 年、1994 年的时候，我们学校可以说是全国最大的一所特殊学校，全校有三百多个智障孩子。老师组织这三百多学生去春游，一走上街头，到处都围观，对你指指点点，那个时期是这样的一个状态。

说实话，我朋友说这句话，对我的这些学生的确是轻蔑的态度。为什么这么说？"你们出去就是北京一景"，这么多弱智孩子走在一起，那肯定走到哪儿都有人围观。但我也理解，因为那时候环境就这样，人们的认识还不够。

作为做这方面工作的老师，那时候我带学生出去，最开始一两次我也是躲躲闪闪的，生怕遇到熟人。但是，慢慢通过工作，逐步改变自己，提高自己的认识，真的就转变了。人们的观念也转变了。现在，带着学生出去，人们不再指指点点，更多的时候，我们还会得到一些帮助。比如说带着这些孩子过马路，旁边就会有路人自觉帮助你拦下车，这就是转变。像过去，非但没人会管你，相反人家还会笑你。

问：您会通过一些媒体或平台去宣传特殊教育吗？

何义：比如我这边要搞一些活动，需要什么样的教练员来帮助我训练，因为我身边的朋友们都是搞体育的。最初那阵儿没有那么多信息，我一般会打个电话问问朋友：你能不能过来帮助我训练某些项目。等后面有手机之后，就是发条短信。再后来有了微信，我会发微信。包括把一些有关特奥活动的信息，通过微信转发出去。转发到各种群里，包括特奥宣传的也是在这些群里去转发，有兴趣的朋友都能够看到。看到以后呢，他在他的朋友圈里面去帮我们转发，这样就逐渐形成一种传递模式。

问：如果您遇到有些资源咱们没有，您就会到朋友中间，到社会上去寻找这方面的资源，来支持我们开展特奥训练项目。

何义：对。主要是学校领导特别支持我的工作。当时，孙崇禧老师已经退休了，他到中残联去做全国的特奥工作，我们另一位体育老师正好赶上怀孕休产假，我一个人不可能带那么多运动项目。所以，最初很多训练项目都是通过找我的朋友、同学，让他们来做我们的教练员、志愿者，请他们过来帮助我训练这些小孩。

问：这样就把各种社会资源都盘活了，让大家能通过这种方式了解特奥，了解特奥运动员。您觉得宣传效果怎么样？

何义：点赞的或者有回馈的就有效果，因为我认为最起码他如果看了，他知道这是什么情况，不见得非去关注、去帮助，潜移默化中会对他有一定影响，这样就挺好。

问：有没有孩子是通过宣传来到这个学校？

何义：全国各地都有学生来咱们学校上学。有一些孩子的家长听说这个学校特殊运动开展得比较好，特殊教育做得也比较好，所以都是慕名来到咱们学校的。

提倡“终身体育”

问：您觉得目前从事特殊教育的人才多吗？大学有相关专业吗？

何义：不是很多。大学应该有特殊教育专业，但是冷门，学残疾体育的很少。中国特殊教育界搞智障体育研究的很少，您看咱们国内特殊教育专家都是从事认知研究的，很少做运动研究。国外搞智障运动研究的很多，国内几乎为零。

问：作为一线工作者，您认为特殊奥林匹克运动的发展，目前在我们国家存在的主要问题或者是亟需改进的地方有哪些？

何义：我觉得还是宣传的力度应该更大一些，让它能够更加深入到人们的生活当中去。最关键之处就是人们的认识。举个例子：在北京，运动员参加全国比赛，获得金牌、银牌还是铜牌，不会有奖金。因为特殊奥林匹克是一个群

何义教练为学生们做示范，并纠正学生的训练动作。

众性、参与性的活动。

但是，在很多落后地区，这种成绩就成了某些教练员获取私利的一个台阶。比赛获奖之后，他会索要奖金，索要社会地位，要名要利。这种行为实际上阻碍了特奥的发展。特奥是追求平等的，给不同能力的孩子提供平等参与活动的机会。而有些人为了名为了利，会让许许多多的孩子没法参加这个比赛，他只选那些我们所说的“精英”去参加比赛。我觉得还是加强一下宣传的力度，提高人们对于特奥的认识，对于荣誉和发展的认识。

如果可以，多开设一些培训班，面向最基层的体育老师和行政领导，改变他们对特奥的认识。此外，最好能够在社区里开展特奥宣传和讲座。让更多的人来认识，知道特殊奥林匹克运动到底是一个什么情况，回归到特奥运动本身的初衷，而不被那些名利的东西所污染，所左右。

问：参与了这么多年的特奥运动，您对现在的学生和已经毕业的学生，有什么建议？

何义：建议实际上刚才我已经说过了，就是那三条：特奥将使你获得强健的体魄，将使你结识更多的朋友，将使你获得自信和勇气。

实际上，在这三条当中还蕴含着更深的一个理念——“终身体育”。比如你在我这里学会了打篮球，毕业回到社区以后，你可以跟这个社区的健全人一起去打篮球。在这个过程中，体育活动最容易拉近人与人之间的距离。再比如说你爱打乒乓球，站在你面前的如果是一个小孩，之前或许不了解他，如果你觉得他打得不错，就会和他聊，他可能就是一个智力障碍的人，但是他擅长这方面。你如果技术不如他，还得虚心向他请教、向他学习，对不对？

我们要形成“终身体育”的概念，要把体育运动当作社会交往的一个平台，当作你成功的一个平台，当作你回归主流社会的一个平台。我刚才说的那三条可以作为基础，暗含的就是要形成一个良好的习惯，把运动当成人生中每天必不可缺少的一项活动去做。一个生活内容，一个习惯。这样坚持下去能够影响一个人的一生，影响他今后的发展，不仅是他个人，还包括他的家长们。使他的家庭不要局限于目前的这些问题，能够通过运动走出来。

不是因为我教运动，我就说运动好。体育真的是能够给人生带来巨大变化的。我们如果能保持一个良好的体育习惯，每天运动的习惯，你一定会有很大的变化。这是我自身的一个体会。

女儿爱看书，这点随我

问：您是哪一年结婚的？

何义：1995 年。

问：妻子是做什么工作？

何义：也是教师。

问：你们是怎么认识的？

何义：我们是同事。

问：结婚之后是单独住，还是跟父母一块住？

何义：我刚结婚的时候跟爷爷奶奶一块住，后来是我们自己单住。

问：您是一个孩子吗？

何义：是的，一个女孩，现在上大四，二十一岁了。

问：孩子成长中有没有记忆很深的一些事儿？

何义：我家小孩的成长比较顺利。记忆深的太多了。孩子小的时候，教练选运动员就选我家小孩了。我从小搞体育，知道搞体育比较苦，我跟她说：你一个小女孩也没怎么练过，你要是能劈叉，我就让你去。她特别想去，就不声不响自己练了三天，还真劈下去了，然后我就说你就去吧。但是，她去了一看那个训练环境，就吓回来了。

问：她平时喜欢做什么？

何义：她兴趣爱好就是唱歌、看书。看书这点随我。

问：她会来学校跟您的学生一块儿玩吗？

何义：小时候经常来，因为我训练比较晚，所以经常把她接到学校，她来找我的时候，就跟这些孩子一块儿玩。

问：您不担心会发生冲突吗？

何义：不会，她当时太小，训练的这些孩子比较大，也都知道要照顾小妹妹，哄着她玩儿，她也愿意跟他们玩儿。

问：您和妻子谁照顾孩子的时间多？

何义：我们两个都不是很多，一直都是由我父母带着小孩。

问：父母现在多大年纪了？

何义：七十多岁。

问：家人支持您从事教练员工作吗？

何义：都非常支持。

问：有哪些让您感动的事儿？

何义：从家人来说感动的事儿太多了。我父母身体好的时候，尤其是我父亲，知道我们工作比较忙，特别是我训练早出晚归的，从来不让我去外面吃早点。我爱喝豆浆，每天早上五点多，父亲都会起来，给我现做豆浆。女儿跟他们一块生活，每天她都不会去外面吃早点，全是家里做。知道我爱吃肉，每天早上起来，家里总有一碗肉是给我的，不是酱猪肉就是酱牛肉。

父母给予我们的这种无私的爱，全部在日常生活当中，很多都已经习以为常了。我父母都做过手术，我现在跟他们一块儿住。前些年都是我们单独住，孩子跟我父母在一块儿住。平时早上起来开车到家里，父母给做好早点，吃过早饭后去上班。下班后再来父母家吃饭，吃完饭看孩子写完作业后，我们就回自己家了，孩子就住我父母那儿。现在孩子上大学了，父母身体也不是特别好，就反过来，我们去照顾他们。

问：喜欢您的工作吗？

何义：肯定是喜欢，不喜欢我能干这么长时间吗?!

问：除了运动，您还有什么兴趣爱好？

何义：下围棋，还有看书。小时候什么书都看，现在也是，静下来就会看书。我比较极端，非常喜欢身体激烈对抗的运动项目，足球、篮球都非常喜欢。现在因为腿伤了，运动就比较少了，要不然每周至少跟朋友踢一次足球。空闲时候，基本就看会儿书。前两年下棋比较多，现在觉得费时间，所以下棋就少了。

问：日常生活中还会参加哪些娱乐活动？

何义：现在喜欢摄影，但是没参加过比赛，就是自己开着车转转，到处照相，拍一些景物。

问：您有固定的朋友圈吗？

何义：有，好几个圈。我们周三会在某个学校组织踢足球。

问：和朋友比较关注哪些事？

何义：主要聊篮球、足球多一些。很多搞体育的朋友知道我做的工作以后，特别愿意来做志愿者。有些项目我练不了，他们就帮我来做教练，都是无偿帮我做训练。训练完以后，我们再踢一会儿足球，吃饭、聊天儿。

问：您经常和家人外出旅游吗？

何义：一般是有的，比如寒暑假会跟家人一起外出旅游，休息日，会跟家人一起去郊外度周末。

问：您人生中最希望得到什么？

何义：我不想得到什么更多的。从人生经历来说，我觉得现在很幸福了，没有更多的追求。我跟同事包括家人说过：我既不想当官又不想发财，就想稳稳定定工作。在这份工作中，能够体现我的社会价值，就很满足了。我就是一个普普通通的人，不管怎么修炼，也成不了圣人。我就享受普普通通的生活，在这份生活当中，对于所从事的这份工作问心无愧。此外，身边的一些朋友，能认为我这份工作对社会的确有一定的价值，就可以了。在工作中的确是付出努力了，也获得了一些社会的认可，比如一些荣誉，一些成绩，我很知足。

问：您人生中最高兴的事是什么？

何义：最高兴的是有了女儿。高兴的事情很多很多，最高兴的是成为了一个父亲，有了一种责任，但更多的是一种开心的事情。陪着孩子健康成长，是一件很幸福的事情。我也不希望女儿能做出多么大的成绩，就是一个健健康康、普普通通的人，能够为社会做出自己一点儿微薄之力就够了。

问：面对不顺心的事您会怎么处理？

何义：遇到不顺心的事儿，这种事有很多。能解决的就解决，解决不了就选择性忘记。真的，真是这样的。人都是有一定选择性的，能够解决那最好，如果解决不了，我就会忘记。因为我不可能改变每一个人，但是要学会改变自己。

何义同事口述

口述者：吕超（男）
访谈者、撰稿者：魏宏亮
访谈时间：2019 年 4 月 29 日
访谈方式：电话访谈

问：吕老师您好，我听何老师说您是他原来的同事？

吕超：对，我是 1997 年毕业开始上班，一直在西城区培智中心学校工作，工作前毕业实习就在这所学校，那时候我就认识何老师了。

问：您也是做体育方面的工作？

吕超：开始不是。开始学校安排我做班主任，教语文，过了一年又改教自然常识。到 2000 年左右，具体时间我记不太清楚了，何老师的师父孙崇禧老师退休了，学校统一调整工作，我很荣幸加入到体育老师行列，跟孙老师、何老师一起学习，从事特奥工作。

问：您对特奥工作也是比较了解的。

吕超：对，有一定的了解。到 2006 年，因为工作需要，我没再做专职体育老师，而是当班主任，做自闭症训练等工作，特奥工作陆陆续续也在做。到 2012 年 7 月，因为家庭和个人原因，我离开了西城培智，调到北京启喑实验学校，西城区的一所聋人学校，特奥活动也偶尔参加。

问：从 1997 年工作到 2012 年，您与何义老师共事大概有十五年左右。

吕超：对，没错。

问：在与何老师共事这段时间，您和何老师会不会有工作方面的交流？

吕超：那是经常的，因为何老师也算是我的师父。我开始实习就在西城培智，上实习课的时候，我教的就是孙老师的班，由孙老师给我指导，何老师对我帮助也不少。

问：与何老师交往过程中，有什么令您难忘的事？

吕超：要说印象特别深的，那可就太多了。刚开始带训练时，看到何老师总是早来晚走，他家离学校较近，一心扑在工作上。从他身上，我也得到了很多帮助。每天下午学生上完两节课，三点半就放学了。但是，西城培智有一个传统：坚持每天课余训练。从孙老师那时候就开始了，都是无偿的，没有报酬。那会儿我也比较年轻，学校提供住宿，我住校。何老师无论从生活上还是业务上，对我的帮助都很大。我们俩每天在一起工作、学习，白天上课下午训练，一年四季我们都是在操场上。每天下午从三点半开始，夏天最晚训练到七点，冬天一般要到五点多天黑了才结束训练。特奥涉及的项目比较多，何老师会根据每个学生的特点，看孩子们适合参加哪些活动。

我记得 1998 年的时候，在石景山举办了北京市残疾人运动会，我第一次带着学生去参加比赛，以田径项目为主，也有篮球比赛，何老师从竞赛规则方面教了我很多书本上学不到的东西。后来课后训练是以篮球为主，也有足球等其他项目，因为当时学校的操场就是一块 25 米 × 10 米的篮球场。在业务方面，从一开始怎么理解教材这方面，何老师也给过我很多指导和帮助。比如，作为年轻人，首要任务就是要学会怎样上课，怎样上好课，那时候还会有做展示课的任务。外边有来宾或是同行，包括体育教研组搞教研活动，有做展示课的机会，何老师就跟我一块儿备课，给我指导。这个课到底应该怎么上？你拿到一个教材之后怎么去分析这个教材？怎么去分析学生的特点？用什么样的教法去教给这些孩子们，让这些孩子们怎么更快地学会一项技能？……真的是掰开了，揉碎了讲。那会儿提倡“小步子多重复”嘛。

问：从何老师和孙老师这里都给了您很大的帮助？

吕超：对对对。除了工作上面，还有很多生活方面的事儿，何老师也是给我帮助不小。

问：可以给我们讲一件难忘的事吗？

吕超：生活上面是吧？那会儿都是年轻人，我们的工资也不是很高，何老师对钱这方面看得很淡，出去训练完了，给学生买水，包括给我们买水，还有就是吃饭，这些事儿他从来不让我们去买单，都是他主动去买单。

问：自己掏腰包？

吕超：自己掏腰包。学生有什么困难，何老师也都是鼎力相助。那时候和家长们的关系特别好，家长们对何老师也特别放心。孩子放学之后先不用回家，交给老师，在学校参加课余训练。而且家长们那会儿下班也晚一点，所以也是帮着家长们解决了很多接孩子的困难。如果家长接不了孩子，到我们这儿来训练，他们就没有后顾之忧了。家长们有时很晚才来，一看这些孩子们还在操场上训练，家长们对我们也很理解、很支持。这都是何老师言传身教，还有他做人这方面，反正家长们都没有顾虑，把孩子交给何老师大家放心。

问：家长们都信任何老师，何老师跟家长们的关系处得也非常好，彼此之间都能互相理解、互相包容。

吕超：对。何老师理解这些家长们，因为家里面有这样一个孩子，家长们或多或少有一些自卑心理。但是，何老师通过体育这种方式去帮助孩子们，能够让家长们感受到：我的孩子还可以学到一技之长，对吧？

问：他还有一定的能力，还有一些希望，让家长们在灰暗的生活中能够看到一些光亮，看到一些希望。

吕超：对。孩子们一点点从不会到学会，家长们能看到孩子的成长和进步，这些都与何老师耐心的讲解和培养分不开的。而且，何老师对孩子们的训练要求比较严格，家长们也比较理解。

我印象最深的就是1999年，他接到了一个去美国参加世界特奥会的任务。虽然何老师原来是练体操的，但这些孩子可以说没有一丁点基础，需要每天坚持练基本功，拉韧带。何老师用了很短的时间，让这些孩子们把体操的基本动作从不会到学会，用了很短的时间把拉韧带这个问题给解决了。而且，何老师也有一定的方法。给孩子们压腿，孩子们都疼啊，也会叫苦叫累的，但何老师跟他们说再苦再累你也得坚持。

问：通过不懈努力，最后获得了比较好的成绩？

吕超：嗯，对。那年是去了四个男孩四个女孩，最后拿回了五金五银五铜，第一次参加这样的大型比赛，成绩很好。咱们了解的人都知道，特奥比赛不是特别看重成绩，而是鼓励孩子勇敢尝试，争取胜利。但孩子们通过自己的刻苦训练，老师的帮助，家长的支持，学校也给予了很多支持和帮助，孩子们体验到了付出的成功。而且，能够站在一个很高的领奖台上，我觉得对他们自信心的建立是有很大帮助的。

问：对，孩子们的情况就不一样了，他出去也见了世面了。

吕超：对，这是最重要的。其实，练体育不仅是练身体，更多的是和人交往、交流。尤其是这些智障的孩子们，他们出去见到陌生人一般不愿意去主动打招呼。但这些孩子们出去以后见了世面了，他们心里面特别的阳光，跟原来不太一样，这是最大的改变。

问：您觉得何教练是个什么样的人？

吕超：何老师在业务方面很精通，他最大的一个特点就是特别喜欢看书。他是一个很有学问的人，看的书很多，而且很聪明，包括教授孩子们理解这些知识，组织这些活动，他考虑得很全面，做工作也很细致。别人想不到的很多事，他能够提前想到，我觉得这是他跟别人最大的不同点。一般人考虑一件事儿，就是按部就班这么做，但他往往考虑问题比较超前一些。比如组织一个活动，可能会出现哪些环节？环节和环节间该怎么衔接？他都能提前想到，说明他非常聪明，他也非常喜欢琢磨事儿。再一个呢，他很善于总结。通过总结积累经验，为下一次活动能够更顺畅、更提高一些，我觉得这些方面他做得都很好。

问：工作之余，平常您跟何老师还有什么活动？

吕超：平时我们共同的爱好就是踢足球。我们从 1997 年认识，直到现在还在踢。原来在学校那会儿，就是天天陪着学生训练。除了我们俩，身边还有很多特别有爱心的朋友，包括区里边儿这些体育老师们，有的是我们的发小、朋友，也都是牺牲了很多个人的休息时间。比如我们学校要参加运动会，他们就是志愿者，都过来帮忙。这也是一分钱报酬都没有，就是纯献爱心，而且能够接触这些孩子们，对他们确实也是一种教育。

还有一些社会上有爱心的人士，只要一说来我们学校跟孩子们一起活动，大家都特别开心。有一个人现在已经过世了，也算是我们的师哥，他跟我们学校一个同事是同学。他自己做公司，平时也比较忙，但是一说到星期四要到我们学校来踢球，所有的事儿全可以推掉，然后过来陪学生们一块儿练。有这么一个氛围，大家一起锻炼身体又献爱心，都觉得挺好，有很多人一直坚持到现在。

问：他们并非单纯地只是付出，在帮助别人的过程中，他们自身也在成长。

吕超：对，我觉得这对于他们的人生也是一笔财富，这不是别人能够体会的，不是能够拿钱来衡量的。你想，陪这些孩子们训练，大部分人可能一想到这样的孩子都会受不了，可能都处于一种排斥状态，遇到孩子可能还会用异样眼光去看他们。但是，这些有爱心的人真正能走进学校里，走进孩子们的心里边，确实能感受到这些孩子们非常好，只不过因为先天的某些原因，在智力方面有一定缺陷，但可以通过健全人的帮助，发挥他们的正能量，让他们感受到这些孩子们是可以接触，愿意跟你去聊天儿啊，包括开玩笑啊这些，这些孩子们是很单纯的。

何义工作观察日记

观察时间：2019 年 5 月 9 日 8:00—17:45

观察地点：北京市西城区培智中心学校广安校区

观察者、撰稿者：魏宏亮

时　间	活动内容	备　　注
8:00—8:20	打扫办公室卫生，换上运动服。调试早操音乐的设备，为即将开始的早操做好准备。	何老师的办公室既是体育器材室，又是播音室，虽然面积不大，东西很多，但都摆放有序，桌面上一尘不染。这和观察者看到过的其他学校的体育老师办公室完全不同。上早操是何老师每天的常规工作之一。
8:30—8:55	全校师生到操场集中，按班级列队后，何老师开始带领全校师生做早操。虽然已是初中和高中阶段的学生，但因个体差异的客观存在，学生们的动作很难做到整齐化，不过能够看出，大家都能努力去做好每个动作。	何老师不时在学生中间走动，观察学生的状态，并适时规范个别学生的动作，一边示范，一边鼓励他们，学生会报之以微笑。
9:00—10:30	这个时间段没课，何老师回到办公室，打开电脑开始备课，并处理一些往来的邮件。	不时会有同事来找何老师沟通工作方面的事。
10:35—11:55	何老师先带着学生们做热身运动，把每个关节都活动开。之后，开始上篮球训练。包括运球绕障碍和定点投篮等内容。何老师口令简洁明了，示范动作规范，反复给学生们提示动作要领，并适时鼓励做得好的学生。学生们都能听从口令，积极按照老师要求去做。	第三节课和第四节课，何老师在操场上给两个高中班的学生上体育课。
12:00—12:30	午餐时间，何老师和同事们边吃边进行交流，话题有工作也有生活方面。	大家都很开心。

（续表）

时　间	活动内容	备　　注
13:00—13:45	午休时间到了，何老师抓紧时间在办公室的一排椅子上躺会儿，缓解一下上午的疲惫。	椅子不宽，仅可容身。
13:50—14:05	帮助其他老师调试好广播器材，协助学生进行午间广播。	这是每天都要做的事，广播结束后，学生回班上课，何老师再去关闭系统。
14:10—15:25	下午有两节课，集中协调性比较好的部分学生，进行展能组训练。根据计划完成规定训练内容，主要侧重在力量和柔韧性等方面。反复训练相同动作，学生们都很安静、认真。	大家在律动教室上展能课，这间教室很大，类似舞蹈教室，设备也很先进。几位陪伴的家长也跟着何老师运动起来，大家很快就出汗了。这是为开展特奥运动而开设的课程，属于学校特色之一。
15:35—16:50	学生放学后，何老师和同事们走进健身房，带领大家进行健身活动。基本上每天都会有一小时的健身活动时间，老师们要有健康的身体，才能确保精力充沛地做好日常工作。	何老师表示，这是受到特奥运动的影响和启发，并得到学校领导和老师们的大力支持。
17:10—17:45	结束一天的工作，将相关物品整理好，下班回家。	

二十年坚守特奥路

——雷方丽口述

雷方丽，女，1977年出生。家中长女，有一弟。1995年中专毕业进入湖北省武汉市武昌区培智中心学校工作。后在湖北大学和武汉大学获得汉语言文学专科和本科学位。

口述者：雷方丽

访谈者、撰稿者：王敏、周康

访谈时间：2017年11月24日、2019年1月4日

访谈地点：湖北省武汉市武昌区培智中心学校会议室

青葱少女初涉特奥

问：请问您的名字有特别寓意吗？

雷方丽：实际上我的第一个名字叫雷涛，波涛的涛。小学一年级，语文老师说你这个名字像个男性名字，回去让你爸爸给你再取一个。回去之后，那天中午我爸就给我取，他遵循雷家的辈分，说到我们这一辈是“芳”字辈，芳莉是草头的芳，茉莉花的“莉”。

以前那个〔时代〕不是很严谨，比如说档案都随便填写。我参加工作之后，要把我的户籍从学校转到父母所在地武汉时，是手写户籍档案。我爸爸说雷芳莉，户籍警根据自己的理解，把草头都去掉了，就是方圆的方，利益的利。

后来我觉得这个利不好听，就自己〔去改〕，把“利”改成了美丽的“丽”。

问：能谈谈您的成长经历吗？

雷方丽：我的成长经历比较简单，老家是天门①的，小学、初中时，父母

① 湖北省天门市，省辖市。

在外地，我都是跟爷爷奶奶在天门。父母上世纪 80 年代到武汉，我参加工作才跟父母在一起。

我从小身体素质不是很好，出生时才 4 斤，很小很小，家里人觉得需要锻炼身体，因此学了体育。后来作为一项特长参加体育中考，考上了钟祥师范。1995 年毕业后，就直接分到培智学校当老师。

问：为什么父母在武汉，您在天门上学呢？

雷方丽：爷爷很早是在武汉，在武昌车辆厂上班，然后父母就过去了。那个时候不是有顶职吗？就顶职过去，把弟弟带过去了，把我一个人丢在天门啊，但是这并不影响我〔的成长〕。

1995 年参加工作，我还未满十八岁。我的生日是 11 月，我 7 月份就上班，相当于十七岁七个月。中专学历肯定不够，我就自修了湖北大学的汉语言文学专科，2002 年参加武汉大学的成人教育，也是汉语言文学专业，2005 年毕业之后拿了本科学位。

问：您参加工作后教什么科目？

雷方丽：刚开始教数学，教了两年之后，第二年下学期，有一个专职的体育老师生病了，请了一年病假。领导看我是学体育的，说那你就教体育吧，就这样〔教了体育〕。很多时候因为自己的专业能力不足，也借助了外面的力量，比如 2000 年的时候，带学生参加全国第五届残疾人运动会，带他们参加田径比赛，但是没有经验啊，正好遇到湖北省体工大队第一大队的十项全能教练。他非常专业地指导我怎么带学生训练，怎么指导他们比赛。

问：您什么时候接触特奥的？

雷方丽：我从 1997 年开始接触，刚上班，接触到现在已经有二十年了。那时候刚上班就跟着去，1997 年 3 月份，我记得很清楚，去广州，参加全国弱智人体育协会。

问：那个时候是叫弱智？

雷方丽：是的，从对智力残疾这一称呼也体现了学校在这二三十年对待残疾人态度的发展和变化。首先是在广州，1997 年 3 月在广州，开全国弱智人体育协会工作会议。当时我跟残联负责宣传问题的一个副处长去参加这个会，回来之后就第一次接触了特奥概念。

二十年与特奥共成长

问：1987 年就有第一届特奥了？

雷方丽：对，那个时候叫首届特奥会，特殊奥林匹克运动会的概念是从美国过来的。对整个智力残疾，以前的称呼叫弱智，有点歧视，有一种居高临下〔的感觉〕，比较同情。现在〔叫智力障碍〕是从智力残疾〔方面〕客观评价，是智力上存在缺陷。

第一届全国只有13个省市参加，304个运动员参加这个比赛，只有田径、乒乓球和足球三个项目。第二届1991年3月，在福建福州举行的。这个时候增加到19个省市，包括港澳，有301人参加，有四个项目，包括田径、乒乓球、足球、游泳。

1991年之后，大陆的弱智人运动会出现了一个断层。1997年就开了这个〔全国弱智人体育协会工作〕会议，成立弱智人体育协会，才逐步开始特奥〔这类活动〕。

1998年，我们学校有四个学生，就跟武汉市福利院〔一起〕，由福利院院长、体育老师、民政的领导带队，去参加香港特奥运动城市邀请赛。

到2000年，第一次把智力残疾这个组别的比赛放到残运会里面，我带5个学生参加第五届残疾人运动会，正好遇到湖北省体工大队第一大队的十项全能教练，指导我怎么带学生训练，怎么比赛。

当时因为青春活泼嘛，正好中央电视台《新闻联播》的记者在到处找新闻，一看我们跟学生在那里，就采访我了，采访我们的学生，说想不想拿金牌，拿了金牌给谁。我们以前的学生能力都很强，智商都六七十分。现在不是了，现在我们学校收的为中度〔障碍〕，就是45分这样子。能力强的、轻度的，都送到普通学校了。〔记者采访时〕学生都很会说话，说〔拿了金牌〕要送给雷老师、父母啊什么的，人家记者一看，还不错啊这个孩子。我记得很清楚，他叫小黄，现在在当保安，在广场门口指挥车辆。

继续说那个采访，中央电视台记者说这个好像蛮有能力得到第一名的，记者就把摄像机架在100米的终点，等他冲刺，要是得奖马上就剪辑新闻，结果他牛吹大了，他到终点的时候只拿了一个第三名。我在看台上，看电视台记者把镜头切走了（笑）。但是前期对他的采访有播出来。

2000年的时候，斯瓦辛格来中国做特奥推广，爬了长城。当时我的两个朋友，在北京的两个体育老师，是活动的策划者，还把他的一张照片让他签了名给我（笑）。

问：有了宣传推广，第三届特奥会跟之前有什么不一样？

雷方丽：那就比较正规了。2000年那一次带五个学生比赛，取得两块金牌，六块银牌。唉哟，我觉得还蛮有成就感的。你想，要是一个普通小学体育老师，他不会有出差呀，还参加全国比赛，还可以在新闻联播里面露脸。真的，那个时候就初步让我觉得做这个事业蛮有成就感。

前面已经讲了，从一个普通小县城到武汉来当老师，多少心理上是比较自卑的，后来慢慢觉得还不错，自己的价值得到了体现，就一直教体育到现在。中间也有一些分进来的同事又调出这个学校。也有亲戚朋友问，你怎么不换个学校？也动摇过一次，有过这种想法，后来觉得还是应该在这里，坚守在这里。

问：您是已经爱上这一行了。

雷方丽：是已经能够沉下来了。2000 年之后，基本上每年都带学生参加比赛。2001 年省残联又给了一个参加特奥东亚区乒乓球比赛的机会，那时候我还只会打抛抛球①，没有办法，只能跟田径教练联系，说您能不能推荐一个乒乓球教练给我。那个人非常有爱心，就推荐了体工大队业余乒乓球学校的一个教练，后来带 3 个学生在乒乓球学校集训了一个月，就出去比赛。〔我们也〕就是零基础，乒乓球是个技术性要求比较高的项目，我们只拿了一个银牌。

2002 年在陕西西安第三届特奥会，9 月 8 日至 13 日，这一次全国有 31 个省市区参加，还包括港澳和新加坡，一共有一千多人参加六个项目，田径、乒乓球、足球、游泳、举重、篮球，还有一个表演项目保龄球。当时我训练的学生有两个项目要参加，一个是田径，一个是乒乓球，需要另外派两个老师作为教练去参加。当时带着我们学校的一个学生和实验中学的一个高二的学生去参加了青少年高峰会，那是早期融合运动的一种形式。

问：讲讲特奥运动会？

雷方丽：每四年有一次夏季综合性的特奥运动会，每年都有单项的比赛。比如中国特奥会，主要推广乒乓球，年年举行乒乓球比赛。2005 年的比赛就多了。2005 年，我有九次出差，有九个月，不是培训就是比赛，比如带学生在大连参加田径比赛，在吉林参加乒乓球比赛，还带学生在黑龙江参加滚球比赛。因为 2006 年第四届全国特奥会在黑龙江比赛，所以 2005 年就大力推广和发展各项运动。也参加一些培训，2001 年在北京参加特奥教练员、特奥讲师培训；2002 年，在上海参加东亚区特奥教练员培训。

问：是专门针对教练的培训？

---

① 方言，意即将球抛起发球之后不断以吊高球对打。

雷方丽：对，针对教练的。2006 年就带学生参加了第四届全国特奥会，当时我们学校是 26 还是 28 个运动员，江岸区那边有一个学校，他们是首次参加，就派了五六个运动员跟我们一起组队。

我虽然是学体育出身，但体育不是很好，当时我又带领了二十多个运动员同时训练。田径、乒乓球，也训练他们足球，游泳没有参加，还训练他们篮球。然后还训练了轮滑，自己不会滑，但是，又要把学生教出来。羽毛球也带他们训练，还增加了一项网球。所以就什么都得会。

问：您都要自己学会？

雷方丽：都要自己摸索着先学习。比如网球，带学生去湖南参赛，不会怎么办呢？就通过一些朋友找武汉体育学院网球专业的学生。羽毛球也是的，要教专业的动作呀，也是通过不停地参加比赛认识一些教练。羽毛球找的是湖北省羽毛球队的专业教练，他们教学生的时候，我也学，学了之后，我再教我们学生。因为他们教学生，用的是专业术语，我们学生很懵，所以我要再跟他们转述一遍。那些年，学校从田径一直发展到网球，发展了七八个项目。参加了很多比赛，当然学生也获得了很多荣誉，让家长看到自己孩子有一种希望，就觉得这个工作真的很有价值。

2007 年第十二届世界特奥会在上海举行，湖北省承接了中国代表团排球训练的任务，训练基地定在武汉，就在中南财大校区①，南湖那边的，在财大集训了三个月。我们学校还有一个学生参加了田径项目的集训和比赛。

你看（指办公室墙上）这是一个专门的特奥会的照片〔墙〕。这些照片基本上是每次带学生出去比赛时拍的。

问：这些都拍得很好啊！

雷方丽：没有没有，一开始是为了工作，后来拍着拍着觉得这些照片〔也是一个纪念〕。每次出去的时候，都觉得应该要留资料，都拍。

问：发展得好快呀。

雷方丽：因为 2007 年十二届世界特奥会之前，国家重点推广特奥运动。2010 年 9 月，在福建福州举行第五届全国特奥会，参加人数已经达到两千人，包括港澳地区、韩国、台湾、美国等，有十一个项目。当时还增加了柔道、保龄球项目。2011 年，我带着练滚球的两个学生，一个叫寸晖，② 一个叫小刘，

---

① 现中南财经政法大学南湖校区。

② 寸晖的口述收录在本套丛书《特奥运动员领袖卷》。

随中国代表团参加了在雅典举行的第十三届世界特奥会，当时滚球项目中国代表团有九个运动员，就他〔寸晖〕一个人，获得了三块金牌！

问：运动员得奖后只有奖牌吗？有没有证书或者奖金？

雷方丽：特奥运动会基本以荣誉为主，有奖牌、证书，但是奖金一般是没有的，有些比赛会有一点奖金，但是基本都没有奖金。特奥是一个群体性的体育运动，老师基本都是奉献，义务的。但是就我个人而言，作为一个教练，其实只要看到这些孩子有进步，就已经觉得很开心。

比如在2015年带学生参加了在洛杉矶举行的第十四届世界特奥会，我是田径教练。在北京集训了一个多月后，我们学校是有两个学生参加。

问：实际上雷老师是作为田径教练代表中国参加的世界特奥运动会？

雷方丽：对，田径是一个大项，当时有十六名运动员，有四个省各派了四名运动员，分别是陕西、河南、辽宁，还有湖北。我们学校的两个运动员获得了四块金牌，一块银牌。

问：就他们俩分别拿了两块金牌？

雷方丽：对，有一个孩子是个唐氏的，给他报的是100米和200米，他两个都拿了金牌。

问：两个运动员叫什么呢？

雷方丽：一个是邵东，一个是潘士杰。①潘士杰参加的是投掷标枪和铅球，铅球金牌，标枪银牌，然后4×100米跟人合作的是金牌。

问：这两位运动员都在采访名单里。家长在心目中只认您，对您的信任度、认同度特别高。

雷方丽：特奥运动对孩子的影响力真的太大，他们的身体、心理素质提高了很多。邵东小时候到了好几岁才开始学会走路，现在能够站在世界舞台上拿到金牌，家长是多么光荣和自豪、欣慰。

从特奥比赛到融合运动

问：您的工作主要在特奥体育运动这方面吗？

雷方丽：最近几年，虽然也有训练和比赛，但是我把重心更多地〔转移到〕让更多的孩子参与进来，比如通过爱天使的融合运动，让他们参加进来。

① 邵东和潘士杰的口述收录在本套丛书《特奥运动会运动员卷》。

2013 年还是 2014 年的时候，去特奥评〔优秀志愿者〕，湖北省申报了两个名额，一个叫向剑，一个叫阮威，都是湖北大学体育学院的学生，现在这两个学生都已经毕业了。当时，阮威成立了一个爱天使工作室，全部是以体育〔为主做〕公益，对象就是针对我们学校的。做这种公益项目，得到了中国青少年发展基金会高度认可。阮威作为优秀公益项目代表去英国伦敦，做了交流访问，《中国教育报》《武汉晚报》对他进行了全程报道。虽然他毕业了，但 2011 年成立的爱天使工作室，由湖北大学体育学院的学生一年一年传承下来了。

问：爱天使，是基金会还是公司？

雷方丽：是工作室，他用一个融合的理念，他们工作室的，体育学院的学生，跟我们的学生进行融合运动，比如融合篮球赛。除了在我们学校举行融合活动之外，他把我们学生引入到湖北大学，跟湖北大学举行了一个融合篮球比赛，希望让更多的人，更多的大学生来了解这些孩子，来关注和帮助他们。

从 2011 年、2012 年到现在，我们大约有十多场次〔融合项目〕进入高校。下一周，爱天使工作室跟华中师范大学物电学院的学生，开展手拉手融合篮球比赛。

问：这个融合活动是学校跟华师的固定项目吗？

雷方丽：没有，说到志愿者，现在有十多所高校在我们这边做志愿活动。其实每周五，我们有十二个班，每个班都牵手一个高校进行融合运动。像华中师大（以下简称华师）物电学院，学生的能力很强，就牵手了两个班，还包括华中科技大学的义工部和社会实践部，也分别跟我们牵手。

还有湖北中医药大学、武汉科技大学、湖北大学、武汉交通职业学院等等，都在这边搞活动。周一、周二下午，就有体育院系的学生过来指导我们，利用自己所学的知识特长，比如特色课程、特奥课程，协助老师一对一做羽毛球训练、篮球训练、乒乓球训练、轮滑训练。

下个星期五，我们进入〔华师进行融合互动〕，按照固定模式，比如我们学校选出 25 个学生，华师承办这一次活动，要派出 25 个志愿者，跟他们一对一手牵手，甚至很细心地在每人的肩膀上面标个号，号码也是一对一的，活动内容很多，比如游戏环节啊，还有职教班的学生做珠艺作品义卖。

华师物电学院的团委书记，上个月到我们学校跟校长签了志愿者服务协议，还制作了志愿者服务基地的牌子。实际上华师跟我们合作志愿活动已经有六七年了。

武汉市武昌区培智中心学校与华中师范大学进行融合活动，
雷方丽教练（穿羽绒服者）致词。

问：一直跟物电学院吗？

雷方丽：之前是另外一个学院，后来那个学校没有坚持下去。这三四年是物电，物电学院志愿服务一直坚持做得很好，这一届志愿者协会的主席，很有能力，他希望老师对他的工作有一个认可，邀请团委书记到我们学校签订协议，还特别会宣传，每次活动后都发一个微博，甚至在华师的网站上面发新闻，很多学生都知道。前两天有一个公共政治学院的学生跟我联系，也想过来做志愿服务。

融合活动，不光是让学生参加游戏比赛，还有一个重点环节，就是跟承办的学校组一场融合篮球赛，一般是五人制比赛。五人制，就是我们的运动员三个，另外两个人是大学生志愿者，在场上负责引导或者传球给他们，〔志愿者〕得分不能够超过25%，主要是通过融合运动引导特奥运动员发挥自己的能力，把他们的潜能调动起来，以这个为宗旨。

每一次都会让家长去参加，家长看到大学生跟孩子一起，这么帮助他们，孩子在场上特别开心，在一种比较开放，大家互相帮助的环境里面，特奥运动员表现比平常更好，家长都特别高兴、感动。只要有活动，家长都积极参加，哪怕请假，一定要陪孩子去参加。

问：做融合活动的资金是承办的学校出的吗？

雷方丽：所有的钱都是湖大爱天使工作室〔承担〕，从2015年到2017年，他们申请了一个迪卡侬的，就是法国迪卡侬公司的公益基金，13万块钱，专门用于做特奥体育的融合活动，比如去华师要承包一辆车，差不多来回就得七八百块钱，所有人喝的水呀，或者是背景布置，都是用项目资金。今年是最后一年，估计项目也快完成了，还剩一些钱，他们还准备给我们增添一些器材。

问：他们怎么运营这个工作室？

雷方丽：工作室设在湖大体育学院，学院给了两间办公室作为办公场所。我们和湖北大学体育学院开展融合活动的模式得到了东亚区特奥会的认可，前年开始东亚区组织特奥融合学校校长论坛，邀请我们校长以及湖大体院的团委书记去参加，甚至让我们学校和湖北大学在明年的校长论坛上面，对爱天使体育公益项目做经验介绍。

现在爱天使工作室每周二下午派体育篮球专业的学生，给我们学生上篮球特色课程。他们一对一教孩子，运球啊，投篮啊，通过一段时间的训练，学生进步相当大，比如说潘士杰，从只会拍球和投篮，到现在可以比较规范完成三步上篮动作。通过走进高校举行篮球融合活动，对学生掌握篮球技术的能力和身体素质的提高，有很大的帮助。

与华中科技大学的合作，是2008年开始的，华科软件学院的学生教我们学生电脑课。有华科的学生一对一指导上课，多数学生都可以进行电脑操作。还有湖北中医药大学的药学院，2014年第一次走进我们学校，跟我们签了志愿者合作协议，组织开展班会，然后找准学院的特色，教孩子们用艾草等中药材做香囊。

通过与大学生志愿者的长期合作，不仅让大学生有社会实践机会，同时增加我们的师资力量，让大学生志愿者协助老师指导学生训练，教学效果也更好一些。

雷方丽同事口述

口述者：胡美华（女）
访谈者、撰稿者：王敏
访谈时间：2019 年 1 月 4 日
访谈地点：武汉市武昌区培智中心学校

问：您是什么时候与雷教练共事的？

胡美华：最先……她还没有搞那个〔特奥工作〕的时候。我是 2000 年就到这个学校来了，她还跟我一起搭班来着。我是班主任，她兼副班主任。

问：那您比较早就认识雷教练了。

胡美华：我是最早的，我年纪大了（笑），我从外面的学校调来的，我进这个学校从事特殊教育，就认识她了。

问：您参与或协助过雷教练的相关工作吗？

胡美华：我也做了。因为什么呢？她挑选的孩子，有唐氏〔综合征〕的，要丢铅球啊什么的，有的是跑步，这些孩子他怕苦，怕苦他就不愿意。雷老师就说孩子喜欢班主任，班主任的话他听，在赛前，那我们就一起训练。小孩还是怕老师的。在假期，如果有外出比赛，肯定要加强训练。那么，雷老师就希望我配合一下，那我肯定配合，和家长一起帮助孩子训练。

问：雷教练开始是教数学，后来才转教体育，您对这个事了解吗？

胡美华：是这样的，她蛮喜欢体育，学校又需要体育老师，她就主动去〔担任体育老师〕，她热爱这个事。那个时候她经常把孩子们带去〔运动〕，而且她很有耐心，还有爱心。她蛮仔细的，练习啊怎么样，她事业心比较强，工作就是蛮有板有眼的，蛮认真的。

问：雷教练对孩子们的要求会更严格吗？

胡美华：她是这样子的，对孩子们严里面透着爱，有严也有爱，所以孩子们都比较喜欢她。你打比方说，孩子们累了啊，他要歇啊，有时候在外面训练，没有水的〔时候〕，她自己拿钱给孩子们买水喝。有时候孩子们训练，他能量不是跟不上来了吗？她就买东西给孩子们吃。真的，她就把这些孩子当作她亲生孩子一样，这反正还是蛮感动的。

她不简单，为了她的事业，她孩子也没要。她现在都四十多岁，是事业到了巅峰她才要的孩子，还是不简单的，是不是?！她是工作做到一定的份上，才去考虑自己。

有时候我对她的事迹蛮感动的，有些孩子喊她妈妈啊，她还说不好意思。以前还说“我还没结婚啊你们怎么叫我妈妈”。她那种爱就是一种母亲的爱，她不是做出来的，她是从心里出来的，那不是每个人都做得到的。

你说对孩子们的训练，别人有的就是训练，那她就不同，她就从心理和生理上来关注。在训练时是严格的，但是休息了，那就是另外一面，交流啊，谈啊，说笑啊，交朋友啊，关心你啊，他们〔学生〕都蛮服她的，真的。你换一个老师，他〔学生〕不给你训练，因为这些孩子他犟起来，那是九头牛〔都拉不回来〕，他自己到处躲！这些孩子如果跟她训练、游戏什么的，还抢着去。

问：早期学生的智力会更接近于正常智力水平，现在相对来说更低一些，在对待学生群体的变化上，雷教练是怎么处理的？

胡美华：嗯，〔现在〕智商差些，原来我进来的时候，雷教练已经在这工作五年了。我来的时候教九年级，感觉这里学生就像正常学校随班就读的孩子们一样，就是比较散漫，但是智商都还是轻度的。

原来的孩子才有意思，你对他严也好不严也好，他就像顽皮的孩子，因为他有点正常噻。小孩子就不用说了，小孩子怕你噻，大孩子他就喜欢漂亮一点的年轻老师，你教他他就愿意跟你，就是这样子（笑）。

现在这些孩子呢，使上你全身的解数，他不愿意上你的课，就不愿意上。后来为什么她〔雷教练〕又上得这么好，那些孩子跟她配合得那么好？那就完全是她个人的力量和人格的魅力。她为什么要出去深造学习？就是这方面，专门针对这些特殊孩子，她去找答案去了。

问：和雷教练共事过程中，有没有比较难忘的事情？

胡美华：难忘的事情有啊，像我们年纪大的人，感情上有一种脆弱感，所以我跟你谈她呢，我就要把自己的感情压制住，要不然我就容易流泪。为什么呢？比方说啊，她病了或者什么的，她就不会说。她经常是上课回去累得不得了，就和衣而睡，睡到第二天早上赶紧起来，赶紧来学校上课。

之前这个学校是普特融合的，这边是普通小学，那边是特殊学校，后来因为国家开始重视了，觉得这个方式还是有弊端，要分开。我们校长就说，愿意留的就留，想跟着过去的也可以。有些老师就不愿意留，就觉得跟这些孩子待久了，自己以后的孩子会受到影响。你说这都是没根据的，不讲科学的！这个问题是基因的问题嘛！你看我们蛮多老师的孩子也蛮聪明的嘛！雷老师就没走，她就愿意留这里，你看她现在的小孩也挺聪明的。

让我最感动的是什么呢？她一心扑在工作上面。她刚刚结婚不到一个月，爱人出差，回来的时候呢，家里都没有人做饭给他吃。然后，老公的裤子，后面破了一大块，也没人给他补。她没有时间，累了回去就睡了噻，根本没有时间。

她天天加班，平时，比方说我们五点钟下班啊，她最早也是六点回去。如果学校里有什么活动，她要协助啊，那就是八九点钟了。她爱人亲自跟我说过，说这哪像个新婚，回来吃饭也没人做，但我看她回来那么累，我不忍心把她叫醒。你说一般人哪做得出来这样子？她现在总算熬得、磨炼得差不多，才开始考虑她个人的事。

她爱人也是在她做特奥的时候看上她的，雷老师也是因为这个男孩子事业心蛮好啊，也重视学习。她喜欢学习型的，喜欢对事业有追求的男孩子，他们就结婚了。但结婚以后，她还是以学校为主。到现在才养这一个孩子，别人跟她一样大的，孩子都读高中了。她属蛇的，孩子才半岁，才几个月。

你看她现在，孩子就她妈妈照顾，她假期才生产的。现在来工作，每天都来得蛮早，也走得蛮晚的，她还是这样子。家里孩子哭得喊妈妈，她也只有晚上回去照顾（忍不住流泪），家里就是外婆。自己的婆婆生病，不能帮忙，除了她妈妈就是她。因为她家里姐弟两个嘛，弟弟孩子还在上学，由爸爸照顾。现在条件，她也没有更多的钱花，请人也请不起，再说请人她也不放心。就是她跟她妈妈照顾，然后婆婆还生病，她有时候还要过去关心她婆婆。

问：雷教练谈到与各大高校开展的融合活动，您什么看法？

胡美华：这些都是她联系的，原来没有的。周边大学的孩子现在好像形成习惯了，当志愿者的这些孩子乐意为我们的孩子服务，每个学期都有人来，我们学校现在每个班都有。

还有去各个大学做活动，义卖啊，互动啊，体育运动啊，游戏啊，都有。孩子们做活动，我们带孩子们做珠艺、中药香囊放在旁边义卖，义卖的钱都反馈到我们这里，用于孩子的教育。一是从资金方面，另一个是从人力方面，都给我们提供了很多帮助。

这些孩子蛮愿意的，大学生们一来，他们都高兴死了，真的。只要是见了一面，他们就渴望哥哥姐姐再来，因为大学生志愿者们给他们带的糖啊，做的花啊，他们蛮高兴的，就期待他们再来。我们帮〔湖北中医药大学〕做香囊，他们还从中间提了一部分补贴给这些孩子，我们把钱都发给学生了。

问：雷教练从事特奥工作，前后有什么改变吗？

胡美华：她搞一个事情，就非要做好，而且要比别人更好，她有那种拼的精神。她原来搞特奥，残联经常要来找她，学校的事情也搞，校长还要给她加任务，写报道啊，带人训练啊，出去啊。

她参加特奥以后呢，积极性越来越高涨了，我觉得她蛮热情的。凡是挨着体育上的她都学。我刚刚说知识上的提高，还有能力上的，比方说，湖北省搞一个国家教练员培训，她也去了，就是利用假期，用自己的时间学的，都不是工作时间，所以她对特奥是蛮热心的。而且她还把心投到爱心事业上，就是说资助外面的，社会上的爱心事业她也去帮助、参与。

我们学校刚开始搞特奥，都是她一个人，在外面学习别人的经验，然后把这些机会带入学校来，后来慢慢也搞出名了。出名了之后，学校的老师也有不理解的，觉得你经常跑出去，就好像你在挣钱，你在到处玩，用这种态度在看你。实际上并不是这个样子的。

我跟你说，后来，她就干脆，那好，那就干脆谁愿意去谁去，我们校长就采纳了。比方说，下次有羽毛球赛，在什么地方，哪个老师愿意去，你就举手。好，某某老师去了，去了之后看到了、学习了，也体谅到了。再后来，雷老师再出去，就没有这种说法了。别人出去了不是说，拿点补助，有时候孩子们出去了要花钱，她还要把自己的补贴贴上去。那我们雷老师就蛮大度，把自己的机会让出去，把大家的积极性都发动起来了，何乐而不为呢？所以说她或多或少影响了我们每个老师。

雷方丽工作观察日记

观察时间：2018 年 12 月 1 日 9:00—17:00

观察地点：湖北省武汉市武昌区培智中心学校

观察者、撰稿者：王敏

时　间	活动内容	备　　注
9:00—9:45	在操场带领同学们上体育课。	
9:45—9:55	回到办公室备课。	
9:55—10:55	和来访的华师志愿者团队的同学们商量下午融合活动的事情。	
10:55—11:40	接着回到操场带领同学们上体育课。	
11:40—12:20	带领学生到学校食堂吃饭，同时自己用餐。	
12:20—13:20	在办公室午休。	
13:20—14:00	醒来后和其他老师们以及到访的华师志愿者团队的同学们，一起准备下午融合活动的材料。	
14:00—14:12	组织学生和家长上车一起去往华师。	
14:12—14:36	到达华中师范大学篮球场。	场边已经拉起了横幅和海报幕布，海报左边的横幅写着“第 26 届国际残疾人日迪卡侬基金会特奥校园行”，右边写着“小天使我想对你说”。
14:38—14:43	代表学校发言，宣布融合活动正式开始。	
14:44—14:50	为发言的学生代表拍照。	
14:50—16:30	与家长们交流、维持现场秩序等，保证活动的顺利进行。活动结束后与老师们一起乘车离开。	活动内容有融合篮球比赛、运球、串珠等。
17:00	给观察者发短信，说自己已安全到家并嘱咐观察者路上注意安全。	

任尔东西南北风

——马琛口述

马琛，女，汉族，1981 年出生，上海人。父母曾插队落户于内蒙古，1979 年回到上海。1996 年 9 月考入南林师范学校，1999 年 6 月毕业。1999 年进入华东师范大学学前教育与特殊教育学院特殊教育系就读大专，2001 年大学毕业，入职上海市静安区南阳学校，担任过班主任、数学老师、教练兼体育老师等多个职位。

口述者：马琛
访谈者、撰稿者：沈羽阳
访谈时间：2017 年 10 月 21 日、2017 年 11 月 9 日
访谈地点：上海高岛屋百货公司虹桥店咖啡店

可能，爸爸最初想要一个男孩子

问：请问您叫什么名字？名字是谁起的？

马琛：马琛，我爸爸〔起的〕。“琛”字是比较中性的，可能我爸爸最初比较想要一个男孩子，在我出生之后他觉得应该把我往男孩子的性格方面去培养，所以给我起的名字也比较中性一点。

问：您是哪一年出生的？

马琛：1981 年。

问：您有兄弟姐妹吗？或表亲？

马琛：没有。我爸爸不是上海人，我爸爸和我妈妈是插队落户在内蒙古认识的，后来我妈妈回上海。一开始他们俩是两地分居的，差不多在我八九岁的时候，我爸爸户口迁到上海。我爸爸的表亲基本在浙江桐乡一带，妈妈这边〔的亲戚〕基本都是上海的。应该说我们家里属于阴盛阳衰（笑）。包括妈妈这

边，妈妈的兄弟姐妹一共〔生了〕五个孩子，就一个男孩子。我们这一辈，我排行老二，上面有一个表姐，下面还有两个表妹和一个表弟。

问：您在成长过程中和他们有互动吗？

马琛：以前住的是里弄的老房子，前后弄堂之间或者说上下层大家都住一起，就跟表姐住的比较远，小时候经常会在寒暑假寄宿在表姐家。我妈妈插队落户回来跟着我外公住，我有两个舅舅，他们的孩子和我，我们三个孩子是从小一起长大的。

问：您从小是在上海长大的？

马琛：〔在〕上海〔长大〕。

问：您是什么民族？

马琛：汉族。

问：您小时候有什么印象深刻的事情？

马琛：哈哈，打架也算么（笑）。我印象当中，从幼儿园开始就不怎么跟女生玩。因为我始终觉得女孩子婆婆妈妈的，好烦。包括现在，跟我的先生或者说我的孩子交流的时候，他们时常会觉得我的态度很生硬。我儿子说，妈妈你怎么讲话这么凶?！我说，凶？我就跟你说这个事情，你应该要怎么做，你就照着这么办，你不要左顾右盼，再有别的想法或者说其他什么。

我小的时候，当时老房子周围，几乎都是男孩子，同年龄有四个男孩子跟我关系比较好。出去我就像老大，他们四个跟在后面。那时候有挺多造房子的沙堆、石子堆，我一天到晚跟他们一起过去爬这个爬那个。有一次还在石子堆上摔一跤，摔得膝盖全破掉。我在那里也不哭，他们说你是不是女生啊？〔我说〕哎呀，就是流点血，疼倒是蛮疼的，不太走得动。他们说，走走走，背你回去。

这是当时〔的我们〕，没有像现在〔的孩子那么娇气〕。我儿子三年级，我就会问他，你现在班级里有哪些好朋友？他说，我们男生和男生玩的，女生和女生玩的。现在这些孩子好像比较明显一点，男孩和男孩玩，女孩和女孩玩。我觉得我小时候没有什么的，我跟你很谈得来的，就大家一起出去玩了。或者说我跟你接触了一两次，我觉得你这个人，拖泥带水的，很不爽快的，那我会有意识地慢慢疏远。

求学，从中专到本科

问：您有什么理想？

马琛：有的（笑）。怎么说呢，我觉得从我出生开始，我的定位有一点点错乱。从我出生开始，我爸爸给我起名，就觉得我应该是往男孩方面发展。我妈妈当时在妇产医院的时候，一个病房七个产妇，生下的都是男生，只有我一个是女生。

以前住的老房子，孩子们在里弄之间穿来穿去，和我同年龄的那些也全部都是男孩子，就我一个是女孩子。所以，可能造成我的性格比较像男孩子，很爽快的，不喜欢拖泥带水。

我出生到现在都是在长宁区，工作在静安区。小学在长宁就读，初中也在长宁就读。初中毕业的时候，其实我本来是想报考警察的。我第一志愿，我的理想从小就是〔当警察〕。我觉得做警察很帅的，可能〔我〕性格也像男孩子比较外向一点，我就一直定位自己要考警察学校、警官学校之类的。但是警察学校是两年招一次，我初中毕业那一年，正好没有招，轮空了。我当时有过犹豫是〔不是〕再复读一年再考，后来想想太亏了。（笑）当时可能也经历过一段迷茫，我本来设定的人生方向是要当警察的，要伸张正义，要上街巡逻，配枪，破案，所以我到那个阶段上就有点慌乱。

当时我父母就给我建议，要不你做老师？可能也觉得我这个性格如果做文职类的工作，或者读这方面的专业，以后进了公司、企业里不一定能够成长得很好。我的性格是有短板的，在跟人交流互动的过程中，比较容易吃亏。我父母就说你要么做老师，要么做护士。我觉得（笑）做护士，我缺乏这方面的细致。

其实到工作以后，你真正从事特教这个行业，慢慢你也会发现一些现象，可能你给一个人的定义〔要全比较难〕。我给人的印象就是大大咧咧，像男孩子性格。但是在做一个方案，比如说在组织学生，进行小活动或者说集体性〔活动〕，考虑得还是比较周全的。

初中毕业，就选了考师范。当时考师范学校还要选专业，特教专业是刚刚起步。差不多 1994 年，南林师范才有第一届特殊教育专业。我 1996 年〔考入〕，是南林师范的第三届学生。

报考南林师范特教专业的时候还闹了一个笑话。（笑）我爸爸很有意思，我爸爸说，这个特教蛮好的，出来就是特级教师。那会儿我说："哦，真的？那你说什么好就是什么好吧。"（笑）

我就报考了。当时师范类的是提前录取的，〔我〕天天守着没事就往中学跑，往门卫跑，问有没有收到录取书。别人都没拿到的时候，我拿到了。我拿到一看，哦，特教。当时的人对特教这一块，其实是很陌生的，不是很了解。

我们老房子左右邻居都会来祝贺你，然后说，哦！你这个特教，你这个专业好，你进去出来三年就是特级教师了！

我进去了之后才觉得，我入了一个大坑一样。（笑）到 8 月底开学准备去报到的时候，老师开始介绍专业，分盲、聋、弱智之类的。我一下子有点懵，但是我这人就是心理调适还蛮快的。（笑）我想也不错，学个手语之类的，出去还能显摆显摆。老师说我们这里主要专业是〔教〕智障。我就又感觉很疑惑。一开始不怎么能够把自己融到这个〔专业〕里面去。但是随着见习、去学校里看一些在岗老师上课，和这些智障小孩子接触，慢慢你会喜欢上，觉得我学这个专业蛮有意义的。我出去做这个事情像奉献，像献爱心一样的，而且老师那个时候给我们灌输的思想就是你出去是奉献的、献爱心的，从事一项伟大的工作。〔所以〕我出去工作、见习就觉得自己是很伟大、很高大的。

我觉得我还是蛮幸运的。南林师范是中专，读到差不多中专两年级的时候，1998 年，南林师范并给华东师范大学，成了华东师范大学学前教育、特殊教育学院的特殊教育系，就有一个可以继续考到华师大特教系的机会。再多读两年，学历就晋升一级，成为大专毕业了。人们常说，有得有失。我当时同一个班四十个同学，有将近十个是中专毕业之后就选择不再继续深造，直接去做老师了。我当时确实也有过犹豫，因为往后的就业形势你不确定的。再说你到中专三年级的时候有见习实习，实习的时候你就会去实习的学校，领导会跟你说我们现在有空缺，你如果现在毕业，你可以过来，我们直接签合同。当时我们也像是委培一样的，国家培养的。然后，想了想觉得往后的形势，学历还是比较重要的。

两年之后，本来我们中专是哪里出来回哪里，比如我是长宁考出去的，我最终是回来服务长宁。但是，读完两年大专之后，形势就变了。当时也是在卢湾和静安两个区的两所辅读学校，也就是现在上海各个区的特殊教育学校徘徊了一下。我这人是不太喜欢浪费时间的。我觉得卢湾离家太远了，每天上下班我浪费的时间〔太多〕，不如就选这边〔静安区的学校〕，近一点的话，我早点到单位，还能做一些准备的工作。特殊教育一共学了五年，到 2001 年华师大毕业，在静安开始上班。

问：您在学习经历中有获得什么成就嘛？

马琛：进到师范学院，有分好多专业，而且学的科目是比较杂的，它甚至包括插花，织毛线；音乐方面，比方说指挥，试唱。我自己觉得比较骄傲的是在我们大合唱的时候我是指挥，而且，他们觉得我像一个男生一样，站在前面

很帅！（笑）

问：在大学参加什么社团？或者当班干部之类？

马琛：我是学生会的生活劳动部长，帮着老师一起检查工作，检查班级、寝室之类的。其实我觉得以我的性格，不太适合做这种工作，但是可能和当时负责的老师性格比较相同。老师也比较喜欢我这种性格，觉得蛮爽快的，你去查，好就是好，不好就是不好，该怎么改进就怎么改进，就一步一步来。

问：学习过程中有获得过哪些奖项？

马琛：优秀学生会干部。当时群众关系也比较好，同学之间的关系也比较好，老师可能也比较喜欢我这种性格，毕业的时候有一个优秀学生会干部的证书。

问：在学习过程中有哪些值得骄傲或者遗憾的事情？

马琛：我觉得就是当时没有再努把力从大专变成本科。（笑）因为 2001 年大专毕业时，华师大又有一个政策，再读两年就变成本科。我印象中和我父母也有关系，他们觉得再读上去，万一你本科毕业了之后，老师多出来，你找不到工作怎么办？以前我们中专是包分配，你哪里来回哪里去，但读大专的时候，你从长宁区来，如果区内不招，你可以在全上海市去找公办学校，你还有一条出路。可能读了本科之后，铁打铁的〔要〕自谋出路，不一定能找到你想去的单位。

我父母当时是有这样一种考虑。而且他们观念当中，女孩子读到大专可以了。当时来说大专已经是一个可以的学历了。学校本科生也不是特别多，老的教师基本上都是中专的，甚至我们单位当时还有一批是在八几年九几年的时候转岗，纺织厂，或者说其他一些工厂，转过来的一些女工做老师。你先教，然后再去考一个教师资格证。但考也是很简单的，像教育局或者教育学院自己的一种内部测试，你只要通过就都有教师资格证。

我进去那一年，我们学校有一批是这样的老师。相对来说，在那个年代，我的学历已经算是可以了。我自己在 2005 年左右，出去读专升本了。但是你会觉得你职后培训和你之前的全日制读出来是完全不一样的。

初次见面的工作，你好

问：请讲讲您刚参加工作时的一两个小故事？

马琛：很“恶心”的算吗？（笑）新教师有一个带教的班主任，她会带带你，怎么样管理班级，怎么去做班主任。我觉得，实习和见习的时候，你去看和你去做，跟你上班之后自己真正投入到这个职业当中，感觉是完全不一样的。我们实习的时候〔感觉〕这些孩子好可爱啊，好萌萌的。但是你真正去〔工作〕，一开始是不太适应的。怎么和实习的时候不太一样？怎么有这么多事情？当你真正自己去做这份工作的时候，你会发现有很多繁琐的事情。

我记得第一年自己带班的时候，我的心理素质强大到〔极致〕。我上班的第二年，正好有招新班级，我跟另一个老师搭班带一年级，尝试一下包班制。就是你上语文课、美术课、音乐课。我上数学课、体育课、生活课。所有学科〔都是〕我们两个〔教学的〕。你一半我一半，包括班主任工作，两个人一起做。这个学期以你为主，我来辅助你。下个学期，以我为主，你来辅助我。

那时候班里的学生相对来说比现在的孩子〔障碍程度〕要好一点。班里有个孩子，大概是国外回来的，语言方面也不是特别好，行为习惯，还有生活习惯也没有磨合好。有一天，大家吃中饭，我给他们饭分好，汤分好，菜分好，他们在自己座位上吃饭。小桌布铺好，一盒饭，一盒菜，一碗汤。大家都在吃，〔这时〕有个孩子跟我说，马老师，大便。然后我说，要大便啊，去。我自己还坐在前面跟学生面对面吃饭。他指着自己裤子，站到我旁边，我看一腿的大便，而且都是拉稀的。我就说，哎呀，怎么弄成这样啊？他嘿嘿嘿朝我笑。当时我们有一个小浴室，在楼下。我带他去洗，给他换一下〔裤子〕。我盛了一盆热水，〔拿〕了一块新的毛巾。一边洗我还问他，大干净了啊？他说，嗯！然后开始洗。我刚洗完擦干净，手拿着毛巾，还在给他擦腿，啪，一排大便就流到我手上了。我刚还吃饭呢！我说你不是大干净了嘛？嘿嘿嘿，他又朝我笑了笑。那是我第一次〔遇到这样的状况〕，我洗了七遍手，反复洗，〔用〕洗手液、肥皂，真的是洗了七遍。那天我自己的饭是吃不下了，他〔却〕照样还在那里吃。

〔过了〕差不多一个学期不到，我的心理素质强大到：不就是大便嘛！左手给他擦，右手自己在那边吃饭。我已经练就到这样一种心理素质了。我觉得我这个适应过程还是蛮快的。但是那件事情，真的我这辈子都忘不掉的。

我就觉得，一手的大便……当时因为没有结婚，没有孩子，没有做妈妈的经验，那么年轻，毕业的时候二十一岁……最多就二十二三岁。你面对这样一件事情，我真的……我回去的时候，还在不停地闻，还有没有味道？但是你带班的时间长了，和学生接触的时间长了，就会觉得他们任何的行为都是正常的，我什么都是可以接受的。

问：工作之后您参加过哪些培训呢？

马琛：特奥教练员培训，我自己去读了一个专升本，各类的培训就是围绕着工作的，有需要单位领导就派你去。

问：刚工作的时候，您的师父有传授什么特殊教育的方法吗？

马琛：你是指单位里面的师父？没有，当时单位里特殊教育专业毕业的寥寥无几。当时我师父是校长，他是普通学校调过来的。所以特殊教育方面，可能传授的不是特别多。但是他会在教学方法上给我指导，〔告诉〕你怎样去备课，怎样去上课。师生之间的相处模式，还要靠你自己去积累经验，慢慢地去磨合。

问：您觉得特殊教育学校与其他学校有哪些不同？

马琛：现在都差不多的，只是课程设置方面可能叫法不同，比如英语课我们叫生活 ABC。

问：您觉得特殊教育学校在哪些方面比普通学校更好一点？

马琛：因为没有应试要求，没有学业的压力，也没有很固定的一个考评标准，无论对老师还是对学生，都不会造成很沉重的课业负担。现在普通学校里小孩子一入学，家长、孩子的压力也很大。班级和班级之间会有一个互相的比较，年级会有排名，班级会有排名，你要督促孩子去学习。

我们这边学业方面没有〔分数压力〕，甚至我们学校的语文、数学学科，一个班八个孩子，可以出八张不同的考卷。同样，这个单元测验针对语言障碍的孩子，我只要你点出来，能认识这个字；有语言能力的孩子，我要你能读出来，拼出来；更好一点的学生，你要能够听写下来，能看拼音写出词语。或者说老师口述一个“我们”，你能把这两个字写出来。一个人可以定一条标准，这就是因材施教、因地制宜教育的开展。

这是跟普通学校最大的不同，普通学校就是一把尺测量每一个学生，只有一个标杆。特殊学校相对来说课业压力小，我们更多的是从学生的生活技能方面，或者说兴趣培养方面〔进行教育〕。

问：特殊学校工作对您的性格和处事方式是否有影响？

马琛：我以前比现在更风风火火。我一开始工作的时候也有一段很不适应的时候，觉得时间过得好慢。工作了一段时间之后，我会要求我自己适应下来。你无法改变别人，就改变你自己。一开始我会觉得怎么我一个指令下去，他不是立刻给我反馈。慢慢我会等待他，十秒不够，等待他半分钟，一分钟，他总会给我反应的。自己慢慢去调整自己，适应这样一种生活方式，或者说慢慢转变自己的性格。

懵懂成长的教练生涯，加油

问：您是从什么时候开始接触学习体育的？

马琛：这也算是一种机缘巧合。我2001年进来到今年为止没有调动过工作，在这个学校将近有十六年了。一开始是做数学老师的。我和我的同学，一起来面试应聘，面试完之后，要定学科了，我们跟校长谈。当时正好是两届校长新老交替，老校长要退休，新校长要上任。两位校长坐着跟我们谈，他们说，你们比较胜任哪个学科？

这下我二了，真二！我事后想想我是蛮傻的。我觉得人家领导问了，人家校长问了，我先说，我比较喜欢数学。好，我答完了。我同学来一句，除了数学，我别的学科都能教。亏啊！我一想，完了，人家选择面多大呀！（笑）我说我喜欢数学，人家领导想，那你就教数学！我同学聪明了，她说除了数学，别的我都能教，等于是生活课、劳动课、科学课、常识课，她都能教。这下我傻眼了。

不过，进去之后我同学教语文，我教数学。我们两个搭档得也不错。而且，事实证明她是适合教语文，我适合教数学。她思路很清楚，分析课文，分析文章，她会分析得很清楚。我读得挺好，但你要让我把这些课文说清楚，我翻来覆去，颠三倒四的，讲不太清楚。我自己理解这篇文章，不一定能把我知道的这些很好地教给学生。但是我数学思路很清晰，我跟学生讲这种逻辑性比较强的。

上了差不多三年，三年之后，当时我们学校里面发生了一些事情。体检时候有一个老的体育老师查出来有癌症，然后病退，回去休养，开始做一些治疗。

当时其实还有两个兼职的体育老师。除了专职的体育教师，还有两个，一个是男的，性格跟我正好是相反的，很柔。还有一个女的，正好怀孕回去生孩子了。我们校长就和我谈，说，你性格蛮爽的，你试试看教体育吧。我说行呀，那我就是这时候顶上去的！上着上着，随着各位老师的退休，我就转成专职体育老师了。大家都觉得我在操场上，无论是叫口令、带学生，还是每天带学生到操场上的控班〔都挺〕好，都蛮胜任这个学科，这个岗位。慢慢，直接就给我转到了体育学科。本来是兼职体育老师，专职数学老师，兼职体育课。

慢慢变成专职体育老师兼数学课，再后来就数学课全部丢光，直接是体育老师。

问：您的学生有哪些类型的？

马琛：自闭症的，精神病的，语言障碍的，智力障碍的，脑瘫的，基本上都有。辅读学校招收的学生，是精卫中心或者儿童医院检测出来的，确定是特殊儿童了，都可以入学的。所以这几类学生，我都有接触过。

问：这几类学生，在教学中您有什么区别？

马琛：比如说唐氏综合征的孩子，他的性格就比较倔强，比较固执，〔我们〕上课的时候"哄哄骗骗"会比较多。自闭症的孩子，你对他的指令〔要单一〕，不能有过多的要求。脑瘫类的儿童，基本是以康复训练为主。重度的脑瘫儿童是被动训练，以你操作为主，他也没有过多的配合。〔程度〕稍微轻一点的脑瘫儿童做主动训练，以鼓励表扬为主。

问：您所在的特殊教育学校是几年制的？

马琛：九年。

问：除了训练他们还有什么其他课程？

马琛：那很多了，语文课，数学课，生活劳技课，音乐，美术，体育，这些都是基础课程。我们学校里会有信息技术课，生活 ABC〔简单的英语课〕。随着上海与国际接轨，特殊学生毕业出去多少需要了解一下，哪怕你只能和〔外国〕人打个招呼。我们还有自己的阅读课和动画片课，我们学校的拓展课程还是比较多的，〔有〕体育游戏课，科学课，还有生活环境，生活礼仪课。

问：您负责训练学生哪些项目？

马琛：最早是从棒垒球入手的。我接手体育这一块的时候，我们区的特色是棒垒球。最早是上海市残联和日本方面的棒垒球项目的活动找到了静安区。当时的学生障碍程度不是特别重，相对来说，这种团队性的项目还能够胜任。常规项目就是田径了，滚球、足球也训练过，基本上是以这四个项目为主。

问：平时以哪些训练为主？

马琛：一般集体训练为主。我们学校有运动队，有固定的训练时间，一周一次。如果有上海市市级或者区级的比赛任务，可能会增加训练时间，一周两到三次。常年的话，每个学期就像排课一样，每周至少有一次，一小时的训练。

问：他们在训练中，同一个动作，需要反复训练的多么？

马琛：嗯！肯定是要重复的。一开始的时候，还要手把手教。你跟他讲了动作要领，他不一定理解，有些根本就听不懂。你做了这个动作，他不能领会你这个动作的诀窍。你要站在他后面，帮他摆这个动作。你帮他手把手地做几次，慢慢有所体会，他慢慢才会把这个动作练会。

问：您在重复教的过程中会觉得有一点挫败么？毕竟怎么教都教不会。

马琛：有时候会有。你跟他反复多次讲，做示范给他看，手把手地教他，一个月，两个月可能还没有学会。有时候会有很急躁的情绪。但是我调试得还可以，我会劝自己，他们本身就是很慢的，不要很着急。而且，我比较喜欢培养小助教——就是能力好的小朋友，能力好的运动员。我发现，可能我讲的他不一定能吸收，但是同伴之间，他更能听懂，学生之间的交流，他们更能够接受，所以有时会请同学做示范。或者分组，两个一组，互相学习，共同进步。现在我手上有两到三个孩子，无论是技巧还是动作，都做得相当不错，十分规范和到位的，〔我就培养他们成为小助教〕。在做准备活动的时候，原先是有点手忙脚乱的，又要叫口令，又要做示范，又要去提示哪个孩子你动作没有做到位，如何去纠正。你就会觉得，一张嘴来不及转换。培养了小助教之后，我就会说，小助教自己上来，叫口令然后领操。我就可以有空闲去教做的不是很好的孩子，纠正他们的动作，帮助他把握节奏。

问：在训练时有自己的独特的方法吗？

马琛：我不确定是不是独特的方法，我是比较多样的。我会根据学生当天的状态，他今天很兴奋的话，我会稍微抑制一下，会有一个竞赛的形式，让他稍微能够收敛一下自己，或者说能够更好地表现自己。如果说学生状态不是特别好的，我会适当地给他鼓励。针对不同的学生，有些他本身就是很慢的，你只能是慢慢去引导。有的你一讲他能够领悟的，那可以跟他提要求，甚至培养小老师——能代替你做示范的那些学生。他们〔学生〕之间有一个互相激励、互相学习，〔训练〕作用还是蛮大的。

问：您比较满意的训练项目是哪一项？

马琛：棒垒球项目还是很不错的。2007 年在上海开了世界特奥运动会，我当时被派去，跟从两位退役的棒垒球国家运动员一起带国家队的三支队伍，参加世界特奥运动会，最后获得第二名，我觉得还蛮有成就感的。

当时竞争蛮激烈的，国外的运动员技术水平比较高。棒垒球这个项目在中国并不是十分普及，它需要较多的团队协作，而且需要学生的反应能力较好。我带了我们学校三个孩子出去，其他孩子是从上海市其他地方来的。大家对棒垒球接触时间都不太长，磨合了好几个月。在这种情况下，我更注重的是学生在心理上的安抚，对于运动员情绪的管理，让他们沉下心来，让比赛稳稳地进行到最后，安静之后不那么浮躁了，反而能够把自己的实力发挥出来。我们有专门外聘的棒垒球教练，他们在技术上给孩子的帮助比较多。

我记得大家赢了的时候特别特别高兴，把手套往天上抛，当时的场景还是蛮振奋人心的。站上领奖台，每个运动员都非常开心，笑得很灿烂，拿着奖牌也十分激动。我觉得他们都有一种感觉，通过自己努力拼搏然后取得了很好的成绩，他们自己都非常骄傲。他们之间勾肩搭背的样子我觉得还是非常可爱的。领奖下来，还对着领队、工作人员、志愿者去展示他们挂在脖子上的银牌，都非常非常兴奋。

问：可以和我们分享一下您和学生在训练中有意思的事情吗？

马琛：我这个人是比较轻松活泼的，跟学生相处还是比较融洽的，有时候我们也会开开玩笑。到训练期间要休息的时候，我说，哎呀，今天腰有点酸。你会看到有两个运动员"哒哒哒"跑过来说："给你捶捶。"你就会觉得特别暖心。虽然孩子平时情感表达方面不是很外露，但是他做的一些小事情，一些小细节还是蛮让你感动的。我有时候想想，我没有白喜欢他们哦！

问：您在和学生训练的过程中有碰到哪些困难的事情？

马琛：我觉得训练中最大的阻力其实来自家长。家长的不理解和不支持，这是最大的阻力。老师布置的这些任务家长不配合，老师也很难落实下去。我作为教练很清楚，他们需要比正常的孩子更多努力，更多的汗水，更多的付出〔才能成功〕。

但是有些家长觉得，唉，我孩子既然已经是这样了，何必再去吃这些苦呢。我让他每天安安稳稳的，每天开开心心到学校，平平安安回家就行了。我跟他们说你们不是在我这里浪费时间，到我这里来玩的，你到我这里来是学体育技术啊！动作要领肯定要练好，你将来出去是展示你自己，为你自己争光，为学校争光，对不对？其实学生会有荣誉感，他会觉得很自豪。但是有些家长就会说，哎哟老师，天开始变冷了，我们不想训练了。会来跟你说这些，〔我〕觉得孩子自己非常热衷于这个运动，孩子自己很有兴趣，但是往往家长就起到了一个反作用。这个就是我觉得最苦恼的。

我遇到过一个孩子，有一次训练，大概也就刚开始训练十分钟、二十分钟的时候，家长来了说，哎呀，走吧走吧，今天家里亲戚来吃饭了，早点回家吧。我说，耽误不了多久，三点训练到四点，一个小时，你四点回家吃饭不耽误你，现在回家也不可能吃饭的。最多就是和家里长辈应酬一下，打打招呼。

家长说，我很忙的，我等一会没空来接她的，我现在就要带她回去。

你会看到孩子在那里自己说，妈妈，我想参加训练！家长就会说，唉，算了算了，少训练一次没关系的。但是孩子会说，同学们在训练，老师今天也在，我就是想留下。当然了，因为家长还是比较宠自己的孩子，你想训就训吧。我觉得我们孩子的思想有时候其实比家长要成熟。

问：如果碰到这种家长出面阻碍的话，您会和家长进行沟通吗？

马琛：会，我会不厌其烦地去跟他像洗脑一样说，首先你来参加训练，对你孩子身体是有帮助的。我们说强身健体，训练能使你孩子身体健康。你说你，光吃光睡，光在家里浪费时间看电视，你这个孩子也就这样荒废掉啦。他有时间，他喜欢，你让他锻炼身体，一对他身体健康有好处，第二，我说现在上海市也好，国家也好，对特奥这块还是蛮支持。就是和家长说说好话，然后劝劝。他练这个〔体育项目〕时会很骄傲地说这个我会的，就像以前练过棒垒球的学生，他出去，我会打棒垒球！有些普通学校的学生都没接触过，这个时候就很自豪的。我觉得这对他们以后回归社会也是有帮助的。

问：您最近有哪些训练项目？

马琛：最近训练的是田径，从上个学期开始，有一个活动叫“活力宝贝”。有一个志愿者团体，是一些退役的足球运动员，会隔周到学校来带孩子做一些足球的兴趣活动，培养他们足球方面的技能。教练还是蛮耐心的，他们从一些简单的球类活动开始，不是强调你要用脚来踢球，而是通过团队性的游戏，比如几个人组成一个小团队，教练会组织一些对抗性的游戏。我们有一些标志物，分成两队，一队要把标志物打倒，一队要把标志物扶起来。两队人比谁的速度快。从他们的这些游戏中，我也学到蛮多，课程当中也可以引入一些这样的游戏活动，既能提高学生的兴趣，又能使学生的体能得到锻炼，这样能跑动，也有趣味性，孩子们也喜欢。我们从这个学期初开始，就会引入传球、射门。但不是多人传球，是直线来直线去，两个人配合，踢给你然后射门。

问：学生通过参加体育运动和比赛有了哪些改变？

马琛：我觉得性格开朗了，比以前更自信了。有个女孩子是比较内向，而且有些自卑，因为她是去过普校，然后由普校再转过来的，能力方面相较于特殊学校的孩子来说要好一点，但是她在普校里面成绩跟不上，就受人歧视。到了这边，她会很胆小，很退缩，但是经过几年的一套训练，跟人比赛、交往，我就觉得〔她〕性格开朗了，更自信了。家长也说，老师，我觉得她比以前语言多了，以前很闷，现在她会主动跟我们表达她的想法。

有些学生在课业方面，可能优于其他学生，就会有一种很骄傲的情绪。有个男孩子以前一直很骄傲的，有种你们都不如我的感觉。在我这边训练，我有意识地让他的缺点或者他的不足凸显，不是说我要打击他，在他凸显自己的不足时，他自己能从训练中看到别人的优点和长处，他会做一个调整，然后慢慢放下自己的骄傲。

问：您在教育过程中获得过哪些荣誉？

马琛：我去年好像评到了区里面的园丁奖，前两年是学校的骨干教师。

问：特校的工作压力会很大吗？

马琛：嗯，课业上面没有，但是你每天要处于高度紧张〔状态〕，要当心孩子，〔让他们〕开开心心来，平平安安回去。因为他们的自控能力肯定是很差的，而且很容易发生意外，老师平时看着他们的时候要特别当心。我在教室带班的话，几乎课间不离开的，一定在教室里看着孩子，〔防止〕他们在打闹中受伤。有一些自闭症，精神类疾病的孩子，会情绪失控，有的会有自残的行为，也要立刻去阻止，要特别关注他们这一天情绪是不是能够控制得好。有的孩子不舒服，但他们表达不出来，没办法向你描述，所以他们就靠发脾气〔发泄〕。你这个时候就要多方面去考虑，还要问家长早上吃过些什么？是不是不舒服？早上没睡醒？有起床气？多沟通，防止有自残行为发生。

问：听起来工作压力还是蛮大的。

马琛：是，孩子安全方面考虑的更多一点。普通学校里面的老师，压力在于我要把班级里的分数提高，我们没有这个压力，但是你必须时刻要关注到每个孩子。

问：您如何调节自己的压力呢？

马琛：我觉得对我来说还行。就是听听音乐，看看电影。有时候会去附近的公园里面走一走，拍照，拍风景，我觉得还是蛮能够调节〔压力〕的。

收获果实的喜悦，欣慰

问：您和您的学生参加过哪些赛事？

马琛：前两年多一点，参加了田径、韵律操、滚球……国家级的就是棒垒球。包括 2007 年世界特奥运动会，也是棒垒球项目。我当时参加的项目比较分散，统管的棒垒球。棒垒球要讲团队合作，在训练中，首先运动员有的会跑得比较快，因为得分是由一垒、二垒、三垒回到本垒。如果前面的运动员跑得不够快，后面的运动员想要站到他的垒位的话，这个中间就可能产生失误，有一个就会判出局。队员之间既要观察到是否能够击球，还要保证跑动时的安全。教练在场边指导，无论当时怎么喊叫，对运动员来说作用不大，还是要靠他们在平时训练时相互配合，教练的作用更多在于排兵布阵。

每项体育锻炼肯定是强身健体的，〔棒垒球〕这个运动我自己尝试下来觉得强度不是特别大，挺适合这些孩子的。对孩子的击球力量要求还是蛮多的，因为你有效击球的手臂力量必须足，不然球打不出去，你没办法跑到你应该到的垒位。规则的话就是击球手绕完一圈回来得分，哪一队得分高，哪一队就胜利。跑垒位，如果你在对方击出球之前跑到他的位置，那你是安全的。如果对方已经接到球了，而你没有跑到你的垒位，那你就出局了，这个和正规的棒垒球比赛规则基本上是一致的。唯一的区别就是在投球的时候，男子投球手臂绕一圈投得比较快，〔特奥棒垒球〕这个是下手投球，有点像女垒，投球速度不是很快，因为球速一快，这些孩子肯定打不中，这个规则就是按照特殊人群的特点做了相应的调整。

问：您带的队获得过什么奖项？

马琛：特奥的比赛是以能力分组的，八个人为一组，八个人里面前三名是金银铜牌，第四名到第八名是绶带，重在参与，参加比赛都能得奖。对孩子来说，让他去体验，去学习怎么和人交往。〔如果〕你一直在学校里面，或者说一直“家—校”“家—校”〔之间活动〕的话，人际交往这一块〔是有所缺失的〕。

我觉得他们要有一个恰当的人际交往表达方式。比如说有的孩子的表达方式不对，他看到你，很喜欢你，就扑过来，揪着你。你作为当事人，你会不太喜欢这样的感觉。他们需要学习见到了其他学校的同学或者老师，怎么样有礼貌地去和人家打招呼。而不是说，我见到了一个和我一样的运动员，我很高兴，我很“high”的，我就过去抱他来表达〔高兴〕，但是别人可能不喜欢这样的方式。我觉得多带学生出去比赛，在这一方面培养的比较多。

还有就是学会怎么和别人分享。带出去〔比赛〕让学生体验快乐，去参与就可以了。能拿一两块牌子的，那么通过努力拼搏，他自己也很高兴，也很光荣。我有一年带他们去参加滚球比赛，当时规定八周岁以上都可以参加，但是年龄上不封顶，有的区县派出来的是成人队，我带出去的都是十六岁以下的。有一个小姑娘，蛮有意思的，平时训练，拿我们的话说就是“搭进搭出”的——一会儿好一会儿不好，状态很不稳定。我想：哎呀，带出去吧，反正她是属于比较听话，还比较乖的“小唐”〔宝宝〕。我说，带去吧，带出去开心，带出去玩玩。然后〔比赛的时候〕她就这样先斜眼看看人家哦（斜眼看，模仿那个女孩子），和她比的是一个三四十岁的成年人，她不管三七二十一，她说老师，我把他的球打掉对吧？我说，随意，你觉得哪个好就好。滚球，有个目标球，一个白的目标球，人家那个已经很接近目标球了。于是，她“啪”的一下把人家那个一下子打得老远，她自己的那个球就停在那里，离那个白球近了。人家气死了，但是她很开心的。回来她拿了一块银牌。然后我说，蛮好的嘛。她说我打的，厉害吧，我把它打掉了，打掉了！

问：在比赛过程中，有什么比较有意义的事情？

马琛：有一次田径比赛，蛮有意思的。田径比赛是没有人数限制的，在校的学生，只要能跑的都可以参加。我们自闭症的孩子出去的比较少，我们尝试着带出去。但在平时训练中，会发现他们不受控制的，你的指令对他们来说〔没有作用〕，他们不理睬你的。我就比较担心他们在比赛中会自说自话，不在自己的跑道跑完整个赛程。当时是这样子的，派出去的老师差不多是一对二的，我把他带到比赛场地，检录完，他跑 50 米。我们有一个后勤的男老师，〔从〕看台上下来，说我站在终点等他，你在起跑线这边等发令枪响之后，你提醒他跑。我说，嗯！

本来我考虑到了在起跑线提醒他，但我没有考虑到对面〔终点〕，万一他跑差了怎么办？当时还有高年级的已经比完的一个学生也说，老师，我跟在你边上看他跑。蛮巧的，他那个跑道是最里面那根。我们在学校是没有发令枪的，全部都是以哨声为准，所以发令枪一响，他们有的就很害怕，我有意识地在他边上提醒。当时发令枪一响，我就在后面拍了他一下，说跑。其实旁边的选手已经跑出去了，但是他还回头来看我。那个比完的高年级同学很好的，拍着他说，你快点，你跟着我一起。他就在旁边陪着他跑完全程，后勤老师在〔对面〕把他吸引过去。虽然名次不怎么理想，但是我觉得他跑完这个之后自己很开心的。他回来哈哈哈笑，说，我跑好了。我就说嗯，表现真棒。他就问你要一些吃的，因为你总要有一些奖励品。之后让他回到看台上，他就说，我跑好啦，我跑好啦好啦。很棒！很棒！我很棒，我跑完了！对学生来说让他开心，能够在他成长当中有帮助，我觉得就还蛮有意义的。

问：曾经有训练的孩子错过国际特奥会吗？

马琛：嗯！肯定有。国际特奥会四年一次，只有 2007 年在上海开的，对于上海的孩子来说，参与度是最广的。你要知道，去参加国际赛事，代表的是国家，国家会在国家层面各个省市去找运动员训练。你一个小小的区县里的学校的学生〔去参赛的〕机会其实是很小很小的，除非你有特别优于别人的能力，或者你以往的比赛成绩非常突出，非常优异的，才会被上海特奥选拔进国家队去训练。所以，为什么说我心态一直很好，我让孩子去是重在参与，主要是体验快乐。因为你不可能去向这些孩子承诺，我会带你去参加很大型的国际赛事。你给他这么大的希望，到他九年毕业的时候，不一定或者根本无法去参加这样的比赛，会很失望的。

问：参加特奥运动会对学生有哪些帮助？

马琛：我们学生更自信，更快乐，更健康。我觉得他们的家庭也会是这样，家长也会很乐意见到这样的转变。有的家长会觉得，哎呀，我生了这样一个孩子，完了，他就只能在这样的学校做这样的事情，读这样的书。但是通过参加特奥、训练，孩子有出去比赛的机会，哪怕就只是校际运动会，家长看到孩子参加了比赛，获得了奖牌，家长也很开心。

问：请介绍一下特奥教练员的培训？

马琛：特奥教练员培训参加过在上海的和北京的。单位里工作比较忙，所以一般在本市开展的较多。外地的话，前两年，在北京参加过一个首届特殊体育教师培训。都是和工作相关的，最初也是因为做了体育老师之后，接触了特奥，我们领导觉得，我们不外聘教练的话，你在学校就是特奥教练这个角色。

问：培训内容是哪一方面的？

马琛：特奥领袖计划，〔还有〕一些是单项技能类的，比如说高尔夫球教练，体操教练，棒垒球教练等。我自己在五六年前参加过华师大脑瘫康复师的培训。

特奥领袖计划〔的培训〕一般就是听讲座，看来做报告的讲师、宣讲人怎么和学生互动的。〔通过培训〕对特奥领袖这个概念理解更加深刻一点。原先觉得必须要〔训练出〕特别出类拔萃的学生，比如必须要获得金牌、有卓越成就。通过培训之后我觉得要体现的是特奥的一种精神，要宣扬的是特奥运动员的一种刻苦训练的精神，克服自身障碍、克服自身困难所取得的成就，不需要很夸大地说他如何优秀，我们应该肯定他的努力过程，然后看到他在整个过程中取得的成就。

脑瘫康复师的培训，有理论课和实际操作，华东师大特教系组织的。当时还请了华东师大医院康复科的医师，讲病理和脑瘫的种类。脑瘫一般早发现早发育早治疗，婴幼儿时期就能判断他是脑瘫了，有的很早就开始康复了。还有实际操作，像实践课一样，去浦东的儿童医学中心，有专门的脑瘫康复科。最小的我记得当时是一个六个月的宝宝，稍微大一点的就是幼儿园的、小学的宝宝。有些你可以和他正常交流的，不是很严重，有些孩子是很乐观的。我们看医生怎么操作，有时候也会让我们尝试着给他做一些被动训练。

问：您觉得特教教练应该如何传带和培养？

马琛：我是属于半路出家的，原先不是做体育教练的，现在大多数〔教练〕都是体育学院毕业的，如果具备了特教方面的一些理论知识，再把自己的这些〔体育〕技能，结合起来去教，会更容易上手。

问：教练之间会相互交流更好的训练方法吗？

马琛：偶尔，会的，特殊学校基本上体育老师就是特奥教练，我们就在群里面互相谈我今天一个学生出现了什么状况，或者说有什么样的表现，我当时是如何处理的。然后其他特奥学校的体育老师就说，这样的学生我们这里也有，我是怎么做的。可能不是很正规的大家坐着做研讨，就是在闲谈之间，你就会从其他学校的老师的语言当中去挖有用的信息和方法，成为你自己的经验，所以同行之间的交流还是蛮重要的。

问：您觉得教练的工作价值在哪里？

马琛：学校里面带学生训练跟外面〔带学生〕待遇方面绝对是无法比较的。比如说他（指儿子）去游泳，一个教练带三个孩子，一个孩子每次交 150 元，他一节课就 450 块钱。我们现在的训练费差不多在 70 块钱一个小时，你的学生数不得少于六个。我一般教将近十到十二个孩子。这样一比较的话，特奥教练收入是〔不多的〕……但是我也没有觉得钱少我就偷懒或者没有工作的动力。其实每一次带着他们一起训练、游戏，对我自己来说也是一件蛮开心的事情。

问：您觉得什么是特殊奥林匹克？

马琛：特殊人群参加的奥运会。

问：什么是特奥融合运动？

马琛：是特奥运动员和融合伙伴、健全人一起参加的〔运动〕，也是一个很好的让健全人去了解特殊人群的机会。通常融合是找年龄差不多的，我发现，普校来的学生一开始都是做志愿者，做融和伙伴，但他们不知道怎么和我们的学生相处，我们的学生在人际交往过程中，反而比他们〔普校的学生〕要放得开，他们〔反而〕会很难为情。就像上次来了一个班的学生在我教室后面，就很拘束，很拘谨地坐在那里。他们的老师就说，你们快快互动一下呀。然后他们就看着自己老师说，跟他们说什么呀？我跟我的学生说你们跟他们去互动一下，跟他们交流交流，我们学生就说，啊，同学你好，我叫什么名字，就过去跟人家介绍自己。他们〔普校的学生〕才开始〔介绍〕我是几几班的，才跟我们的学生聊开。

获得喜爱的愉悦，自豪

问：在过去的教师节中有什么记忆深刻的事情？

马琛：我记得有一个学生，现在已经毕业五六年了。在学校的时候他是一个非常非常调皮捣蛋的、很难搞的学生。但是上体育课，他看到我是很佩服的。有什么事情，他的班主任就会说，去找马老师来啦！他就这样（模仿学生，做很乖的样子）。他每次看到我，面对着我时会很不好意思，会比较躲闪，但是我同事说他看到你是喜欢得要死的，他老是偷偷地在你不注意他的时候，在那里笑。别的老师会问他，你最喜欢什么老师？〔他说〕我就喜欢马老师。他来运动队，我不在的时候就可能招惹这个，招惹那个，惹是生非。但是只要我一站在前面，他就很认真、很识相的。

我记得学期结束会给学生评奖，他有一个学习进步奖，当时奖励了一本蛮好看的卡通彩色笔记本，这是他的奖品。他早上拿到的，不到中午，他就拿着这笔记本悄悄过来，直接往我身上塞。我就问他你干嘛，这个本子你拿来干什么？他就说送给你。他的班主任说我们多少人问他要这本子，他说什么都不愿意给我们，他说好看，他喜欢。现在你都没有开口，他就主动送给你，还说他是真心喜欢你，用上海话说就是“吃死你，爱死你”①，他就给你一个人。后来我没有收，我说我给你写点话，你这个本子就记记笔记，把你想写的事情写上去。他就蛮开心的，他说你在上面给我签个名，我就给他写了两句话，祝天天开心，学习进步。他就开心死了，回去就像宝贝一样收藏着。

虽然他不是我班级的学生，但是他毕业之后真的是每年过年，每年教师节肯定会雷打不动地给我发短消息，祝教师节快乐，他心里是记挂着的。

问：您觉得这些特殊的孩子有哪些优点？

马琛：有的学生会给你一种很认真很踏实的感觉，他们会对自己有所要求，主动去学习，这一点是非常好的。还有，这些孩子都没有什么心机，很天真的。你跟这些人去接触、相处，你不会有太多的压力，跟他们在一起你会觉

---

① 吃死你，爱死你：上海方言，表示十分喜欢你，程度深。

马琛教练（均左一）上课情景。

得很轻松，很放松。

问：他们有什么宝贵的品质？

马琛：纯朴！我们有的时候说就是傻得可爱！很萌的那种，把心里想说的就告诉你，不会有太多心机。跟他们接触久了，我老公也会说你缺心眼儿啊。（笑）我有时跟我老公说话也会比较直接，他就会说你说话经不经大脑啊？我说经啊，我觉得没有什么问题的呀。他说下次你想好了再说啊。（笑）

问：毕业之后的学生会来看您吗？

马琛：嗯，有。现在学校的安保比较严，也不是说我是你的学生，他就让你们进的。有时候他来看你，你在上课，你也不一定能见到他。包括以前毕业的学生，有些也有结婚的，他会回来发喜糖给你吃。你就会觉得啊，他要结婚啦，然后你就算算，哎，我老啦，就有这样的感觉。

问：你会和毕业的学生保持联系吗？

马琛：我一般不和学生主动联系，但是一般学生跟我发微信，发短信什么的我都会回。有个前两年毕业的学生，加过微信，但是加的是他妈妈的微信。可能现在他在用，前一阵子才给我发消息，他会说，马老师你在干什么呀？我说我在看电视。他说，“我告诉你啊，我今天获奖啦！”我说，“什么呀？什么奖呀?”他说:“今天我们结业仪式,拿到一个优秀学生的奖状。”我说,“哎呀,那不错呀,表现很好!”会有这样很平常的聊天。

问:您认为自己是一个什么样的人?

马琛:什么样的人?我觉得还是属于比较乐观开朗,适应能力比较强的。自我调试比较好、比较快的人,有点像小强吧。怎么说呢,有遭遇过不被理解,或者说不被看好,但是往往结果都是我满意的,我自己觉得还是蛮不错的。

问:可以举个例子,说说您在别人眼中的形象?

马琛:女汉子?以前教室里面饮水机换水,我们同事都是叫学生,哎,去找卫生老师过来换桶水。我说不用了,我自己来。一桶水,扛上去就这么装好啦。他们就说,哇,你是女人吗?我说,女人力气大一点也是女人呀。

问:您当特教的教练有多久了?

马琛:大概从 2005 年开始的,一直到现在。

问:在从事特教的过程中,有碰到过特别困难的事情,让您想要放弃这个行业吗?

马琛:没有,我一直很热衷于这个职业。我觉得我做得很愉快。

问:您坚持下去的动力是什么?

马琛:看到孩子们开心,有进步,我就觉得很好了。每个学期开学你会感受特别深,开学的时候你没有跟他们说,我们什么时候开始有训练,他们会很着急地来问老师,我们什么时候可以运动员训练啦?他们很期待来训练,期待老师组织我们训练。你就会觉得,哎哟,我是让学生牵挂的那个人。虽然他们情感很简单,表达也不是特别清楚,但是你可以感觉到,自己心里就会想,诶,他们是不是整个假期,心里都在惦记着我呢,是吧?你就会觉得特别窝心。

问:您这些年在学校当教练有什么收获?

马琛:收获就是,我看到每个学生都很喜欢我,我就很有成就感。并不是说通过我的训练他们取得多大的成就,取得多少金牌、银牌,我看到每个学生因为训练,运动了,开心了,〔我就很开心〕。甚至家长来跟我说,老师,他今天回去,好像主动打招呼了,或者说今天训练累了,回去吃饭吃的好多。你会觉得,他是因你而改变。

问:您的学生毕业之后会从事哪些工作?

马琛:我们学校毕业出去相当于初中毕业,之后有的会去参加职业培训,相当于初职校去，还有的去街道的阳光之家了。一般来说，如果在职校里能学到技能，有证书的，会有单位去接纳他们的。我有一次在麦当劳，看到过我们毕业的学生在那边打扫卫生，能力更强一点的在超市里做理货员。

在时间流逝中前进，学习

问：您刚刚工作的时候，人们对于特殊儿童的关注多吗？

马琛：不多，刚工作的前几年，我觉得社会也好，其他人都不是非常理解这些特殊人群，后来慢慢地，社会宣扬的多了，宣传多了，一些公益、志愿者服务都多了，社会各方面开始知道些特殊孩子是怎么回事。以前人们对特殊人群〔的认识〕是很局限的，〔只知道〕盲、聋、哑的，对于智障这一块了解得非常少。现在宣传多了，大家也就比较了解了。

问：您会在哪些公众媒体和平台上宣传特殊教育呢？

马琛：微信，我原先用微博，后来微博账号自己忘了，找不着了。

问：您觉得效果如何呢？

马琛：嗯，我会影响身边的朋友和家人。一开始家里人都不太了解，不太关注，包括我自己从小一起玩到大的朋友，他们很不能理解的——好好的去读个大学出来教“傻子”，你何必呢！我说要你管！然后就偶尔把学校里的一些事情，学生有什么可喜的表现跟他们说，他们会有一种〔惊讶〕：啊！这个他们也能行啊！就是很意外的，在他们印象当中，这样的孩子就是什么都不行，什么都不会的。我说轻度〔障碍〕的学生炒了个菜给我吃。他们说，啊？你也敢吃？没有毒吗？我说，你现在看我有事吗？可以的，味道蛮好的啊！他们说干不干净啊？我说，有老师教的，严格按照厨房的程序来的！慢慢说多了，他们会明白，原来是这样的一群人。现在我身边的朋友比较能理解了。

问：能介绍一下您比较佩服的同事和教练吗？

马琛：上学期很有意思。我们在一起看新闻，我同事会说，哦，这个谁很帅啊！然后我说，嗯，很帅啊。我同事问我，这是你偶像吧？我说不是，我有偶像了。那个同事是新来的，我们老同事就说马琛有偶像，十几年了，她不变的。新同事就问是谁啊，马老师快告诉我。老同事说你不认识的，已经退休啦。

这也是为什么我们校长会决定让我从数学老师转到体育老师的一个原因。我崇拜的那个体育老师，他查出来癌症。那个体育老师是我心里最佩服的一个老师，同时，他是我偶像。我在学校里面碰到他，我就喊偶像、偶像，我就这么说，就这么跟他打招呼。所以我们学校里面老的教师都知道陈老师是我偶像。

他是一个身材很娇小的男体育老师，跟我差不多高。作为一个男体育教师来说，这样的身材是比较矮的，但是他很有力量。七年级还是八年级一个精神有疾病的孩子，很高很壮的，一米八，情绪失控了，拿椅子去砸人，班主任就保护住其他学生撤离现场。印象最深刻的就是陈老师跑过去，你想干吗？这学生一下子就像老鼠看到猫一样把椅子放下来，说，没有没有。他的气场很大，让我觉得，哇！就是看到金光闪闪的那种人、看到神一样的那种感觉，他当时真的给我这种感觉。我就一下子被他吸引了。他这么小的身体有这么大的力量，他整个人的气场，这么震得住学生，我很佩服他！我就很喜欢，然后我说偶像，他就是我偶像！

后来他上课、在运动队，我没什么事情就会做义工一样在旁边看着他的学生训练。他不算是〔我〕名义上的师父，但是我很随意地，很自然地就跟着他学了很多。他的教学风格，还有上课的态度、方式方法都是我很欣赏的。他的教学风格就是很爽的，跟学生该怎么样就怎么样。而且不严肃的时候就能和学生打成一片，学生都很喜欢亲近他，愿意跟他在一起玩。现在他回学校，我就会说偶像，他又来啦，到现在为止我还是很崇拜他的。

问：您人生中最希望得到的是什么？

马琛：我们领导的认可，社会的认可。(笑)

问：您人生中最高兴的事情是什么？

马琛：最高兴的事情啊，我觉得我的人生一直都是蛮愉快的。(笑)

空手道，我有一阵子很沉迷

问：那您有哪些比较喜欢的体育运动呢？

马琛：我有一阵子很沉迷于学空手道，可能也跟我最初想要当警察有关系。我的观念当中，女孩子不一定都是很娇弱的，所以我从小一直很想做警察，想学一身武艺，从中学〔到〕师范，我就是蛮想学空手道。但是，我父母对我的照料是很循规蹈矩的，他们觉得女孩子做做老师蛮好、做做护士蛮好。所以没有上班之前，我一直是在父母保护之下成长的。

到差不多上班一两年的时候，正好，下班路上有人就发了个宣传单给我。

我就一下子钻进去了，很痴迷的。我回去和我爸妈商量，我要去学空手道。他们跟我说，女孩子不要学这个。我说，不行，我现在有工资了，我就是想学。当时我记得蛮清楚的，我跟我妈妈争论得蛮激烈的。我特教毕业出来之后，不是马上就做的体育老师，我刚入行的时候第一学科是数学，我妈妈始终觉得，做一个数学老师，文文静静的。她就说，女孩子就不应该学这个。她觉得你弹弹钢琴、学学乐器类的蛮好么！我说我不感兴趣。包括我在师范里面，你让我坐下来，手指操作电脑、钢琴我是不行的。

当时我记得跟我妈说了印象很深的一句话，我说，这辈子我没有做过任何一个我自己的决定，我的人生都是你安排好的，我现在就是想做一件我自己想做的事情。然后我妈妈就很震惊地看着我（模仿妈妈的表情），小样！（笑）我就在那里说，我要学！我必须要做一件我心心念念始终想要做的事情。我妈说，那随便你，你自己拿你工资去学。我说，可以啊，那学费就拿我自己工资！我省钱下来自己去交，当时工资也不是很高，2001 年工资 1 000 多块钱。我就学了将近两年多。

两年多以后也就是谈恋爱了，结婚生孩子，中断了。其实现在想起来，那段时期还是我蛮骄傲的时期。那个时间，我觉得我的人生好精彩，我自己做主啦！

问：现在还有练空手道吗？

马琛：上半年有，我可能是一个比较主观比较强势的妈妈。儿子差不多幼儿园大班的时候，我说妈妈以前每天练空手道好帅的，而且男孩子练了之后出去，不说你要锄强扶弱，起码把自己身体练好了，你出去能够挺直腰板。从我儿子幼儿园大班开始我就鼓励他去学，一直学到他两年级，到上个学期。因为现在小学生作业实在太多，他也没有过多的时间。

前期的时候很喜欢，后期因为对抗性多了，实战了，他有时候会觉得扛不住。他和高级别打的时候，他肯定打不过人家，被人家打的。有一次，我看他被人家打得胸口一片红，心疼是很心疼，但是劝还是劝，你扛得住的！哄哄骗骗。他到后期的时候就有一点小放弃。我说，妈妈陪你一起练。

差不多陪他练了有大半年的时间，但是明显会觉得你十年之前练，和你十年以后练是完全不一样的身体状态了。她们都说生过孩子之后，你的身体素质会比较差，练了一个半小时不间断的体能训练绝对是很累的。现在他课业也忙了，我每天要辅导他功课，我也就慢慢把空手道放下来了，但是它在我的心中是一件很神圣的事情。（笑）

遇上了对的人，幸福

问：您有什么兴趣爱好？

马琛：看看书，唱唱歌，看看电影之类的。书的话最近看的破案类的比较多，我比较喜欢看悬疑类的。最近我听书听得多，就是手机 APP 上的〔电子书〕。我最近在看《狄仁杰探案》。我觉得〔比起〕以前看纸质的书，现在听这种有声小说好像更能吸引我，它配上了音效之后会造成一种引人入胜的感觉。看电影的话，陪我儿子去看过《羞羞的铁拳》，感觉挺好看的，也反映了一些社会问题。有个片段是男主角被误会花钱收买了对手，但是人们只看到了片面的〔部分〕就断章取义，其实男主角是去把钱还给人家的。因为有寒暑假，放假的时间比较空闲，会一起去唱歌。有的时候会一起谈谈工作，比如说我和庄老师，我们两个放假、有空的时候，就会聊聊最近一些特奥方面的赛事。她在特奥领袖这一块是做得很好的，就会跟我分享特奥领袖培训方面的经历。

问：上班后您家离学校远么？

马琛：还行。上班控制在一小时之内，单程，〔在〕上海来回一小时的是很少的。我原先住虹桥路再往西，当时是坐二号线到静安寺，然后走去上班。跟我先生结婚后，搬到他这边来。一开始这里十号线还没通，在虹桥路上坐 48 路到延安路同仁路。十号线通了之后坐到陕西南路站。坐公交的时间，和你两头走的时间，控制在四十五分钟左右。

问：喜欢您的工作吗？

马琛：喜欢！因为我本身是个比较好动的人，在我没有做体育老师的时候，我们原先的体育老师带孩子在操场上，我就会被他们吸引过去，像义务的助教一样陪着他们一起练习，然后慢慢喜欢上，再转去教体育，后来越来越喜欢。而且你可以看到一个孩子从什么都不会，甚至不会排队，连一些体育常规也不会，到后来他能成为一个带出去不仅可以比赛，还能够得体地和人交流、交往。经历这样一个过程，可能需要很多年，但是看到他可喜的变化就会觉得我所做的很值得。

问：在工作中有什么困难吗？

马琛：都还好，现在做班主任所面对的问题，就是如果有一些比如说特奥方面的培训，或者说论坛就没有办法去参加。因为学校会考虑到你带班，你如果不在的话找不到人来顶替班主任的位置，所以出去职后培训的机会就比较少了。

问：您和同事的关系怎么样？工作之余，会有什么活动吗？

马琛：还蛮好的。工作之余，有时候会一起去唱歌，或者说探讨一下烘焙。

问：您丈夫是做什么的？

马琛：我丈夫是工程师，我们有一个儿子，在上小学。

问：是怎么认识的？

马琛：是通过最老土的方式，哈哈，就是相亲，由介绍人介绍。在认识他以前我是一个家、学校两点〔一线〕的人，几乎不怎么出去逛街或者玩，生活还是蛮单调的。我情愿在家里看看电影、电视，读读书，不太喜欢逛街。现在也是，朋友约我出去逛街，我说不要太长时间，我逛不动的。所以就没有很多机会去认识男孩子，读师范本身男孩子也少。

问：认识后是怎么相互了解的？是什么事情让你们决定要结婚？

马琛：我这个人比较直接，我印象很深刻的就是第一次见面，他说，我们找个地方喝茶吧。我说，好。然后找了地方喝茶。他很含蓄，他问我听说你是做老师的。我就很坦白，像开机关枪一样跟他说：我做老师，但是我教的孩子和其他人是不太一样的，可能普通人印象里做老师很高大，很伟岸。幼儿园老师天真活泼带着一群孩子，小学老师教学严谨。但是我教的是特殊孩子，你考虑清楚能不能接受我的职业。如果你不可以〔接受〕的话，我们不要浪费彼此的时间。

他当时的反应就是一愣一愣的，嗯，啊，好的，我知道。然后我说：反正你想清楚，你要是觉得以后我们结婚，你妻子是教特殊儿童的，你觉得可能有影响，那大家也不要说什么以后，你考虑清楚是不是要跟我继续谈下去。

我和我丈夫是互补型的，我是说的比较多，他做的比较多。然后我们又随便聊了两句，谈了谈他的工作，先交换一下手机号码吧。我想，也就这样了吧。后来大概隔了一个星期，他给我发消息说，有时间吗？我们吃个饭，聊一聊。就这样谈恋爱了。

结婚还蛮丢脸的，应该是我求的婚。因为我们谈了一年半了，一直是一种不温不火的状态。有一天我就说，你有没有打算跟我结婚？大家都老大不小了，不要浪费彼此的时间。如果你觉得还没有想清楚要不要和我结婚，那你不要浪费我的时间，我要找下家了，我没有跟你断掉就不能再找一个人去谈恋爱。

他说那好啊，我们结婚吧！就这样子结婚了。当时也有二十五六岁了，我平时接触特殊儿童比较多，而且上学的时候，老师也说过高龄产妇会有较大几率生出不太好的孩子，所以我不要浪费时间。如果到了二十七八岁结婚，三十来岁生孩子，万一生出一个不太好的孩子怎么办？我平时见的多了，我很害怕。我本来的人生规划是二十四五岁就生孩子，现在二十五六了，已经在计划之外了，你不想结婚就不要拖着，分手就分手。然后他说就结婚吧。

问：婚礼是谁来操办的？有迎娶新娘的仪式吗？

马琛：找了个婚庆公司。就是和现在一样的。

问：婚礼当天让你记忆深刻的是什么事情？

马琛：在酒店办的。印象深刻就是读誓词的时候我哭了。可能我是比较感性的人，包括现在我去参加别人的婚礼，当新娘和新郎站在台上，说着要白头偕老、互相照顾的时候我就会很感动。我觉得两个人走到一起走到现在是多么不容易的一件事情。

问：结婚后，你们是单独住还是和父母一起住？

马琛：和他父母一起住。

问：可以聊一下您的父母吗？

马琛：以前我妈妈在化工厂工作，爸爸是高级电工，都六十多岁了。我父母在内蒙古插队的事情，我听爸爸说过，当时他是蛮能干的人，那个时候能干的人比较吃香，有技术在身。我妈妈在内蒙古是卫生队的，所以妈妈会打针什么的。据我爸爸说，当时我妈妈在卫生队是一个大美人，然后一个能干的人和一个大美人就走到了一起。

问：您如何照顾自己的父母？

马琛：买点保健品。以前孩子小的时候时间比较多，每周都会回爸爸妈妈那里，因为住的不是很远，开车也就十五分钟。逢年过节就买东西。我爸爸有痛风，我就给他买澳洲的芹菜籽，专门治痛风的。如果没了就让他跟我说，我去买，让他常备这个药。有时候陪我妈妈去逛街，帮她买买衣服，买买鞋子什么的。

问：他们的兴趣爱好是什么？

马琛：我爸爸喜欢上网炒股票，我妈妈喜欢出门旅游。

问：带孩子和您父母一起吃饭的机会多吗？

马琛：机会多的，我孩子三岁以前是我妈妈帮我带的，住在那里。我们〔自己家〕这里就像酒店，双休日回来住一下。现在因为户口在这里，到三周岁要读幼儿园，就搬回来了，我公公婆婆负责小孩子的接送。

问：讲讲您的家庭活动、家庭聚会。

马琛：我先生有个妹妹，我公公是扬州人，我们孩子出生两三岁以后每年都会回一次扬州。因为我公公也退休了，我老公的奶奶也还在，我公公就更加想回去，尽尽孝。有时候会在劳动节或者春节，我们一大家子人开两辆车一起回去。

和我自己的父母的话，因为我只有寒暑假的时间有空，他们平时会和内蒙古插队落户的战友〔一起〕，北京的，杭州的，嘉兴的，他们有时候到上海来，爸爸妈妈就会陪着他们一起玩。有的时候，他们就会邀请爸爸妈妈去他们那边。他们就跟我们讲，这个双休日你们不要回来了啊，我们要出去玩。我们也蛮支持的。趁他们还走得动的时候，让他们走走玩玩其实也是件蛮好的事情。有时候我暑假带儿子出去玩的时候，正好是我先生工作的高峰期，不太好请假，所以我基本上会带我妈妈和我婆婆，还有我儿子四个人一起去厦门、江浙一带玩。

问：您现在有固定的朋友圈，有共同关注的信息吗？

马琛：有。现在微信比较发达，在微信群里有专门谈育儿经的，还有现在家长比较关注小学生，学生压力大，学业压力大，家长辅导压力大之类的。

我们同行圈在上海有上海特奥体育老师的群，经常也会有一些校际之间的交流和信息之间的互通。大家会一起交流学生情况，偶尔的话会有个别的案例，大家一起讨论一下。比如某一个老师讲讲他们班级的某一个学生出了什么状况，然后各个学校的老师也会举例说明。比如说立定跳远这个项目，有的老师会说，我的学生很难理解这个动作怎么去做。有的老师就会说，这个课我上过，当时我是用了哪一些好的方法来教学生。这样的交流对我训练学生肯定是有实际影响的。我们学校本身比较小，没有什么体育老师，就是我一个人教。我不是体院出身的，相对来说，对于体育方面的知识不是特别专业。听体院出来的体育老师他们的教法或者一些系统性、科学性方面会给我很多的指导。有一次去郊区听课，他们的〔学生〕可以跳健美操。上海每年有“阳光韵律操比赛”，让他们〔特奥学生〕全部学下来，整齐划一地做下来是很困难的，大家会在一起讨论，一起相互学习。

马琛朋友口述

口述者：庄佳怡（女）
访谈者、撰稿者：沈羽阳
访谈时间：2017 年 12 月 6 日
访谈地点：上海市长宁区特殊职业技术学校

问：请问您叫什么名字？

庄佳怡：庄佳怡。

问：您现在哪里工作？

庄佳怡：现在在上海市长宁区特殊职业技术学校工作。

问：您是什么时候开始工作的？

庄佳怡：2005 年。

问：您和马琛老师是什么关系？

庄佳怡：朋友。

问：你们是怎么认识的？

庄佳怡：通过一起带比赛，我们就认识了。

问：是带什么比赛呢？

庄佳怡：是两人三足融合跑。

问：是在什么时候？

庄佳怡：2015 年的时候。

问：请分享一下您所认识的特奥融合运动。

庄佳怡：一开始是通过国际特奥会和上外附中结对。当时我们组织了融合足球赛，让上外附中的孩子和我们的孩子一起结对进行比赛。我们想让普通孩子带领我们的孩子一起比赛，增强比赛的趣味性和竞争力。同时也帮助我们的孩子和普通的孩子多接触，让我们的特殊孩子知道同龄人喜欢什么，爱干什么。通过这样的比赛增进他们之间的了解和友谊。

问：和马琛老师在一起的时候会做什么？

庄佳怡：我们有时候就讨论讨论工作，因为她也是特殊学校的老师。我们是两个不同区的，就会一起交流两个区不同学校的情况。会一起吃吃饭，也会有一起教育研讨的时候，比如说区里组织的教育研究也会碰面。一起听课也会有的。

问：您支持马老师从事特殊教育吗？

庄佳怡：哈哈，我支持她，非常支持她。

问：您为她感到自豪吗？

庄佳怡：自豪，无比的自豪！哈哈哈。

问：您在哪方面会觉得自豪呢？

庄佳怡：首先，现在社会对于特殊孩子的关注和接纳程度都高很多了。从我们本身来说，得到了社会的认可，也得到了很多的关注，从业的成就感就有所提高。以前就可能会被别人误解，但是现在十几年做下来以后，觉得为特殊孩子奉献的时间和精力也是很有意义的。现在可能也还会被人误解，但是也没有放弃，一直在坚持，这也是我们值得骄傲的吧。

问：被别人误解是指？

庄佳怡：我记得在2007年国际特奥会的时候，是上海举办的。当时就有各种各样的声音，会有一些不中听的话。比如在小区里就有传言说某某人家里很好的，别的都好了，但是他们家有个比较“差”的，有个特殊小孩，所以说生命是公平的。当时也有人说很难听的，全世界的傻子都到上海来了，会有人觉得你教的是傻子。现在大家就都不会这样了，就会觉得这是一份比较崇高的职业。

问：您觉得从事特殊教育会占用一些个人时间吗？

庄佳怡：会的，因为有很多的比赛和活动都在双休日，而且有的时候学生的程度比较重的话，也会有“送教上门”，就会有个人时间被占用的情况。

问：“送教上门”指什么？

庄佳怡：比如说有一些脑瘫的孩子没办法独立来上学，家里也没有人来送到学校，就会上门去提供训练，比如康复训练等等。

问：您也是一位教练，您是如何来平衡这个问题？

庄佳怡：得到了家人的支持，自己也比较热爱，所以我觉得这不是很大的问题。

问：您平时会抽出时间来做志愿者吗？

庄佳怡：会的。

问：简单介绍一下您当过哪些志愿者？

庄佳怡：比如说有爱心集市的义卖活动，还有每周六进行的融合活动，和一些社会企业给孩子上的一些烘焙课等等。

马琛丈夫口述

口述者：张军（男）
访谈者、撰稿者：沈羽阳
访谈时间：2018 年 6 月 5 日
访谈地点：上海高岛屋百货公司虹桥店咖啡店

问：请问您与您的夫人是如何认识的？

张军：最老土的相亲认识。

问：您见到她的第一印象是什么？

张军：很实在，话很多。

问：您是什么时候知道她的具体工作的？

张军：就在第一次见面知道她的具体工作的。

问：您对她的工作最开始的看法是什么？

张军：最开始就觉得有爱心，但同时存在一些顾虑，毕竟和正常的老师不太一样。

问：您在遇见您夫人之前对特殊儿童有了解吗？

张军：不了解。

问：您是从什么时候开始对特殊儿童有初步了解的？

张军：就在我们不断的接触中，对特殊孩子有所了解。以前可能不会太关注，但现在走在路上看到行为怪异的孩子，不会觉得特别奇怪，只是觉得可能是有问题的孩子。

问：您对您夫人的工作是什么态度？

张军：对于她的工作还是比较支持的。

问：对夫人的工作，您有什么不理解的地方吗？

张军：偶尔会觉得她对特殊孩子操心的太多，除了在学校的学习生活外，对于孩子在家，甚至于孩子的父母可能存在的问题也会非常关心，不仅对特殊孩子进行教育指导，还有对特殊孩子家庭的关心。

问：在未来的生活中，您会继续支持她的工作吗？

张军：会继续支持她的工作。

问：您的长辈对您夫人的工作有什么看法呢？

张军：长辈就觉得她很不容易，一直觉得她的工作功德无量。

问：她的工作是否成为你们之间矛盾的起因呢？

张军：基本没什么矛盾，因为她回家经常会说一些特殊孩子的行为情绪问题，在言语间会充满同情和心疼，所以我们全家人都非常支持她的工作。就觉得她应该在自己的岗位上，对特殊孩子奉献自己的无私爱心。能帮助到特殊儿童，乃至他们的家庭，是一件很有意义的事情。

马琛工作观察日记

观察时间：2017 年 10 月 30 日 6:45—16:45

观察地点：上海市静安区南阳学校

观察者、撰稿者：沈羽阳

时　间	活动内容	备　　注
6:45—7:20	出门上班，地铁出行。	
7:20—7:30	到校，开教室门，开窗通风迎接学生。	
7:30—7:50	学校食堂早餐。	
8:00—8:30	学生陆续进教室，带领学生进行早读。	
8:30—8:50	升旗仪式，带领学生早操，进行体育锻炼。	
8:50—9:00	早会课。	
9:00—9:30	当日学生考勤记录，填写班主任手册。	有学生来找她玩，她督促学生整理书包，准备下节课要用的书本。
9:30—9:40	课间休息指导学生喝水，上厕所。	下节课上英语课——生活 ABC 课。她带着学生排桌椅，洗手。
9:40—10:10	整理一周工作重点，做好提示记录。	
10:10—10:25	带领学生进行阳光体育锻炼。	带学生下楼时，耐心指导学生扶楼梯下楼。
10:25—10:55	阳阳二班运动与保健课。	带小朋友下楼游戏。
10:55—11:05	课间休息，提醒学生做好午餐准备工作。	问学生有没有都喝过水，洗手。
11:05—11:35	午餐前的各项准备工作。	
11:35—12:20	给比较特殊的孩子喂饭，等待家长来校接孩子，自己吃饭。	给饭、菜不够的孩子加饭、菜。
12:20—12:50	午休。	

（续表）

时　间	活动内容	备　　注
12:50—12:55	课前准备。	
12:55—13:25	校、班会课。	
13:25—13:40	课间休息，指导学生做好两操。	有学生破坏桌子，她耐心和学生交流。
13:40—14:10	社会实践课，指导学生进行弱苗保洁行动。	
14:10—14:20	课间休息，提醒学生整理学习用品。	
14:20—14:50	阳阳一班运动与保健课。	
14:50—15:00	学生放学，与家长沟通学生当天在校情况。	
15:00—16:00	教研活动或者带领运动队训练。	
16:00—16:45	下班回到家。	

最美教师，臻于至善

——施卓英口述

施卓英，女，1964 年出生。上海市浦东新区辅读学校教师。从教 31 年，曾担任三届世界夏季特奥运动会体操教练。获上海市 2016 年“教书育人楷模”称号；获中央电视台与教育部联合主办的“寻找最美教师”大型公益活动之“2017 最美教师”称号。

口述者：施卓英

访谈者、撰稿者：李惟妙

访谈时间：2018 年 5 月 8 日、2018 年 12 月 4 日

访谈地点：上海市浦东新区辅读学校

哥哥姐姐伴成长

问：施老师，您好！请问您对爷爷奶奶有什么印象？

施卓英：我的名字是爷爷取的，爷爷是大学教授，也在上海居住。他以前是律师，自己开律师事务所。后来就一直在复旦当教授。平时跟爷爷奶奶相处的时间是不多的，我只是偶尔去看看他，主要是在自己的小家庭里面跟父母相处时间比较多。

问：小时候是怎么庆祝生日的呢？今年怎么庆祝的？

施卓英：我是 1964 年 12 月 24 日出生的。很小的时候，好像还没有蛋糕，那个时候就是下面条。那时肉也少、蛋也少，每到生日这一天，我父亲就会配齐肉和鸡蛋，吃长寿面。后来年龄大一点了，有蛋糕了，家里就开始买蛋糕了，一家人一起吃。今年的生日是大儿子订了一个蛋糕，寄过来了，因为他在国外嘛；小儿子送我了一束花，其实我收到的第一束花就是儿子送给我的（笑）。

问：您父母有几个孩子？和兄弟姐妹们有什么印象深刻的事情吗？

施卓英：有一个哥哥和一个姐姐，在家里我是最小的孩子，所以哥哥姐姐照顾我很多的。跟哥哥姐姐〔年龄〕相差很大嘛，有十几岁，哥哥在农场会带我去玩，我们家庭还是很和睦的。姐姐工作以后，有一段时间我是跟姐姐在一起的，在姐姐厂子里面的子弟小学上学，跟姐姐在一起的时间蛮多的。

印象深刻的就是，我父母的身体不是很好，姐姐就像父母一样，什么都让我学，因为是工厂的子弟小学，有学武术的，早上她会让我去学。厂里有文艺小分队买的柳琴啊，还有小提琴，她也会让我学。后来，“文革”结束，改革开放了，她就买了很多很多的书，包括学习方面的一些资料也买了很多。姐姐对我的学习是很有帮助的。

爸爸以前是华东政法学院的，1958 年以后他到了西北，那里生活条件很艰苦，所以他身体一直都不好，爸爸后来调回上海来了，他也是老师，曾经在讲台上昏倒过。爸爸比较早就去世了，1989 年过世。妈妈后来身体也不好，那个时候哥哥姐姐的年纪都大了，所以家里面就是哥哥姐姐挑大梁。

爱孩子所以读中师

问：还记得上幼儿园发生的事情吗？

施卓英：小时候上幼儿园也不哭不闹，只记得有一次，爸爸很晚回来的嘛，老师就把我送到襄阳公园，把我扔到那里，我也不知道以前老师为什么胆子这么大。她就告诉我让我乖，站在这里等你爸爸来啊，然后老师就走了。后来，爸爸急急忙忙来幼儿园接我，就顺着路过来找到了我。我当时觉得无所谓嘛，老师叫我站在那里，我就乖乖地站在那里。想想看，我现在做老师，这种事情是绝对不敢做的，那个年代可能也没有这么多坏的事情。

问：幼儿园学哪些课程？

施卓英：幼儿园哪有学什么课程啊！那时候不上幼儿园的也很多啊。即便是小学老师，刚解放的时候，都是家庭妇女做老师嘛，没有现在这么多的要求。幼儿园大概就是做做游戏嘛，而且中午的时候有的小朋友是可以回家吃饭的，以前没有这么规范的，不像现在这样。那时候有些家庭条件好的，不在幼儿园吃饭，回家吃完饭，然后再把孩子送回来。

问：小学在哪里念的？

施卓英：我 20 世纪 70 年代上的小学，一年级在我家附近上的，第二年，我就跟姐姐到她厂里的子弟小学去了。以前小学的学制还是蛮复杂的，有春季班，还有秋季班，五年以后读了一个春季班，然后到了初中，其间还是变化蛮多的。那个年代没有小中考，不用考试。

问：小学有什么课程？

施卓英：小学就是语文、数学，没有外语课，外语老师中学才有。我当时读的学校在港口，属于上海郊区的子弟小学，老师的普通话也不标准。小学的时候成绩一般，初中比较好，特别是理科，数理化好。因为70年代改革开放的时候，对数理化很重视的。其实，改革开放算是人生中的一个节点吧，不仅上海这座城市变化很大，家庭的变化，也是蛮大的。

问：童年都玩些什么？

施卓英：基本上就是跳皮筋、踢毽子，还有打牌吧，有时候就在弄堂里打牌。我小时候体育一般嘛，中学的时候看到学校里有篮球队，也参加过，老师看我还可以，让我参加自行车队，当时学校来招过，家里没有同意，我也就没有去。我家里人可能是比较传统吧，家里也没有搞体育的，他们觉得读书比较好吧。

问：请回忆一下童年和小伙伴的故事。

施卓英：现在好像也想不起太多跟小伙伴的事情了，就是下了课在班上，跟小伙伴们跳橡皮筋，我弹跳力比较好。其实运动天赋也一般，可能在班里算是比较好的，但是到了专业的竞技里，就很普通了。小时候下了课，就蹦蹦跳跳地蹦回家了，别人总是看到我在跑，蹦蹦跳跳的样子。但我也坐得住学习的，那时候讲究数理化嘛，在班里数理化还是很好的，到了高中，眼睛也近视了，好像觉得差一点了。

问：谈谈初中的经历？

施卓英：初中一开始是在港口中学，印象最深的就是英语老师，因为英语老师也比较喜欢运动，我就经常跟她一起打乒乓球，而且，那个时候功课念得还可以，像物理、数学。说实在的，姐姐给我买很多辅助学习的资料，那个年代一般的孩子还没有预习的习惯，姐姐盯着我提前做了一点嘛，所以在班级里数理化肯定是很好的。

跟着姐姐读书嘛，读了两年，姐姐也结婚了，所以我就到徐汇区的中国中学去读书。开始还是以学习为主。学校也有篮球队，我也蛮喜欢的，因为以前不在这个学校，所以是预备队员，参加一些活动。在参加活动的时候认识了一个女孩子，她也喜欢篮球，我们慢慢就很要好了，常常两个人一起去参加活动。当时我们两个人都是很起劲儿地自己要求加入的，表现也蛮乖的，老师看到以后，就让我们参加进来了，练习基本功，别人正式打比赛的时候，我们就在下面看着做替补。

问：初中班上有多少同学？

施卓英：大概有四五十个吧，基本上都是上海人。我跟刚才说的那个一起打篮球的女孩子关系很好。因为初三嘛，刚认识的同学也不多，反正大家关系都还可以，都比较要好的。

问：初中参加过什么比赛吗？

施卓英：初中参加过上海市的踢毽子比赛，获得的名次一般，不过能去参加整个上海市的比赛，已经很不错了呀。比赛选手先在学校里选拔，然后一层一层选拔出去，参加这个比赛要找合适的鞋子啊，因为踢毽子嘛，要穿合适的鞋子才比较好踢。还要找毽子，毽子以前我们都是自己做的，鸡毛毽子，当时觉得能够参加比赛嘛，就已经很开心了。

问：高中的时候有什么印象深刻的事情？

施卓英：到了高中，还是考的中国中学。那个时候是有分班的，成绩还可以，就分在一班。那个跟我一起打篮球的女孩子喜欢写诗，文笔比较好，喜欢看《红楼梦》。因为已经上高中了，我们也没有什么篮球基础，所以参加了一段时间活动以后就不参加了。主要还是上学，功课还是蛮多的，老师也抓得比较紧。

不过以前高三也没有现在那么累吧。可能我们班的氛围还可以吧，也不是紧张得不得了，有的时候也搞搞活动嘛，开个联欢会，每个人都要表演一个节目。我通常也不表演什么节目的，本来想唱个歌，到时候忘了，唱不好。有一次骑自行车去郊游，男生女生都是一起活动的，玩得很开心。以前有溜冰场，我很喜欢溜冰，就算是场子里一个人都没有，我还是会跑去玩。

问：您小时候有什么理想？

施卓英：小时候家庭情况一般，因为“文化大革命”抄家嘛，没办法。妈妈身体不好，爸爸也在外地。反正勉强能过下去吧。小时候觉得当警察比较好，因为家里比较弱势，可能也被人欺负，所以想当警察。后来，看到一个小孩子很可爱，觉得当老师也很好。可能就是注定的，一下子看到一个孩子很可爱，觉得跟他的爸爸妈妈一样能够照顾他也不错，可以把学生当成孩子一样。

问：读完高中以后又读了中师，那个时候参加过什么活动？

施卓英：一开始的时候是做班干部的，那个时候中师考的是初中的〔知识〕，也比较简单嘛，两年的时间。学习的内容有弹琴、画画。到后来，班干部是轮流的，刚开始进去是我做，后面又开始轮换其他人。

问：那个时候学校的环境怎么样？

施卓英：我不住校。那个时候徐汇区的学生是不住校的，当时的环境是很简陋的，因为是教育学院的嘛。我中午是在学校吃饭的，晚上回家。有运动场，但是也不大的。班级也不多，中师班大概也没有几个吧，大概两个左右。在音乐方面，我五音不全的嘛，后面选修的时候就选美术了。时间也短，只有两年嘛，后来就到学校里面去实习了。

兢兢业业带学生

问：能回忆一下工作初期的情况吗？

施卓英：在以前的班级里，人虽然很多，但是学生的程度差不多，可预测性很强，我要做到什么，基本上就可以达到百分之多少，〔教学〕效果是自己可以掌控的。但是到了这里就是无法想象的，可能我想了很多，但没有实际操作，最终还是要根据具体的操作来确定后面的事情。

一开始上课的时候，我下指令下去，这里的孩子各种反应都有，不像我们之前的学生，你喊了一个口令之后，反应都是很正常的。这里的孩子有的看这里，有的看那里，不是很听你的指挥的。

一开始见到他们的时候，我还是带低年级的，其实还是有心理准备的，但是来了之后有的时候觉得有点失望，也会有些无奈。到这里来了之后，想了很多的“怎么办”？日子还是要一天天过的，教学还要一天天做，也不可能来了这里之后马上就走，这是不负责任的。所以就想应该怎么去教他们，体育组的老师也是很好的，一直跟我讲如何去教这些孩子。所以当初开展了很多特奥运动，变花样嘛，如何去吸引他们，在这方面我们做的比较多。

问：体育教研组有哪些活动？

施卓英：体育教研组嘛，一般就是安排活动，开会，商量要搞什么活动，或者开运动会，或者教学评比。最近没有运动会，有一个体育竞赛，也是特奥组织的，每个学生都要参加的。

问：您的学员都有哪些类型？

施卓英：我的学员主要都是智力障碍类的，一般都是智商在70分以下的，有一个考核标准，特奥运动员都是这样的。

问：您的教学过程有什么特点？

施卓英：在教育教学中，虽然都是智力障碍，但是学生的程度不同嘛，有轻度的，还有中度的，甚至有重度的。一般都是根据学生的能力来选择他们的项目，所以我们的特奥运动也是分级别的，可以选择的项目和内容也是分成一级、二级、三级甚至四级。

我们先根据不同孩子的情况，来划定一下他可以参加的类型。在训练的时候，你会看到，有的小朋友，他真的学得很慢很慢。如果学生的智力水平高一点的话，对于体操来说，我们可能就是级别上有所区别，分为 ABC，最低的等级可能坐着也可以完成，因为有些同学腿脚不方便嘛，可以让他们坐着完成。也有站立的项目，但是这些项目一般都是站在原地不动的，手上有些简单的动作。有些学生程度好的，可以参加级别高的。

我之前有个学生，女孩子叫小圆，她有一个很简单的动作，就是手和脚配合的一个动作，她学得还是很慢，动作很不协调。我怎么办呢？一个就是我给她展示慢动作，一个动作一个动作地教，或者手把手地教，然后请她的家长一起教，家长还是很支持的，孩子自己也是想要学会动作的。一直学不会嘛，她就产生畏缩的情绪，有的时候也会害怕，怕学不会。我跟她说的就是“努力就好”，也不要和其他同学比。

她跟同龄人在一起练习，可能练不过他们，其他同学都学会了，只有她还没有学会。但是，我们还有低年级的同学嘛，还有一年级、二年级的初学者，她非常愿意跟他们一起去学习，所以和他们比起来她就做得很好。我们把她带到低年级，她还有些成就感，有时候我也会在课上鼓励她，跟其他同学说“这个姐姐学会了，动作做得很好”。在原来的班上，她始终是低着头的，始终做得没有别人好，但是在低年级的班上，她有几个单项的动作还是做得不错的，比如说横叉、纵叉。我就让她示范给其他小朋友看，她就有信心了，也愿意去学了。总之就是采用各种各样的方法吧，来教她。过了一年，同样一套动作，她做得还是没有其他同学好，但是她已经有了很大的进步。

问：您平时都训练什么项目？

施卓英：我主要就是训练体操，以前还有其他项目，因为以前的老师很少嘛，现在就分得比较细了。现在光体操就分为很多项，有男的女的，女孩子还有很多项目，有球、带、圈、绳子，有团体有个人。男孩子也有六个项目了，有单杠、双杠、自由操、吊环、跳马等。

我以前所有体操项目都要教的，现在有新的老师进来，他们就跟着一起练习了，就分一点任务给他们。现在女孩子学动作比较多嘛，主要是球操什么的，男孩子主要是力量，你要做单杠，就要有力量，否则上去连撑都撑不住，握也握不住。

我们这个学期的分工，有些老师专门带男孩子们去练习力量，我主要负责教女孩子们动作。上面讲到的女孩子小圆，就是学动作的。我这个学期是这个班级的副班，班里有一个唐宝宝，以前她很娇气的，于是我经常会给她拍点视频，给她班主任看，给她妈妈看。她做了一段时间，我就会对比一下，然后选一段做得最好的视频，发给她家里人，她妈妈回家之后会给外婆看，她外婆都看了好几遍，夸她怎么这么棒啊，都会做这个动作了。这个时候她就会更加有兴趣了，可能以前碰到困难会叫“手酸死了，我不做了！”但是现在她就会有克服困难的力量了，做得好一点，回家以后就会得到更多家里人的赞赏，她就会有一种成就感。

女生跟男生在训练过程中还是有区别的。女生更加注重的是姿态的优美，现在练习的都是艺术体操，形体、动作啊都更加优美一点。男生主要就是矫健，因为动作做出来，需要展示力量。他们的力量训练强度是比较大的，我们经常做垒木啊，他们经常会练得手都磨起泡。

每个孩子的情况都是不同的嘛，有的小孩子刻苦一点，我们也及时表扬吧；然后采用一些方法吧，比如说打星啊，你如果不认真的话，星星就少一点。总之就是让他们有一种积极向上的精神，总归还是有用的。

有的时候也会有学生阶段性地不够努力吧，但是没有学生放弃，因为有比赛嘛，我们每年 3 月份都有。大家都有一个远大的目标，大家都想要努力争取。我平时既有物质上的鼓励也有言语上的，这些孩子还是很简单的。比如说有个孩子听说要去参加比赛，他就很简单地说“可以乘飞机了！”这就是一个很简单的目标。有时候我们学校里也会有比赛嘛，孩子们觉得能够拿到学校里的奖杯也是很开心的。精神上的奖励主要是给他们看以前哥哥姐姐们参加比赛的视频，很光荣的视频或者是拿了金牌的视频，会去引导他们。

平时训练的时候需要重复的次数也是很多的。力量训练，主要就是积累，其实很枯燥的，每天都是一样的；女孩子也是一样的。在普校可能正常的孩子一周就学会一套动作了，因为动作不难的。但是我们孩子可能一套动作真的要学好久。有时候我记得一套动作去年学过的，但是今年又做不好了。某个动作必须要做好的，就反反复复每天只做这个动作，早晨带着他们做一遍、两遍，然后视频分析一下，第二天还是要练习。

我们还有视频打卡，让学生回家之后再练习，有些学生不够自觉，我们要求他们每天都拍视频，然后回馈过来。有家长和老师的督促，肯定是有效果的。有个学生叫小陆，她参加〔训练〕的时间是很早的，但是后来练习的一些学生都超过了她，她比较沉默，不大跟别人交流，放学回家以后也是打打游戏。她有一个最大的缺点就是怕苦、怕疼。其实在我看来，这个孩子还是蛮乖的，比较听话，家长反映她在家里就只爱打游戏。我们就会通过比赛、活动啊来引导她，同时让她的家长也花点力气，我估计平时家长在孩子身上花的时间也不多，所以我就跟家长多联系，多引导他们。有的时候孩子参加一些项目，表现不好就会落选，落选的时候她也是有点触动的，触动的时候她会有点进步，我就抓住这个时机跟她多讲讲，多引导她。

问：您比较满意的是什么项目？

施卓英：我们练习体操，效果都是比较好的，我们出去体操拿奖的项目有很多。当然我觉得不一定拿金牌就一定是最满意的，我关注更多的是孩子本身的进步。就像刚刚那个因为去乘飞机很高兴的男孩子，他就很开心地跟我说“要跟施老师去乘飞机啦”，每天都是很认真地训练，虽然他的柔韧性很差，但是因为想到要去乘飞机，他每天练习得最认真，这个表现才是我最满意的！

问：在训练当中发生过什么印象深刻的事情？

施卓英：在训练当中，你也可以看到，有些新来的老师也是从零开始的，也很努力地训练，也会带动孩子们的热情。他们有时候会跟孩子们比赛，如果某一次老师比孩子们落后了，孩子们可能会很开心，我们赢过老师了；某一次老师好过他们，我就会跟他们讲，老师比你们努力了，所以就超过了你们，你们也要加紧追赶老师。其实每天的训练还是蛮开心的。

我觉得特奥运动真是超越种族的。就比方说我们到美国去比赛，因为我们的信息也不是很通畅啊，孩子的动作还是有一点偏差的。当时有一个美国教练，非常无私，从来没想到过因为我们是竞争对手，就不愿意帮助我们。

他是美国队的教练，发现我们的动作有点问题，可能基本动作是差不多的，自由操组合嘛，有些动作会有点修改，他就让他的队员们展示给我们看，然后他再指导我们。因为我比较瘦小嘛，他甚至在比赛当中辅助我们的运动员。特奥运动和其他运动的区别就是让孩子们在比赛当中相互认识，增进友谊，然后去战胜自己取得胜利，不是单纯为了去比赛的。

问：在训练过程中有遇到什么困难吗？

施卓英：有的时候孩子们会有负面情绪，也有调皮的、发脾气的，总归是孩子嘛。总是让他们不停地重复动作，他们也会烦，有的时候累，有的时候疼，就会叫嚷，有人批评他们也会哭嘛。

以前在外面集训，队里有一个女孩子，其他方面都还是蛮好的，动作也很优美，但是她的基本功很差，休息的时候，我就一直盯着她，让她练习，做小青蛙或者做八字。

但是她总是在逃避，因为越是做不好就越是不愿意做，所以有时候我就是强制性的，辅助她做，疼的时候她也会哭啊，也会出现情绪问题。做完了以后，她有一点效果了，她自己心里也是开心的。她最后拿了奖牌了，她也觉得以前受的这些苦，哭啊，或者心里面对老师的怨气啊，就觉得这一切都值得了。

如果有学生情绪特别不好，我们一般都会回避一下。特别是学生情绪激动的时候，一定要回避一下，然后再找找看什么地方可以和他们沟通，再一起把这个问题解决掉。如果这个学生还影响到别人，就要请他一个人单独待一会，但是一般情况下我们这里不允许让学生一个人，就会让助教老师带着他。

学生平时跟我相处都很好的，因为我也不会特别凶，他们办不到的事情我也不会硬要他们去做，他们应该不怕我，他们都很随意的，一般都叫我施老师，有的孩子也会叫我施妈妈。

问：您教学中有不开心的事情吗？

施卓英：有时候，你是真的掌控不了他们。有个男孩子，他甚至会冲到厕所里，喝桶里很脏的水；有时候他要喝水，就会冲到附近的超市里，直接拿水喝。总之他是一点也不懂的，这样你就要管着他。

有一个孩子也是自闭症，他会去操场上拧开水龙头，以前没有助教嘛，你还要管其他小朋友，所以有时候你对他是无能为力的。这样你的威信就降低了，因为其他的小朋友也在看，他可以这样，我们也可以这样嘛。这个时候是很焦虑的。其实这个孩子很特殊，爸爸妈妈离婚了，爸爸不带他，被别人带的时候就会想爸爸，他的老师也很好，会跟他说，让他乖乖的，就给他爸爸打个电话，就这么鼓励他，后来就好一点了。

还有一个孩子，他有自闭症，同时也有强迫症，如果你来了，穿的是拉链的〔衣服〕，如果你没有完全拉上，他就会帮你拉到这里〔最上面〕。如果你背的包放在这边，他就一定要给你放到那边去。我觉得，这个孩子在很大程度上影响了这个集体，就是他一定要去帮你做一些事情。其他的孩子也会受到影响。

人家孩子有时候不愿意拉上拉链，在那边站得好好的，他一定要把你拉到这边，人家就会不舒服，肯定就会产生矛盾的。跟他的家庭沟通，但是怎么样找到一种好的方法去解决，还是有困难的。想了很多很多方法，但并不能很好地解决这个孩子的问题。

问：您觉得教练人才应该如何培养？

施卓英：我觉得要把相关的信息给老师吧。我们是特殊学校，信息相对来说是比较闭塞的，因为我们出去交流的机会也不多嘛，主要还是在自己的学校里面看着孩子。可以办各种班啊什么的，简单的活动是可以推广的，爱美的女孩子很多嘛，可以跳舞啊、艺术体操啊，都是可以普及的。

问：特校老师面临哪些困难？

施卓英：现在来说，开展的项目没有以前多，可能跟地区和社区融合的项目比较多，一般都是这么搞的。现在的学校，老师人数都是有编制的，不管够不够，我们都是很忙的，一般从早上八点钟开始一直到结束都要做事情。

问：您从早到晚的工作安排是怎样的？

施卓英：早上规定是七点半上班，但我还是要早一点来，泡泡水啊，打扫一下，把教室打开，设备弄好，一般七点十分，或者七点一刻我就到了。他们七点半开始训练，到八点钟。接下来晨会，不仅班主任要去，我们也是要去的。然后开始正常上课，按照自己的课表。中午大约是十一点十分餐前准备，带着他们去吃饭，两个老师轮换着，一个看着学生吃，一个去吃饭，完了以后两人交换一下。吃完之后，再带着他们回教室，然后开始整理，大小扫除。

午休之后搞点活动。我们的课是三十五分钟一节，下午和上午都是三节课，普通的课间是十分钟。有时候上午有大活动的时间，到九点三刻开始，全校师生到操场上去升旗，做广播体操，然后活动。每个班都有一个课表，定好每周该进行什么样的活动。我现在主要负责七年级二班，学校会给每个老师任务书的，我上七（一）、七（二），八（一）、八（二），还有六（一）、六（二）的体育课，每个班级两节课，还有两节体操训练课。

收获了开朗与目标

问：您的学生获了哪些奖？

施卓英：以前的比赛很多的，有区里的比赛、市里的比赛，包括篮球、足球，我们获得过市里第一名。现在是比较少了，2007 年之后我们到了世界特奥会，主要就是体操。

问：还记得学生获奖的场景吗？

施卓英：我们发奖的时候，学生都在下面嘛，都很激动的，手上还都拿着旗子。有个孩子一下来以后就马上抱住我，小孩子也是蛮激动的。特奥会最重视的就是这个领奖的过程，给孩子一个鼓励和信心。只要参加比赛的孩子都是有奖的，颁奖是分组的，每个小朋友都要上去。他们领奖的过程我和家长都在，专门有个领奖台的，还是有仪式感的。听到报了他们的名字，他们一个一个就会上去，有时候还会邀请我，到国外还会叫我给他们发奖，他们见到我以后就更加开心了。

问：比赛的时候发生过什么难忘的事吗？

施卓英：比赛的时候都是互相帮助的。我们有些女生参加艺术体操嘛，还要化妆，所以她们就很早起来，大家化妆。女孩子喜欢化妆，其实我也不太会化妆嘛，但是有时候也没办法，也上去给她们化妆。还要选衣服，她们穿的衣服也是比较漂亮的，穿上漂亮的衣服以后也会很兴奋啊，这些对于比赛是有帮助的。

在比赛中发生的故事有很多。比如说，在外面参加比赛的时候，有的孩子会生病，怕他们身体差而影响比赛，我们会晚上帮他们刮痧，刮好了以后他们能坚持比赛，并且还能取得好成绩的。到了外面以后，他们也非常有责任感，我每次都会跟他们讲，我们是代表国家到世界去比赛的。

施卓英教练（左一）上课情景。

通过参加训练、比赛，他们也都长大了，不像有的孩子，被定义为智障后，就什么都不能干了。在我们这里，孩子们通过参加运动，责任感、使命感，都提高蛮大的。比如说有一个学生，小李，一个男孩子，他是唐宝宝，人是很随性的，也很调皮，吃饭嘛也不好好吃，训练的时候，一进来就先把衣服脱掉，别人在做动作的时候，比如大家都在做仰卧起坐，他就站在你的背后。

但是，他对新事情非常感兴趣。集训的时候，会在借的场地上的一个器材室里练习，当他练习得比较认真的时候，我就把里面的旗子拿出来陪他玩一会，然后跟他说："等会儿你若表现好，老师会再换一样器材给你，但是如果你练习得不好的话，今天就不能给你玩了，因为你今天表现得不好，影响到别人了。"他有时候会特别想玩一样东西，我就先带着他进去参观，给他看，他看完以后就会好好地训练。器材室里还有很多剑，他就特别喜欢玩剑。

带他们出去比赛，有些家长是跟着的，但是一般他们是不随团的。出去之后，我扮演的就不仅仅是老师的角色了，还要照顾他们的生活。比如说，有一次我们要去参加比赛了，可是还有个别女孩子在宾馆里没有出去，我返回宾馆后就闻到味道不对了，找啊找啊，就发现一个唐宝宝，她叫小冯嘛，生活能力非常差的，她就拉在身上了，就带着她去快点洗掉，弄好以后赶紧去比赛。回到宿舍以后，要安排他们的睡觉房间，还要带他们去吃饭，女孩子还要给她们化妆、挑选服装，简单地帮她们美容一下。

记得有一次我们去希腊，下飞机以后，一下子下来很多很多人，各个队都过来了。但是组委会并没有安排好，就把我们带到了一个很大的地方，就是一个很大的空间，有椅子坐，已经很晚了，我们都不知道究竟什么时候可以走，车子还没有安排好，那一夜我们都是坐在那里的。开始男孩子的精神是蛮好的，那边还有几台电脑，他们就玩玩游戏。但是女孩子，年纪小的就困得不行，不管怎么样，先找到一个地方让她们休息。因为人也很多，所以她们也不怎么害怕，而且老师都陪着，有的时候就安慰她们嘛，拍拍她们，让女孩子们快点睡着。

到外面去〔比赛〕就是要多关心她们一点，有的孩子出来会想家的嘛，就要让他们给家里人打个电话，告诉家长"我们到了"。一般我都是跟这些女孩子们住在一起的，有的时候睡得也是蛮晚的，因为开幕式就弄到蛮晚的，第二天一大早又要起来比赛，所以睡得也是很少的。我每天早上都叫她们，小孩子嘛，靠她们自己也不行的，我通常很早起来，然后再叫她们起床。

我们刚到希腊，先去了奥林匹克遗址，住的地方是奥林匹克村。有一次，宿舍里面的水有问题，洗澡也不行，一开始水都是冷的，没办法就只能擦身。也有的学生会生病，有一次一个学生生病了，我带她乘车去看病，组委会给我们安排了车子，我就陪孩子去了。到了那里等医生等了很长时间，然后给你检查，只配了一粒药。他们那边就是这样，配不多，反正吃了之后看看情况还要再来，〔所以〕我们出门比赛都会带一些药的。

语言的话一般都是讲英语吧，虽然我也不太懂，但是很多人帮我们的。在希腊的时候，香港人帮我们很多，香港人英语比较好，发生什么事情以后，他们就帮我们。孩子们看到其他国家的孩子很开心的，觉得他们穿的衣服很好看，大家就一起拍照，或者志愿者会主动跟他们交流，有时候志愿者会主动问他们要签名的。有的队员动作做得很好很漂亮，会有人主动跟他们合照，他们也会对其他运动员很友好，会主动去跟他们坐在一起。

问：学生通过参加比赛最大的改变是什么？

施卓英：一个就是开朗了，活泼了，而且我觉得他们有一个目标了，生活中有更加有意义的事情做了，孩子们会为达到这个目标而去努力。并且同时还提升了人与人之间交往的能力，有的孩子比较内向，看到人之后害怕，但是通过这个活动孩子会主动去跟别人讲话。比如有一个孩子，参加慈善晚宴，他就会做主持了。

慈善晚宴是我们去美国之前的一个活动，需要一个孩子来做主持人，我们都去了，孩子们看到有很多明星过来。有一个男孩子看到明星刘涛也来了，他特别开心，还有姚明也来了，孩子们就会觉得特别有成就感。一生当中他们可能从来都不会有这样的机会，但通过参加特奥活动，见到很多明星，和这些明星走得这么近，这对于每个孩子的影响都是很大的。

参加特奥比赛肯定是要经过选拔的。首先，我觉得他要有兴趣，还有我会去主动找学生的。有些孩子很适合体操运动，有的孩子是纯粹喜欢，也许他的能力很差，甚至学不会动作，我觉得只要孩子们愿意参加，他们都可以通过这项活动来完成自身的提高。

问：您之前说有个学生在星巴克工作，后来跳槽了？

施卓英：开始的时候，她的能力也不是很强的。学动作的时候，她学得也不快，也是比较慢的，但训练了几年之后，就蛮好的了。她在星巴克工作已经好几年了，也出去比赛过，去美国。她好像还去读大专了，她上次有跟我讲过。因为在星巴克工作不管怎么样，都是带着残疾证的，她要脱离这个环境去锻炼一下，她觉得可以胜任正常的工作，所以就跳槽了。

平凡人生做实事

问：人生中您最希望得到什么？

施卓英：得到什么？我的人生信条就是“希望越多，失望越多”。工作上面希望孩子们通过我的教导，可以得到一点收获，让他们改变。其实我们这些孩子是很随性的，可能没有目标，就是想干嘛就干嘛。但搞了特奥以后，孩子们有目标了，我也觉得有目标了，大家都有了共同努力的方向。通过大家的共同努力、合作，有些孩子是真的改变了。他改变了之后，他的家庭也就改变了，家改变了，社会也会有安定的因素了。

有时候家庭教育啊，可能还存在很多问题，我希望大家都能开开心心的，这个才是真的。人生为了什么？不就是希望大家都开开心心的嘛。生活下去肯定要有一个目标，生活的意义，生命的意义，就是你想要做一件事情，然后努力地去做，然后实现。在家庭上，不要对孩子管教太多，平安就好。什么大富大贵啊，我们都是平凡的人嘛，不要想那么多。

问：分享一下您人生中最开心的事情？

施卓英：我真的是过了就忘了，其实每个阶段肯定有每个阶段不同的感受嘛。记得刚开始到这个学校的时候，带足球队，在实力上是有一些差距，因为对手是杨浦的，那边是足球之乡，再说我也不是专业的足球〔教练〕，我只能稍微指导一下他们，不能像现在的老师们一样，可以跟他们一起踢。

但是经过我们的努力之后，比赛的时候，记得当时还下着雨，我们的学生最终战胜了他们，那个时候他们在外面“哇哇哇”乱叫。当时的情景真的是令你很感动。孩子们出来的时候身上没有干净的，身上都是泥啊、雨水啊，都在草地上打滚的，我们的小孩子们是真的很拼。我是 1995 年来这个学校的，1999 年我带着这个足球队最终获得了金牌。然后从这里起步，开始经常去参加世界比赛。通过我们的努力，打败了很强的对手，获得了最后的胜利，整个过程是蛮开心的。

问：别人眼中的您是什么样的？

施卓英：我不太了解别人眼中的我。他们就说我这个人平时不太爱说，就是做吧。我觉得我也是做，有时候要写，他们说你应该要写下来，但是我还是觉得做比其他什么都更重要吧，我能做的就是满足小朋友们的需求。

问：分享一两件对您来说比较有影响的事情可以吗？

施卓英：刚来这个学校的时候，有一个孩子很特殊，我一开始也不知道，他是没有语言〔能力〕的嘛。上这个班级的课，说实话我的耐心还是蛮好的，会跟他好好讲并且陪他玩，有的时候他也蛮好的。但有一段时间，他会突然莫名其妙地打你，“啪”地一下打你一个耳光，后来发现这个孩子其实他自己也很着急，因为他没有语言〔能力〕嘛，他想跟你讲话沟通是有困难的，这就需要我们去学习更多的专业知识来了解他。孩子不能跟你沟通，他本身自己也着急，你就不能再着急了。

问：您从教多少年了？有想过放弃的时候吗？

施卓英：从 1995 年开始到现在吧，我一直在这个学校里，从没有想过放弃。其实，也有烦恼的，可能有的时候也很累，因为孩子们很特殊，你很难搞定，但是你也会有收获的。你会看到很多小孩子在你教他们以后，他们学会了，或者跟你很亲，我们这里的小孩子和普通学校的学生可能有些区别，他们会突然抱着你啊，会特别亲热，没有那种私利的。他们喜欢就是喜欢。所以你也会特别开心啊（满足地笑）。

问：能讲讲去央视参加最美教师的事吗？

施卓英：这是民间活动，我们一开始也是不知道的。有一天，央视有人就打电话来，要我参加最美教师的评选，而且要去北京。因为我一开始觉得不是正规的，所以就跟学校讲了一下，问了一下这是个什么活动，学校也是支持的嘛，就让去。但是马上要开学了，比较忙，所以我就不想去。

施卓英（左五）在中央电视台参加“最美教师”颁奖。

学校一直鼓励，其实我心里还是非常忐忑的。因为这个活动要叫你准备，包括穿什么服装，要去北京。实话实说，现在的骗子很多，于是问央视要邀请函，结果就发了邀请函给学校，学校领导也都不知道事情的来龙去脉。然后问上去，教育局说是有这么一回事的。

我问领导可以不去吗，领导说最好去。央视说可以找一个人陪着去，所以就找人陪着去了。走进央视的时候才觉得真的是有这么一回事。前几天都在采访，走台。每天都是这样，从早上开始走台，因为有很多节目嘛，也有很多来自各个地方的老师，每个人都要简单的讲几句话。第二天就有领导来了，像是正式的一样。在那里每天都很忙的，从早到晚，都要拍下来，当然最后也不是现场直播，是录播的，网上也有最美教师的视频的。〔展示照片〕当时是夏天嘛，我穿的是这件衣服，她们说我每次出去都穿这件衣服，我也不太买衣服。

家是温暖的港湾

问：您那个年代男生女生是怎么交往的？

施卓英：我们班的男生女生是比较要好的。早恋的情况也有吧，但是不算多。还是把重心放在学习上的。

问：回忆一下您的同龄人或者您结婚时的情况可以吗？

施卓英：结婚？当然是蛮开心的。我们班里也有两对结婚的，都是同学。我一开始是想做警察嘛，后来因为眼睛不好，就不考了。再加上我们家的情况比较特殊，爸爸的身体不是很好，所以就选了师范。后来，有段时间，我们同学之间的联系也不多，以后就又有联系了。班里有两对结婚了，其中一个女孩是我比较要好的，有个男生在班里也是比较要好的，后来他到欧洲去了，爱人就选了其他人。

问：那个年代的婚礼是怎么操办的？

施卓英：怎么说呢，跟现在有一点点不同，当时是没有司仪的，不需要放大屏幕，也没有现在的走红毯，仪式也是蛮简单的。仪式主要就是家里办酒席，然后一桌一桌去敬酒，年轻人就会捣乱，香烟点火，然后吹掉，反正他们会想出很多节目。我是 1988 年结的婚，也没怎么操办婚礼，就是外面借的场地，也差不多是在类似酒店的地方举行的。以前没这么复杂，没有迎娶新娘的仪式，就是亲戚朋友坐下来吃饭，婚礼当天亲朋好友都会来的，场面也很热闹。

问：您孩子的兴趣跟您的培养有关吗？

施卓英：孩子总是会受到〔我的〕影响的，潜移默化吧，我总会提醒孩子不要这么做那样做，他们就会反过来说，总是这样的（笑）。他们小时候，我工作很忙，也没怎么带他们进行体育运动，就是教他们怎么跳绳啊，因为这是最简单的，并且需要的地方又小。或者学校里有什么活动，打乒乓球之类的，他们也来参加的。

问：能讲一下您的孩子到学校参加的活动吗？

施卓英：一般就是乒乓球，或者曲棍球，他们会过来。我孩子放假的时候，就带他们过来跟小朋友们一起踢足球。他们来了之后，小朋友们肯定是很开心的，施老师带着孩子过来了，他们也是很起劲的。

问：您有没有参加孩子的毕业典礼？

施卓英：孩子在国外读的研究生，现在已经回来了，当时他毕业典礼的时候我是去了的。在法国，他让我去的嘛，我和其他家长在一起聊天，孩子穿上了学位服，在讲台上面。这个仪式很长的，毕业的学生要一个个上台，一个个颁发证书，过程很长的。到了孩子这个班的时候，我就很激动了，拍照。孩子带着我在法国玩了几天，然后又去了西班牙，就觉得他蛮贴心的。他整天陪着我，让我去买衣服，其实我也不会买什么衣服嘛，也不喜欢逛店，他就跟我说，你要看人家怎么穿，然后再考虑自己怎么穿。

问：您是如何照顾父母的？

施卓英：父母嘛，因为妈妈身体也不太好，所以就在一起住。我会给妈妈送礼物嘛，她夏天喜欢穿真丝的，她年纪大了，还是喜欢花的，就是带花边的衣服，那我就买她喜欢的衣服。

问：您母亲年轻的时候有什么兴趣爱好？

施卓英：她以前没有工作，以前是大小姐。她妈妈家里以前是开厂子的，我外婆那时候就说，过生日的时候，家里是要在弄堂里放电影的。后来，厂子被收掉了，人也都走了，她父亲也过世了，后来家里也就衰败了。人从好的日子到苦的生活，现在就想安安稳稳过日子。以前我母亲喜欢看看报纸，还喜欢听越剧，也喜欢哼唱两声。

问：平时带孩子跟妈妈吃饭的时间多吗？

施卓英：到外面去吃？我带他们出去的时候不多啊，所以儿子才一直批评我啊，要多出去吃饭，要有共同的回忆啊。但是一般我们好像都有在家里吃的习惯，一个是觉得在外面吃饭不卫生，另外还是经济方面，觉得没有必要，孩子总是说怎么不出去吃啊什么的（笑）。

问：您的拿手菜是什么？

施卓英：其实我没有什么拿手菜的。以前儿子喜欢吃我做的番茄炒蛋，但是他现在自己也会烧嘛，因为到了法国以后，就自己做饭。我其实是马马虎虎烧饭，就是烧个鸡汤、鸭汤啊，就是这样对付。因为现在我丈夫退休了，基本上都是他烧饭给妈妈吃，我下班回去也是蛮累的，他能做的都是他做了。妈妈年纪大了，可能她的口味也不一样，她就爱吃面食，所以就另外给她烧一点。

问：能回忆一下印象深刻的家庭活动或聚会吗？

施卓英：家庭聚会嘛，我哥哥姐姐他们大年夜基本上就一起过，在酒店里。也是我们家族聚会，人还是蛮多。特别我祖父家里的人蛮多的，他们有的从国外回来了，我有几个表哥啊，他们就会特地聚一聚。而且我们家，我觉得也蛮先进的，大家都是 AA 的。有时候他们从国外回来，一定要请客啊，大家就觉得不要，还是 AA，他们都是年纪很大的，但是观念还是蛮新的。

问：家人支持您的教练工作吗？

施卓英：他们当然是很支持的。我的先生很支持我的工作的，比方说现在，他觉得我累了，就把家里的事情基本做掉了。以前我训练需要什么东西，他能帮我做的都会做，比如说教具。体操训练的什么东西，他请别人帮忙，比如说吊环啊，一开始这些设备都没有的。

问：您和家人有外出活动吗？

施卓英：有时候会到乡下去，不过也不多，因为我真的是很忙的。以前还有婆婆在嘛，孩子也小，我们俩的工作都很忙。现在他退休了，时间多了。我有寒暑假，但是因为现在妈妈在我这里嘛，即使是放假也很难出去的。总归家里还是要留个人，有时候会叫哥哥把妈妈接到他那边，我们会出去一下。

问：您出生和成长都在上海，上海有什么变化？

施卓英：我出生在上海，老家算是杭州吧，上海的变化是很大的。我们家住在市中心一幢房子的三楼，以前一到三楼都是我们家的，后来因为各种各样的原因，变化还是很大的。

记得家里住的房子面积很小，爸爸妈妈睡在床上，孩子睡在床下，反正房间很小，以前可能是佣人才住的房间。楼下有烧饭的地方，吃饭都是下来吃的，不过只有夏天这样，冬天不下来的。平时吃些冬瓜汤、茄子什么的，反正只有这么一两个菜。夏天家里很热的，晚上风凉嘛，我们都会在门口坐着。

所以想想，现在的条件多好啊！改革开放以后，其实各家各户都有很大的变化。小时候觉得上海，就是一个小地方，也可能是因为走的地方太少，就是家里到学校，及周边的小范围，并没有去过特别远的地方。现在哪里都是很漂亮的，以前觉得香港是很漂亮的，现在你看看上海的夜景，肯定也不差，比香港还要好。

问：您觉得有什么不太好的变化吗?

施卓英：总体来说，特别是在物质方面，好很多了，不是一点点好了。精神方面嘛，邻里之间有矛盾，还是有吵架的，因为离得太近嘛，当然现在大家居住都分开了，吵架一般是听不见的，不像以前都是在弄堂里面。物质发展太快，对人的刺激太大了，有些人太追求物质，精神方面有些跟不上吧。

施卓英同事口述

口述者：高成双（女）
访谈者、撰稿者：李惟妙
访谈时间：2018 年 6 月 26 日
访谈地点：上海市浦东新区辅读学校

问：在您看来，施老师是一个什么样的人？

高成双：我是刚入职的老师，今年是第二年。从进学校就一直跟着我师父施老师。她给我的感觉，是一个特别有情怀的人，做事情特别认真。

她给我印象特别深的一点是：我们学校的特奥运动是白手起家，她真的就是草根教练。我以前真的不明白，她是怎么变得这么出色的。有那么几次，学生下午三点下课走了以后，我们老师是四点下班，我刚好到办公室有事情，我每次开门，她都坐在电脑前，一个人研究特奥会发下来的文件和视频，一个动作一个动作地抠。那个时候我才明白，为什么施老师会这么出色。她其实是在你看不到的地方做出了很多努力，所以才那么优秀。总之就是很有情怀，很有耐心，而且还有一种较真的精神，对于每个动作都抠得很细，这是给我印象最深刻的。

问：刚工作，施老师在哪些方面引导您？

高成双：我们学校是这样的，对于新老师，会安排两个师父。一个是班主任带教师父，一个是学科带教师父。我学的是特殊教育，从来没有想过要教体育，可能也是因为性格吧，进来以后，学校让施老师做我的学科带教师父。所以我更多是观摩她上运动课，观摩她体操训练，现在早上我们也一起晨练。

我师父还有一年就退休了，她们那个时候学生的程度好一点，没有那么重，状况没有那么复杂，而且她是专门带体操这一块的，练习体操的孩子选拔的时候是有一定条件的，要有一定的认知和理解能力。

一般来说，接受体操训练的还都是智力障碍或者唐宝的孩子。唐宝宝柔韧性非常好，但是缺乏耐性。智力障碍的孩子可能理解能力差一点，比如说他可能很难理解手指用力，所以在教的过程中需要花费大量的时间。让他走一个十字步，我们觉得很简单，但是要在地上贴上无数个小脚丫，告诉他怎么走。他们不能理解你在说什么是最大的问题。我早上会花半个小时时间跟着师父一起体操晨练，其他时间我就正常上课。

问：您接触过特奥运动吗？

高成双：有的，其实除了跟师父一起之外，我自己也带一项特奥运动叫旱地冰球，我进来以后，正好学校里有这个机会，我就跟着一起练习起来了，这个项目也是学校主推的项目之一。我们已经参加过比赛，上海市的特奥运动联赛，还有江浙一带的比赛。去年暑假，我们学校还有孩子去瑞典、芬兰交流。

问：施老师在班级当中扮演着什么角色？

高成双：一般老师都是这样，年轻的时候比较严厉，年纪大了以后就有点干不动了，因为当班主任真的有很多琐事。施老师扮演的绝对是母亲的角色，很多孩子会找她撒娇，有学生叫她施妈妈。已经毕业了的孩子，他们还会回来看施老师，真的就是施妈妈，我也会叫施妈妈。我看过一次有学生看她，过教师节的时候来看她，买点水果啊，这种比较特殊的日子会回来。见面很激动的，也会拥抱一下。

问：您觉得施老师在工作和生活方面平衡得好吗？

高成双：说实话，我之前做过一个师德的演讲，讲的就是我师父。我一直觉得她是一个非常有情怀的人，通过那个稿子才知道师父有两个儿子，他们中考还是高考的时候，她都没能去陪伴，因为这边有比赛。她自己从来都不会说这些事情。而且她中间有出过一次车祸，车祸以后，师父动了一个大手术，仔细看她走路是有点不稳当的，我们都觉得她不会再教体操了，但是她手术好了以后回来上班，仍然是每天七点半〔准时到〕。真的是很让人很让人佩服。所以我说她真的是一个有情怀的老师。她获得了好多荣誉啊，上海市园丁奖，教书育人奖，最美教师。她特别不善于表达，她总是说得很少，但是做得很多。她超级低调而且默默付出。

问：您想成为一个像她这样的老师吗？

高成双：我很想成为一个像她这样的老师，能做到你走过十年、二十年、三十年，你周围的人依然说你是个有情怀的老师，这是对你极高的评价。但是我坦白讲，有的时候真的会压力很大，会焦虑，会崩溃。但我们学校没有一个老师会说放弃的，因为每个老师都会调整自己的心态，修炼自己。我记得上班的第一天，送走学生以后，我就好像重生了一样，因为脑子绷得太紧了。

问：可以回忆一件跟施老师相处发生的事情吗？

高成双：我之前是很胖的，现在真的瘦了很多。有时候我会跟她说训练完好累，有时候好饿。我可能是随口说说，但是从那以后，她真的每天早上给我带一个鸡蛋，她说鸡蛋是最便宜但是营养最丰富的食物，而且补充蛋白质。我中午不爱吃食堂的肉，她每次都会盯着我吃下去，她真的就跟妈妈一样，关心着我的衣食住行。她如果去迪卡侬买衣服的话，都会给我买一件。

施卓英工作观察日记

观察时间：2018 年 12 月 4 日 8:00—16:00

观察地点：上海市浦东新区辅读学校

观察者、撰稿者：李惟妙

时　间	工作内容	备　　注
8:00	指导学生下腰、侧屈、弯腰动作。	鼓励学生并亲自示范动作。
8:25	第一节课开始。	提前到达教室并开始准备。
8:30	和同学们一起做操，一起完成动作。	有学生不太配合，但还是耐心引导他们主动完成动作。
8:35	和家长一起跟同学们做游戏——伦敦桥。	鼓励每一个学生参加游戏活动。
8:40	运用多媒体展示广播操。	逐个指导学生完成动作。
8:45	跟学生一起唱伦敦桥歌曲，并一起完成舞蹈。	
8:50	让学生自己编歌词。	自己先示范着唱了一遍。
8:55	在桌子上与学生一起玩滚球游戏。	与学生一起参与到游戏当中。
8:58	让同学们逐个进行拍球练习。	自己先示范，并且拉着学生的手跟学生一起拍。
9:00	下课，回到体操教室。	一直在体操教室办公和休息。
9:30	学生参加完入团仪式，进入教室，带领学生进行体操训练。	一开始先让学生进行压腿等热身活动。
9:40	发呼啦圈让学生复习动作，并继续教授新动作。	有些学生累了，就一直鼓励他们。
9:45	对学生进行逐一动作指导。	
9:52	来到体育场，配合音乐进行表演。	体操室比较小，所以带着学生去了较大的体育场并播放音乐。
10:00	让学生一个个表演，拿出手机开始录制表演视频。	

（续表）

时　间	工作内容	备　　注
10:08	亲自示范学生做得不够规范的动作。	虽然腰扭伤了，但仍然努力给学生示范动作。
10:15	回到体操教室，开始对学生的动作进行逐一点评。	录制视频的原因就是让学生在屏幕中看到自己的表现。
10:20	让学生拿出绳子开始进行下一项目。	示范学生一直做不好的动作。
10:22	下课，并且鼓励学生回家复习。	学生离开教室的时候有些不舍，抱了老师一下并亲了一下。
10:30	在体操室休息。	没有闲着，一直在设计动作并且与其他老师进行讨论。
11:20	午餐、休息。	
12:50	学生陆续走进教室，询问学生练习情况。	
13:00	开始上课。	下午上课的同学都是男生，男女生分开上课。
13:10	带领学生练习基本功。	当天下雨，所以没有带学生出去练习。
13:20	让学生逐一复习自由操动作。	
13:30	鼓励学生自己表演。	
14:00	继续讲解鞍马动作。	
14:20	课间休息。	学生休息的时候并没有休息，与学生聊天。
14:50	上课结束后把学生们逐个送回各自教室。	学生与老师分开有些不舍得。
15:00	学生放学后，开始备课，开展教研活动。	
16:00	下班。	

体育改变了我的人生

——桑鹏口述

桑鹏，男，汉族，1987 年出生。甘肃敦煌人。独生子女。2007 年考入西安体育学院体育运动系网球专业，2011 年 7 月毕业。2011 年 8 月入职西安市启智学校，任体育教师和特奥教练。

口述者：桑鹏

访谈者、撰稿者：郭宪

访谈时间：2017 年 7 月 20 日、2017 年 11 月 21 日

访谈地点：陕西省体育场、西安市启智学校

少年时光　一言难尽

问：请简单介绍一下您个人的基本信息，好吗？

桑鹏：我老家是甘肃敦煌，2007 年通过全国高考，考入西安体育学院体育教育专业，大学四年本科结束之后，我来到西安市启智学校工作，一直到现在。

问：老家的具体情况呢？

桑鹏：老家甘肃敦煌，那里有莫高窟、月牙泉，是一个旅游城市。家里面就父母和我。父亲是一个司机，母亲没有工作。小学、初中、高中都是在敦煌上的。

问：祖上也是敦煌人？

桑鹏：按照我们的家谱，祖上应该是游牧民族，好像是青海乐都市那边的。我有个哥，他比较喜欢〔寻根问祖〕，把咱们这个家史研究了一下，〔认为祖上〕可能是从乐都那边迁移过来的。

问：那您是少数民族？

桑鹏：我不是少数民族，是汉族。

问：简介一下您大家庭的情况？

桑鹏：我爸是兄妹四个，我爸是老大，敦煌地方也比较小，提起姓桑的人家，大家都知道。我妈家姊妹有六个，我妈是老三。

问：这个大家庭的人口还不少呢。

桑鹏：是的，以前到我外爷家聚到一起，大大小小就有二十四口人，这几年聚到一起的时候少了。

问：谈谈您的小学生活？

桑鹏：我在板桥小学上的，离家不到两公里，上了五年，那时小学是五年制。早上六点多就出门，从来不会迟到。早上四节课，中午回家吃饭。下午一般是三节课。

问：谈谈小学老师或同学给您留下的印象可以吗？

桑鹏：我觉得很少，印象最大的就是我一年级留级了。当时留级，我觉得对人影响很大的：你留级了，想想你的同学们都上二年级了，你还在一年级再上一年，跟下一届的学生一起上。

问：是班主任让留级？

桑鹏：是班主任，爸妈找〔班主任〕去了，说让我别留级，但说不行。反正学习一直是中间了，也不是特别拔尖，那时候比较流行大队长，反正一直就选不上我嘛。

问：小学寒暑假怎么度过的？

桑鹏：寒暑假，那时候家里对我管的比较严，让我在家里学习，以学习为主。最多就是让我到姥姥、姥爷家，那里距离敦煌市有将近五十公里呢，在南湖乡，那个地方自然条件比较好，有山有水，种的是葡萄，环境好，我经常到那里去。当时我的大姨爹是跑那趟线路班车的，比较方便，我一个人上车，他到了门口就直接把我放下车，车就直接开到我外爷门口了，就在马路旁边。

问：在姥爷家里，主要都干啥呢？

桑鹏：就是玩，玩水、玩沙子。那时的小伙伴，现在都长大了，有的已经结婚有娃了。

问：后来上初中？

桑鹏：初中我是在肃州中学上的，初中是四年制。离家大概有五公里远。骑自行车，早上去中午回来，中午去下午再回来，就这样来来回回。我们的班主任算是一个特别严厉的班主任，按照以前来说，你见到班主任就想躲。初中那个时候家里边管得比较严，全是学习。

问：家里谁管得比较多？

桑鹏：我妈管得比较多，那时寒暑假几乎都是补课，补外语、数学，在我们老师家里边，老师开的小班。补课最多的是英语，我一直比较喜欢外语，为了学英语，还买了复读机，听着复读机睡觉，醒来还在听复读机，弄得我妈都会背单词了。

问：上补习班是妈妈给报的，还是您自己想报？

桑鹏：最开始是自己〔想补习〕，后来就成强制性的了。有一年把 300 块钱的补课费给我，补 40 天，我每天溜到公园，按时按点出门，按时按点回来。

问：为啥呢？

桑鹏：不想去嘛。就把那钱拿上，也不敢乱花，反正没花完，每天按时出门，按时回家，就在公园里待着。

问：中学印象比较深刻的事情是什么？

桑鹏：那时九月份勤工俭学拾棉花，有一次我们到地里不想动了，利用中午吃饭的时间我就跑了。班主任骑了摩托就找，听见有人说我在旁边的理发店里藏着呢，班主任一来，我们都吓傻了，骑了自行车赶紧跟在班主任后面回去。

问：初中考高中，成绩如何？

桑鹏：刚过线，575 分录取，我考了 575.5 分。

问：高中学习的过程是怎样的？

桑鹏：高一时其实还是挺努力的，但是也是我个人的问题，不太喜欢班主任，高一那一年等于没学习，彻底把课程落下了，高二的时候就跟不上了。高一上完之后，我们那个班就解散了，因为那个班成绩实在是太差了，各个方面都不行，就整个解散了。

问：没咋学的主要问题是什么？

桑鹏：刚上高一，我没有住宿舍，是回家住的，那时中午到同学宿舍里边去睡觉，我们两个人去的，睡完觉出来之后，一个同学的复读机丢了，这时候没人认嘛！就只有我们两个进去宿舍了，但的确没有拿。我们班主任硬说是我们两个人拿的，这件事情对我的影响挺大的。班主任私下里跟我说，要拿了就悄悄地去放下就行了。可是我没有拿，我说你为啥还要说我拿了？

问：就是这一件事情？

桑鹏：对，对我影响真的挺大的。我现在还老和同事们聊天说，一个班主任，无论是小学还是哪里，对一个孩子的影响太大了，真的是决定了你的命运。我为啥走上了体育这条道路，是因为我们班主任就把这个事情报告给学校教导处、政教处。正好政教处的老师，我〔和他练过体育〕。

问：那会还没上高中，还没有开学呢？

桑鹏：对，他说你去减肥，我就跟着去减肥。我的教练，正好也是我们政教处的主任。教练对我说，你练不练？你身体条件这么好，练绝对没问题，可以考个好学校。当时我还没有往〔体育〕方面想，后来高一的班主任把这件事情汇报给教导处、政教处，政教处主任把我叫过去谈心，说桑鹏我知道这件事情发生了，我也相信不是你拿的，但是你以后要多留个心，不要把不必要的事情往自己身上揽，这件事情就不通过学校说了，就悄悄这样结束就行了，你把这个给人家一赔，就当自己吃亏了，就认了，就行了，你也不要再说了。

发奋训练　考上体院

问：后来如何接触体育的？

桑鹏：这件事情以后，我从高二就开始练体育了，我自己也比较刻苦，经过一个冬训，成绩进步比较快，自己比较有信心。

问：那会是怎么个训练法？

桑鹏：我们一般早上六点半就到学校了，早上训练，不占用上课时间，训练完之后吃早点，到八点十五左右就开始上第一节课。

问：早上都练啥？

桑鹏：我记得一、三、五是跑，星期三还加了个力量〔训练〕，星期四是跳。学校体育组专门组织体育特长生，高一、高二、高三都有，一个年级一个队。

问：寒暑假呢？

桑鹏：寒暑假一般会集训十天左右，也就跟着放假了。

问：从高二转到体育，家中父母亲是啥态度？

桑鹏：最开始不同意练，到最后实在没有办法了，教练跟家长说，你们这些人一天都不知道孩子喜欢啥，不要把孩子的理想抹杀了。说了几次，家里才同意了，才真正走上了体育这条路。那时训练自己也比较用功，当时高二升高三，我们的成绩都已经超过高三了。我们那一个队特别团结，训练是你追我赶，成绩进步得比较快。

问：这个队高三毕业时，几个考取了大学？

桑鹏：我们那个队考得好啊，我是全省第二十四名，被西安体育学院录取了。最好的考了全省第五名，文化课考了全省第一，被北京体育大学录取了。还有一个被西北师大录取了。

问：和教练还经常联系吗？

桑鹏：嗯，我们经常联系呢。那个教练是我的人生导师，虽然是一个搞体育的，但在各个方面能力比较强，是敦煌中学的党办主任，一个搞体育的人能干上党办主任可是不错的。

身边的竞争 激励前行

问：高考结束之后的一两个月都干啥了？

桑鹏：高考结束之后先是报志愿，差不多快 8 月份了，成绩下来，被录取。那时高兴得，到处玩，找同学玩，天天晚上和同学在一起。开学了，我们在山上沣峪口那个校区报到，呀，当时我第一次去，之前也听说过西安体院分校区在山上，环境不太好。我当时一看，这哪是我梦想的大学？里面长满了草，操场两边长满了草，炉渣跑道，不是塑胶的，就是一个工厂改建的，当时就不想上了。

问：最后您在那上了多长时间？

桑鹏：整整一年。

问：在那里度过的大一生活，印象较深的是什么？

桑鹏：那时印象最深的就是——啥事都没有。一到晚上沣峪口不是风就是雨，也没啥地方去，校门口也就那么几家小店，最多就是周末骑个自行车到附近逛去，大学里边或山里逛去。

问：当初刚来觉得不太好，说想回去，后来呢？

桑鹏：我们军训了半个月，觉得那里的环境不太好，感觉大学怎么是这个样子呢。待了一个月，跟同学们也熟悉了，就觉得比较好了。那一年正好是 2008 年“5·12”地震，我们那天正好上运动解剖课，正好抬的一个尸体在前面放着，正在上解剖课，肌肉类型的。正上着，我们老师说尸体咋动开了。我当时在后面坐着，有人说上面的灯管晃着呢。练体育的都比较灵活，直接跳上桌子就往外跑，我们正好在一楼，正好还是简易的房子。三楼四楼的那些同学有的还穿着拖鞋，摇摇晃晃地下来，说地震了赶紧走。

问：那后来的学习呢？

桑鹏：到后来就开始选专项了，我选的是网球专项。那时也比较刻苦，每天起得也早，晚了过去就没有场地练习。这期间受我同学的影响，报了一个日语培训班，一、三、五的晚上，还要去上日语培训课。

问：在大学上学期间还有什么事情？

桑鹏：大学期间都比较有自己的认知了，都知道自己想干啥，当时练自己的专项比较多一点，主要是自己在跑在练。我个人觉得，在每一个阶段，无论是在高中、在大学还是在工作之后，你身边都有人在跟你竞争，这一种感觉是比较好的，这〔种竞争感〕一直陪伴着我，激励着我前进。

始于志愿　终于职业

问：您为什么会来到这个学校，从事特殊教育？

桑鹏：首先走上教师这一行，是我自己比较想当老师，这是最重要的原因。再一个是在这当志愿者，有机会了解〔特殊教育〕。我们体院就在西安市启智学校附近，仅隔着一个十字路口，之前参加过学校组织的志愿者活动。西安市启智学校是 2010 年成立的，当时的学生比较少，学生的年龄也比较小，他们开运动会时就给他们提供一些服务帮助。

问：还记得刚到学校第一学期工作的大概情景吗？

桑鹏：我记得最清楚的是学校开运动会——特殊群体的运动会，我当裁判。和正常孩子的运动会差别挺大的，差别主要在规则上，他们的竞争意识我觉得一点都不比正常人差。只是一些规则上的改变，更加适合这些特殊的孩子。

问：有没有老教师传授教育方法？

桑鹏：有的，因为我们学校之前是一个改制学校，好多老师从前没有从事过特殊教育，但他们在普校是有经验的。我应届毕业，没有工作经验，直接从事特殊教育之后，有好多老教师进行指点。他们的一些教学方法，上课的一些口令和要求，启发性的指导比较多，在他们上课中观察到的一些方法也比较多。

问：您在教学上有自己的诀窍吗？

桑鹏：正常孩子的体育课，上课一集合就开始了，这些孩子呢，因为他们的注意力比较容易分散，更多是要让他们注意力集中。上课时首先给他们进行一个游戏，把孩子的兴趣先调动起来，这个游戏不在时间多长，但是你一定要能把孩子们的兴趣调动起来。对于大一点的孩子，比如说十四岁以上的，上课首先进行一个集体性的接力传球，头上或是胯下传球，看谁快，一般是分组，如果有其他班级的话，班与班进行这种游戏性的竞争，孩子们的注意力集中是最快的。

问：到学校以后都做过什么工作？

桑鹏：一直在一线教师队伍。因为我们学校是特殊教育学校，我属于专任教师，音、体、美都是专任教师。一个班有一个班主任，还有一个副班主任。

问：你们学校上班作息时间和普通学校一样吗？

桑鹏：一样的。老师早上七点半到校，八点钟学生到校，上午三节课，还有个早操。学生中午是十一点半吃饭。下午两节课，下班时间是五点钟。

问：孩子们是住校还是走读？

桑鹏：走读，学校现在的一百八十多个学生都是走读。

问：从做志愿者到做一名特殊教育的老师，你前后有啥变化？

桑鹏：在这种学校比在普通学校需要有更多的耐心和爱心。普校讲解知识可能只需要一两遍，学生就懂了。但在特殊教育学校不行，同样内容这一节课讲的是这个，下一节课还是，下下节课还是，需要多课时反复讲解、练习，学生们才能掌握。最开始在心理上度过这一关，这种教学环境，我适应还是比较快的。

问：顺利适应的主要原因是什么？

桑鹏：体院和启智学校相距比较近，只有公交车一站的距离，环境都比较熟悉。不像一般毕业生，他从体院毕业后要到另外一个城市去工作，他对那个城市完全是陌生的，这样可能适应起来就比较难。我上学在这，工作只相距一站路，对这所有的都比较熟悉。

问：喜欢现在的工作吗？

桑鹏：怎么说呢，我觉得一半吧。

问：怎么理解？

桑鹏：有时根据时间，还要根据事情来说，可能这个时间你觉得特别有意义，可能你遇到另外一件事情，你觉得又特没有意义。当孩子们有进步的时候，我觉得自己成就感特别强；当你反复训练他们，他们却没有进步，就觉得一下子特别失落。

问：遇到这种情况会怎样解决呢？

桑鹏：根据他们个人的能力去发展吧，首先要让他们快乐起来。

问：特殊教育学校工作的老师，有没有特殊教育津贴？

桑鹏：有。

问：特殊教育学校和普通学校比较，老师的付出与回报，您怎么看？

桑鹏：我觉得特殊教育的老师比普通教育的老师付出的更多，但是回报和成就感比普校的老师小得多，比普校的老师要更辛苦。

问：您觉得这所学校的待遇怎样？

桑鹏：我觉得还挺好的。虽然说心理压力比较大，但是学会自我调节，我觉得比普校的压力要小一点，因为上课的学生毕竟较少，照顾起来能好一些，不像普校一个班的学生有五六十个，学生比较多。

问：学生毕业离校在做什么？

桑鹏：现在咱们省残联成立了一个城市经济学校，学生们还有在那边继续上学的。学一些手艺，比如酒店服务、酒店管理、面点师这些，可能很快会开一个智障人的餐厅。

问：毕业的孩子和您保持联系的多不多？

桑鹏：特奥运动员比较多。

问：有来学校看您的？

桑鹏：有，站在校门口，放学的时候到学校门口问候你。

问：还有其他方式联系吗？

桑鹏：偶尔还会给我打个电话，〔像〕骚扰电话，他可能打通电话，但我也不知道是谁，他也不说话。

问：目前社会对这群孩子的关注度高不高？

桑鹏：比前几年高多了，说实话这几年的确是进步挺多的。首先这些残疾孩子进所有的景区都是不收费的，乘坐公交车也一样。比前几年关注的人要多。但是宣传，包括政府对这方面的宣传还是要加强。

问：总结一下，您有什么特别想向外界表达的建议、想法或感受吗？

桑鹏：从事特殊教育这一行业六年，六年不长，仿佛一瞬间这六年就结束了。这是我的第一份工作，个人也比较珍惜。最大的感受是，特殊教育这份工作的确很辛苦，而这种辛苦是值得让整个社会去关注它，让更多的人去接纳这些孩子，给这些孩子提供更好的平台去发挥、发展，让整个社会更多地去接纳这些孩子。之前我也了解过，有些企业愿意招聘残疾孩子，企业会有减税，但他们不招这种智障孩子，招这种智障孩子好像是不减税，所以不愿意招。我是从事智力障碍孩子教育的，对这些孩子要提供更好的平台去发挥，要更多的接纳他们，这是我的建议也是最大的心愿。

做知心朋友 因材施教

问：这个学校的体育教学和特奥运动两者是什么关系？

桑鹏：咱们学校 2012 年建校之后，就一直发展特奥运动，每年都会开特奥运动会，通过这种方式，把咱们学校宣传出去。我个人主要负责田径、篮球、足球的训练，特奥运动员经过几年的训练，他的进步，无论是个人的自理能力，包括生活、学习和社交能力，都提高得相当快。

问：学员怎么挑选？

桑鹏：特奥运动员就是通过平时的体育课去挖掘。可以说我们每一节课都可以把它当做一次小型的特奥运动会去对待，因为特奥运动当中本来就有能力划分、年龄划分的设置。每一名学生都是一名特奥运动员。

问：训练的项目主要包括哪些？

桑鹏：我们学校开展的特奥项目，主要是篮球、足球、田径，还有轮滑和滚球。

问：平时的训练内容是什么？

桑鹏：就足球来说，就是技战术配合。这两年开展的特奥融合运动比较多，融合运动是要有正常人参与，一起训练。像去年和今年，咱们学校代表陕西省都已经参加了四次全国特奥足球比赛。

问：这些孩子掌握一个足球技术动作或要领，需要怎样来教？

桑鹏：大多数采用示范和讲解，最多的是反复性练习，再进行一些融合性练习。这种孩子会很认真地练习，但最重要的是要让他们融合训练。比如说我是一名特奥运动员，你是一个融合伙伴，咱俩之前不认识，在一起踢球的话，我作为一个特奥运动员，虽然穿的队服一样，我可能不会把球传给你，因为我不认识你，也不了解你，到底传给你对不对？我在判断当中要花费很长时间，为啥呢？因为之前咱俩不认识。

问：怎样帮助孩子克服这个问题呢？

桑鹏：和其他学校签订融合项目，如体院的特殊教育专业就是我们的融合伙伴学校，他们每周会过来一些融合伙伴跟我们一起进行融合性的训练。我们还有一个外面的足球俱乐部，也会对我们进行一个辅导性的训练，每周来一次。

问：这种联系是怎么建立起来的？

桑鹏：在我们学校做志愿者的大学生，在毕业时有这方面的要求，他们可以获得学分。有好多学校的学生也在我们学校做志愿者。但是考虑到特奥运动这方面，体院相对更适合，离我们近一些，学生过来相对也安全些，我们进行了这方面的联系。

问：您指导的这些训练项目中，感觉效果比较好的是哪个项目？

桑鹏：我觉得还是足球比较好一些。

问：为什么呢？

桑鹏：原因是学生的兴趣比较浓厚，他们有兴趣了就会全身心地投入。他们虽然平时比较听话，但还是希望到外面去和别人交流。咱们学校自闭症的孩子比较多，不愿意跟别人交流，但经过融合训练，孩子性格还是比较开朗的。我觉得自闭症的孩子，每个人都有自己的特殊能力，你发觉不了，觉得他可能不听话，你一旦发觉了，你就会觉得他绝对是这一方面的天才。

问：从学校的角度来说，您认为作用明显吗？

桑鹏：作用肯定明显啊。最主要还是要家校结合比较好，家长一定要不停地向老师反映他们的情况，老师也要及时和家长沟通孩子的情况。

问：咱们这个学校的特奥融合项目主要是足球吗？

桑鹏：学校里面开展的特奥融合项目特别多的，每年的运动会都会有特奥融合项目，让志愿者和学生们一起，他们会集体跳一套操。我们学校周一、周三有一个兴趣课，不是按照班来上，而是按兴趣上，孩子想报美术班，就到美术班去上课，想报舞蹈班你就到舞蹈班去上课，每一节课都会有志愿者去，这也是一种融合。

问：从训练的角度讲，自闭症的孩子参加哪个项目训练效果最好？

桑鹏：我个人觉得轮滑和滚球可能好一些。

问：一堂训练课通常多长时间？

桑鹏：两个小时。中间可能会休息十分钟，是根据天气，还要看孩子们最近的身体状况。比如这些孩子本来就是特殊孩子，有特殊的一些身体的生理反应。和正常孩子不一样的是，对他们要求严格，正常孩子可能认为“严”是对他的爱，但这些孩子可能认为“严”不是爱，可能会觉得老师对我不好，老师不喜欢我了。

问：遇到这种情况，怎么办？

桑鹏：经过长时间的相处，他们也能感觉到严中有爱，爱中还要有严。每次训练之前我都要说，谁身体不好，谁今天不想练？大胆地跟老师说，说出来老师给你调整训练内容。最开始他们不敢说，后来慢慢也看出来，觉得应该说出来，说出来也没有事，所以他们就会大胆说出来。

但这还需要老师去观察，每个孩子的身体状况都不一样，平时吃的是什么药，有的孩子有癫痫，每天都要服用药物。我们带出去比赛的孩子，每一次开动员会之前，都要跟家长了解清楚每一个孩子的身体状况，吃药的话走之前药要交给我们，由教练每天给他吃。比赛之前，要带孩子去体检，买保险，从各个方面保护孩子的安全。包括在比赛的时候，他们本身就是残疾孩子，如果在运动中再给他们带来受伤或残疾的话，这是非常痛苦的，所以教练非常珍惜每一个孩子的运动期限，他们可能过了这个时间段就不适合参加这项运动了，不希望每一个孩子受伤，更希望让他们珍惜每一次出去的机会。

问：带着学生参加的重大比赛有哪些？

桑鹏：2015 年的全运会和全国第九届残奥会，在四川成都举行的①。咱们学校的特奥篮球代表陕西省参加比赛，获得了 D 组的铜牌，当时遇到了东道主成都队和北京队了，如果不遇到这两个队，咱们的实力还是挺强的。

问：比赛的详细情况是？

桑鹏：篮球是五人制的，全场。它是按能力分组的，总共有十二个组。第一是前期的比赛，进行分组比赛测评，这个阶段不算成绩，就是队与队的比赛。五分钟十分钟，你们这十二名队员都要轮流上去进行比赛，旁边有技术官员，测评你们队的能力。第二是个人技术测评，如投篮、运球、传球这三项的测评。就是防止有些队员在场上不发挥自己最好的水平，想要分到下面一个组，就可能得到第一名。两项合起来是你们队的总得分，根据能力划分组。实际很长时间都是在测评，就是为了比赛的公平性。能力高的分在一起比赛，能力差的分在一起，能力越相近，比赛竞争性越强，也越能达到更好的观赏性。特奥运动就是建立孩子的自信心，就是要提高他们的能力。如果把能力高的和低的放在一起去打比赛，没有起到积极作用，反而破坏了这些孩子的自信心，就没有啥意义了。

问：成都的比赛咱们学校去了多少孩子？

桑鹏：总共去了三十多个呢，篮球〔队员〕是十二个。六个教练带队去。比赛前前后后将近十天。因为每个项目不同，我们在绵阳比赛，有些在成都比赛。

---

① 第九届残运会暨第六届特殊奥林匹克运动会。

问：比赛过程中，你印象较深的事情是什么？

桑鹏：当时我们篮球队集训了四十天，这四十天，实际比比赛的意义更重要一点。那段时间里，教练全身心投入，队员们也一个也不落下，基本上都是全勤。那时天气比较热，但孩子们从来没有说过苦和累。

问：为了准备这次运动会，是不是训练了很长时间？

桑鹏：前后训练了一年半快两年的。传球、运球、投篮还有技战术配合，都是反反复复训练的。能力特别好的孩子练投篮，别说三分了，就二分球，在无人防守的情况下，十个能进三个都是好的。所以当时对孩子的训练，在篮板的四十五度角打板进篮的这一种战术比较多，在场上运用也比较好。

那次也是我第一次带队参加，也不知道全国的特奥篮球水平是什么样子，去了之后，我根据对孩子特殊性的理解，与其让他们站在二分线投一个跳投进不了，还不如传球到篮下，进行一个打板上篮，这样更快、更直接，效率也更高。

问：这些孩子们要掌握上篮动作，对他们来说难不难，如三步上篮？

桑鹏：不是每个孩子都会三步上篮，他们每一个的分工不一样，因为他们自身的条件也不一样。有些孩子是多重障碍；有的孩子手不好，可能一个都投不好；有的孩子手脚都不好，但是意识好，就可以去做防守；有的孩子运动协调能力很好，但是竞争意识又稍欠缺，这种孩子适合固定一个位置，拿球之后，直接传给他，直接投球。这种方式把他们的优势发挥到最大。

问：除了成都的比赛，其他比赛还有吗？

桑鹏：去年咱们到沈阳去参加全国的民间足球争霸赛，还有在邢台参加全国青少年校园足球的总决赛，在上海参加的是全国城市东亚区的全国城市邀请赛总决赛，都是特奥融合足球的训练队员参加，它有正常人参加进去，也就是说十个队员，带十个特奥队员，带三个融合伙伴。

问：这些比赛中取得的最好成绩是什么？

桑鹏：2015 年，我训练的运动员代表中国去参加了世界特奥会，有四个运动员，是由中残联从陕西省抽调过去的，都是田径项目。最后获得四金、四银、一铜的成绩。

问：参加了什么项目？

桑鹏：一个 100 米，一个 400 米，还有一个 4×100 米接力。当时去的是两男两女，他们参加的是互通年龄组的比赛。

问：孩子们通过参加体育比赛，比较突出的改变是什么？

桑鹏：改变最大的首先是他们的自立能力，第二就是出去之后面对人，他

桑鹏教练在给孩子们上课，图中成年人为融合运动伙伴。

们表现出自信、坚强的一面，这是我带这些孩子最大的感触。他们有见识了，愿意跟别人交流，也愿意跟别人分享，这是通过比赛看到的孩子们最大的进步。前两年带他们出去，孩子们都不会过安检，有的孩子还不敢过安检，慢慢地经过一次、两次、三次、四次之后，他们到那很自如地去安检，提的包、箱子自动放上去，出了机器后自己提起来，他们自动排成队，形成习惯。没有比赛任务的时候会带他们出去走一走、逛一逛，现在都是我们孩子自己买票，从哪站到哪站自己买票，自己拿着地铁票。

问：在从事特奥项目训练过程中，您的乐趣是什么？

桑鹏：孩子的进步是我最大的乐趣。这些孩子每一个动作不是一两次就可以掌握的，需要反复性的练习，有时候反复性的练习到最后这个动作还是掌握不了。他们每个人各有特长，比如说他适合防守，另一个适合射门，把他们每个人的特长发挥到最大，然后再融到一起，出去比赛能够发挥他们正常的水平，我觉得是比较开心的。

问：教练之间交流多吗？

桑鹏：挺多的，经常在一起交流。孩子的能力，适合什么项目，这个孩子适合打哪个位置，有哪一方面的特长，都会交流的。也会互相建议，这个班有个学生我觉得适合这个项目，那个班哪个学生适合那个项目，都会一起交流的。

问：做特奥项目训练前，有没有接受过这方面的培训？

桑鹏：接受过，北京、杭州、福州，有四五次。内容有特奥运动教练员的培训，或者就是特奥融合训练的培训。一般都是培训三天。

问：收获大吗？

桑鹏：我觉得挺大的。可以了解到更先进的训练方法，也可以了解其他省份特奥运动开展的情况。

问：这些年从事特教训练，最大的感触是什么？

桑鹏：我感觉这些孩子，你想要运动训练好，首先你要做他们知心的朋友，用心去跟他们交流。有些孩子，其实他在不了解你的情况下，对训练是有抵触情绪的，他不愿意训练。

问：您和这些队员的家长联系多吗？

桑鹏：都有联系。微信、电话都有。〔谈论〕最多的是孩子近期的身体状况、心理状况，强调比较多的是回去一定要让孩子休息好。有些话他不愿意跟家长说，又希望家长知道，我要及时传达给家长，家长也要把这种信息及时传达给我，然后我及时跟他们去沟通。

问：训练中家长的作用大吗？

桑鹏：家长我觉得要起百分之五十的作用呢。家长首先要支持孩子参加特奥运动，然后要鼓励孩子、陪伴孩子，比如足球，要陪伴这些孩子去练球，去观看比赛，跟他们讲解，比赛时我们应该怎么样，传球和射门这些，分享比赛的乐趣，家长起着特别重要的作用。

问：孩子们是不是都特别向往参加特奥训练？

桑鹏：都挺希望的，孩子们出去得个金牌回来，别的同学都特别羡慕他们，都会替他们高兴，有的孩子也会说老师我也想去比赛。但有些孩子的确是能力有限，不适合这些项目，就像足球，它有身体接触和对抗，有些孩子能力达不到，别人可能撞一下就会摔倒，带出去上场之后也会受伤。

问：家长一般都支持孩子参加特奥训练？

桑鹏：这主要看家长的意识了。现在全国推广的特奥融合运动，就是要扩大影响，让更多的社会人去关心这些群体，了解这些群体。像每年上海的特奥阳光融合跑，为什么要举办得那么盛大，要请好多的明星来参加慈善晚宴？就是让更多不了解这些孩子的人，去了解他们、接纳他们，更多地让这个社会容纳这些孩子们。

问：好的特奥教练应该是怎样的？

桑鹏：首先要对特奥教练的这份工作有兴趣，其次要有耐力和恒心，他首先要从心底里接纳这些孩子。因为好多教练都是脾气比较大的，如果练不好，就会指着鼻子骂，这是很普遍的事情，但在特教上就不能这样做，你更多的是要跟他们去讲解，坐下来慢慢讲解，让他们去接纳。

问：特奥训练的孩子，他们身上有哪些优点？

桑鹏：诚实，做事专心，这是最大的优点。

夫妻同行　比翼齐飞

问：成家了吗？请说说家庭的情况。

桑鹏：成家了，孩子都十一个月了，孩子现在由我岳母代管。家就安在西安，我爱人跟我在一个单位，我俩都是从事特殊教育的，她是陕师大毕业的，教美术。

问：你们工作之前认识吗？

桑鹏：不认识，在这工作之后才认识。

桑鹏和妻子。

问：你俩都在这上班，从家庭生活的角度来讲，有什么影响吗？

桑鹏：因为两个人的生活都太规律了，也都做同样的事情，慢慢感觉到生活上比较单调，所以想发展自己的兴趣，让自己的生活更加丰富一点，这一点是这两年感触比较深的。

问：你们每天上班到学校是怎么过来的？

桑鹏：有时候坐公交，搭车、开车、骑自行车都有，因为家离得不是很远。

问：平时除了体育方面的活动，您还有其他兴趣爱好吗？

桑鹏：我每周都运动，周一、周四的运动是不变的。学的是网球专项，结识了好多朋友，毕业之后一直坚持在打。偶尔还跑跑步。怎么说呢，因为特殊教育这种工作实际上是比较枯燥的，你如果没有一个爱好，那你整天下班后就回到家里面，也没有什么事，生活是特别单调的，所以有时候我也是刻意让自己出去。

问：您爱人的兴趣爱好有啥？

桑鹏：她一般就是逛街，她现在也比较忙，几乎没有啥时间，还要带孩子，时间比较紧。虽然说孩子有人带，但是也不能让老人天天带，所以我俩一般没有事情，下班就直接回家看孩子。

桑鹏妻子口述

口述者：崔彤（女）
访谈者、撰稿者：郭宪
访谈时间：2017 年 12 月 6 日
访谈地点：西安市启智学校

问：请问您贵姓？

崔彤：我叫崔彤。

问：出生于哪一年？

崔彤：1989 年。

问：家是哪里的？

崔彤：咸阳兴平。

问：大学是在哪儿上的？

崔彤：陕西师范大学。

问：读的什么专业？

崔彤：美术学。

问：哪一年来到这所学校的？

崔彤：2011 年，我俩同年来，他比我早来两个月吧。

问：认识桑鹏是在来了学校以后？

崔彤：对。

问：来了多长时间认识的？

崔彤：我们俩进校前实习的时候就认识了，那年我们一共引进三个〔老师〕，还有一个北师大的，但北师大的那个女孩一直没有来。我们是新成立的学校，人手不够，学校的校园文化建设都需要我来弄，所以我们就提前过来实习一两个月。9 月份正式上班之后，我们俩刚好属于体音美组教研室，我是教美术的，他是教体育的。我又值夜班当班主任，有时候也会有一些碰面，毕竟是一个教研室的。

问：那后来呢？

崔彤：过了有三四个月吧，平时也是一些工作上的事情，慢慢地也就私下接触，我们俩正式谈朋友是在2012年的过年前后。

问：谈了多长时间结婚了？

崔彤：我俩是2013年5月订的婚，2014年2月7号结的婚。

问：结婚在桑鹏老家？

崔彤：我们结婚是去的普吉岛，举办了一个沙滩婚礼，我们是旅行结婚。当时因为他家太远，我爸从政，2014年“八项规定”特别严格，婚礼不能铺张，在父母支持下选择了旅行结婚。回来之后在他家，也是年前待了客，在我家也是待客，然后3月份上班之后，又在学校把学校老师请了一下。

问：婚礼过程中有些什么仪式？

崔彤：婚礼过程没有过多的仪式，就是有牧师讲话啥的。没有亲人，就是婚礼策划方，我们两个，还有旁边沙滩上的一些游客，是一个西式婚礼。婚纱、晚礼服都有。其实说白了，有点像拍婚纱照的感觉，只不过是以一个婚礼的形式拍了一个婚纱照。

问：婚前你们都在学校住吗？

崔彤：没有，他在外面体育场租的房子，我在我家，没有在学校住。结完婚后先住我家房子，他买的房子装好之后，〔就住〕在体育场。

问：你们不约而同走上特殊教育这个行业，并在这里相识，这个过程中，有什么特殊的因素在起作用吗？

崔彤：有，我们俩相对有好感，谈恋爱其实是因为一件小事。来学校在饭堂吃饭，学校有个女老师，我那时是实习也不认识〔她〕，我把饭洒了，女老师就有点不客气，桑鹏就说了一句：“那她新来的嘛，也不太懂。”其实也就这样，就觉得他这个娃还比较实在。我们俩有个共同的特点，不是自己夸自己吧，就是比较善良的，比较心软。

问：和桑鹏认识后，成为朋友，订婚再到结婚，他身上的哪方面最打动你？

崔彤：他有一点特别好——做事特别有耐心，而且定力也比较好。他对自己的专业要求特别严格，虽然他在做特教和特奥融合教育，但是他本身专业是网球。我和他认识之前，桑鹏每天早晨准时六点半起床，周六周日从来不睡懒觉，六点半准时起来去打球。

问：你们认识到结婚，桑鹏在您眼里明显的变化有吗？

崔彤：有。之前年轻嘛，责任心也比较重，对自己未来的工作、生活的发展也比较在意。结了婚之后，他还是持续着他该坚持的东西，但是生活上一些琐碎的事情，慢慢地也会影响到他的一些习惯。

问：你们在一个学校，在工作上交流多吗？

崔彤：我们俩其实交流并不多，因为他不善于表达，他就是活干得多，言语上不善表达。但是，我特别善于说，可能我说得多，他只听。他觉得我们俩在一个单位工作，下班之后不愿意再谈及单位的事情，觉得所有的生活都在这个圈子里，没有了其他的生活，他觉得也比较枯燥。

问：你们在工作和生活方面，如何互相支持的？

崔彤：我们的工作和生活都很单调，工作就是这个圈子，每天做的事情基本上是一模一样的。他有什么困难只要说，工作上我都会帮助他，而且他觉得胜任不了的事情，我会跟他说，你可以大胆去试一试，而且我说能者多劳，吃亏是福。生活上，他比较照顾我，我是一个大大咧咧的，他比较耐心，生活上他特别照顾我。

问：结婚这几年面临的困难是什么？

崔彤：那两年，我们总觉得自己不是搞特教专业的，我又面临生孩子，有一些心理压力。我也不愿意多说，内心其实都知道，怀孕的时候就害怕，害怕孩子的健康。

问：你们现在有小孩了，在家务、生活和工作方面是怎么协调的？

崔彤：有小孩，我们双方谁能多干就多干。工作也是你生活的一部分，不能因为家庭里的事情，过多地影响〔工作〕。比如我俩在一个单位，有些时间错不开，我要有事，他就回家，或者他有事，我就家里面管的多一些，互相商量着。

问：有了孩子后，桑鹏的变化在哪？

崔彤：他比较爱孩子，也是比较顾家的人，我娃也比较喜欢他爸爸，这一点上他做得比我好，特别顾家。

问：您对桑鹏未来在工作上、事业上的前景有什么建议？

崔彤：建议我没有，前景也没有考虑。我觉得他比较喜欢这个工作，我们基于家庭的这个因素，讨论过几次，我说如果选择，比如说有合适的机会，你愿意换工作吗？他说想留在这里，不愿意换工作。他是比较喜欢这个工作的。

桑鹏同事口述

口述者：刘爱文（女）
访谈者、撰稿者：郭宪
访谈时间：2017 年 12 月 6 日
访谈地点：西安市启智学校

问：您贵姓？

刘爱文：我叫刘爱文，这次东亚区采访，我也是受访对象之一，之前西北大学的〔访谈员〕也来过。这个学校没有成立前，我在西安市第二聋哑学校，也是在启智部工作。这个学校成立之后，我到了这里，一直和智障孩子打交道。从 2007 年开始，我主要参与和负责特奥这一块的工作，我做的工作主要是培养运动员领袖，做特奥的推广和宣传。到这个学校之后，包括我们的体育项目，特奥的体育项目，学校特奥运动员的选拔、训练、参赛等等，也就做这些事情。

问：您是陕西人吗？

刘爱文：对。

问：请问您多大了？

刘爱文：三十九岁了。

问：您是哪个学校毕业的？

刘爱文：我最早是西安师范学校毕业的，后来自己在陕师大进修大专和本科。我觉得特殊教育还有一些前沿的东西，需要去了解和学习，我又在西安外国语大学读了外语的本科。

问：您是哪一年参加工作的？

刘爱文：1997 年。

问：最初上班是在哪个学校？

刘爱文：在西安市第二聋哑学校。

问：在那里待了几年？

刘爱文：从 1997 年一直待到了 2010 年，2010 年到这个学校。原来西安市没有公办的培智学校，那个学校里有培智教育部，我们有六个班，像一个年级组一样，我一直在那里。这个学校成立之后，我们那边的学生还有部分老师就到这个学校来了。

问：桑鹏老师在工作，特别是在特奥这一块突出的有哪些方面？

刘爱文：桑鹏老师在我们学校工作的时间不是很长，应该是2012年来的我们学校，他是西安体育学院毕业的，他没有学特殊教育，专业是学网球的。来学校对他开始的印象就是，他不是一个张扬的人，也不是非常健谈的人。但是慢慢通过对他的接触，印象最深刻的就是做事情非常认真，什么工作交给他，你放心，他一定会付出最大的努力去完成，我们对他是这样的一个印象。

问：他在上学期间就以志愿者身份参与到咱们学校的一些活动吗？

刘爱文：对，那个时候我们开展活动，体育学院因为跟我们长期合作，也离得比较近，经常来提供志愿者的服务，或者做我们的融合伙伴。后来我们又跟体育学院签订了融合学校，那时桑鹏老师也来过我们学校，参与活动。

问：还能记得当初他来参加活动的情况吗？

刘爱文：那时候来的大学生比较多，可能印象不那么深刻，但是我们对整个大学生来的状况，还是记得挺清楚。来了以后做志愿者，可能你要去做裁判，有的是协助学生完成比赛，他们从来也不嫌弃学生。学生们最后也是不舍得他们走，对大学生们的热情我们还是印象挺深的。

问：他正式到这里来工作，对他最初的印象是什么？

刘爱文：最初的印象是觉得他是挺认真、挺踏实的一个人。他来了以后，慢慢熟悉工作，非常认真，话不多，是一个非常沉稳的人，对孩子们是非常负责任的，对他最初的印象就是这样。新教师〔中〕他的教案写得非常规范，我们有教案纸，但是他为了写得更规范，自己设计了表格，这节课是哪个题目，哪个班的，需要多少课时完成，他还画图解。

问：他来学校以后工作上有什么变化？

刘爱文：他是学网球的，当然体育很多专业也相通，体育组这几个年轻老师根据特长进行分工，桑鹏老师就负责了学校的田径、篮球、足球这几个项目，担任教练员。在这个过程中，他自己也在不断成长，包括我们的特奥足球，把这个任务给他的时候，他就从各个渠道去收集资料，比如从我这，从东亚区、省残联等等，认真地学习特奥足球、特奥篮球方面的〔知识〕，他自己专业成长的愿望是挺迫切的。他自己在学习过程中是默默无闻，在扎扎实实的学习之后，很快就能用到我们孩子的身上。孩子们训练时，他能很专业地进行指导。由于他的努力，学校也给他一定的机会，承担了很多的工作任务，包括省残联西安市足球比赛，把他抽调过去，作为技术指导，承担了总裁判的工作。后来东亚区又请他去作为讲师，给来自全国各地的教练员进行篮球的培训等等。

问：您认为他成长的主要方面有哪些？

刘爱文：他成长的主要方面，第一，他真的是一个很认真的小伙子，他自己很用心，虽然我们觉得学体育的人是挺粗犷的，〔但〕他在某些方面是非常细心的。第二点，他对这份工作非常热爱。夏天的时候，我们的孩子对有些疼痛不是那么敏感，出去比赛，他给孩子们备好毛巾，给孩子们随时擦汗等等，体现出对运动员的那种——当成自己孩子的那种爱，责任心也很强。

问：他的工作是否得到学校和有关部门的肯定？

刘爱文：那是肯定的。因为他们是在辛勤付出，而且是通过长期的努力，学生才能够取得一点点成绩。我们学校对他取得的成绩充分认可，在职评等方面也照顾一下教练员。我们职评，你如果带学生，我们按照级别，给老师加分，这是对他们工作的认可。

问：您说的职评是？

刘爱文：职称评定。比如说你带的团队参加比赛，拿到全国冠军，就要给你个人加分。也说明学校对老师工作成绩的肯定。桑鹏老师自己非常努力，省残联抽调他去当总裁判，东亚区请他去做讲师，我觉得这就是对老师最大的认可。

问：桑鹏老师现在的工作任务有哪些？

刘爱文：他在我们学校是体音美教研组的一名老师，负责学校的体育教学，学校的早操，我们大活动的安排，每年的运动会，运动会规程的编排，运动员的训练、选拔等等，这些工作由他负责。

问：有没有额外的补贴和奖励？

刘爱文：因为是特殊教育学校，区别于普通学校，我们的经费也非常有限，所以给老师只能从荣誉上给他肯定。在课外因为比赛进行了集训，只能用课时的形式给他体现出来。我觉得我们老师真的是在奉献，那么热的天，在操场训练，就两节课的课时费，是非常非常少的。

问：桑鹏老师和其他老师的关系呢？

刘爱文：他在学校是一个挺受大家喜欢的小伙子，对我们年长的老师非常尊敬，特别热情，对于年轻的老师也是像大哥哥一样，去关心他们，跟老师们相处非常愉快。

问：作为他的同事、领导，对桑鹏有什么建议吗？

刘爱文：因为我们工作联系比较多，私下里也聊得挺多，我希望他在自己的专业上不放松，继续努力。我们从事的工作内容是这样特殊的内容，在自己的专业上继续成长。我们学校特奥方面的工作就靠着这些年轻的教练员去做，希望可以继续给我们拓展一些新的项目，对他还是有很大的期待。我相信他通过自己的努力，一定能做得更好。

桑鹏工作观察日记

观察时间：2017 年 10 月 17 日 8:15—18:00

观察地点：西安市启智学校（校园、医院、办公室、操场、家里）

观察者、撰稿者：郭宪

时　间	工作内容	备　　注
8:15	到校。	
8:17	在学校餐厅吃早点。	一个鸡蛋，一盘三种食材制作的小菜，稀饭和馒头。
8:20	集合十名参加特奥比赛的队员，步行去一公里外的陕西省友谊医院体检。	路上需要前后看好孩子，手拉手。
8:25	到达友谊医院四楼的体检室。与医生确定体检项目：心电图、内科常规、外科常规。	这些孩子已进行长期体育训练，六名是西安市启智学校的学生，四名是西安体育学院的融合伙伴。
8:29	一楼收费处交检查费。	
8:31	将体检表和检查单发给每个队员，要求队员分项目、结对子到相应的检查室外排队体检。	二楼、三楼、四楼。
8:32	分别在二楼、三楼、四楼的各个检查科室观察队员的体检情况。	
8:35	收集并逐项检查每个人做完的体检单，看是否每个体检项目都已完成并签过字。	要求全部项目做完后，交给教练。
8:35	将全部体检结果报告拿到医生处，请医生做总的签字和盖章。	把体检方面的资料准备齐全。
8:45	带完成体检的队员步行返回学校，交给班主任。	
9:55	用手机给每个参赛队员拍摄参赛资料所需的照片。	在学校的办公室。

（续表）

时　间	工作内容	备　　注
10:08	上三楼到8年级1班教室清点学生人数，与班主任核对并交接，带十一名学生到学校操场。	女生四人，男生七人，十三到十六岁。10点10分到10点45分，课时长35分。
10:12	开始上8年级1班体育课，做学校体育老师自编的七节热身操。	3分钟。
10:16	列队绕篮球场二分之一场地跑步三圈热身，老师站中间示范。	3分钟左右。
10:18	进行基本球性训练。每个人拿球练习左右拨球、踩球练习，脚掌踩球拨球练习等。老师先示范，学生再练习。	每个动作各2分钟。
10:20	放置标志桶，每个学生围绕自己的标志桶脚内侧运球。先从右往左运，然后换脚和方向从左往右运球。	5分钟。
10:23	脚内侧对墙传球、停球。综合练习传球、接球和射门、脚弓推射。	3分钟，学生兴趣较大。
10:28	素质练习，把18个标志桶摆放在操场中间，学生按能力分为五组。在二分之一篮球场中，学生每组各站一个角，中间篮底下还站一组，每组两个人，一组能力较差的多一人。听到哨声一响，每组上一人跑步将标志桶拿回来，放置到队伍中击掌，然后下一位再跑步去拿，反复进行，标志桶拿完之后，拿到多的队伍为获胜队。	以游戏的方式对学生进行素质练习。
10:31	集合总结。	
10:45	带队到三楼教室，将学生交给下节课的任课老师。	
10:33	去8年级2班接学生，带去操场。	女生三人，男生四人，十三到十六岁。
10:34	上课内容与上一个班的体育课内容相同，基础练习时间较长一些。	这班的能力不如上一个班级，没有安排游戏。
10:38	分组、准备。	
10:44	球性练习。	

（续表）

时　间	工作内容	备　　注
10:50	来回纠正动作。	
10:55	示范、动作要领。	耐心、细致。
10:58	重复动作、讲解。	学生有的在听，有的在做练习。
11:06	学生练习。	
11:22	集合，讲评。	
11:30	下课，带队到三楼教室，将学生交给班主任老师。	
11:35	回办公室休息，洗脸、喝水，与办公室同事聊天。	
12:00	去餐厅吃饭，面条。	一、三、五为米饭；二、四面食。
12:15	中午开车回家。	没有时间休息。
12:20	到家，看孩子，帮助老人做饭。	孩子 1 岁 3 个月，一个人难以照顾。
13:10	孩子和老人吃饭。	
13:40	收拾打扫。	
13:45	乘车回学校。	整个过程比较紧张，但不是天天如此。
13:57	到校。	
14:00	办公室，备课。	
14:25	到 9 年级 1 班接学生，带学生到操场。	女生一人，男生八人，十五到十六岁。
14:30	上体育课，内容与上午 8 年级内容相同。练习足球。	因天气较好，今天的课都安排在室外操场上。
15:05	下课，带学生上楼到教室，看学生做眼保健操。	
15:10	将学生交给下一节课的任课老师。	
15:13	在办公室将早上手机照的照片导入电脑，并补照两个带队教练的照片，收集齐参赛队十二人的照片。	

（续表）

时　间	工作内容	备　　注
15:25	打印告家长协议书，并复印。电话通知体院的融合伙伴来启智学校，在协议书上签字。	每一个队员和教练必须本人签字，启智学校的学生，由家长签字。
15:45	将告家长协议书发给启智学校的学生，并说清楚一式三份，带回家请各家长签字，第二天早上带到学校，交给带队教练。	
15:50	办公室制作一寸照片。	使用网上下载的一寸照片生成器。
16:00	整理体检资料、照片资料。整理统一队服和全部参赛装备。	
16:30—17:30	将十份体检报告拍成照片并转换成电子文档，与十二张一寸照片的电子文档资料按东亚区的要求准备齐全。	按要求把资料发到特奥东亚区。
17:30	到隔壁办公室与快退休的老教师座谈。	
17:50	整理办公桌和个人物品。	
18:00	下班、离开学校。	

巾帼从不让须眉

——肖培口述

肖培，女，汉族，1976年出生。吉林省吉林市人。1990年考入吉林市体育运动学校。1994年毕业，分配至吉林市龙潭区第八小学。1998年调至吉林市昌邑区特殊教育学校。2005年开始担任特奥教练。获全国特奥先进个人、全国特奥优秀教练员称号。

口述者：肖培

访谈者、撰稿者：李红莹

访谈时间：2017年11月13日、2017年12月15日

访谈地点：吉林省吉林市昌邑区特殊教育学校肖培教练办公室

少年就是孩子王

问：您叫什么名字？是谁起的？有什么寓意？

肖培：肖培，独生女，爸爸妈妈起的名字，没有什么寓意。

问：您是哪年出生的？

肖培：1976年6月，今年41岁。

问：记忆中印象比较深刻的生日是如何过的？

肖培：因为家里有老人、孩子还有我，所以每次生日都是不一样的。我过生日，就是家里聚一聚，一起吃个饭；老人过生日，那所有人都得回家，让老人高兴高兴，找一家饭店，点些老人喜欢的菜，然后再照个相，一起谈谈心，每年几乎都是这样的；孩子过生日就是想给孩子些惊喜嘛，孩子需要些什么，就给孩子买点什么，孩子喜欢蛋糕，我们就去给他订个蛋糕。

我记得儿子小的时候，当时是七八岁，有一次在肯德基过生日，有很多小朋友，在那里举办了一次小型的生日聚会。

问：您父母是做什么工作的？

肖培：都是工人。我家住在吉林蛟河市蛟河煤矿，妈妈在粮店工作，爸爸在煤机场。蛟河煤矿分很多种工作，有下井采煤的，有不下井的，我爸就在不下井采煤的部门。我记得他们好像是七点半上班，中午回家吃饭，下午一点上班，下班的时间是四点半左右。

问：他们多大年纪了？

肖培：母亲七十岁，父亲七十二岁，现在已经退休在家。现在他们都跟我到吉林市了，每天就是逛逛街，买买菜，收拾收拾家里，下楼溜达溜达，看看孩子。我家附近有跳广场舞的，还有唱歌的，我母亲也经常去参加一下，社区举办的，老年乐队啊，合唱团这样的。

问：小时候家里衣食住行条件怎么样？

肖培：还可以，生长在20世纪70年代，觉得家里条件挺好的。我妈在粮店工作，生活条件可能要比别人家优越一些。小时候，家里的粮食都是供应的，一家有多少斤米啊，多少斤面啊，多少斤油啊，我家跟其他家相比就多点。

我家最初是黑白电视机，一到晚上，电视机一打开，邻居和小伙伴就会上我家来，因为当时有电视是挺稀奇的，别人家都没有，后来又换了一个彩色电视机。我家也有录音机，录音机在当时也很新鲜。还有电饭锅，记得当时刚流行电饭锅，是三角牌的，还让我整坏了。当时看我妈那样弄，我也学着去鼓捣，结果一捅就捅坏了，那个年代我妈是花60块钱买的这个电饭锅，那时我妈工资才挣30多块钱，后来又买了一个新的，我妈就不让我用了。我小时候挺讨厌的，看什么都稀奇，看什么都想自己鼓捣。

问：讲一下小时候印象深刻的童年趣事可以吗？

肖培：小时候挺淘气，像个假小子，梳着短头发。三年级还是四年级的时候，那时家里不都是住的平房嘛，有一次我大姨夫上我家，他拿个电笔插灯头上，电笔会亮。我就挺好奇的，为啥电笔会亮？我就自己拿个电笔插到灯头上，不知道这个笔插在什么地方，把灯头拧开，把笔插上，结果笔没亮还把我手打了，灯头也掉了，我就跑了，晚上也不敢回家，我妈到处找我。小时候挺淘气的，什么都愿意捅吧，什么都愿意弄，到现在我都记得。

我家住蛟河煤矿，我们就上煤场去捡煤去，因为我舅家不是矿上的工人，矿上发煤发福利不给我舅舅家，我就领一群小伙伴去捡煤去。那其实挺危险的，你看那煤堆跟个山似的，但其实煤堆底下在运作，煤是向下走的。我们不知道啊，就上煤堆去捡煤，然后看着煤一点一点往下沉，心想这煤为啥向下走啊。如果不是我们跑得及时，肯定就顺着那煤下去了，现在可能也就没有我了。

小时候，我领一帮小孩，都跟着我走，男孩也跟着我。上学的时候，一放了学，我们就去看电影。蛟河煤矿就一个电影院，当时去电影院都需要票，票撕了一半再从门缝里递出来，再把票调个个儿来，拿着再进去，他们也看不到那头儿是什么样的，就是一张票进去两次。

问：小时候玩过什么游戏？

肖培：小时候就像男孩子似的，跟男孩一块儿玩也跟女孩一块儿玩，跟女孩子玩跳皮筋、跳房子，跟男孩子玩弹溜溜，下课了没啥事儿了，就在操场上弹溜溜。上小学的时候我像班里孩子的头儿似的，是孩子王，我上哪儿他们上哪儿，蛟河煤矿一提起我的名字都知道。蛟河煤矿也不太大，小学总共有六所，中学有六所，那时举办蛟河煤矿运动会，各行各业都参与比赛，学生跟学生比赛，工人跟工人比赛，年年都是我第一。

跳皮筋是三人一伙，要么四人一伙。假如说四个人，有两个同学扯着皮筋，其他两个同学跳皮筋，从脚脖开始一点一点往上升，上到膝盖，腰部，再到腋下，如果跳坏了就换另外两个同学跳，看谁能跳到最高度谁就获胜。弹溜溜就是弹玻璃球，蹲在地上，也是分伙儿玩，分为两队，在地上画条线，从起点到中间，溜溜弹出去以后停止在那，第二个人从起点再弹，必须得打到，得撞到前一个溜溜，如果没打到就是输了，换对方接着弹，那时候也是赢东西的，赢吃的。

问：对家乡的印象是什么？

肖培：一个产煤的地方，蛟河煤矿已经不存在了，老家也不存在了，属于塌陷区，都搬到蛟河市里面了。蛟河市要比以前修建得好，到处都是楼房。

凭兴趣自由成长

问：幼儿园有什么印象深刻的事吗？

肖培：在蛟河煤矿幼儿园，我带我姨家的孩子跑了。小时候姨父送我跟我弟去上学，骑着自行车，前面带一个，后面带一个，那个时候家里有自行车算挺不错的了。我俩不是一个班的，我记不得为啥带他走了，只记得我带着他跑了，跑去哪儿我也忘了，当时家里到处找，后来我回家之后，我妈打了我，我弟回家也被我姨打了。

问：小学呢？

肖培：八岁上蛟河煤矿第一小学。后来因为家里搬迁，从蛟河煤矿第一小学转到蛟河煤矿第五小学。小学是六年制，因为小学体育成绩好被第四中学要去了。

问：小学的课程有哪些？

肖培：语文、数学、音、体、美，有地理，没有英语。

问：成绩怎么样？

肖培：一般，体育学得最好。小学体育课我对跑步比较感兴趣，老师会教怎么跑，上身前倾，后腿要弯一些。每堂课的内容是不一样的。学习垫上运动，前滚翻后滚翻，还有跳木箱。我记得有一次做箱上前滚翻，就摔了，摔得可疼了，回家也不敢说，也怪我自己。老师教了之后，我什么都敢尝试。还有爬杆，顺着杆子向上爬。再就是足球课，老师扔个足球，叫大伙儿踢去吧。还有跳高，小时候跳高我一般都能达标。

问：小时候体育方面获得哪些奖励？

肖培：体育方面获得挺多奖励，参加运动会，拿了名次，回家妈妈就问想吃点什么，有时想吃个罐头，就给买罐头，是鱼罐头，铁盖儿的，回家拿螺丝刀把盖儿拧下来。

还有一次上初中的时候，参加吉林省集安市的田径比赛。当时坐火车，从吉林到梅河口，再转车去集安，比赛是两天，坐车加上倒车是一天一宿，我的比赛项目是800米和1 500米。那是第一次我去很远的地方比赛，也是离开我妈最长的一次，出去好像有四五天。比赛完，要了一身运动服，我妈就给我买了，裤子是蓝色的，上衣是蓝红相间的。

问：初中呢？

肖培：在蛟河煤矿第四中学。我当时上学是走读的，因为离我家不太远。记得我们学校全是围墙，特别大，大门对开的铁栏杆，进去左边是一排老师的办公室，右边就是教室了，进大门的正前方是一个花坛，花坛后面是一排教室，挺大的学校。学校的操场在教室的下面，每天课间操就在那里上，体育课呢我们都是到下面操场上去上，总之不是平地。

问：初中让您印象深刻的老师是？

肖培：侯忠仁，没有他就没有我的今天。当时他是三十六七岁，是蛟河煤矿唯一一个会抓体育的人，会关注一些特别好的体育生，好的苗子他会要到第四中学，领着训练。他为我付出了很多，以前小时候不爱训练，他都去我家里家访，做父母的工作。后来靠自己的努力和老师的帮助，考上了体校。现在我们还保持着联系，侯老师今年能有六十岁了，已经退休了，但还是特别喜爱体育这一块儿，也经常自己夏天滑轮、冬天滑冰。

问：跟侯忠仁老师之间发生过什么记忆深刻的事情吗？

肖培：有，初一的时候。那是夏天，我性格特别倔特别犟，那股劲儿一上来什么都不管，我就是不练，站在那不动。要是搁别的老师肯定就发脾气，但是他特别有耐心，或者说这也是他的一个教学方法，你如果不练你就站在那儿，从训练开始一直站到训练结束，站到最后，然后第二天还是依旧。

问：当时是因为什么呢？

肖培：具体原因我忘记了，也是因为年纪小不懂事，就站在那里一动不动，好像他们跑了 400 米，我就在那儿站着，他们跑了多长时间我就站了多长时间。训练完以后，都走了，我也就跟着走了，整个一下午训练的过程我就没动没练。

问：当时别的队员如何评价侯老师？

肖培：就是觉得侯老师太严了。比如侯老师说今天的训练项目是什么，要达到的目标是什么，我们就觉得太累了，跟老师说能不能把训练减少点。老师说不行，我们就觉得老师太狠了，让我们练这么多。

问：同伴们是如何度过训练之余的？

肖培：周日的时候，比如说开春了，侯老师就会领我们到地里挖野菜去，记得还去采过蘑菇，采过拖把。拖把是红色的长在树上的，一个小粒一个小粒的，跟桑葚长得差不多。还带着我们爬过山，蛟河的腊八山。

问：初中之后呢？

肖培：初中就念了两年，没念完，直接考到吉林市体育运动学校。初中的时候每天坚持训练，除了下大雨，侯忠仁老师热情特别高，抓得特别紧，每天带着训练。

问：考试过程是怎样的？

肖培：考试既考文化课，也考体育。当时交通不像现在那么方便，从蛟河到吉林乘火车需要两个小时，报考的时候就说我们去学学经验，不一定能考上。我那时是体育成绩最好的，老师当时还送走一个运动员，到国家队八一队去了，最初老师也想把我送到那里去。

当时先去的长春，在长春考完之后就回去了，当时没考文化课，因为当时很小。后来又得到消息，说吉林那边也招人，老师又领我去吉林了。体育考完后还有一项体能测试，别的孩子都累得不行了，我就一点感觉都没有。我的肺活量，各项机能都比别的同学好。后来考文化课，在育文中学考的，考完之后就跟老师回去了。

考完试大约一个月的时候，我当时正在学校训练，学校收发室告诉我吉林来消息了，说我被吉林录取了。那时我才上初二，老师说既然吉林来消息那就上吉林吧，当时就给一张报到通知书，就是一张小的薄的白纸，我记得是1990 年 9 月 4 日报到的。

问：学体育是自己的兴趣还是父母培养的？

肖培：自己的兴趣，家长也没有反对，任凭自己发展。自身体质挺好的，也挺能跑，上小学三年级的时候就被选进学校的体育队，每天放学就参加训练，有比赛就参加比赛。每年都参加校队比赛，在我们蛟河煤矿挺有名的。小学临近毕业，就被我们那儿的四中给要过去了，四中体育成绩挺不错的，从此以后在那里也是每天上午上课，下午三点以后开始训练，到四点半就放学回家了。我记得当时有个大操场，三四百米一圈，操场旁边是围墙。有时不爱训练，就跳出围墙逃跑，老师在围墙下，我在围墙上，老师就抓我，追着我跑，找我家长，回家还得挨顿揍。

在体校刻苦训练

问：知道被吉林体育学校录取后，您父母的反应是什么样？

肖培：当时我是非常高兴，我老师也不在学校，先跑去找老师，跟老师说了这事。后来就跑回家跟我妈说了这事儿，妈挺高兴，当时请了亲朋好友吃了饭，还请了同学到家里来吃饭。

问：体校的事情详细说一下可以吗？

肖培：我是吉林市体育运动学校首届学生，也是首届毕业生。1990 年考入，越野滑雪专业，念了四年。学习住宿条件不是很好，八人寝，教室食堂都一般，当时这个学校刚成立。我们住的地方一共就两层，女生住在二楼，男生住一楼。上下铺的铁床，宿舍里有一张桌子，有暖气，当时夏天特别热，只有一扇窗户。厕所和洗手间在一楼，二楼一共就几个房间，因为我们是第一批学生，总共才四十多个人。教室我记得在体工队院儿里，从我们学校出来得绕一圈，去体工队的二楼上课。食堂也在一楼，饭菜还挺好，那时候交伙食费一个月 30 块钱，自己拿着两个小盆儿到食堂打饭。

问：在体育运动学校怎么训练呢？

肖培：出早操，早上六点钟起床，热热身活动活动，回来洗漱。然后上课从七点半上到九点半，两个小时的文化课，语文数学英语都有。九点半下课以后就开始训练。下午也是进行训练。

那时候训练特别苦。我之前是练田径的，不是越野滑雪，觉得田径特别累，改行吧，感觉滑行挺轻松的，后来改到了越野滑雪。但是越野滑雪是当时最累最累的一个项目，一开始也挺不适应的，后来经过一段时间的训练，也适应了。一般夏天在公路上练习滑轮，冬天再穿雪板去雪场滑。

越野滑雪需要四肢都去活动，最累的地方就是公里数很长，最短 5 公里，必须肺活量要好，最长的要好几十公里，而且不是平地，上坡下坡都有。来到这个学校换了一个教练，教练的方法我也不太适应。最初练习越野滑雪是从练习跑步开始的，要练耐力和肺活量。有一次训练，下雨，要求三分钟跑完 1 040 米，跑六个，间歇一分钟，当时第一个跑完了，坚持下来了，第二个三分钟就没下来，都没下来，老师一看确实下不来，就要求三分半。当时一边跑一边下着小雨，可冷可冷了。

问：也学习轮滑了？

肖培：对，但是轮滑跟滑冰不太一样，穿的器材也不一样，拿着雪杖穿着轮滑鞋在陆地上滑，因为夏天没有雪，只能在公路上。

问：怎么才算合格呢？

肖培：各专业按各专业的要求进行测试，需要在规定的时间之内完成这个项目，比如说越野滑雪，在陆地上要滑行 10 公里。当时我们是在以前的吉林林学院里测试。体能测试分为两种，一种是夏天在陆地上，还有一种是冬天在雪上。当时测 800 米和 1 500 米，1 500 米是五分二十秒之内得下来。冬天的话就是去雪地里训练，穿着雪板。高山滑雪是宽板，板上有双鞋，那鞋是固定的。越野滑雪板是窄的，上面也是有双鞋，固定好以后，脚后跟是离开板的，只有前脚是固定的。高山滑雪是从山上往下滑，越野滑雪是在平地上，上坡下坡都会有。

问：与您同一届毕业的学生都去做什么了？

肖培：当时分配的时候 80%都从事了教师行业，基本就是哪来的回哪去。因为我姨家在这儿，我从小被过继给了姨家，我就留在吉林市了。

问：这个您之前没有提过。

肖培：对，这个没说过。因为我姨家没有孩子，过继的时候挺大了，所以我就两边都可以留，但我还是在我家生活的比较多点。虽说是过继了，但也没到我姨家，后来才在我姨家生活了几年。

问：体校里有没有对您影响比较大的老师？同学有没有从事特殊教育的？

肖培：因为是第一批学生，也是第一批毕业生，学校各方面都不稳定，老师教练也不太稳定，所以影响比较大的老师没有，当时只想好好训练，取得好成绩。我同学好像没有从事特殊教育事业的。

建基地从无到有

问：什么时候参加工作？

肖培：1994年毕业，分配到龙潭区第八小学，担任体育老师。到学校报到的时候，找了两个小时才找到学校。一进校门就觉得条件太不好，当时我的眼泪就下来了，太不好了，没有办法啊，就把手续什么的都给办了。在那个学校待了四年，跟老师们处的挺好，有四个老师到现在还有联系。

问：您是怎样接触到特教的？怎样来到昌邑区特教学校的？

肖培：事情是这样的，当时龙潭区第八小学旁边有一个培智学校，那个学校是封闭的，听别人说这个学校特别好，就一心想调到这样的学校去，所以有调走的机会就调到昌邑区培智学校去了。

肖培在教练办公室。

当时年轻，不懂别人口中的好是什么意思，到了学校才发现，这儿的孩子跟我之前教的孩子是不一样的，是一些特殊的孩子。从 1998 年到 2005 年，一直在这个学校担任体育老师。2005 年学校开始参加特奥比赛，开始进行训练，开始担任起教练的职务。

问：刚到这个学校有没有师父带您？

肖培：当时有一个年轻的男老师，他教了很多东西，比如说教案怎么写，对智障的孩子该怎么做，跟他学到了不少东西。教案一般分三个步骤：准备部分就是队列练习，齐步走，踏步走。基本部分就是这堂课的主要内容。结束部分就是对教学内容做一个总结，然后做个游戏让孩子们放松放松。一堂课三十分钟，比如说一个班六个孩子，他们的智商程度不一样，所以要对他们分层次，低能力的就要手把手教他完成这个动作，高能力的就指导他把动作完成。要注意的就是安全了，保证孩子们的安全。

问：对这些孩子的授课形式是怎样的？

肖培：一个班都是两个老师，一个班主任，一个副班主任，一般五六个孩子一个班，最多的十一二个。如果这个班里有十一二个学生，那说明这个班里的孩子都是〔障碍程度〕比较轻的。

问：刚开始进行特奥训练的情况是怎样的？

肖培：我们校长是 2005 年来到这里的，武校长那时候年轻，也想干一番事业。那时候特奥运动在全国开展也有一段时间了，在吉林市开展的还是比较晚的。校长来了以后，看到这是一个机会，抓住这个办学特色。那时候我们俩跑省里，为申请训练基地，为了让领导能来视察，我们去长春，找体育部部长，等了好多天，才把他等到学校里，参观我们学校，希望能批下特奥训练基地。后来经过审核，我们学校合格，就给挂了特奥训练基地的牌子，开始长达十二年的特奥训练。

一开始家长也没指望孩子能参加什么运动，后来也做家长工作，校长也宣传，现在很多家长都同意孩子参加特奥运动，主动要求给孩子训练，让孩子出去见见世面。到现在十二年，毕业的孩子能有十几个了。

问：2005 年开始进行特奥比赛，当时的训练条件怎样？

肖培：那时候特别艰苦，没有场地，没有器材，没有设备，什么都得靠自己，得自己想办法来带动这些孩子训练。校长也积极地向外界去借，去化缘。反正那个时候很辛苦很辛苦。冬天训练，滑冰训练场地上，孩子冻得哎哟大鼻涕直流，和现在比那完全是两幅画面。现在好多了，经过这么些年，在我们校长的带领下，什么都改变了，变得越来越好。

记得当时一个小女孩，不记得叫什么了，年纪特别小，特别爱动，话也很少。穿冰刀训练的时候，你怎么喊她，她都不回来，满冰场自己去滑行，也不听指挥。现在那个孩子已经不上学了。像她这样，能自己穿上冰鞋滑行已经很不错了。

问：参加比赛的有没有打退堂鼓的？

肖培：这样的孩子除非是耍脾气的时候不去训练，经过你一番开导，再加上自己的一些小窍门，比如说哄啊，拿些好吃的来诱惑他，他就会表示会好好练，像你说的这种情况是没有的。

每天训练的时候，我口袋里都会装着糖啊果冻等零食，孩子高兴了可能会多练一会儿，要是不高兴了，你说什么她都不会去训练，这时候我就要采取一些措施。我们这儿一个孩子叫小宋，她是个性格内向的女孩子，不善于言语，身体协调能力一般，胆子也特别小。训练时，我特别注重对她的语气，生怕伤害她。她是一个爱美的女孩子，爱笑，喜欢浪漫，训练之余，我经常跟她谈心，虽然她表达的不具体，也不是很清楚，但长期的沟通使我能明白她要表达的意思。

有一次她不想训练，我便想了个主意。我拿出两块糖，偷偷将其中一块放进她的衣兜，悄悄对她说："我给你变一颗糖出来，你就练习好不好？"她爽快地说："好！"她睁着大大的双眼看着我在旁边表演，我伸出双手在空中一挥，说："糖已经在你口袋了。"她诧异地摸了下自己的口袋，摸出来后傻乎乎笑了起来，那一刻她傻乎乎的样子让我觉得她真是太可爱了。

问：第一次参加比赛是什么时候？

肖培：2006 年，在哈尔滨，全国第四届特殊奥林匹克运动会。那时我带田径比赛，带六个学生参加田赛和径赛，有 100 米、200 米赛跑，还有跳高、跳远、铅球，那次获得四个金牌。第二次是 2008 年，那次比赛就大了，去美国参加越野滑雪比赛，是冬季项目邀请赛。我带了两个男孩两个女孩，从吉林坐火车到北京残奥管理中心，跟大团队集合，到旧金山转机去爱达荷州，参加越野滑雪比赛。

问：在美国怎么进行交流呢？

肖培：团队里会安排翻译，翻译全程跟随，外国教练会询问来自哪个国家，孩子多大了，交流一下各国的文化，然后孩子们也会说几句简单的英文，比如 hello 啊，thank you 这种，还有 bye。他们一般会利用肢体语言去跟别的国家的运动员交流。

我们跟外国的不同就是中国开展特奥运动要晚一些，国外对特奥运动的重视程度要高于中国。出国经历肯定有积极的一面，因为靠他们家长带他们出国好像不太现实，通过出国比赛的经历，孩子更能开阔眼界。

第三次是2009年，还是在美国，因为这个项目我们做得好，又把这个项目给吉林省了，省里又把这个项目给我们了。那次我们参赛的人数多了，有十四个人，我们在长春集训了一个月，然后大团队一起到北京集合。

问：比赛过程中有什么比较有意义的事情吗？

肖培：有。2010年，在福州参加第五届特奥会，轮滑是水泥地面，我们学校一孩子想拿第一，比较积极，然后人一多就滑倒了，半张脸全摔坏了。按我想的，孩子只要一摔倒，肯定就不动了，趴地上不起来了，但是这个孩子摔倒以后，马上就起来了，继续滑行。我在旁边看着，我的心那真是……我的泪就在眼圈里打转。

他摔倒之后，我在场外就一直喊，说要坚持下来，当时我也没看见他的脸，结果就这么坚持下来了，获得了第三名。下场之后，我看到他的脸当场眼泪就下来了。之后就带他去看医生，上了药，结果到晚上半张脸就肿了。晚上跟他妈打电话说了这个事情。

问：您怎么定义特殊奥林匹克？

肖培：只有智障的人才能参加的奥林匹克，正常人不允许参加，年龄八岁以上，没有最大年龄限制。

勤琢磨训练方法

问：您的学生有哪些类型？

肖培：有智障的，有自闭的。自闭的能听懂，但不会跟你交流，你问什么他答什么。智障的比自闭的好些，因为你说什么他能理解，就是需要重复，教一个动作反复需要几天。刚开始教他们轮滑，鞋也不会穿，鞋带也不会系，之前他们都是穿一脚蹬，训练的时候需要每天帮他们穿鞋系鞋带。这么长时间过去了，这些孩子从最初不会穿鞋不会系鞋带，到现在给小的特奥运动员穿鞋系鞋带，是一个非常大的进步。

问：滑雪的过程中您是怎样指导孩子们的？

肖培：首先穿着滑雪板在路上练习走路，练习摆臂，不拿雪杖，穿着雪板在雪道上走。通过走，孩子就能掌握两个雪板之间的重心，再跟孩子们交流讲解，他们一点点地就能掌握滑雪的重心，经过练习下肢的力量，再拿上雪杖，因为孩子们有的肢体不太协调，所以要经过反反复复的练习。

问：练多久能在雪道上滑？

肖培：就看孩子个人能力了，有的孩子一遍两遍就能掌握，有的孩子可能训练一个月两个月也没有提高。

问：轮滑怎么训练？

肖培：学校的操场特别小，我就领他们到公园去跑，先跑步增加力量，因为轮滑主要是靠下肢力量，做的下肢力量训练就比较多些。首先在陆地上做模仿，通过对这些动作的模仿，来提高孩子在滑行中的技术。

问：这时候不穿轮滑鞋？

肖培：对，先不穿鞋，只是做模仿，比如说蹬冰、收腿、摆臂，让孩子首先对这些动作熟悉，熟悉之后再穿上轮滑。孩子能把在陆地上训练的这些动作，穿着轮滑鞋做出来就可以了。

问：有没有自创的一些训练方法？

肖培：现在对他们训练，是根据孩子的个人情况，编写教案，然后做训练计划。比如说小于这个孩子，是一个唐氏综合征的学生，梳着一条马尾辫，长得特别秀气，这个孩子平时话很少。让她参与训练必须想各种办法，教的时候还要手把手地教，教她时，她嘴里还嘟囔着是不是要摔了。经过两年多的训练，毛病减少了，但是她还是会说摔了吗。就是胆子比较小，教她要多说，多重复，重要的是要手把手，一堂课下来把我累够呛，这么多年反反复复都是这样。

有的孩子他就不害怕，穿上鞋就满场地滑，不按照要求去做。这样的情况就得一点点教导，告诉他先滑100米，滑直线。有的孩子智商高点的，比较听话，基本你说什么他就会做什么，属于比较好管理的一种。

问：有没有遇到过很头疼的事情？

肖培：有时也遇到过困难，那我就得想办法哄着他来，有时候吼他，他也不明白，孩子的脾气一上来，又蹦又跳，我看着也是很头疼的。小李也是一名唐氏综合征的孩子，单亲家庭的孩子，寄养在别人家里，从小养成了很独立的性格。他胖嘟嘟的身材，虽然身体协调能力很强，但是学起轮滑来还是很吃力，有时还偷懒，一不注意他就偷偷去休息。训练过程中他的跟头没少摔，胳膊上是青一块紫一块的，我一边鼓励一边严格要求他，眼睛不离开他。为了调动他的积极性，我的衣兜里每次训练都装满了好吃的来吸引他，他一旦要赖，我就拿食品鼓励他，让他逐渐对轮滑产生兴趣。

问：比赛的孩子您是怎样筛选的？

肖培：特奥运动最小是八岁，最大没有年龄限制的，四肢健全的，只要符合这个条件就可以参加特奥会。

问：孩子都可以参加比赛吗？怎么确定最后的参赛人员？

肖培：对，全部可以参加。要看他接受能力的快慢，快的最短训练八个星期就可以参加特奥，其他的就是慢慢培养，慢慢参加比赛。通过训练孩子各方面都得到提高，不管是跟同学的交流能力，还是回家后跟父母的交流能力都得到一定的提高。

问：训练的节奏是怎样的？

肖培：每天至少给孩子一节课的时间锻炼，最长是三个小时，一般三个小时孩子都厌烦了，最佳时间是一个半小时，这是他们兴奋期最高的时候。每天都要训练，这是必须的，因为他们跟正常的孩子有些不同，教完了明天就忘，就不会了，所以必须多次重复，这样才能达到教会的目的。

有个孩子，小名贝贝，2017 年带他训练，全国轮滑比赛有让他去。这个孩子表达能力不好，说话说不清，但是他心里什么都知道，之前没带他去比赛，孩子上了好几天火，嗓子都说不出话了。他跟老师说，要是我去比赛，也能拿第一。这孩子从最开始不会穿鞋，到后来能够穿鞋子滑，不要求他滑得有多美，动作有多标准，最起码能滑着走了，家长特别高兴，家长说孩子有这么大变化，我一定会继续让他滑下去的。

问：您在训练中，有哪些较杰出的学生？

肖培：有的，有些学生从十来岁开始练，到现在二十多岁了，已经毕业了，现在只要有什么活动我们还是积极让他参加。比如小侯，在各方面都比其他孩子要好些，生活上、训练上都表现得非常不错，现在也很大了。十二岁来到这个学校，我也是一点点从最基础开始教他，一开始也是不爱训练，经常偷懒，轮滑鞋也不会穿，穿上总是摔倒，其间也是靠着我的鼓励和表扬，他的积极性也越来越高。他参加过很多次比赛，国内国外的，还参加游泳比赛。2015 年参加比赛也得了很多奖金，将近 2 万块钱。

问：您比较满意的训练项目是什么？

肖培：轮滑。看到孩子通过滑轮滑锻炼了自己，还练习了身体的协调性。

问：孩子通过训练有什么变化？

肖培：孩子进步了，通过运动，孩子能够锻炼，通过比赛学会了轮滑，通过比赛训练增进了与小伙伴们的感情，增加了孩子的沟通交流能力。

问：您觉得这些孩子比起正常的孩子有什么优点？

肖培：他们会主动想着你，见着老师会主动说老师好，老师我可想你了，这些都是发自肺腑的。

问：您工作后参加过哪些培训？

肖培：培训过很多次，有轮滑、滑雪、田径教练员培训。我记得杭州那次培训是高级特奥教练员培训班，规模挺大的，美国的一个讲师来讲课，内容就是希望更大范围推广特奥运动，在学校社区大范围推广，然后更多志愿者投入到特奥运动中来。在北京那次培训，是轮滑培训，在那里也学习了更多技巧和方法，回来能更好地训练学生。培训效果挺不错，每一次培训都是一次进步。

问：教练之间会探讨学习训练的方法吗？

肖培：对，经常交流，我们经常出去学习交流，我们也有交流群，没事大家也互相交流，比如询问今天训练得怎么样？交流最多的是学生训练这方面，针对某个训练方法，大家讨论能不能采取，能不能推广。从交流群中学到很多东西，比如南方跟北方差距挺大，像融合活动南方已经开展好长时间了，东北这几年才开始开展融合比赛。

问：学生毕业后都从事什么工作？

肖培：家长如果给找工作的话，收入多少不重要，主要是别让他一直在家待着，能自己照顾自己。但是出去工作的很少，比如打扫卫生之类的工作。回家了就家长看护他们。

问：您教的孩子有经常来看你的吗？

肖培：嗯，有个孩子到现在一直跟我微信联系，到教师节，中秋节，都会跟我发信息。他 2009 年还是 2010 年就回家了，现在将近三十岁了。毕业后先在广泽乳业，一直干到了去年，现在好像在小区做保安工作。他是智商还算高一些的。我记得以前充电话费要去银行，我给他 100 元，让他帮我交 50 元话费，我问他剩多少钱回来，他说剩 50 元，我对他还是比较放心的。

问：您怎样看待特教人才队伍的发展？

肖培：现在这样的孩子特别多，希望更多人能了解特殊孩子这一群体，更多人从事特殊教育这一项职业。

问：社会对这个群体的关注比以前多了吗？

肖培：多了，我更希望社会能多多关注这个群体，为什么呢？因为出去比赛训练需要装备、经费，如果只靠学校来承担的话，肯定是不行的，希望有更多社会人士来关注他们，多给这些孩子一点爱心。靠政府的引导，需要得到上级的重视，只靠我们自己的力量的话，还是有点吃力。

问：您有没有用媒体平台来宣传特殊教育或特奥？

肖培：嗯，之前有过宣传，我们出国前后一般会有媒体、电视台来采访我们，在网上或报纸上宣传比赛和这些孩子们。

问：您觉得宣传效果怎么样？

肖培：有些人知道了，但是我觉得宣传力度还是有些小。

问：如果您可以运用媒体平台来宣传特殊教育，您准备怎样宣传？

肖培：我希望把这些孩子的成长过程记录下来，从最初什么样到最后什么样，把这些过程中的点点滴滴记录下来，让他们的家长或者别的家长看到孩子发生的变化，让他们都能把孩子送到学校里来受教育。

问：您有什么要补充的吗？

肖培：我希望能给这些孩子更好的发展空间，能有更多的比赛，能和更多的小伙伴进行交流沟通。

大大咧咧的人

问：您一天工作怎么安排呢？

肖培：早上八点上班，下午四点下班。上午上课，下午训练。

问：您家人支持您的工作吗？

肖培：我是1998年调到这儿的，家里不同意我调到这里。不同意是因为远，不是不同意我来培智学校，但不同意我还是偷摸的来的。实际就是我自己执拗，自己就想待这儿，家里拗不过我，慢慢他们也接受了。

来到这儿后，发现原来是面对这样一群孩子，当时挺害怕的，当时的孩子不像现在是小孩，都是大小伙子大姑娘，当时我可害怕了。我刚去的时候，那些孩子就直接上来搂我抱我，我身上就一激灵，之前没接触过这样的孩子，有些抵触。其实他们心里没有别的想法，他们就觉得来新老师了，觉得高兴就想去抱一下。后来时间长了，习惯了，也就适应了。

问：在这个学校有让您记忆深刻的教师节吗？

肖培：我们每年都会过教师节的，校长会组织大家进行活动。记得有一年，给全校老师做服装，给每个老师买了一束鲜花，在院里给大家拍照片。有的孩子不懂教师节，有的孩子懂，他就会专门去跟你说声教师节快乐。去年小金给我送了很大一盒鲜花，蓝色妖姬，目前就她一人送过礼物给我。

问：什么时候结婚的？

肖培：2001年结的婚，在吉林市李氏婚纱店拍的婚纱照。

问：婚礼在哪举办的？

肖培：在酒店。对于接亲比较印象深刻，还有在台上的时候，有一个简短的仪式，然后就是敬酒，对这些印象比较深刻。

问：您丈夫是从事什么工作的？

肖培：以前也是从事教育的，在普小当老师，现在区里信访办工作。

问：你们是怎么认识的呢？

肖培：同事介绍的，算是相亲。当时他戴着眼镜，但我本身并不是很喜欢戴眼镜的男的，他当时相中我了。相处过程中，他比较主动，下了班去看电影去吃饭，就这样互相慢慢了解，他觉得我挺好，我也觉得他挺好，说话办事挺靠谱的，觉得还不错就嫁了。

问：有孩子了么？

肖培：有一个男孩，十六岁了，在上大学。

问：家里谁照顾孩子的时间多？

肖培：孩子小的时候我照顾的时间多，孩子大了以后老人带孩子多，像我出去比赛，都是老人在照看孩子。

问：对小孩是如何教育的，家里有什么规矩吗？

肖培：肯定有，比如孩子想要什么东西，需要花多少钱，必须要告诉他在多少钱之内，不能超过多少钱，如果超出了这个范围肯定不会给他买；再比如说，我说的这件事情你没有去做，或者没有在我规定的时间内做完，那肯定是不行的。

问：孩子的成长中有什么记忆深刻的事情吗？

肖培：孩子中学的时候，学习成绩挺好的，是优等生。但是有一次脚骨折了，脚打钢钉不方便去上学，所以休学了一学期，成绩跟不上了。后来在家里找一对一辅导老师，像物理化学等，慢慢成绩上来了。但是休学一学期，孩子的积极性远不如从前，变得也懒惰了。

问：孩子喜欢体育吗？

肖培：以前挺喜欢运动的，但是后来没往这方面发展，所以没有走这条路。

问：您的孩子和您的学生有过接触吗？

肖培：有过，因为很多孩子都不是本市的，所以有时候我会带他们回家去，让我妈做点好吃的，包点饺子，他们会经常接触。

问：您平时怎么照顾父母的？

肖培：我们住得很近，每天下班几乎都会去一趟，有时吃完晚饭再回家。

问：您和家人有集体外出的活动吗？

肖培：有，很多。一到假期我会带着父母出去玩去，“十一”的时候会开车带他们出去走一走。经常带着老人孩子出去，这样的家庭活动特别多。有一次带着妈妈去内蒙古大草原，我妈特别喜欢那个地方，因为大草原一望无际，一瞅瞅不到边儿。我觉得老人毕竟岁数大了，去一去她想去的地方，是儿女的一片孝心吧。毕竟父亲不在了，让妈妈活得快乐舒服是我的愿望。前几天母亲刚从台湾旅行回来，这是我给她报的一个团，我没有时间的时候，都会给她报旅行团，让她自己去玩一玩。

问：现在还回老家蛟河吗？

肖培：嗯，经常回，经常去看一下老家的亲戚朋友什么的。

问：您的拿手菜是什么？

肖培：我挺会做饭的，做的饭都还行，校长最清楚我做饭了，哈哈。吉林煎粉挺出名，酸菜炖猪肉，猪肉炖粉条，锅包肉，松花湖农家院的全鱼宴挺不错的。

问：一年的收入是多少？

肖培：一个月 4 500 多，一年 5 万多。

问：刚工作时的工资是多少呢？

肖培：1994 年参加工作，一个月 200 多块。

问：收入是怎样消费的？

肖培：一般一半儿存起来，一半儿生活费。

问：您觉得收入与付出成正比吗？有什么需要改善的？

肖培：不太够。希望工资涨一涨，因为现在贷款房子需要用钱，养老养孩子也需要钱。

问：课余喜欢干点什么呢？

肖培：我们学校经常搞一些活动，经常开车拉着孩子们到某个地方搞一次活动，前几天还跟校长商量来着，准备近期再搞一次活动，比如篮球的九宫格游戏，就是 1—9 九宫格，比如说老师让踢到 1 号，踢到了就会加分，没有踢到就会受惩罚，受惩罚一般就是让跑一圈，或者做仰卧起坐。孩子们都挺开心，都跃跃欲试。

问：从事特殊教育您有什么变化？

肖培：之前在普小的时候，没有想到会跟孩子打成一片，一般上完课就结束了。这些孩子不行，下课了之后，我会想一想下节课我该怎么上，想的要比普小时多。

问：人生中遇到的最开心的事情是什么？

肖培：从事这么多年特奥运动，孩子站在领奖台上那一刻我是最高兴的，不是说这块金牌含金量有多高，而是孩子通过锻炼能达到这个程度，孩子也非常高兴，所以我希望我带的这些孩子都能站在领奖台上。2008 年第一次去美国的时候印象挺深刻的，那一次滑雪比赛，我们的一个学生 2.5 公里滑了第一，比完赛之后会有志愿者领他们去领奖台，他们十分高兴。

问：您人生中不顺心的事情是什么？

肖培：在训练当中，也有很多特别生气的时候。有些孩子在训练过程中会推搡你，比如有一次，有个男孩脾气可大了，轮滑鞋鞋带松了，我让他系上，他不系。我说你怎么不听话呢，他说我干嘛听你话啊。说话的那种语气让你感到特别不舒服，没办法你去帮他系，他还不让你系，他还推你，他一推我就坐地上了，手都搓破了。就是这种他们不理解你的时候，挺让人伤心的。

问：您觉得自己是个什么样的人？

肖培：我就是个大大咧咧的人，有啥说啥，对孩子从来不会留一手，把所有的爱心都奉献给他们了。

问：您的同事怎么评价您？

肖培：大直心眼，校长就说我直心眼，也不会拐个弯。我说对这些孩子不会拐弯，我就想让他们学到更多的东西，等将来对他们也是一个帮助。

问：人生中最想得到什么？

肖培：到我这个年纪了，就希望工作上能干好，把这些孩子能教好，工资能赚得更多，这就是我现在想要的。

肖培同事口述（一）

口述者：武娇艳（女）
访谈者、撰稿者：李红莹
访谈时间：2017 年 12 月 25 日
访谈地点：吉林市昌邑区特殊教育学校校长办公室

问：请问校长，您眼中的肖培是个什么样的人？

武娇艳：肖培从体校毕业，从事特殊教育事业有 15 个年头了。从我来到这个学校，肖培就映入了我的眼帘，为什么呢？漂亮而且直率，给我一种女汉子形象，而且对本职工作有极高的热心和爱心，尤其是在训练学生和残疾儿童这块儿，她有自己独到的方法，不论给她什么尖端的项目都能拿下来。比如说，越野滑雪是她的专业和强项，她在这一块儿有执著的精神，忘我的劳动和工作热情，这些热情都释放在学生身上。

2007 年参加美国的冬季越野滑雪邀请赛，我们带了两男两女四个孩子，大年初七要飞往美国参赛。在前期有三个月的时间是不允许休息的，一直是陪伴这四个孩子训练。那时正值寒冬腊月，天气非常的寒冷，我们没有固定的练习场地，就背着雪板，拿上铁锹，背上饭盒，徒步走到山上，找一块儿平地，然后自己趟出一个越野滑雪的跑道，给孩子们进行训练。

为什么到那去？因为旁边有个娱乐场，里面有卫生间和休息室，休息的时候可以到娱乐场的屋子去，当时条件非常艰苦。我们很顺利地完成比赛任务，在国际越野滑雪比赛中也夺金摘银，取得非常好的成绩。回过头来想，当时那种付出，那种磨砺，那种困境，对我们两个女人来讲，也很不容易的。

完成这项任务，得到了省残联、市残联，包括教育局领导和相关部门的肯定和好评，也赢得了家长的一份信任。我们学校的特奥运动也拉开了序幕，一直到今天，硕果累累，受益的是孩子们，锻炼的是老师，也丰富了自己的人生。

通过近距离的相处，肖老师身上的闪光点就是顽强、拼搏、付出，这些品质在她身上表现得非常突出。而且她当时很年轻，三十多岁，对特殊孩子能够奉献出情感，我也非常感动，也鼓励我鞭策我。

肖培在咱们学校一直都是体育老师，她接触的体育运动特别多，她能够意识到特奥运动已经是特殊孩子在成长道路上一个必不可少的科目。我们的孩子都很受益，一批批的孩子在她的手中锻炼，成长。尽管有的学生十八岁毕业了，但是有比赛，参加集训的时候，他们也作为一分子，我们会把他们召回来。

肖老师最大一个特点是她有很多技巧和人格魅力，比如说训练孩子的时候呢，会准备一些小礼物、小食品，因为我们的孩子特殊，你给他说教肯定是不适合的。这时候怎么办？不能打骂。所以肖培一般会用好吃的引导他们，“你再滑一圈老师给你糖吃”，这样做非常奏效，孩子坚持训练了，孩子们跟她的感情也加深了。

问：肖老师和孩子们的关系呢？

武娇艳：她不仅是孩子们的严师，也是他们的朋友。体育这个东西，你要是不严一些的话，是不会出成绩的。但在严格的情况下渗透着一种爱，孩子们就非常喜欢她，也很愿意听她的话。

在体育场的时候，孩子们非常非常刻苦。如果要滑个 1 000 米、2 000 米，孩子滑到半路不想滑了，她就会鼓励孩子：如果滑完了，老师会给你小红花。孩子听到她的鼓励，就能坚持下来，每个坚持下来的孩子都有一份小小的奖励。当孩子生病的时候，她第一时间关怀孩子，也体现出一种母性的爱。

问：肖老师和同事之间的关系怎么样？

武娇艳：和同事之间的相处，可以看出肖培是一个简单的人，就是有什么说什么，有什么困难需求，别人求助她或者说她求助别人，都体现出一种融洽的关系。

问：2005 年之前我们学校就开始参加特奥会了吗？

武娇艳：2003 年参加过吉林省特奥会，2005 年我们开始申请特奥训练基地，为啥要申请基地呢？因为成为训练基地后，每年会有比赛任务，也有比赛的经费，1 万到 3 万之间。当时我们学校是非常困难的，不管是多少钱，能有经费我们就很高兴。

申请基地的时候，肖培就跟着我，去见省残联体育部的部长，进行汇报，请他们到我们学校来考察。所以说虽然艰辛，但从中体现了我们团队的作用，肖培非常配合，指哪打哪，自己主动去找，去借冰刀，最初的创业史是非常艰辛的。

问：肖老师对家人呢？

武娇艳：肖培是个很孝顺的人，因为父亲不在了，跟母亲在一起，对母亲的疼爱，处处都能看出来，既不耽误自己的工作，又能把母亲照顾得很好。

肖培同事口述（二）

口述者：吴书记（女）
访谈者、撰稿者：李红莹
访谈时间：2017 年 12 月 28 日
访谈地点：吉林市昌邑区特殊教育学校书记办公室

问：您第一次见肖老师是什么时候？

吴书记：就是我来到这个学校，我是 2005 年 8 月份调到这个学校的，受教育局委托，到学校任党支部书记。那个时候肖培就已经在这个学校当体育老师，在这之前她也已经带了一些特奥运动员。那时候项目少，主要是田径项目，2003 年、2004 年就开始了。我跟校长来了之后，继续发展扩大特奥运动，正因为有肖培，她本身是学滑雪专业的，再加上东北有独一无二的雪的资源，所以我们就决定走特奥滑雪这条路。2005 年我们来之后，就向省残联申请了吉林省特奥冰雪训练基地，她能够带领一批孩子去练，当时我们走了这条路，她起了一个很大的作用。

在我跟武校长来之前，咱们学校也参与了特奥比赛，所以我们想对于这样的孩子，运动对他们来说有很大的好处，尤其是肖培给我们讲了一些他们参加特奥运动给孩子们带来的那种快乐、帮助，以及对他们的交流和增长见识的好处后，我们就决定走这样一条路，给他们搭建更多的平台。

问：也就是说肖老师在学校特奥事业中扮演了一个非常重要的角色？

吴书记：对。在发展特奥事业过程中，都是肖培带领学生训练，从最基础的动作到最后完成的动作，真是克服了很多困难。肖培是体育出身，虽说不是很温柔，但是有她细心的一面，她每天给学生训练，兜里都要揣着吃的，不同的糖块，不同的水果，巧克力，哪个孩子不听话了，就给他吃，这些孩子不能打不能骂，要给予细心的呵护和爱，他们才会听你的。

肖培领啥样的学生出去，我们都放心。她对学生的管理非常细心，发自内心地去爱去照顾。你看她性格挺大大咧咧，挺外向的，其实她内心也有细心的一面。你能知道她会织手套、织围脖吗？手还非常巧，会绣十字绣。

她带队我们非常放心，无论多么调皮的孩子，无论多么难的孩子，在比赛过程中尿裤子的，没法自理的，不会吃饭的，什么样的孩子都有，但这些孩子放在她手里我们非常放心，就像妈妈一样悉心照顾，尿裤子也是给换给洗，就不嫌脏不嫌累，这她肯定不会给你们说，这是我们看到的。有一次跟他们去集训，就有一个孩子尿裤子了，肖老师就是不厌其烦，一遍遍讲，手把手教，尿裤子后一点也不嫌脏，这些都是家常便饭了。

我们学校其他老师基本也这样，但这方面肖培做得尤其突出，从来不提报酬，随叫随到，经常利用周六周日集训，根本没有休息的时间，寒假一般就是训练滑雪，自己的孩子交给她母亲看管。

我们都开玩笑说，肖培管孩子有证，特别地有她独到的方法，也不打，也不骂，除非特别淘的孩子她可能严厉地说几句，但从来不碰学生，严中有爱，孩子一般都听她的。

问：在学校特奥事业中，她的定位是怎样的？

吴书记：她是我们特奥事业中的主力，尤其是我们特奥事业刚起步的时候，她是主力，是我们主要的教练。像田径、滑冰滑雪、轮滑都是她负责的主要项目，一直都是她带领孩子集训。当然我们现在的领导班子人人都往前冲，只要有集训任务什么的，需要我们的，我们都往前冲。但是呢，关键主力还是在肖培那儿，她每天跟学生一起训练，从最基础开始，一点点开始训练。像特奥融合地板曲棍球、篮球、足球，这些项目的主力是我们的张副校长，这属于团体赛，团体赛讲究技巧，这种情况下肖培也是全力配合，一起配合练习。

问：生活中肖老师是一个什么样的人？

吴书记：肖培是一个重情重义的人，对妈妈很孝顺，放假有空就带着妈妈出去旅游，对孩子也疼爱有加。平时生活上挺艰苦朴素的，跟同事关系也挺好的，挺仗义的一个人。男人性格，粗中有细，有女人的细腻，又有男人的豁达。

体育出身，干了很多但是不会说出来，生活中有什么艰苦也不会说出来。她比较能吃苦，这不是每个人都能做到的，天天拿给孩子好吃的，都是她自己拿钱买的，不是每个人都做得到的，她就非常舍得，夏天热了买水买雪糕，兜里经常揣着巧克力，对孩子没有任何的嫌弃，都是发自内心的爱。

孩子家长都非常信任她，有的时候出国比赛，孩子家长都放心把钱交给肖培，肖老师一笔一笔给记着，而且帮孩子计划着花，这东西该买这东西不该买，到国外了哪个没吃着，她都会买了给孩子们尝尝。肖老师挺操心的，吃喝拉撒睡，还得管着买这买那，钱怎么花的都记得明明白白的，回来给家长交代，从来没发现家长说过一个不字，家长都非常信任地把钱交给肖培。

肖培工作观察日记

观察时间：2017 年 12 月 15 日 8:00—16:00

观察地点：吉林市昌邑区特殊教育学校

观察者、撰稿者：李红莹

时　间	工作内容	备　　注
8:00	到学校后，首先去收发室打卡签到。	
8:05	来到办公室。	
8:07	换工作服。	
8:15	拿热水壶去收发室打热水。	
8:20	打扫个人办公室。	先擦办公桌，然后扫地，拖地，摆好小凳子，归置滑雪滑冰器材。
8:40	在办公桌前休息十分钟。	
8:50	开始写教案。	第一年级教案： 教学内容：跳单双圈。 教学目标：进一步学会单脚交换跳的方法，培养孩子跳跃能力和协调能力。 游戏：双脚交换跳。
9:20	喝口水休息了一会儿，去了趟洗手间。	
9:30	去教室领孩子们出来到操场上。	
9:35	学生和肖培一起到达操场。	
9:40	做眼保健操。	
9:50	做广播体操和运力操。	
10:00	做完操之后肖培领孩子们回班级。	
10:05	肖培开始在操场上第一节体育课。	
10:10	给孩子们上课。	先站队，站成一排，稍息立正，练习左转、右转和原地踏步。

（续表）

时　间	工作内容	备　　注
10:20	练习双脚交换跳。	
10:30	做游戏。	
10:40	下课，肖培将学生送回班级。	
10:50	肖培去教室领另一个班的孩子到操场上第二节体育课。	
11:25	下课，将孩子们领回教室。	
11:30	去食堂打饭，端着饭去教室给孩子们分饭，并且在教室跟孩子们一起吃。	老师在讲台旁边的桌子上吃，孩子们在自己座位上吃。
12:00	吃完饭后收拾碗筷，打扫教室卫生，之后刷碗筷。	
12:30	午休。	
13:10	午休结束。	
13:20	开始上课。	
13:55	下课，将孩子送回教室。	
14:05	去校长室汇报工作，跟校长谈论孩子的情况。	
14:30	跟学校另一老师去另一个校区搬运器材。	
14:50	回到学校，跟别的老师一起将运来的器材放到器材室。	
15:10	跟教练、书记一起开了个短会。	
15:30	去二楼查看自己负责的班级的孩子，跟孩子们聊聊天，给他们送一些好吃的小食品。	
15:40	回到自己办公室，打开音乐，跳健身操。	
15:50	坐办公桌前休息。	
16:00	换上衣服，收拾东西，到收发室打卡下班。	

为你，千千万万遍

——姚楠口述

姚楠，女，1979 年出生。原中国女子速度滑冰队运动员，现任黑龙江哈尔滨冰上飞扬运动俱乐部教练。2012 年 1 月 15 日，获得安踏 2011 年体坛风云人物未名人士体育精神奖。姚楠于 2000 年组建了一支由智力障碍儿童组成的滑冰队，多次代表中国参加国际特殊奥林匹克运动会。

口述者：姚楠
访谈者、撰稿者：潘南君、王涵、姜楠
访谈时间：2017 年 10 月 4 日、2018 年 12 月 6 日
访谈地点：黑龙江省哈尔滨市冰上飞扬俱乐部办公室

我喜欢跳皮筋

问：您今年多大？

姚楠：今年三十八岁，1979 年出生。

问：您是少数民族吗？

姚楠：不是。

问：您的名字是谁取的？有什么特别意义吗？

姚楠：我妈，没有什么特别的意义。

问：您家是哪里的？

姚楠：哈尔滨的。

问：家里有兄弟姐妹吗？

姚楠：没有。

问：小时候家庭条件怎么样？

姚楠：还可以，就是普通的工薪阶层。我妈妈是电路工程师，爸爸就是普

通工人。

问：生日是怎么过呢？

姚楠：也不是每年都会过，偶尔，也就吃个蛋糕什么的。

问：有什么爱好？

姚楠：旅游，听音乐。

问：您小时候会去冰场滑冰吗？

姚楠：滑冰对我来说不是玩儿，那就是训练。小时候玩的是跳皮筋儿、打雪仗啊，玩儿一些球啊什么的，还会到院子里和小伙伴玩儿。

问：小时候有什么玩耍的回忆？

姚楠：我挺喜欢跳皮筋的，课间的十分钟，抓紧时间找到一些小伙伴，分成小组，抓紧时间赶紧跳，因为没跳多长时间就上课了。午休时间比较长，我们几个愿意玩的就抓紧时间吃完饭，利用更多的时间跳皮筋。那时候跳皮筋还是非常流行的，运动员吧，跳跃能力、体能都比较好，所以我们都属于水平比较高的，从这个方面可能更能找到自信和满足。

问：跳皮筋是什么时候？

姚楠：小学，我上中学以后就很少有人跳皮筋了。

问：小时候您的理想是什么？

姚楠：小时候就想当一个冠军。

问：为什么会有这样一个理想？理想实现了吗？

姚楠：因为小时候学了滑冰，理想算是实现了吧。

训练是主旋律

问：能介绍一下上小学的过程吗？

姚楠：最开始在中山路小学，一年级下学期转到了清滨小学。

问：小学读了几年？

姚楠：五年。

问：学习成绩怎么样？

姚楠：前几年还好，后几年训练任务比较重，学习不是很重视。成绩的话，数学要好一点。

问：小学获得过哪些奖励或惩罚？

姚楠：小时候没什么惩罚，奖励的话，在四年级的时候，我取得了市速度滑冰比赛的冠军。

问：什么时候上初中？

姚楠：十三岁上的初中，在一个体校，班上有二十多个同学，都是练不同项目的，哈尔滨本地的很少。

问：初中课余都做些什么？

姚楠：没有课余时间，课余时间都训练了。

问：初中之后的学习经历是什么？

姚楠：初中之后就上了哈尔滨市体育运动学校，之后又上了体育大学，做了专业运动员，每天的任务就是训练。

问：训练的具体内容是什么？

姚楠：滑冰、陆地训练，专业运动员的训练内容。

问：有训练时间表吗？

姚楠：有啊，早上六点钟左右出早操，七点钟左右吃早饭，八点到十一点上课，中午吃完饭睡午觉，下午就训练。再大一点的时候，上午也不上课了，每天的事就是起床、吃饭、训练、洗澡、吃饭、睡觉、训练、洗澡、吃饭、睡觉。

问：在体校的课程，哪些是您喜欢的？

姚楠：我们训练有负荷量和负荷强度，还有超级恢复，我们都喜欢超级恢复，就是不用训练。我比较喜欢球类课，有时候会打球，比较轻松。小的时候有一种叫“打堡垒”的游戏，有点像棒球。

问：都训练些什么？

姚楠：训练最多的就是滑冰，还有一些体能相关的活动。滑冰属于大的周期性项目，体能训练是很重要的。掌握滑冰的技术与技巧，通过体能训练让你有良好的体能，用正确的技术、良好的体能才能让你滑得更快。只有很好的技术动作，没有较强的运动能力，比如说肺活量、力量、速度、耐力、柔韧，没有这方面的基础、身体素质和技能水平，你也只是滑得很漂亮，不能滑得很快。

问：在体校，教练是怎么和您沟通训练中的问题？

姚楠：在滑的过程中，比如说滑十圈，每次经过教练，他会看你有什么样的问题，比如说你的姿势高了，或者你蹬冰的腿，方向位置不对，会纠正你。每完成一组训练的时候，我们会去教练那，他会逐一来总结我们这一组训练是怎么完成的，谁有一些什么样的问题，我们也会对每一圈的速度有一个要求，这一圈比较慢那一圈比较快，时间分配是否合理。

问：当运动员时拿过什么奖项？

姚楠：得过全国单项赛的冠军，省比赛、市比赛什么的冠军都得过。

问：运动员生涯对现在有什么帮助吗？

姚楠：帮助挺大的，非常大。运动员，是在一次又一次不断重复的失败中去达到运动生涯的巅峰，运动员有坚韧不拔的品质，抗挫折能力和抗压能力也比较强。在体校的时候没有太明显的感受，就是周而复始，那一种状态下，其实你对滑冰就不会是单凭兴趣的。

当时你就真的喜欢滑冰吗？年龄小的时候，十几岁或者八九岁的状态，对于滑冰都是喜欢的。但是当滑冰作为一项职业，十几岁又比较叛逆，通俗来讲就是没定性的时候，每天训练又很枯燥，而且很累，就不会觉得自己还有多喜爱滑冰，更多的就是把它当成一项任务完成。

可当你走上工作岗位之后，再去面对一些其他的事，和一些没有运动生涯的人共事的时候，就会发现运动生涯对人的帮助非常巨大。小时候没有这样的感受，随着年龄越来越大，越会感谢运动生涯对自己的磨炼。我们学的文化课知识相对少一点，但优秀运动员并不像大家之前理解的四肢发达，头脑简单，他们都非常聪明。一个顶尖的运动员，做每件事都非常认真，而且不会轻言放弃，这也是运动员生涯给我的优秀品质。

问：运动生涯中有没有竞争对象？

姚楠：有，每个时期都有，不一定是一个人，可能几年我们又会换一个，目标一直在变，对手特别多。

明确地讲，我们这个项目，竞争对手不是对手，是时间。比如说相同的距离谁用更短的时间来完成，谁的成绩就更好。不像短道速滑，只要在前边领先了，我就算滑得很慢也是第一。我们这个项目不是这样，比如说参加 100 米比赛的有五十个人，但是每一组只有两个人，要分二十五组才能把这个比赛比完，所有比赛比完后，谁的 100 米时间短，谁就是冠军，我们一直在跟时间做斗争。

问：您与体育行业的朋友如何相处的？

姚楠：我们互相之间比较了解，有一些共同的特点，会一起去滑雪。因为我们运动能力比较强、滑雪水平也很高，经常会约好多人一起去滑雪，我们排成一队，滑得特别炫、特别酷，这个是我觉得有意思的事。

问：您是哪个体育大学毕业的？

姚楠：哈尔滨体育学院，专业学的是体育教育。

问：大学开了哪些课程？

姚楠：大学开了好多课程啊，比如体育英语、运动解剖学、运动心理学、体育教育，还有专项课。

问：有没有比较感兴趣的课程？

姚楠：健美操我比较感兴趣。

问：有训练中的故事吗？

姚楠：大学就不怎么训练了。

问：主要是上课吗？

姚楠：对，因为我们还是以上课为主。

问：大学里的同学呢？

姚楠：我和我爱人是大学同学，在大学的时候认识的。

难忘师恩

问：张晶敏教练是您大学的教练吗？

姚楠：不是，是我在体校时的教练。

问：什么时候？

姚楠：1992 年到 1996 年。

问：张教练对您影响很大吗？

姚楠：她跟其他教练不同的地方，就是在训练以外，对我们的生活、学习管理比较严格。当时会觉得是不是管得特别严，但现在回想起来，在青春期的年龄段，严格的管理和学习方面的严格要求〔还是〕比较重要。

她是教练，她的责任就是让我们运动成绩有提高，或者在运动项目上取得成绩。但实际上，那个时期孩子的综合教育也很重要。在训练之外，她会额外关注我们的学习情况，其他教练可能还只是注重运动训练这部分，但她会要求我们每天要练字，写钢楷，每一学期的期末考试，她还会关注我们的成绩，对分数有一些要求，你在班级排名是不是上升了、落后了，等等。她经常会和我们进行思想上的沟通和交流，希望我们能够在运动成绩提高的情况下，在做人啊，待人接物啊，在综合方面吧，都有一个正确方向上的引导。

问：在教学训练上有什么故事？

姚楠：我和她之间的故事？那时候我们去宾县训练，每周三和周六会长跑，一般跑 10 公里啊。但是夏训需要储备更多的体能，在夏训期间内她会要求我们跑 20 公里。

那时候跑公路，就跑得很远，训练是在公路的 57 公里的地方，那我们就往哈尔滨的方向往回跑，跑到 47 公里的地方就已经是 10 公里了，然后再跑回来。但是教练她不能跟着我们跑，我们就自己跑，实际上那时候我们就偷懒了。我们在前面跑，她在后面走，没有跑到 47 公里，跑到 51 公里的地方就返回来了，实际上差了 4 公里，来回就是差了 8 公里，实际上我们就只跑了 12 公里。

我们那天跑到一半，快到 51 公里的地方，我们就开始走，时间上是差不多，然后觉得差不多该往回返的时候，就开始连走带跑，因为越接近目的地，我们要跑得更快嘛，要出汗嘛，要不就会被教练知道你偷懒了嘛。所以在回去的路上，我们也按照能力，按照以往跑步的顺序，谁最快谁在前面，跟不上的在后面，就是这个偷懒的过程做得很真实。

她也在想我们到底跑没跑，就迎着我们跑的方向走过来，但当她看见我们的时候，对于我们这个阵型和当时跑起来的那个状态非常满意。我们回去的时候，训练的地方有一个大院子，外面有好多人〔围在那〕，有卖西瓜的，她在那给我们挑西瓜，说今天我们跑得特别好，她请我们所有人吃西瓜。那个时候是我第一次觉得好像自己做错了事情，觉得特别内疚。之前可能有一点小心思啊，偷懒什么的，可能还觉得自己的小计谋得逞了会洋洋得意。从那一天开始，我们完美的小伎俩得逞了，但是没有那么开心，真的会觉得自己练完了，取得成绩都是给我们自己的，今天我们的训练课虽然完成不好，但是老师认为我们完成得很好，还奖励我们，挺内疚的。那以后，我们就很少偷懒了。

问：教练后来知道这件事吗？

姚楠：她不知道，直到 2015 年，我们聊天的时候说了这件事。

问：当时教练什么反应？

姚楠：她没有特别深刻的印象了，但是她知道那个事，原来我们偷懒的一些事她也知道。有的时候她也会很生气地惩罚我们，但有的时候也假装没看见，她也觉得知道累了会偷懒的运动员比较聪明吧，不是那种傻练。

为你，千千万万遍

问：最近的一场特奥训练是什么时候？

姚楠：春节前，练滑冰。

问：特奥训练安排在周末还是平时？

姚楠：轮滑的训练会安排在平时，周六周天一般比较忙。主要还是看天气，平时的话，雾霾特别大，夏天下雨刮风，天气特别恶劣，就不训练了。常规的话，比赛之前每天都练，没有比赛一周练三到四次。正常安排是周一周二，周四周五，主要还是看天气。轮滑都广场训练，所以刮风下雨就没法练了。

问：现在训练项目有哪些？

姚楠：轮滑和滑冰，滑冰包括速度滑冰和花样滑冰。

问：给我们介绍几个您的学生，训练的时候都有哪些趣事？

姚楠：比如说小王，人比较乖，但他比较胖，胖人都比较懒，练多了就烦了。有一天他就在那儿偷懒，被我发现了，我就用冰刀片敲他的头盔，敲得很轻，但刀片儿是硬的，头盔也是硬的，撞在一起就很响。小王一直很乖，但不开心的时候就会很倔。第二圈的时候，我跟他妈妈就在那儿看，离得很远他就把头盔摘下来了，很倔的表情，好像在说："哼，我不戴了。"

他妈妈就问这是为什么呢。我这时候才想起来，刚刚用刀片敲了他头盔，他把头盔摘下来，意思就是说，"我不戴了，我看你还敲不敲我。"

我把他叫过来了，问他拿刀片敲你头行不行，敲头疼还是敲头盔疼？然后我拿刀片敲了一下。他说敲头疼。我问他，那你还戴不戴头盔了？他就把头盔戴上了。

还有一次，小王滑得特别高兴，我就夸他：你滑得真不错。本来让他滑十圈，最后他滑了三十圈，一口气都没有停，就是因为你跟他表扬说滑得好，越说滑得好就越滑，你越让他休息他就越不休息。一次有个记者来看他们训练，就觉得特别有意思。

问：运动员是怎么选择的？

姚楠：最初的时候，我会选身体比例相对好一点的，不要太胖也不能太瘦，跑步相对协调一点儿的。你们可能不理解这有什么难的，普通孩子走路跑步协调能力都没什么难的，但特殊孩子不用说特别协调，就是相对协调的都很少。

随着参加比赛越来越多，我对特奥的理解越来越深刻之后，这个队伍也相对扩大了，主动来找我要来参加训练的也就越来越多。原则上说，只要不是能力特别差，从事这个运动的时候有过高的安全风险的话，我们都会要。希望更多的孩子有机会得到锻炼。

姚教练将运动员获奖时拍的照片挂到办公室的墙上，摆放成心形。

问：做特奥教练有什么骄傲或遗憾的事情？

姚楠：做教练我现在没什么遗憾的，骄傲的事情就是我带他们去参加了好多好多比赛，获得好多好多成绩。在国内，我是带领特奥运动员参加世界比赛次数最多的，取得的成绩、奖牌也是最多的。

问：有哪些奖牌？

姚楠：有国际特奥会的金牌，很多，大概有 100 多块吧。比如说在长野，第八届冬季特奥会上 22 名运动员取得了，不，16 名运动员取得了 22 枚金牌，是中国代表团金牌总数的 60%，就我的一支队伍。那个时候我觉得这是非常值得骄傲的，但实际到今天，这只不过是我在特奥会工作中的某一个阶段的成就，现在并不觉得这个事情有多骄傲。

当然，拿到金牌让孩子觉得得到更多的认可，但特奥会更鼓励孩子们通过参赛得到更多的锻炼，得到更多自信心。他们站在领奖台上，面对欢呼啊掌声啊，对他们的自信是一种极大的锻炼。

特奥会工作，我从 2000 年开始一直做到现在，整整十七年。因为从 2001 年我第一次参加特奥会，每四年有一季冬季特奥会，每四年有一次夏季特奥会，冬季和夏季特奥会只间隔两年，实际上从 2001 年、2003 年、2005 年、2007 年，然后 2009 年、2011 年、2013 年、2015 年这八届的比赛我都参加了，参加次数越来越多，成绩也越来越好。

大概2009年后，我开始思考一个问题，我们一次又一次参加比赛，周而复始下去，孩子只是在特奥运动训练过程中，在适应比赛过程中得到了锻炼。但是随着第一批孩子的年龄越来越大，他们可能就不再参加特奥会了，我们会把更多的机会给需要锻炼的小年龄段的孩子。那么这些年龄大的孩子，走上社会以后需要做什么事。在2010年左右，我们开始考虑这些孩子怎么能够通过特奥的锻炼，改变后续的生存状态。

当然，我一个人的能力比较小，只要是特奥会运动员或是有特殊情况的孩子愿意来训练，我们都欢迎，可能他不能参加比赛，达不到参加比赛的能力。而且包括一些老运动员，比如说小王，他从2000年开始就训练，现在也还在我们这个队里训练。这个过程中，他是特奥大使，2007年上海特奥会的时候他是旗手，在第四届全国特奥会的时候，哈尔滨是东道主，他在闭幕式上跟李双江老师做了一个演出，也算是一个明星特奥运动员。他现在依然参加训练，至于说他们现在参不参加特奥会，反而并不那么重要，重要的是他们现在在社会的一个生存状态，他们需要这样一个环境。

他们可能每天和家长在家里，每天都坐在床上。小王还是比较活跃的，有些严重的孩子，用父母的话来讲，可能会一直坐在家里的一个位置一动不动，甚至把家里的皮沙发坐出一个坑，他都不会挪一个地方。他们就需要一个环境，比如说每周三次，可以到训练的环境中来，跟朋友、同学见个面。

小王现在应该三十岁了，可能三十年当中他已经接受或者认可了〔自己的特殊情况〕，但是他内心当中还是有一些苦闷，或者是不被外人所能理解的情绪，需要跟家长来沟通。所以，从六七年之前，我们这支队伍的训练，已经不完全是参加比赛取得好成绩，更多的是承载了一个家庭或者特奥运动员的精神交流的一个出口。几天见一次面，同学们、朋友们互相之间有一个交流，他们会认为这件事情——每周训练三次——是他们人生当中最重要的一个期待。

当他们离开学校走上社会后，通过我的能力能做到的就是，我们冰场现在有三十几个工作人员，其中我安置了四个特奥运动员做服务工作，他们在这里工作，跟其他人员是同工同酬的。其中有两个轻度的孩子，我们的同事并不知道他们曾经是特奥运动员。

问：能讲讲和小王在训练中的故事吗？

姚楠：小王小时候一直胖胖的，训练的时候就会比瘦一点的孩子更容易累。我记得第一年吧，刚刚开始会轮滑不久，水平不是很高，因为比较胖，别人滑十圈，他滑五圈就很累了。

有一天，训练快结束的时候，他妈来了，那是我们第一次发现小王是“顺毛驴”。虽然平时他的脾气很好，那天可能他心情比较好，而且确实滑得不错，我们就说：“今天滑得不错嘛！滑得真好。就这么滑，我们再滑十圈，今天的训练就结束了。”结果那天他特别开心，我们就表扬他，“今天这圈滑得好”“这一圈比上一圈滑得还好”，就一直表扬他，结果他大约一直滑了有三十圈。最后觉得他滑得太多，怕他累着，就说“你别滑了”，但是他已经停不下来了。你在表扬他的时候，也不知道从哪里来的那么强大的力量，让他滑了那么多圈。从那以后，我们就决定对他进行“赏识教育”，鼓励对他来说特别的重要。比如他现在特别胖，他特别不喜欢我说他胖，但是他实在是太胖了，每次我都跟他说“小王，你是不是又胖了？”他就噘着嘴，他特别不喜欢听。

问：参加这么多届特奥会，运动员会不会受特奥会影响？

姚楠：会，很大，有很大的影响。我刚刚提到在这里的两个工作人员，其中一个从 2003 年跟我参加特奥会，一直参加到 2011 年，他属于比较轻度的，小的时候发高烧惊厥，造成脑细胞有些影响，发育比较迟缓，在小学阶段并没有〔特别明显〕。虽然他学习不好，但是在整理房间打扫卫生方面做得挺好。

他上初中以后，因为青春期叛逆的孩子比较多，经常会受到歧视和欺辱，在那一两年中造成他严重地……他不是自闭症，因为特殊孩子中的自闭症和他还不一样，但是以普通人来说，这孩子是自闭了，他不说话，不想跟人沟通，不敢跟人交流。他被环境影响太多了，然后他就来到特殊学校。

到了特殊学校，我花了很长一段时间来改变他的状态。他是轻度的，在特殊学校中，他各方面的能力都比较强。最初的时候，因为他家离我家比较近，但我们都离冰场很远，晚上下冰之后，我们俩会坐一个车，最初我们的交流就是，比如说我问吃不吃香蕉，他就说“不吃”，如果他想吃他就说“吃”，能用一个字回你的话就不用两个字，话特别特别少。

他从 2001 年跟我训练，2003 年去爱尔兰参加世界比赛，那一次对他的影响特别大。因为十几年前，作为一个很普通家庭的孩子，他们家条件也很不好，他能够坐飞机，出国，吃西餐，〔感受到〕特奥会对特奥运动员的尊重、欢迎和接纳，整个特奥会的感觉就像是一个节日，全世界特奥运动员的大 Party，就很开心，这种极大的正能量的刺激对他特别深刻。

从那次比完赛回来之后，他就开始特别喜欢训练。在那次特奥会上他也取得了奖牌，是第四名。站在领奖台上，特奥会的领奖方式和奥运会还不一样，他会突然觉得我竟然会这么成功，这么多的人为我欢呼鼓掌。

我们每次参加特奥会，下飞机的时候都会有志愿者人墙，那种热烈欢迎的程度……虽然因为倒时差下飞机后会很困，但是一下飞机这些热烈的欢迎声，不管你多困都会被喊醒，这样的情况就把他的状态打开了。

有的时候整理照片，也能看到特奥对他的影响特别正面。2003 年他第一次上领奖台的时候，像一个犯错的小孩一样，好像是偷东西了，偷偷摸摸地站在那，很紧张，很局促，特别放不开。但是把他每一次站上领奖台的照片，按照时间顺序排列的话，你会发现最后一次，2011 年我们在雅典比赛的时候，他已经是老运动员，水平已经非常高，他都有粉丝了，而且他去比赛就是去拿金牌，参加了三个比赛拿三块金牌。那里完全成为他的舞台，就是去展示自己，领奖的时候，他摆了好多 Pose。

他有一个接力，和另外一个女运动员一组，他们两个在领奖的时候特别高兴、特别兴奋，摆了好多花样滑冰、双人滑的 Pose，特别炫酷，非常享受在领奖台上接受颁奖的时刻，非常从容。我就觉得，我上领奖台都没有他那么放得开。

特奥会让他从之前的状态走出来，当然随着他年龄的增长，他的情商，待人接物会有变化，他能自信到这个程度，没有特奥会这么多年、这么多次的锻炼，是绝对不会达到的。从他身上，我觉得特奥会真的是取得成功，把他改变很多，这种影响是颠覆性的，或者我觉得给了他第二次生命。如果没有特奥的话，用比较粗的话来说，他可能就是农村街边站着的大傻子。

问：遇到比较严重的孩子，您是如何帮助他们走出来的？

姚楠：严重的孩子？有啊，她从 2004 年跟我练习滑冰，但最近这一两年没有练，状态不是特别好，这样断断续续也练了有十年，练完十年的结果就是她只能在冰上走，平稳地走，很稳当，不会摔，走得很自如。那你说我花了十年，只能让她在冰上走，会觉得很挫败，但是你如果知道她之前的状态，能让这样一个孩子在冰上走，就是一个最大最大的惊喜。她父母见到都说婷婷还能滑冰，走路都走不稳，跑步她都不会跑，还能滑冰，简直不敢想象。所以说，这个问题要看从哪个角度上讲。

问：教学过程中遇到过特别惊喜的事情吗？

姚楠：特别惊喜的事，比如 2001 年，我刚上班的时候，就带了 8 个孩子去美国，那是我第一次参加世界特奥会，也是那次特奥会使我坚定了要做特奥这件事。

那一次比赛把我自己震惊了，是我职业生涯当中印象最深刻的事。我小时候听说过特奥会，我十三四岁，训练的时候看到当时有这样的孩子在训练。再往后分配到单位，领导说你是专业滑冰的，刚刚好我们有运动员被选上去参加这个比赛，当时他们还不会滑冰，让我去带他们训练。当时我认为滑冰应该是我们当年的那种样子，不了解特奥运动员，那段时间教他们滑冰还是挺折磨的。经过三个多月的训练，也是硬着头皮去美国比赛了，当时对特奥会的规则也不熟悉，但那次比赛的成绩还行。那次比赛把我的内心给打开了，当时就想，这个事情原来可以这样做。当时在训练中遇到很多困难，我认为特殊的孩子能学会滑冰，但是他却不会滑得太好，等真正到赛场的时候，我就看到，比如说加拿大和美国的孩子滑得特别特别好，当时就觉得：是这样吗？特殊的孩子也能滑得这样好吗？当时我就认同了一句话：没有教不会的学生，只有不会教的老师。

我发现，原来问题出在我这，肯定还是方法、时间还有沟通可能没有做到。从美国回来后，我就在我们学校，选了第一拨孩子，当时有三十几个人，从 3、4 月份开始练，一直到 11 月份。那时候练轮滑，因为轮滑和滑冰特别像，而且夏季特奥会有轮滑项目，这样我们也可以参加夏季特奥会。就哈尔滨来说，还是以冰为主，11 月份的时候，天也比较冷了，我们就带孩子去滑冰，经过这一夏天的轮滑训练，他们第一次上冰。

有的时候，我教他们真的很痛苦，他们有的一个小时才能在冰上走一圈，然后就只能在冰上走，也不能滑。滑冰是一个技巧性项目，冰很滑，冰刀又很窄，它不像你穿的鞋，普通人学滑冰都会有一点害怕，都要克服恐惧的心理，那特殊的孩子他会把这种恐惧放大很多倍，他们特别特别害怕。

对于特殊孩子，学滑冰都是在克服恐惧心理。我记得有一个孩子，第一次滑冰那种折磨的样子，都要崩溃了，他每往前迈一步大约有 5 公分，下一只脚迈出去的同时又退回来两公分，一圈大约有 200 米，一个小时只能走一圈。他每抬一步都一直在说老师我害怕，老师我真害怕。这种又哭又害怕的声音，持续了大约有半个月。我当时觉得没有办法真的要崩溃了。这样训练了一个夏天，三十个孩子最后上冰的也只有八个人。

在当时，家长也是看在我这份热情上，相信我，跟随着我们，带孩子去冰场。那时候真的很苦，哈尔滨的冬天大约在零下二十几度，每天晚上下冰到八点多，然后坐公交回家。早上要在上学之前训练，这样的日子过了好多好多天。家长也是在最初没看到任何希望的情况下，无条件支持配合，真的非常感谢家长。

处理工作事务的姚楠教练。

在冰场上有一个特点，教普通孩子滑冰从滑冰开始教，教特殊的孩子要从系鞋带开始，他们不会系鞋带，滑冰鞋的鞋带又比较麻烦。那一天我把所有孩子的鞋带系好之后，他们站在冰场上，我在系我的鞋带的时候，能听到所有家长说的话，“我的儿子会滑”“我姑娘也会滑”，当时我还没有看到，家长说的时候我就很开心。当我站起来，看到他们滑冰的样子，虽然滑得不是特别规范，当时真是特别特别开心，这是到目前为止我人生当中最开心的一件事，这一场训练很快就结束了，在这个过程中就一直在笑，止不住地笑。

下了冰之后坐公交车回家，实际上在中途要换一个车，我在太平桥坐 104 路换 83 路公交车。但是那天我从 104 路公交车下车就特别兴奋，有车也没有坐，一直往家里走，大概走了二十多分钟，走的路上就一直在给之前残联的领导和同事打电话，说我成功了。回家后，洗漱完，发现脸特别特别酸，是一直在笑的缘故。从那之后，虽然面对很多困难，也都顺利克服了，一直走到了现在。

问：在这个过程中，有康复的孩子吗？

姚楠：有，有很多。比如说我们有脑瘫的孩子，走路非常不协调，通过滑冰的训练，肢体协调明显改善了。

问：在训练中，所有孩子都是从系鞋带开始吗？

姚楠：是的，所有的孩子，不管是轻度的还是重度的，都是从系鞋带开始。在冰上的站立，由扶着站立到单独站立，再到平稳站立，然后行走，最后才到滑冰。就像我刚才讲的那个孩子，走了十几年，还在走，但是走得很流畅。

问：那些特别害怕的孩子，您是怎样让他克服恐惧的？

姚楠：这只能不厌其烦地说，然后你领着他。开始的时候他两只手很紧张地抓着你，过几天，他才会慢慢地不握你那么紧，说明他慢慢接受了这样的速度和恐惧，他已经在放松。从握着两只手到握着一只手，然后变成握着一个手指头，在握着的这个过程当中，你会给他很多的力量。

问：训练场上还有什么有趣的事吗？

姚楠：有趣的事？特别有趣的一件事是他们也知道偷懒，也知道在老师面前表现。我怀孕的时候，不能上冰，就在冰场外面站着，（用手比划一个椭圆）这是一个冰场，我估计在这个位置站着，家长也都站在这个位置。他们滑到这儿的时候，都会把姿势摆得特别漂亮，蹲得特别低，滑得特别快；等到过了我这个地方呢，马上就开始减速，开始不好好滑。每天都是这样。家长们就说，这是检阅台，到这检阅来了。我觉得他们也会偷懒，偷懒是聪明的表现。

问：您怀孕了，也要帮他们训练？您怀孕的事他们知道吗？

姚楠：知道呀，他们会猜是弟弟妹妹什么的。他们情感的表达会差一些，他没有那么丰富的语言，但他也知道，会看着你，有弟弟妹妹了，但他不会用很丰富的语言来表达感恩或者什么，反正很简单。他会表示喜欢你，也会帮你做很多工作，也会说你真漂亮，比如说一个叫李百明的女生，她特别有意思，她会说老师你真漂亮，她就会“忽悠”你，就特别夸张，说你好看。

问：有没有一场比赛让您印象特别深刻？

姚楠：有啊，最深刻的一次，是我的第一批运动员，叫小刘，是个女运动员，是当时年龄最小的运动员，也是整个中国代表团年龄最小的运动员。

在训练过程中，她进步很快，是我们当中最快的一个，所以我们对她都寄予了很高的期望，但是她在两次决赛中都莫名地摔倒了。这不是技术的问题，更多的还是一种心理的问题。过度的兴奋使她达到了亢奋的状态，人在过度兴奋或者亢奋的状态下，就会出现意外情况，无法控制自己的情绪。300 米比赛的时候，她领先了对手大概 5 米的距离，她只要慢慢悠悠地很稳当地滑过终点线，冠军就到手了。但是她就莫名其妙地摔倒了。〔事后〕她也很懊恼，问为什么我会这样？

那段时间她跟我训练只有三个月，事后我也在反思：为什么中国的运动员在世界赛场上会容易失控？或者不容易发挥自己的水平？这不是技术上的问题，而是心理的问题。另外是对比赛不适应，比赛比较少，尤其第一次比赛就让她去国际比赛这样一个大的舞台，她心理承受不了。从美国回来之后，因为在哈尔滨只有我们一支队伍，想和其他队伍比赛也比不了，我们就经常举行一些队内比赛，然后区里和市里会搞一些普通孩子的滑冰比赛。他们参加这样的比赛，增加比赛的经验，提升抗压能力，让他们不再害怕比赛。

还有一场比赛是 2003 年，现在想起来就特别特别高兴。在爱尔兰的时候，第十一届特奥会的轮滑比赛，也是这个小刘，拿了两块金牌，成绩是很满意的，特别是其中一块 1 000 米的金牌，让我感觉她两年多的努力，不光是训练，还包括参加的所有活动，让她具备了一个运动员的心理素质。

在 1 000 米的时候，分到 A 组，他们那组水平很高，同组有一个美国选手，一个德国选手。这个美国选手水平很高，按预赛结果，小刘肯定比不过她。所以实际上就是她和德国的选手争第二名。结果枪声刚刚一响，她就和德国的选手撞在一起都摔了，她当时特别害怕，马上看着我，因为她特别怕摔，一摔又会想起来两年之前那次摔倒。我赶快告诉她，没关系，没关系，马上起来，当时她先于德国选手起来了，就一直领先这个德国选手。

然后，小刘马上追赶美国选手，这个美国选手水平本来就比她高，而且她们相差了比较远的距离，小刘是绝对不具备拿奖实力的。但是第七圈的时候，这个美国选手突然摔倒了，摔得特别重，再起来的时候，速度明显慢于之前的速度，小刘就把她超过了。

这场比赛之所以给我印象深刻，是因为这块金牌本来是计划之外的；第二小刘本身也出现了失误，但没有再受到情绪影响，很快就站了起来，继续完成了后面的比赛。

这可能就是体育的魅力所在吧，最好的就是做好你自己。小刘虽然摔倒了，但是做好了她自己，她爬起来了，尽她最大的能力，把这场比赛比完。美国选手摔倒了，你如果没有准备好，这个机会也不会是你的。在这场比赛之后，小刘也得到了锻炼，取得了更好的成绩。

问：其他运动员也存在心理压力的情况吗?

姚楠：也会有。因为平时我们训练，就一个训练场馆，但你去参加国际比赛，它是在标准的体育馆，可能会有几千几万观众席，场馆很恢宏，规模很大，在那样一个气氛中人都会紧张，别说他们会，就是健全的运动员经常也有很多在大赛发挥失常的。所以我觉得特奥运动，从参加训练，到备赛，到集训，到参赛，然后比赛，这整个过程对他们的锻炼是非常大的，他们要挑战自我，甚至有的时候面对媒体、采访，好多镜头对着你，他们有的会很紧张、很局促，但有的很开心，越有镜头姿势反而摆得特别好。有一个队员叫李百明，是一个唐氏的孩子，是个女孩，她只要镜头一来，就摆得〔很好〕，我觉得她比我〔放得开〕，跟她一比，我觉得我还不如她呢，就拍照片，她会摆各种Pose，什么事情都很开心。

问：有没有之前因为心理压力失败了，之后经过努力成功的案例？

姚楠：有啊，比如小洋。他是我们这个队伍当中训练时间比较短，但是进步特别快的队员。在这个队伍他是第一名，那比赛的时候也应该取得第一名，但是这个项目有很多意外发生，比赛当中会摔倒，只要一摔倒就是很重大的失误，是不可逆的。

他第一次参加比较激烈的比赛，是在成都的全国特奥会，因为当时天津有几个选手水平没有他高，但练的时间比较长，比他年龄大，比赛经验比较丰富。他比赛时比较紧张，就莫名其妙地摔倒了，就是紧张、害怕。另外，他肯定是想拿比较好的成绩，因为他在我们这个队里面是滑得最好的。但是真正比赛当中不只我们一个队伍比赛，我们是跟全国优秀的选手去比赛，所以他就碰上对手了。然后就很紧张，但是比到后几道的时候，就好一些了，渐渐地好像自己也在调整，我们也会跟他沟通。

问：有没有平常训练没有那么拔尖，但是到了场上表现很好的？

姚楠：有啊，有一个。他不是训练没有那么拔尖，他是胖，比较爱偷懒。比方说，累的时候，就轻松一下，不想使那么大劲。比如说，每天滑冰的时候需要蹲低一点，他也不蹲，就特别高，然后我们就说他，蹲下去蹲下去蹲下去，他就是不蹲。结果一到比赛场上的时候，他就特别霸气，气势特别强大，特别自信。他起跑能力也很强，比赛的时候跟训练的时候完全不一样，比赛场上特别能发挥，特别快。他2009年才十一岁的时候，就在美国，拿了两个金牌一个银牌。

问：和队员在赛后有没有什么娱乐项目？

姚楠：夏季特奥会的时候，赛程一般是十天，我们的赛程只有六天，在确保安全的情况下，带他们出去玩，比如说逛街啊。2013年在韩国的时候，我带他们去滑雪了。在雅典的时候我们去逛街了，当时住的酒店在海边，酒店的餐厅就能看到海边，酒店到海边大约有几十米，绝对是一线海景酒店。每天晚上比完赛回来，都会带他们去拍照，去海边抓海胆，沿着海岸线转，我们还看到了一场婚礼，我们也去观看了婚礼的Party，真的跟中国的婚礼不一样，当时都觉得很特别。在美国的时候带他们去迪士尼，玩得特别开心，回国之后我们问去美国最好玩的是什么，他们都回答是去迪士尼最好玩，比赛都没有那么重要。

问：训练过这么多孩子，有没有孩子因为某些原因没有参加特奥会？

姚楠：有啊，因为参加特奥会名额比较少，有名额限制。出去比赛不可预见的因素比较多，所以在选择运动员的时候，他的自理能力、情绪控制，包括饮食、身体状况都会考虑在里面。

问：学生中有没有主动放弃的？

姚楠：有，有很多坚持不了的。即使是普通孩子，我小时候的好多队友也是练了一段，觉得苦觉得累就不练了。

特奥运动员，他们最难解决的问题是：他们的训练就是父母的训练。父母一定要接要送，自己不能走，所以有一些是真的不行，特别害怕，或者说觉得参加比赛的希望不太多，康复效果不理想，还有家长不能按时接送，很多原因，〔就退出了〕。

问：平时您和队员们有什么娱乐活动？

姚楠：有啊，经常有。比如我们每次比完赛之后，每个家庭聚在一起，找一个活动空间比较大的饭店，一起聚餐，玩儿，他们很开心。

我们有几个压轴的节目都能把你们笑哭了，比如说小王，他会丢二人转那个手绢，会跳开门红，特别有意思。而且我们都是即兴的，不用事先排好的。还有唱歌，但是不在调上的哦，麦霸，但是我就唱呀，很嗨。

跟他们在一起的时候，感受很多，他们那种快乐、欢快的氛围感染你，会变得很开心，至于他所呈现出来的是歌曲还是舞蹈，是什么样的一种表演，它到底技术含量或者水平能达到什么程度，其实根本不重要。

问：工作之后您参加过培训吗？从培训中您能不能得到相关提升？

姚楠：当然有。最初我们对特奥一点儿都不了解，我只是最简单地把它认为是一个运动员〔的培训〕。但在训练特奥队员的过程中，世界特奥会组委会，还有东亚地区特奥会组委会都会组织培训，每年都会搞一些特奥队员的培训，包括对特奥会的认识、家庭知识网、健康计划，还有各种类型的很多培训。国际的，国内的，包括民生运动、大学计划等我都参加了，和一些运动会开发区的工作人员也都保持了良好的沟通。从一系列的沟通和交流中，不断加深对特奥的认识。

问：在教练员中您是一个什么样的人？

姚楠：他们觉得我是大咖级的教练。

问："大咖级教练"这个称呼有什么故事吗？是从什么时候开始有这个称呼的？

姚楠：是从2005年开始的，当时参加在日本长野举办的第八届世界冬季特奥会。速滑运动员有十六个，还有四个花样滑冰的运动员，比赛的时候我没有负责，但是他们前期训练的时候是在我们这的。花样滑冰我们训练的时间比较短，他们四个拿了一块金牌，但是我们速滑的十六名运动员拿了22块金牌，当时整个中国代表团才拿了36块金牌，代表团的人数大约是六十个人，等于60％的金牌都出自我们速滑队。后来简单翻了一下成绩册，我们这支队伍在当时参加速滑的队伍当中成绩最好，也是媒体报道比较多的。从日本回来之后，国内媒体的好多报道，都叫我们"冠军队伍""冰场上的闪亮的明星队"，那个时候开始，更多的人关注到我们这个队伍，了解这支队伍的情况，那个时候有一些家长会觉得"能来这支队伍就能拿金牌"。

问：对运动员来说，您平常是什么样子？很严厉吗？

姚楠：我觉得是这样的，你在我不同时期的运动员的嘴里，得到的答案应该是不一样的。他们的语言少，也不能够很清楚地表达，偶尔能够表达出一些他们自己真实的意愿，更多的是鹦鹉学舌。当然我自我觉得，比如前一两批运动员会认为我是一个太严厉的教练，很害怕，很严格。最近新来的一些孩子会觉得我是一个比较招人喜欢的老师。

问：在与家长的沟通中，家长都支持特奥活动吗？

姚楠：都……反正我们这个队里的家长都支持。因为我在训练，他们家长都要来，真是起早贪黑，披星戴月，夏练三伏，冬练三九，真的是这样，而且是很多年。训练条件也很差。练的时候，就是说……只是我想做……我都不知道能有一个什么样的结果，所以就特别感谢能有那么多家长信任你，天天这么跟你折腾。能让我有这样一支队伍，通过他们的坚持，最后我们还算比较成功。

问：现在的训练方式和以前一样吗？

姚楠：现在没有之前有纪律性，以前就是一定要取得成绩，一定要滑得够快。现在更多强调的是兴趣、参与，然后和来训练的孩子们相互融合，孩子与孩子之间进行精神上的沟通，家长叙述自己的苦闷……很多方面吧。当然我们还是会在比赛中做到最好。相对而言，除了比赛，现在我还会在比赛中带他们玩，玩得很开心。

问：能和我们说一下学校举办联欢会的情况吗？

姚楠：全校的学生都会参加，它并不是专门为运动员搞的，节目也有很多，唱歌、跳舞、讲故事。同学们特别嗨，他们特别期待，你可能会觉得那样的节目没有特别高超的技艺，有时候唱歌合不上伴奏，但是孩子们很开心。可能提前一周他们就开始期待，家长会给他们买好多吃的，也不知道是可以带好多零食去学校开心，还是可以看节目开心，反正就是很开心。

问：您带的队员走向社会后，选择了什么工作？

姚楠：能有工作的人，是很少的，二十个里面有一个。曾经有一段时间，我一直奔走于各大爱心企业，给他们找一些适合他们的工作。比如说发报纸的工作。当然现在订报纸的也越来越少了。我认为发报纸的工作他们会比我做得好，他们心无旁骛，很认真。

但当我们去给他们说这些工作的时候，经常有人会一句话给我们回过来，就说：大学生毕业都找不到工作，他们找什么工作啊！

我会带他们去应聘，偷偷协助他们把表填好，填成面试官想要的样子，要不他们不会。他们面对面试表格就像考试题一样，很没有自信。我会悄悄的，让别人认为我是在旁边看热闹吧。

多数还是在家待着看电视，看动画片，吃好吃的，然后每周来训练，大家交流一下。更多是这样的。

问：这些孩子，他们有什么闪光点？

姚楠：所有孩子的共同点，就是他们简单单纯，很开心。他喜欢你就会毫不遮掩地表达出来。他不喜欢你也不会〔讨好你〕，多数都是这样。我说：“老师饿了。”然后他会给你买只烧鸡，那在他眼里是最好的礼物。

问：烧鸡的故事能再具体一点吗？

姚楠：烧鸡是小耿给我的，他毕业了之后，就没有再参加训练，他找到了一份工作，还是让他挺开心的，就买了一只烧鸡给我，大概的意思就是他赚钱了，发了第一个月的工资，给你买只烧鸡。

问：和家长有没有特别感动的事？

姚楠：有啊，好多家长为了孩子都辞职不工作了，因为这个孩子永远要领着，没有一个时间线。普通的孩子上小学，上中学，还有一个盼头，有个结束的时间。他们这样的孩子就是多大家长都得领着，因为孩子都不工作，还有举家搬迁的，比如说李百明，她家原来是佳木斯的，那没有这种特殊学校，只有聋哑学校，父母为了能在哈尔滨给她找一个好一点的学校，举家搬到哈尔滨来了。

问：从事特奥训练，对您的生活有什么影响？

姚楠：我觉得会更加感恩，会变得更宽容。

问：打算从事这份事业到什么时间？

姚楠：我觉得没有时间限制，没有上限，孩子愿意参与这样的活动，我也还能动的时候，就一直做。我会以不同的形式或者不同的身份来做与特奥有关的事，比如说去成都比赛，我的身份不是教练员，是比赛的技术代表。

比如志愿者，有什么需要我帮忙的，还有国际比赛裁判的一些工作。国内会搞一些培训，有的时候我会去讲课。随时吧，只要特奥需要我，认为我能做什么事，只要时间允许，我都会参与。

问：社会各界对特奥的关注点体现在哪些方面？

姚楠：现在更多的还是在运动员比完赛回来的成绩上，还没有到一个比较深的维度，社会整体的宣传还是比多年前要好很多，但我觉得还不够，平时的关注比较少。

媒体在你比完赛回来，报道的比较多。另外就是，全国助残日、国际残疾人日、世界自闭症日、唐氏综合征日，这种比较特殊的日子，媒体会有一些这方面的报道。提高社会各界的关注的话，要发动周边社区的人对这些孩子的关注。

问：哪些具体部门能参与？

姚楠：残联、社区。离开学校的一些孩子，他们没有参与社会活动的载体，没地方去，比如说社区有一些老年人活动中心，但这个地方却不是特别接纳他们。

每个社区有一个属于特殊孩子的活动空间，以现阶段的状况来看，也不太现实，就近的几个社区有一个活动空间，或者活动中心的活动室每周有一天或者两天是对他们开放的，或者搞一些像串珠子、折纸、手工这样简单的活动，不然他们没有离开家参与社会生活的契机。

问：在特奥会期间有什么不顺心的事吗？

姚楠：那倒没有，都是在发展过程当中必不可少的一些经历。我记得在2015年洛杉矶特奥会的时候，因为网络传播比较迅速，当时网上就说，包括腾讯、新华网也有，就是中国代表团被滞留在洛杉矶机场，等了两个多小时，没有车，好多运动员趴在箱子上睡觉。好像我们受到了不太公平的待遇。

其实，每次特奥会都会等很长时间。我觉得，等待的过程是比较让人焦虑，那感觉并不好，但是我们团里的人都很宽容，因为当时也很晚了，还有一点下小雨，经常都会等很长时间。作为一个非营利的国际组织，每搞一次特奥会，和奥运会的区别在于参赛国只负责你往返的机票，你到了当地所有的吃住行全部都是组委会来承担。每次去很多很多人，作为一个非营利的组织，它不像奥运会能诞生那么多明星、有转播权，国际特奥委会并没有那么多钱，所以我们等一段时间，我们都很宽容，觉得搞一次全世界的特奥会很不容易，我们所有人都很珍惜这样的一次机会。

这个过程中，有一些流程不是很顺畅，让我们等一下，我们觉得很容易理解，反而一些标题党拿这些事来〔炒作〕，觉得我们被怎么样了，没有得到公平的待遇，这样的报道〔我〕并不喜欢。

问：特奥教练的人才队伍需要再扩展些什么内容？

姚楠：需要加强培训。国际比赛可能参加的人比较少，国内的特奥比赛、培训、各种活动比较少。可能我比较幸运，参加国际比赛的次数比较多，参加的活动比较多。我更希望像我这样的教练员，这样的孩子能得到更多的机会和锻炼。

如果训练完之后，连参加比赛的机会也没有，孩子没有展示的机会，教练也没有动力，家长也不知道我练这玩意儿干什么……还是从管理层上多组织一些这样的活动，教练干着他有劲儿，有个比赛就好比学习有个期中考试、期末考试，有个阶段性的成果验收。

从中国特奥会层面，希望多一些活动，多一些培训，可以是竞赛、夏令营，或者是教练员的培训、交流。我觉得活动嘛，要动起来。

一家都是体育人

问：您爱人做什么工作的？

姚楠：我爱人也是教练，他是训练拳击的，我们是大学同学。他人很正直，很敬业，家庭观念比较强。

问：您最近一次旅游去哪里？

姚楠：最近一次去了上海的迪士尼。不是，最近一次去了三亚，去了五指山，去保亭，带着两个女儿泡温泉什么的，很开心。

问：孩子平时会来冰场玩吗？

姚楠：她现在就在这玩，会自己玩，也会和特奥运动员一起玩。她会去半亩堂的书店，比较喜欢看书。还有她比较喜欢买一些头绳啊，小饰品店，她会去逛一逛。

问：您听什么音乐？

姚楠：音乐主要在车上听得比较多，〔大女儿〕她现在，因为学习花样滑冰，会自己找一些不同风格的音乐，比如说爵士乐或是拉丁舞、探戈，不同风格的音乐，她都要听，要了解。她每一个赛季的音乐风格都不一样，所以平时要了解很多音乐方面的东西。

问：大女儿是跟着您训练，还是跟着其他教练？

姚楠：跟着其他教练，项目不一样，我是练速度滑冰的，她是练花样滑冰的。

问：您会给女儿指导吗？

姚楠：偶尔会，因为项目不同，有很大差别，个别的东西我可以给她训练，或者不训练的时候，我给她安排一些训练内容，但不会在细节上有更多指导。

问：平常您照顾孩子时间多吗？

姚楠：挺多的，现在除了工作，基本就是陪孩子了。该工作就在冰场这里，不工作的时间就在家里陪孩子。

问：怎么陪您的小女儿的？

姚楠：早上先给她吃饭，喂完饭之后再陪她玩一会，就是逗逗她，玩一玩，推小车啦，或者是打秋千，跟她看一些绘本。然后我出来上班，下班之后回家，基本上都在陪她。

问：您是怎么教育孩子的？

姚楠：就是说吧，不厌其烦地说，没有什么其他特别的方法。比如说老大有的时候训练不是特别认真，还有一些可以提高的地方，就要一遍一遍地跟她讲。她会听，但听的时候很认真，执行起来就没有那么好。

问：现在一天的工作安排是什么样的？

姚楠：一般上午开个会，但不是每天〔都开〕，每周一中午开会，周二或周三就落实一些总公司的要求，走访一些学校。下午两三点我们会组织训练。

问：基于什么样的情形，从运动员转到教练？

姚楠：实际上从运动员转业之后，我就分配到了特殊教育学校。做体育老师，因为我工作的关系，就接触到了特奥运动，然后开始做特奥运动员的速滑和轮滑教练。

问：与同事或朋友交流中会谈到特奥会吗？

姚楠：会啊，他们也会关注。最早他们会拿我开玩笑，大概在十几年前，人们会有这样的想法，认为“跟残疾人在一起的都是残疾人，你又不是残疾人，你为什么会去教他们?”现在大家就没有这方面的想法了，觉得他们挺需要帮助的，经常还说“你们有什么样的事，有什么需要帮助的，我们就尽力去帮助”。

去年去成都比赛，因为政府采购，给运动员买服装买晚了，临近出发，队员还没有统一的服装。我就找了原来的队友，还有朋友，谁能赞助衣服就赞助衣服，谁能赞助裤子就赞助裤子，还有我们冰场的合作伙伴，给你们一个广告位，给我们赞助十几件外套，最后孩子们比赛的时候能有统一的服装。只要是有关特奥的事，我身边的朋友还有之前一起滑冰的队友，他们都是非常支持的，有什么需要，他们都会帮忙。

问：在冰场的同事们也训练特奥运动员吗?

姚楠：有啊，我们团队，为特奥做过教练或者义工的有好多人，六七个人吧，现在团队里有三个教练是和我一样从事特奥训练。

姚楠同事口述

口述者：刘娜（女）

访谈者、撰稿者：潘南君、姜楠、王涵

访谈时间：2018 年 12 月 6 日

访谈地点：黑龙江哈尔滨市冰上飞扬俱乐部办公室

问：请简单介绍一下自己。

刘娜：我是手球运动员，转业之后从事过很多职业。后来经过姚楠的引领，2006 年加入进来，参加了在哈尔滨举办的第四届特奥运动会，我在编排记录处工作，那是我第一次接触特奥工作。后来我陆陆续续参加了 2007 年在上海的世界特奥会，我带领中国女子手球特奥队二队，取得了第一名的好成绩。

问：您是一直和姚楠教练共事吗？

刘娜：共事了很长时间了，因为我们都是运动员，彼此都很熟悉。

问：平时会和姚楠教练一起分享工作经验吗？有什么有趣的事？

刘娜：更多的趣事，大多是参加特奥比赛的每个孩子不同的特点，他们身上的趣事。但具体说到哪一件事，我有点记不太清了。比如说他们身上单纯的一面，懂得关心老师，还有他们的一些动作，在训练时的一些语言都为我们带来了很多的快乐。

问：您和姚教练工作之余会做一些其他活动吗？

刘娜：会做一些关于特奥方面的。日常就是在冰场，或者参加一些特奥的活动，我会带着这些孩子参加篮球训练，参加一些集训的项目。当然，很多家长也会自发组织一些活动，我们也会参与其中。

问：您觉得这些孩子进入社会还需要更多的帮助吗？

刘娜：应该获得帮助的。因为现在我们发现，有些特奥孩子，退出特奥之后，就待在家里，社会应该对这些孩子给予什么帮助呢？我觉得是人文关怀，大家不要用歧视的眼光去看他们，在工作中，肯定不会像健全人一样能正常工作，但从事一些简单的劳动，还是可以的。遇见这些孩子，不论是肢体残疾还是智力障碍的孩子，他们的自尊心很强，所以大家对他们的眼神和态度是很重要的。

问：您觉得姚楠教练是一个什么样的人？

刘娜：她是一个非常乐意帮助别人、热情开朗、非常有爱心的一个人。和她在一起共事这么久，我需要向她学习的地方很多，比如说遇到困难的时候，她能一直顶着往上，她从事特奥这么多年，我还是挺佩服她的。甚至她在怀孕的时候，可能晚上甚至半夜上冰，她也坚持领着这些孩子进行训练，所以她对我来讲是一个榜样。

问：说说她的这些个性怎么在训练当中体现的。

刘娜：比如她怀孕阶段，应该在家休息，肚子很大的时候就不适宜上冰训练了。我记得当时很晚了，因为给这样的孩子训练都没有好的时间段，有可能是凌晨，有可能是四五点钟，她依然坚持着训练。一直从事一件事是很难的，她一直坚持到现在，一直在为这个事业贡献自己的力量，这是很难做到的。而且这都是一些公益行为，这是不容易的。

问：您是怎么决定参与到特奥工作的？

刘娜：当时我对特奥行业不是很了解，姚楠教练就说让我带这些孩子训练，在训练过程中感受一下。我当时没有那么多想法，也不是说有爱心和公益心去做这件事，而是通过做这件事，不断让自己的胸怀和爱心放大，用自己的能量去帮助他们。

问：在特奥工作中您有什么收获？

刘娜：宽容，包容，更多的去理解别人，更多的还是快乐。有时候觉得和正常人交往反而很累，和这些孩子交往反而很开心。有一些感受很深的，比如说，我参加2006年的全国特奥会的时候，听到一个山东的教练提起这个事，他说他带着一个唐氏综合征的小女孩，教练在来哈尔滨的火车上生病了，这个小女孩就一直关心着教练，给他端茶倒水送药，时刻在关心他。我身边接触到的这些孩子也是这样，他们一见到你就会说，哎呀，刘老师你来了，刘教练你来了。拉着你的手，那种感觉让你觉得很温暖。那个时候就开始觉得是他们带给我更多的快乐。

问：之后还会继续参与到特奥工作中吗？

刘娜：会啊，只要有需要，我会一直从事这个行业，有需要我的地方，就会一直把这件事做下去。现在自闭症的孩子越来越多，这样的家庭也越来越多，希望大家以一个包容的眼光去看待这个世界。如果你看到这样的孩子，也不要去避讳，让他们形成一个健康的人生观和世界观，让他们通过体育锻炼，在智商、能力上都有所提高，希望他们走入社会，受到正常平等的对待。

姚楠工作观察日记

观察时间：2017 年 12 月 12 日 11:30—18:30

观察地点：黑龙江省哈尔滨市冰上飞扬俱乐部

观察者、撰稿者：潘南君、姜楠、王涵

时　间	工作内容	备　　注
11:30	姚楠教练到达冰场。	原本 10:30 上班，路上堵车。
12:00	姚教练与市场部工作人员整理明天活动所用的使用券。	券用于公益活动，寒假期间持券小学生免费上滑冰课。
12:04	姚教练打电话处理租衣服事宜。	衣服用于 23 日举办特奥运动员的联欢会。
12:11	姚教练回到办公室，与工作人员一同布置办公室墙壁。	将队员照片挂在墙上。
12:13	姚教练前往市场部讨论冰场圣诞节活动。	23 日冰场举办一系列优惠活动。
12:54	会议结束，回到办公室，继续协调相片摆放问题。	想要把照片摆成心形。
13:00	教练同工作人员外出吃饭。	
13:58	回到冰场。	
14:00	布置海报与背景板的挂放。	海报与背景板均为 23 日活动所用。
14:15	回到办公室，继续照片事宜。	督促照片打印。
14:18	坐在椅子上聊微信，上网找照片，自言自语：“咋还没出来呢?”	照片为特奥运动员照片。
14:19	女儿来到办公室，问：“你咋才来呢?想吃啥?”	
14:22	继续与工作人员协调照片事宜。	询问照片大小版式。
14:29	来到市场部，与市场部工作人员商议 23 日活动事宜。	内容有抽奖活动、宣传活动用具等。

（续表）

时　间	工作内容	备　　注
14:30	再次询问女儿吃饭问题，让未吃饭的工作人员带领女儿去吃饭。	吃饭地点是冰场旁边的烤鱼店。
14:35	筹备圣诞活动的奖品。	奖品有文具套装、糖果、免费课程等。
14:38	回到办公室，继续整理之前的活动照片。	
14:39	询问今年的聚餐地点，预订包房。	
14:48	前往市场部查看传单状态。	市场部成员整理传单以及小礼品的分发。
14:50	确定布景板和海报的尺寸与图案。	
15:01	50多岁的花样滑冰运动员来访。	
15:03	与王府井商场工作人员协商海报logo。	王府井是冰场所在的商场。
15:08	培训部工作人员通知开会。	
15:09	到达培训部。	
15:10	打电话询问柱子上的海报的各种问题。	问题包括海报的粘贴等。
15:12	核对开会人员，正式开会。	会议主题是圣诞优惠活动、元旦活动、寒假安排，同时安排每位教练的上课区域、开设新的收费项目。
15:20	外出看女儿。	女儿在冰场旁边的烤鱼店。
15:22	回到培训部，继续开会。	
16:10	会议结束，回到市场部。	
16:14	继续查看海报设计情况。	边吃瓜子边讨论。
16:18	查看微信。	预定比赛服。
16:20	帮助市场部工作人员分装企鹅玩偶。	企鹅玩偶是圣诞活动抽奖的奖品。
16:22	继续查看海报设计。	
16:25	打电话。	比赛服的预定以及明天订车问题。

（续表）

时　间	工作内容	备　　注
16:30	继续查看海报设计。	
16:35	计划行程。	明天的活动行程。
16:49	与工作人员制作视频。	此时市场部里已无他人。
17:25	回到办公室。	
17:26	利用电脑整理今天的工作。	
17:40	微信与冰场维护人员商议维护的价格。	
17:56	继续利用电脑整理今天工作。	
18:06	朋友来访。	朋友来商场吃饭，顺便过来看看，交流育儿经验、商场的餐厅状况以及孩子的上学问题。
18:30	关闭电脑，下班。	接孩子，下班。

教知育人，特奥同行

——张育才口述

张育才，男，汉族，1965年出生。北京市东城区培智中心学校体育教师。1984年7月毕业于北京通州师范学院体育班，1987年调入北京崇文培智中心学校。1996年10月作为北京特奥总教练带队参加首届亚太区特奥会；2007年9月作为中国田径国家队总教练，参加第12届世界夏季特奥会。2001年6月、2005年6月，两次荣获年度“中国特奥突出贡献奖”；2005年获得国际特奥东亚区高级讲师资质；2016年12月被中国智力残疾人及亲友协会聘为中国智协特奥活动委员会技术总监。

口述者：张育才

访谈者、撰稿者：梁瑜欣

访谈时间：2017年11月11日、2018年2月9日

访谈地点：北京东城区培智中心学校

求学之路，酸甜记忆难忘却

问：您的名字是谁起的？

张育才：我叫张育才，汉族，1965年出生。曾用名是张玉才，名字是父母起的，开始这个“玉”呢，是王字加一点，工作以后，他们建议把“玉”改成教育的“育”。原来的“玉”，是家族中的辈分排下来的那个字。上班以后我也有点叛逆，而且家中有姐姐哥哥把名字改了，就完全不排辈分了。我还属于比较听话的，只改了中间一个字，我做教育，这个“育”字能更好地为学生服务嘛，教书育人，音同意不同，所以就改了。

问：您是父母带大的吗？小时候，家中的哥哥姐姐有没有照顾过您？

张育才：我们家兄弟姐妹四个，我是最小的。大姐叫张玉荣，二姐张茜

茜，她改了名字，本来中间的字是“玉”嘛，哥哥叫张玉富。都是父母带，他们没带过。他们出生的时候都是家里自个看着嘛，母亲也不工作，在家照顾家庭。我出生的时候，母亲工作了，我就没人照顾，从小就上幼儿园。

问：聊聊您的学习和成长经历，先从幼儿园说起吧。

张育才：1968 年，上大石桥幼儿园，因为我们家附近有一个大石桥，大石桥也是一地名。当时应该是一个正式的幼儿园，一个套院似的。说句实话，我去上幼儿园，到现在都留下一个心理阴影，不吃肉。对我印象最深就是在幼儿园吃懒龙①，一层面一层肉。我呢，在幼儿园吃懒龙吃伤了，也不能说怨这幼儿园，反正就是吃伤了，不喜欢吃懒龙。但是因为我胆小，幼儿园阿姨又比较严厉嘛，就得吃，吃完了又咽不下去怎么办，我就吐到手里，搁兜里。就吃一块，吃的少，反正吃多少就吐兜里多少。

我从幼儿园回来，父亲洗我的衣服，发现兜里全是油。我父亲非常慈祥，母亲对我比较严厉，她是十分直爽的一个人。我是家中老小，父亲对我比较偏爱。父亲发现之后，也不说我，他跟那个阿姨说：“是不是给他清真菜啊？”因为吃清真菜也出现这个问题，吃牛肉羊肉的时候，我也吃不下去。

当时比较痛苦的就是咬到肉的那种感觉，不像现在一样，咬到肉，类似有点筋，或者比较硬的感觉。原来只要咬到肉，马上就带动胃里不舒服，马上就不吃了。后来上小学、中学，到体育师范毕业，我一直都不吃肉。直到工作以后，跟他们吃涮羊肉，我涮鱼片，说试试吃一口肉，才慢慢吃肉。现在基本上，在别人眼里，是菜和馅的肉一口都不吃，类似于涮肉和酱牛肉我能吃。

当时发生懒龙吃完搁兜里这种情况后，我上幼儿园就老是想跑，跑过两回，就不想上幼儿园。那时候父亲上班，路过这个幼儿园，每天上班，他就带着我去。但有时候，姥姥到我们家来，因为父母都上班，所以姥姥来帮着做一些事。姥姥在呢，我基本上找理由就不去了，他们说：“姥姥还干别的事呢。”给我送过去，我就趁他们不注意跑回家，因为幼儿园离家也不远嘛，过一条马路就到家了，跑过两次。

问：小学在哪上的？

张育才：我是 1972 年 2 月上的小学，那时候我七岁，小学是大石桥小学。上小学时，我是小学五年制转型六年制那拨人，多上半年，原来我们还是冬季

---

① 懒龙：一种有馅的面食。将发面擀成薄片，均匀铺上和好的肉馅，再卷成长条，状如长龙。蒸熟后分切，形似馒头。

升学，现在不是变夏季嘛，正好是我们那拨过渡，多上半年叫“戴帽”。

小学倒是没有什么印象，我印象最深的就是体育老师。我记得那个老师叫陈纪，男老师，每次上他的课，都特别羡慕，每天穿衣特别整齐，清爽，非常干练。后来也喜欢体操嘛，对他比较崇拜，看他做一些动作非常干净利落，他是比较细致的老师。对体操比较感兴趣，后来上学就选择了体操专业。

小学的时候对当老师没有什么概念，也没想过将来当什么，就想过当警察，因为警察很厉害，小孩全害怕嘛，然后比较威严，这是朦胧的意识。后来鬼使神差地当了老师了，当老师以后，回想起小学的时候，估计跟这个老师的影响有些关系。

小学时学体操，就是体育课上学的一些，比如说前滚翻、单独蹬腿翻身上这些动作。那时候还有一个体操队，他一看我，体质方方面面都还可以，我就选入学校体操队。我的体操基础都是在体操队的时候打下的。

问：初中记忆犹新的事情是什么呢？

张育才：我是 1978 年 9 月上的初一，在崇文 199 中，1981 年 7 月初三毕业。中学三年一晃而过了，中学正好是对音乐感兴趣最多的时候。还记得初三的时候，都临考了，一些考到别的学校的同学，放学后都会在中学门口等着我，帮我背着琴。因为我弹得好嘛，我一出学校，书包就有人帮着拿了，然后琴递过来，赶快去找一个地方玩，玩完了随便吃一口，再往家跑。那时候的我还是比较贪玩的。我当时也有想法，考虑以后做与音乐相关的工作。

问：之后您去哪里上学了？

张育才：初中毕业后，我上的北京通州师范学校，它是为北京市十八个区县代培体育老师的，当时北京市师范当中没有体育专业的学生。体育班的学生从哪个区来的，毕业之后就回到哪个区教体育。这个学校体育师资非常雄厚，后来我们上北师大体育班进修的时候，人家一听是通师体育班毕业的，就可以免考，因为当时我们学的体育理论和体育实践，已经达到大专和大学的水平。

1984 年北京通州师范学校毕业后，我考过一个钟声艺术团，还被录取了。然后问家里的意见，家里不同意我搞音乐，他们的意识还是比较传统的，你上了师范是铁饭碗，那个钟声艺术团是民间的艺术团。当时两个选择，一个是搞文艺，一个就是当老师。最后呢，家里还是让当老师。1984 年 7 月毕业，8 月就到龙潭路小学工作了。

问：您能说说通州师范学校体育班的情况吗？

张育才：通州师范学校体育班专门是为北京市各个区县培养体育老师的，

当时两个体育班，二十三个人一个班，就是定向培养。我们体育是主课，文化课都是副科。当时，北京市教育局已经意识到体育教师的缺编问题很严重，尤其是小学。因为中专直接对口小学，后来有一部分学生被分到中学去了。

后来各区的师范学校都办体育班了，东城师范学校专门为培养体育老师也办了体育班，但是它的师资力量没有通州师范学校体育班的师资力量强。简单举个例子，通州师范的前校长叫张勇，他是篮球小黑队的队长，小黑队非常有名气；后来他又从事裁判长，比如说马拉松，他出来都是总裁判长的角色。学校的篮球老师出来都是能打全国 MBI 的，就是中国联赛。他的总裁判长，学校的田径、篮球、足球、乒乓球，那都是在国内有一定知名度的，都是专业运动员下来直接去当老师的。因为他的家住通州，所以就留在通州师范了。

通州师范学校当时有六个主项，跑、跳、投，包括球类。我们毕业的时候，六大项，分两个层次考，一个是技评，一个是测评。技评就是技术测试，不计成绩，只看技术，要在多长时间之内，完成什么项目。比如，记忆最深刻的就是 1 500 米，它要求 4 分 10 秒内必须要完成。当时要考试了，毕业六大项测试，技评达标，如果有一项不合格的，第二年回来重考，才给毕业证。技评六项就是六大主项，都包括：100 米、1 500 米、跳高、跳远、篮球、足球。当时考试非常严厉，记得我们考试的时候，在通州，学校在西门这个位置有树，平常冬天跑九棵树，9 500 米的拉练赛。我们毕业的时候是夏天，都穿着绒衣绒裤去跑，拉体重，得过这个 1 500 米。大家都发怵，这个 1 500 米，当时 100 米都是进 13 秒才能及格嘛，所以我刚毕业的时候非常瘦。

之后还有理论考试，还要答卷呢。两项测试已经晕头转向了，你的理论还得过关，所以说为什么后来到北京师范大学进修的时候，北师大体育系的老师一听到有学生是通师体育班的，就可以免考了，让我们帮着给记成绩。因为我们每个人都得考试测评，达标之后才有毕业证。

问：通州体育学院体育班的课程是如何开展的？

张育才：课程设置非常正规。当时我们上课的情况是这样，基本每天前两节都是文化课。后边的课程，就是两个大单元，上午一个大单元训练，一科一次的训练，下午一个单元训练。比如说上午篮球，通通的一个单元的篮球课，下午比如说足球，就是训练一个单元的足球。六大项各成一门课，但是分专项和非专项，专项就是主课。

每个同学的专项水平特别显眼，你自己的专项可以不练，随便做一下都比别的学生单独学的要强得多，可以免一项的辛劳嘛。所以当时上课为什么特别羡慕专项是主课的同学呢？比如说足球，最难做的就是颠球了，人家拿过来，随便一颠就是十个。你原来不会踢足球，你颠两个，球就跑了，所以你得练。比如篮球专项的学生，到篮球课就非常轻松，你那还练篮球拍球呢，他那就可以跑步上篮，几个人聚在一起打球了。但你呢，一定要从最基础的，原地运球、行进间运球、三步上篮等方方面面练习。你练习的比较枯燥，但也学不来人家那个，容易受伤。所以就按部就班的，一项一项地学。每个人都有被人羡慕的时候，也有羡慕别人的时候。

作为一个体育老师，应该是一个杂家，就是什么都得学，什么都得会。你不可能就揪住一个单项，包括后来训练的学生，五花八门。对一些其他项目，要横向联系，触类旁通。不是说我搞体操，就对体操这一项精通，其他科目也要精通。

问：您的专项是什么？为什么选择这个专项？

张育才：我的专项定的体操，后来一直就是体操。小学时候的陈纪老师，对我影响就挺大的，他搞了一个运动队，叫体操队。那时候训练做垫上、连续前滚翻、鱼跃前滚翻、二人的前滚翻〔就是一个人拽住另外一个人的脚脖子，两个人做前滚翻〕。当时在队里，让我给同学们展示，非常自豪。然后又被调去国家首都体育馆，练了一年多，但是运动量大，自己也不上进，就偷偷地不去了。但是当时做这些展示，比如说做单杠的展示，也是比较有成就感的。

问：上学的时候有没有比较自豪的事情？

张育才：一个对自己主项体操这块比较满意，另外一个就是弹吉他这个优势了。在师范的时候，在这两个班中，一到逢年过节或者开联欢会，我弹吉他这个特长就是优势了。有的同学还愿意学习，经常到我们宿舍，比较热闹。平时训练完之后，别人可能就是歇着，我每天还必须有两个小时的吉他训练。

也因为弹吉他的优势，上师范的时候我做过文艺委员。音乐老师非常有名气，弹钢琴弹得非常好，我跟他学得也不错。初中的时候，我没接触过五线谱，师范的时候有音乐课，而且这个音乐老师非常善于教学，我也爱学习。他就教会了我五线谱识谱，也教了我一种判断调式非常简洁的方法，就是无论看升号也好、降号也好，就看最后一个音符，然后根据旋律从最后一个音符往前写音阶。如果调号中有升降号呢，写音阶时要把调号中的升降号加上，把音阶写出来，再判断它是大调还是小调，或者五声调式等。有 7 个升号呢，比如最后一个音是 dol，根据旋律组成一组音阶，那就是升 C 调；有 4 个降号呢，比如最后一个音是 la，且根据旋律音组成一组音阶，那就是降 a 调。这样你就能排列、判断调式。这么多年，我都非常有成就感地跟别人说，你们背五线谱，背各大调式的时候，我不用背。

学会了五线谱，最大的幸事是，他（音乐老师）爱人是学校的校医。当我生病了，不愿意上课了，就找他爱人签假条。其实还有一个幸事，就是只要开假条，我们可以吃病号饭，吃小灶，面条中卧俩鸡蛋，非常好。我属于所有的科目都能过，唯独体操优势大一点，其他科目的成绩都平平。当时也是好玩，弹琴这块下的功夫挺大。

问：您是什么时候进修北师大体育班的？

张育才：恢复成人高考之后，我就考上了北师大体育系。那时候也挺幸运的，职专考大专院校的第一拨，那年刚刚实施夏令时，我记得特清楚，考试的时候我迟到了，迟到了一个小时，但是夏令时往后推了一个小时。着急考试，还发烧，考试那三天，记得特清楚。1986 年到 1989 年上的北师大体育班。

进修的时候，所有的学费和饭费都是崇文教委出的，好像我们区就考上一个。当时在普校，龙潭路小学。后来为什么到这个学校呢？当时所在的普校不赞成我去进修，因为学校就一个老师嘛，又进修去，所以他们不支持。崇文教委小教科非常支持，原来中专毕业的，好不容易考上一个，崇文区唯一的一个。

然后，为了奖励我，崇文教委小教科和学校达成的协议就是，一个是把我复习买的书和复习资料的费用全部报销了。当时也没多少，一开始挣十八块多钱的工资，买书将近四五十块钱，全报销了。另一个是，进修的学费全免。我在考的时候，学校领导非常支持，中间换了一个领导，不知道什么原因，把这个领导调到别的学校了，新领导不支持我进修。他不支持，我就说不在这了。当时就跟教委商量，教委说呢，这个学校就有一个体育老师，你要走，你得给它找一个。我说还有没有其他的办法，他们说：“这有一个学校，新建校，没人去，你去不去？”我说：“只要是学校，只要是我现在能躲开他，那个学校支持我学习，我就去。”1987 年我就调过来了。

曾经也听说过现在的学校，新建校连一张椅子都没有，都是拼凑的，原来随班就读的老师凑在一起，崇文区长巷四条的副校长吕校长调过来当校长，也挺心寒的。我跟人开玩笑说：“出了龙潭又入了虎穴了。”

问：北师大体育班有没有记忆比较深的事情？

张育才：我在上北京师范大学体育系的时候，在跨栏训练当中把锁骨摔折了。上跨栏课的老先生是留学苏联回来的，他姓汪，汪先生。苏联跨栏的训练方法是死栏，所谓死栏，就是栏踢不倒。他用两个栏对着，放在那，要强调攻栏动作。他把第三个弄成死栏，前两个栏是能踢的，但是第三个栏是踢不倒的，我不知道。这其实算教学事故，我也没怪他，当时我也是淘气，他承认是他的失误。当时公费医疗，我也没有说找他负担什么，反正自个解决。

辛勤工作，桃李芬芳满天下

问：您刚毕业是到龙潭路小学上班是吧？

张育才：毕业后就分到崇文区龙潭路小学，是一个普校，学校唯独没有体育老师，毕业分配就给我放在那个学校了。在这个学校虽然只有短短三年，但是青少年足球在崇文区拿过前六。在那做的是体育课的教课，最多就是在体育馆训练羽毛球。我到那不到十八岁，有的学生呢，是留级生，跟我差两三岁，带着也挺好的，关系都不错，跟他们一起玩，打羽毛球。那些孩子素质非常好，本身协调性也强。有些运动员，后来都到国家队了。

问：1987 年刚到培智学校，学校情况如何？

张育才：1987 年建的校，当时叫崇文培智学校，2010 年两区合并才改为东城培智。学校只是换了名字，老师没有合并在一起。学校原来校区不在这，是在比较蹩脚的地。这点想多说一句，其实它偷了一个懒，应该叫东城区崇文培智学校，就保留了原来那个体制。因为东城区那边也有一个培智学校，人家叫特殊教育中心，升了一个格。

而崇文培智呢，在国际特奥会都非常认可。比如说，国际特奥会的前主席萨金特·施莱佛，亲临过这个学校。到北京时，他说："我要去最具北京特色胡同里的学校。"就是这个学校。后来蒂姆·施莱佛接任主席之后，一提到北京，肯定要看崇文培智。

当时两家很有特色嘛，一个西城、一个崇文，西城是个大区嘛，它的校区比较大，是必须去的。崇文培智有崇文的特色，学校一开始一直在胡同里头，中国残联主席邓朴方几次说要到崇文来，结果因为车进不来，所以没来。为什么最后搬来搬去搬到这儿来了，因为能直接进车。2012 年搬到这儿，体育馆校区，原来有一个标准篮球场，后因政府修路，又把篮球场割了一半，现在就这种情况。

问：刚建校的生源来自哪里？

张育才：刚建校的时候，招收的是各个学校随班就读的孩子。崇文区没有一个固定的特殊教育学校，它就委托三所到四所有这类兴趣和经验的老师去轮流招生。当时有天坛南里小学、营房小学、朱十里小学、龙潭路小学，这四所小学轮流招生。例如，今年龙潭路小学一年级招一个班，明年可能就营房小学招了，再者就是朱十里小学招了，或者天坛南里小学招了。基本上这个孩子上个四五年，小学毕业就不管了。

但是呢，八几年的时候，慢慢形成规模以后，全国各地的这些孩子不能小学毕业就完了。所以呢，就纷纷建立特殊教育学校，北方基本叫“培智”，南方叫“启智”，还有“奇智”的，叫法都不同。盲校、聋校都单独设立学校。

各区纷纷上马，办起特殊教育学校。以什么为依托呢？就是原来办过随班就读的学校，那些有经验的老师来到这个学校。来的老师基本上年龄都偏大，都是三十五岁以上的，三十岁往下的没有。为什么都是三十五岁以上的呢？这些老师年龄大，有耐心、细心，才能去面对这些孩子，还得有实际经验。当时我来了之后，看到学校情况为什么寒心呢？我为什么说出了龙潭又入了虎穴？来的老师基本上年龄都偏大，当时，只有我和另外一个刚毕业的美术老师年龄小点。那个老师刚毕业一年，因为原来的学校美术老师有富余，就给拨过来，比我小。

问：学生是怎么来到这个学校，或者说怎么认识这个学校的？

张育才：我们学校原来叫崇文培智学校，一开始在北京市来说算不强不弱的一所学校，原招生范围就是在崇文区内。当时基本上，老师发现孩子学习不好，跟不上，或者有点毛病，就让这孩子检查智商。最简单的方法就是去北京三院检查智商。这个学校 1987 年建立，我是 1984 年毕业的，先在普校待了三年，学校建校的时候，我才过来的。学校基本上招的学生都是本区内的，后来慢慢地发展，到 2000 年以后，发展到可以全市范围内招生，学校选择不受区位限制。

后来，通过参加比赛，影响力和影响度提升以后，崇文培智学校招收的学生都是慕名而来的，西边到石景山、门头沟，南边到大兴，东边到通县，北边到昌平，这些地区的孩子都有，更别说是城内四区的，东城区、西城区、崇文区、宣武区。因为知名度增加了，所以生源就打开了。但是我们学校是走读学校，前提是你必须具备走读的能力，我们的学生不住校。现在，又基本要回归到原来各区招收各区学生的情况了。户籍对应有一个学区，在网络联名登记，约束跨区上学。户口在哪里，就在哪里上学，终身带着。现在发展到一旦跨区，电脑就不认学籍，调取不出学生的资料了。

问：现在学校的生源、师资情况如何呢？

张育才：学校的生源有些是通过朋友介绍，有些通过网络和媒体了解的。比如我们学校在北京《天天体育》节目播出以后，不管熟悉不熟悉的，就宣传出去了。还有这么多年了，这个领域当中，咨询我的就比较多，尤其是近三四年，帮助中国智协①搞区域性的裁判员培训和教练员培训这块，粗略来算，在全国各地区的培训不下百场。而且我这个手机电话号码，从一开始到现在，从来都没变过，有十七八年了，每次人家有什么问题，我都先给人家留一个电话，以后及时沟通了解。我们现在这个学校的老师，基本上都是联大特教学院，通过公开招聘这个渠道进来的。

问：现在这些孩子智商大概是什么样的水平？

张育才：原来，我们讲智商是一个IQ值，IQ值在70以下，或者70临界点，70多一点也可以，原来叫边缘嘛。但是现在不像原来一样只测试一个IQ值，现在分几个项目，综合起来，最后鉴定一个指数。所以现在的智商证明，不单纯是一张原来的诊断证明，它是一个大的表格，综合后给出指数。

现在的学生综合类残疾较多。综合类残疾，他不单纯是智障。智障原来我们界定为学习障碍，或者是智力能力低下，但现在基本上都是综合残疾，比如说精神异常，还有自闭症，自闭症实际上是精神障碍，精神障碍肯定伴随着智商缺陷。

据我观察，现在有的自闭症孩子还是高智商，他对单一方面非常关注的时候，在这方面能力就特别强。比如说，他能背下几百人的电话号码、车牌号，这就跟智障没有关系，要让他坐在这类学校，我觉得对孩子也很残忍，应该让他到擅长的地方去发展。特殊教育完整的说是分两个极端，高智商一个区域，另外一个区域是低智商，中间区域我们称之为健全人。

问：您一天的工作安排是怎么样的？

张育才：我基本上周二、周三、周四，三天有训练课，有一个训练前的准备，所谓准备就是在服装上。我们讲工作服嘛，一个是我们不嫌弃每一个学生，他们会抱你，或者是摸你，或者其他的一些亲密的接触，咱们不能说躲着，要是穿着自己的衣服上下班，可能在心理上有点不愿意。穿上我们特殊教

---

① 中国智协：中国智力残疾人及亲友协会的简称（China Association for Persons with Intellectual Disability and Their Reiatives），成立于1989年。中国智协是中国残疾人联合会的专门协会，代表智力残疾人的共同利益，为智力残疾人服务，维护智力残疾人合法权益。全国各省市自治区、市、区均有协会。

育学校的工作服，自己有一身定期去清理的衣服，他上来抱我，或者亲啊，流着鼻涕、口水，都可以接受，也不去反感他，这就是我们的课前准备。

此外，每天有课间操，夏秋季是早操，冬季间操。因为这个操场现在不具备画点画线的条件，我们自己动手做了一根标志绳。所谓标志绳呢，就是上面有记号，记号是相等的，我把这个绳子拉开，各班排头就知道各自的站位了。

去操场之前，为了安全，先不在外边进行。在楼道里做一些能够做的项目，比如旱地冰壶啊，跑啊，素质训练等，不需要太大空间的运动。出去在操场上的运动只有课间操跑步。课间跑步是慢跑，两个班主任同时跟着，安全性比较强，因为我们整个操场的状况，就是坑洼不平，如果是一个人带着一个班出来，七八个孩子，东跑一个，西跑一个，在安全上不能保证。课间操之后就是训练课了，现在基本上两节训练课都是连排。我一周是 16 节课。

问：平时体育课训练内容都是什么？

张育才：基本上老三套吧，田径、球类，还有一些素质训练。这点问得非常关键，虽然，体育课都有安排的课表。但是，根据老师的个人爱好，去决定教的项目和涉猎的领域。比如说，这个老师的篮球比较好，他可能安排的篮球项目比较多一些，足球好他就安排足球项目多一些。但是，田径是基础，是必不可少的。

问：在做训练的时候，要上百次的去重复？

张育才：百人千面，常上常新，就说明了重复的次数，基本上没有我们想象的固定多少次。我们老说健全人，重复 23 次就自然形成习惯了。但是对于他们来讲，别说 230 次了，2 300 次都未必〔能学会〕。

问：特殊教育开设的课程或者方法与普校有什么不一样？

张育才：我们老说特殊教育是“上海办得早，北京办得好”。北京怎么说办得好呢，北京的资源比较丰厚一些，专家、教授，包括大学比较多。虽然北京起步比上海晚，但是在北京市教育局小教处的联合督导下，七个科目的教研组当时就能编排出智障类孩子用的教材。齐心协力，又有资源，又有研究，大牌的教授去帮助，就形成一个非常完备的体系，跟健全的孩子一样的七科。不过，七科的教学要求会在健全学生的基础上削减难度，减量和减质。

问：在教学过程中，您觉得他们接受的过程和普通孩子有什么不同？

张育才：开始的时候没有意识到这个问题，以为教他们是比较容易的，不就是多教几遍，比较费劲。后来研究才发现，智障人跟健全人是截然不同的两种思维方式。多重复是我们对这些孩子的一种教育方式；还有另外一种方式，我自己研究出来的“同伴分组”的教学方式，对他们非常适合。同伴分组的方式是他们之间的教与学，非常顺畅。我们老讲，人和人凑在一起，就有沟通、相互吸引，在一起的那种欣赏。智障孩子在一起，也有他们之间的沟通和交流的方式。

举个例子，如果让健全的孩子看姚明打篮球，姚明的篮球学得好嘛，其实孩子没动力，跟他的差距太大，不会对孩子有所帮助。如果孩子看到自己的同伴，同龄的孩子打球，他有一种不服输的自信。他都能打成这样，我也能学，这样就没有距离感。如果姚明在他面前打，他说：“他就应该打得这么好，我学不会，离我太远。”所以说，这种同伴分组的理念是非常适用的。后来我发现，在他们当中，有些孩子比较有灵气，接受起来快一些。一个孩子学得好了以后，你就让他帮助别人。这种教育方式也是能够接受的，而且非常顺畅，也省事高效。

融合教育进中国的时候，我也是非常同意推广这个项目，第一个融合项目训练的时候，我就倡导过。我们老说，不能丢失“瞧街坊”理念。我们有句老话是“傻子过年瞧街坊”，但是我们不能把智障人当作傻子看待，同时瞧街坊理论对健全人来说也是适用的，这是一种学习和长经验的方法。打个比方，十九大时，街面上全挂旗子了，所以我们也挂上。那天我问门口的师傅，这旗子什么时候摘啊？师傅说：“我天天寻摸着，人家摘，咱也摘。”所以，不仅是我们这类特殊教育学校用这种“瞧街坊”的方式，高端大学也用。今天人家都穿着挺利落的参加集会，你也不能邋邋遢遢的去参加集会，是吧？“瞧街坊”这种理念和方式，值得任何人去学习。

问：孩子们的学制和普通学校是一样的吗？

张育才：他们要在这个学校完成九年义务教育。但是我们又比较尴尬，我们算小学，就是按照小学的编制去走，把六年的基础知识分为九年，其实是未达到这个义务教育的标准。在我们这上学，也是有年限的，一个是上够九年，另一个是到十六岁，只要满足任何一个标准，你就要离开学校了。

然后残联接过来，现在有职康站和温馨家园，主要资助十八岁至五十九岁的人。温馨家园对这些孩子有一个半天的看护，做一些力所能及的工作。每个温馨家园情况也都不一样，有的工作是糊纸袋，有的可能就做一些漏汤的篦子，工作内容都不同，大都是一些力所能及的、重复性的工作。比如说装一次性筷子的筷子袋，装进去、封口。它得有需求，拿来成品，他们需要洗干净手，负责往里装，装好后，再给人家，工资可能完成十个挣 1 分钱。职康站是能力培训，我们原来有一个职培班，以职康站的形式在学校出现，已经脱离了教育的范围。班里都是十六岁以上的，有的三十多岁还在上，现在不让这么办了，我们办的是十八岁到二十二岁。教学工作也是由学校来承担的，实际上是归残联那边管，它只是教学点，上课的老师也是学校的老师。

问：学生通过体育训练，有什么改变？

张育才：不管在个人料理日常生活，还是其他，各方面能力都有提升。因为带队出去，全部都是自己打理自己的事情，不可能别人去帮助你整理衣服，所以个人能力肯定是提高的。所有参加过比赛回来的孩子，基本上家庭的一些力所能及的事情上，都能够独立完成。举个例子，倾倒垃圾、打扫屋子，原来这些可能都在家长或者老师的监督之下做的。但是唯独训练过、参加过比赛的孩子，基本上都能自觉去做这些事情。

孩子的改变其实是借助家长的嘴表述出来的，从孩子的成长来讲，家长是直接的受益者和见证者，家长最有发言权。家长反映，孩子给他们最大的震撼是：眼神、精神、内心，他有了做事的自信。举个例子，原来让他独立去做事情，他可能没有这个自信，但是参加比赛回来，他主动要求，我自己做一些事情。这一块，是无法用语言来表达的。

问：孩子毕业后，您跟他们有过联系吗？

张育才：有的有联系，有的孩子经常会回来，但是真正呢，像那个弟子三千那种状况是很少的。他们回馈给老师，只是老师我想你了，今天回来看看，已经很不容易了，不会像健全的孩子，有个物质、形式上的东西。

问：在特殊教育事业中，有没有影响您的人和事呢？

张育才：对我影响比较深刻的是一个大学教授，我在北师大进修的时候，讲中国体育史的一个老先生。他给我们上课，他的课是开卷考试，但是这个老先生特别认真，他的课每次都要点名。因为他的科目是开卷，所以很多同学都不上他的课，都有各种理由，比如感冒了，发烧了，闹肚子了。当每次点名，别人代着答到，说到哪个同学，说发烧、感冒或者肚子疼。他都特别惊讶，很在意的跟一句："去医院看了吗？什么程度了？怎样了？"他都会特别认真。这种理由就是说瞎话，我就觉得挺可笑的，这个老师就特别和蔼。

还有一件事也震惊了我，当时一个同学，上他的课打瞌睡，这个老师粉笔头摔的特别准，老先生一个粉笔头"啪"打过去，正好打到他脑袋上，"哨"他醒了，刚想骂，老师说："准不准呀？"他愣了，说准。老先生说："我这个科目虽然是开卷，但是我也不想让我的学生轻视我的课。其实中国体育史对你们来讲，是非常重要，要是了解了，对你们将来工作、生活都是有帮助的，你们接下来还要学习世界体育史。在这之后，你们都是为人师表。我给你们讲一个我的经历，打消你们的疑虑。可能在我点名的时候，你们都好奇，我为什么说‘去瞧了吗？’我今天给你们讲一个故事，你们要记住，你就能成为一个优秀的老师。”

他说：“我年轻刚分到大学的时候，还讲学工、学农，我带着一拨学生去学农，到房山和河北临界的一个村子去学农。第一天刚到那，大家感觉比较新鲜，因为大家都没去过乡下，就高兴地满处玩。第二天早上起来，开始正式学农要干活，甭管是割草也好，打场也好。一个学生告诉我肚子疼，当地生产大队的队长就说，赶快套一个车，拉着孩子去看吧。说咱们这儿离卫生院太远，要半天时间，结果套上车就拉着走了。我心里斗争，当时我就想拦下来，大队的队长就说‘必须赶快去’。我想昨天这个学生玩着疯着呢，高兴着呢，怎么说今天要干活，突然肚子疼了。”

结果他很震惊，就是说吓坏了，他那个年代，给我们说的是七几年、六几年，这孩子确诊是阑尾炎，如果再来晚了，就有生命危险，幸亏及时套着马车去卫生院，因为离卫生院挺远的。他说：“这件事情，告诉我什么呢？从那以后，学生说真话、假话，我都相信，一定要把那学生的话当作真话听。如果你们今天听进去我这个故事，你们将来就能成一个好老师，最起码，不耽误学生。”这位老先生给我印象很深，特别平易近人，但是严厉起来也有严厉的一面。

问：从事特殊教育工作三十年，有没有其他机构关注过这群孩子的生活和成长？

张育才：有很多的关注，有一些福利基金会、企业，比如戴尔、波音等公司，他们捐赠的有资金，也有物品。这么多年，社会对这类人的关注度来讲，逐渐提高和深化，对特教学校等也有很大的支持。现在人民生活水平都提高了，社会方方面面的支持也加大了，变成常态化。

问：您和同事的关系怎么样，在工作之余有什么活动吗？

张育才：因为我搞工会的嘛，工会应该对所有的老师都关心、关爱，对广大教职工不管谁有什么事，只要说到了，我一句话：“您跟我说，让我帮忙是看得起我，是吧？”对老师们基本就是这样。

印象比较深的，要说起来，有些年头了。当时，老师的孩子在课余时间到学校来等着父母下班。平常我也跟他开玩笑，逗他开心。有一次，那孩子是韩雪芳老师的孩子，叫高建军，突然觉得不舒服，也挺大的，当时五六年级，我就背起来赶紧奔医院了，到那一诊断是急性阑尾炎，就帮那个老师解决了这个问题。当时也是巧了，兜里正好有钱，家长去的时候，她也没带钱，我兜里有，正好垫上了。之前本身人缘就比较不错，后来因为这件事，这些老师对我都更加认可。

问：咱们学校教师节的时候，会像普通学校一样有什么活动吗？

张育才：在教师节的时候，孩子们会说一句祝福的话，我们现在教师也不要买花，原来孩子对教师还是很感恩的。现在的孩子能力下降以后，他跟你说教师节快乐，他可能都不知道教师节是什么。学校这块基本也没有什么特殊的活动，也要正常上班，因为特殊教育学校，不可能说教师节放假。

问：能谈一下您的收入情况吗？

张育才：我现在每月 6 000 元，刚毕业 1984 年的时候，在龙潭路小学是 18 元多。到这个学校好像 30 多元了，那是四年以后了，该涨就涨了，因为当时没有特教费，跟普通小学是一样的。我们现在都是有特教费的补贴的，应该是基本工资、工龄工资和岗位工资的 15%，这个工资，当然是温饱问题能解决，工资的主要开销在孩子上大学。

整体来说，特殊教育这个工作的劳动量和收入可以说是成正比的，但唯独在精神压力上，就加一个“更”字。现在孩子能力太低，主要是生源问题，现在不管你去访谈哪个特教学校的教练，都会有一句：现在的孩子和原来的孩子截然不同，能力越来越差。因为现在随班就读比较多，就是说，从家长的角度来讲，宁可上普通小学的随班就读，也不上特殊教育学校，戴这个帽子。所以好一点的，智商在 70 多分线上线下徘徊的那些学生都上了普通小学，他能不来就不来了。但是，真正上你这里来的，是哪儿都不能待的，其他学校不要的。所以现在特殊教育学校生源不太好，教师强度比较大，压力比较大。

问：这么多年，您喜欢特殊教育的岗位吗？

张育才：比较喜欢，我觉得，虽然没有弟子三千的那种成就感，但是，对于净化心灵，能够帮助残疾人，是有一个心安。我们搞一些活动，从来没有问过天气预报，天气都是好的，好像老天非常眷顾这些孩子。

携手同行　伴特奥从无到有

问：您对特奥有哪些认识？

张育才：特殊奥林匹克就是专为智障人群设置的，像健全人一样，涵盖所有项目，参与和完成的竞赛。为什么说中国特奥的发展史，我是见证人。1996年民政部还是老部长阎明复在任，他来着手做的首届亚太地区特奥运动会。到1999年，才转交给中国残联，转交过程当中，国际特奥会来跟中国洽谈的时候，我也在场。2000年移交过来的时候，是阎明复部长和邓朴方两个人去的，促成了五万到五十万运动员的发展规划。

中国对于特奥的理解和接受过程，可以用三个阶段概括。第一个就是精英参与阶段，就是选出最好、能力最强的运动员去参加特奥比赛。第二阶段是分层训练，为了成绩而训练。就是说我们要参加比赛，作为教练，在最大几率取得成绩的情况下，我们要带三部分运动员参加，好的、中游的、能力差的。为什么呢？因为特奥规则当中，除了在性别、年龄差异的情况下，与健全人比赛不同的是有个能力分组。所以，我们第二阶段就是，不要都选能力强的去比赛，能力强的都分在一个组，自个儿和自个儿去打嘛，就没有名次。所以我们选三个不同层次的去参加。第三阶段，轰轰烈烈地全部铺开，全部倡导开了。搞得好的学校，类似于我们，全国有一些知名度的学校，变成全员参与，变成全纳式的，只要是八岁以上的孩子，有智商证明的，都要参与到其中。不再是一部分人和精英参加的比赛，把普及面扩大了。

问：刚开始您是怎么知道特奥会的，并带队员去参加特奥会的呢？

张育才：刚开始，特奥会不被人接受。另外，这些孩子的家长也不愿意孩子出头露脸，属于全民抵制。最早的特奥会依附于中国民政部，当时叫中国智力障碍人体育协会，简称“中国智障人体协”。阎明复部长的秘书封如钟，主抓这事，后来才转到中国残联。

在民政部管的时候，民政部和教育部门联合做。1996年，在中国上海召开了首届亚太区特奥会，国际规格的。民政部要出运动员，找一些这类孩子，带着他们去比赛，当时名额也有限。求哪呢？不管求哪个学校首先家长得同意和认可，家长不同意，你肯定带不出去。当时，很多家长就抵触，不愿意露脸，说：“这孩子你给我们带出国参赛，开什么玩笑啊，我们家里都管不好，别到时候出了一些状况怎么办啊。”家长们都不理解，也不支持。所以民政部就求助教育局，教育局里有一个管特教学校的部门叫“小教处”，北京市教育局小教处处长李慧玲，李处长主抓这个事。虽然是处长，但是特别和蔼，她做了特殊教育学校很多工作。这些学校就同意出运动员，做家长的工作，慢慢地才起来的。

问：首届亚太区特奥运动会的情况是什么样的呢？

张育才：首届亚太地区特奥运动会带的那拨学生程度特别差，北京去了一共十五名队员，我是北京的总教练。这十五名队员中有五六名是福利院的，智商都为零，没有语言功能，基本上就会叫阿姨，因为他们福利院都是阿姨嘛，干什么都是阿姨负责的，所以他们就会说“阿姨”两字。

训练非常困难。连一开始吃饭，他们都是端着饭碗，找个角落蹲着吃。咱们参加亚太区特奥比赛，比赛的规格都非常高嘛，所以，一开始从训练他们生活开始，吃饭、着装。他们都是空心穿棉袄棉裤来的，衬衣根本就没有，连内裤都没有，他们的习惯就是直接穿外衣。然后，咱们让他们穿运动服参加训练。训练过程中，尤其是这几个福利院的孩子，就一点一滴去教会他们生活的一些基本的自理能力。

在训练过程中，有些运动员，跑着跑着大便能顺着裤腿出来。开始的这个过程是非常困难的，没有时间回来，天天就是盯着。还有一个是他们的括约肌松弛，他们本身没有意识就尿了。但是也不能说天天为这些事情去伤脑筋，要给他一些训练的方法。比如，要练一些大腿夹着东西，要练括约肌这块肌肉的功能性。从那次参加比赛之后，那些孩子的问题就基本上缓解了，能够有意识了，不是说尿就尿了。

原来我们带健全人比赛觉得是非常荣耀的事，我是哪个队的教练，人家一听，都非常羡慕。在残疾人比赛这块，还是比较困难的。以前跟残疾人的教练也聊天，聋人学生基本上没人跟你说话，因为他就是没有听力。盲人训练这块和我们这块相对来说，难度就大一些。盲人学生的教练就跟我提这个吃饭，学生不会去打自助，教练要把全部队员的饭都打完。刚把最后这个学生的饭打完，前面的学生吃完饭了，你又得去给他打饭。队员们都吃完了，他一口没吃。

我们这个呢，看得见，也听得到，也会做，但是他们胡做，也就是从一点一滴开始带。就像刚才说的那个一样，都是福利院的孩子，吃饭的时候，转头一人找一个角落，蹲在那吃，咱们看着也挺心酸的。所以从一开始，就从着装、个人内务这些一点一滴的事情训练，将近一个月的时间。我们经常说，你带哪里的队，你要注意哪里的形象，尤其是北京队，到国家队的时候更加严谨。带国家队参加世界夏季特奥会的时候，各省市都集中起来训练，又比只带北京队难得多。

问：福利院来的这些孩子是怎么到我们学校来进行训练的？

张育才：当时，北京是民政局管理福利院，这些智障人都在福利院。但是，福利院在比赛和训练，包括各方面都没有教育系统成熟，民政局也知道教育系统有特殊教育学校，所以就联合北京市教委，原来叫北京市教育局。北京市教育局中有一个专门管特教的部门，叫小教处。小教处就跟民政局联合组队。教育系统当时没资金，民政局肯拿这部分资金。

当时参加特奥会是各地方队，参赛当地要组织好自己的队员，参赛者的车费是由当地去处理的，包括着装、提前训练等。教育系统没有这部分经费，不像现在，现在的经费比较好。民政局跟教育局说："我出资金，出三分之一人，你们出三分之二人。"相当于十五个队员，他们应该占五个吧，但是他们实际上占六个，剩下的教育系统去出这个运动员。从教育系统和学校来讲，学校的训练和指导都比福利院要精干一些。所以最后，我们负责带队训练。

问：您带领队伍参加国际特奥会的比赛，参赛人员是怎样选拔的？

张育才：国际特奥会规定的，所有参加特奥会比赛的运动员，必须要经历八周以上的训练，才能参加大型区域性的比赛。如果没有八周训练，首先是不延续，其次是不严谨，最主要是生活、生理和心理上都没有做好准备，所以它才提出这样的要求。就是作为特奥教练来讲，必须要你的运动员经历八周以上训练，才能够参加比赛，因为各方面比较成熟了，不会出现一些变化。还要参加一个专项的训练，这个专项的训练时间至少两周以上。你看 2007 年世界特奥会的时候，集训三个月，然后才去参加比赛，是这样一个过程。它原来有一个完整的、升级类的体系，国际特奥会也是提倡升级类的。

此外，还参加过地方性选拔。我们在选运动员的时候，要考虑他们的受众体，鼓励搞得好的学校去带动区域的发展。现在变成了完成既是结果，也就是说，他不会去费劲了解你训练了八周吗。现在是完成主义，就是完成这件事，比赛来了他想让谁去就让谁去。原来有一个非常完整的体系，我们选人是有针对性的，在鼓励各校的基础上，如果你这一项开展得好，可能占 10%的比例，他那个学校占 8%的比例，他那个学校没有开展过，但是也要拖着，提高一下积极性，给它一两个名额。尤其在 2010 年以后，就不按照规定来选人了，事儿就交给你了，或者说，就交给你们学校了，他就省事了，就不按照国际特奥会这种理念去做了。

问：那我们学校每年都可以参加吧？

张育才：我们学校近几年来，偶尔能参加。有的孩子训练，后来因为受伤，错过特奥会。2007 年有个学生小肖，是高尔夫项目运动员，他 2005 年、2006 年代表中国队参加了在韩国首尔举办的高尔夫比赛，取得比较好的成绩。

2007年世界夏季特奥会的时候，他也参加了高尔夫项目，在大连集训过程中，髋关节摔伤了，结果没参加。这个摔伤说起来也挺可笑的，他住在大连的时候，在体训基地，趴在窗框上嗑瓜子，然后往窗外扔，他意识到不应该往下扔，拿个笤帚下去了，一楼是一个半地下棚子，那个棚子非常不结实，它是地下两层的通气口。他去棚子上，拿着那个笤帚扫，结果漏下去了，就意外受伤了，所以挺麻烦的。

问：能讲讲特奥会的发展情况吗？

张育才：按照整体来讲，中国1987年3月在广东深圳举行了第一届中国特奥会，其实那是不成规模的，当时一个省市能摊上四五个运动员就不错了。1991年3月第二届是在福建福州，2002年第三届是在陕西西安，2006年第四届在黑龙江哈尔滨，2010年第五届在福建福州，2015年第六届是在四川绵阳，基本都是9月到10月，不分夏季和冬季。

问：为什么第二届特奥会和第三届特奥会之间的间隔这么大？

张育才：在此期间，特奥会的事情，方方面面都捋不顺。1999年民政部才将中国特奥会移交给中国残联，2000年开始，国际特奥会就下大力气做中国这个市场。当时阎明复承诺，我们有五万的特奥运动员，从五万我们要发展到五十万。这才开始编入国务院的一个文件当中。2002年第三届中国特奥会是最轰轰烈烈的，中国残联接手，民政部阎明复部长来监督这件事，做得非常规矩。同时，国务院副总理李瑞环出席特奥会，并宣布大会开幕，这已经说明特奥会的重要性了。

之后，中国特奥会每四年开展一次，2002年、2006年、2010年一直延续，特别是2007第12届世界夏季特奥会在上海搞得轰轰烈烈，非常完美。这时候也是特奥会的鼎盛时期。它的发展像一个“山”字形，从这之后就下来了。当然，这个过程是一个漫长的过程了，是一个逐渐辉煌和发展的过程。

2010年以后，邓朴方卸任了，阎明复退休了，中国残联就换了一拨人。这些老人有爱心，这个群体的困难和需求等方方面面的情况他们都了解，他们下去了。这时候特奥会已经变成大家都认可的了，大家都想争取这个机会了，都认为能参加比赛就能拿到奖牌，能得到荣誉，就有点走样了。

问：您觉得这些年中国特奥会有哪些变化？

张育才：原来把竞赛作为一个重点，后来就有意识加入了特奥会外的一些活动，比如健康计划、峰会、论坛。2006年第四届加入的是家庭支持联络网和青少年高峰会议，到2010年第五届的时候，国际特奥会外展的一些项目就加全了。

加全了以后呢，各类人对号入座。所谓的对号入座，精英找自己的关键位置，没有位置的只能去挤单独的通道，单独的通道就是竞赛，不知情的人也就奔着这个竞赛去的。所以说，当时成就了一批人。比如健康计划这边由温州医学院挑大梁，北京同仁医院眼科这些专家也是必不可少。家庭领袖论坛中的这些精英家长到这个圈子里，都是每届必去的。青少年高峰会议中虽然运动员可以换，但是这些指导老师肯定是精英。比如说，如果我要是不把竞赛作为重点的话，我就带着小李去参加青少年高峰会议，他作为青少年高峰会议的一个领袖，他的基本任务就是采访，采访一些特奥会运动员、教练等，写出新闻稿向国际特奥会这个网站投稿。他作为原来的特奥会运动员，本身也有一个榜样性和学习性。我们学校倒是培养过学生去爱尔兰参加青少年高峰会议，但是我们侧重点还是在参赛上了。原来参加特奥会的运动员随便扒拉出来一个都是精英，都能做这些事情。

问：国际特奥会在中国的办事机构是什么？

张育才：国际特奥会在中国的办事机构叫特奥会东亚区，其实中国原来隶属的叫亚太区，亚太区为什么单独分出来一个东亚区呢？其中有一个故事。当时国际特奥会亚太区的总监容德根，容博士，他是美籍华人。2010 年特奥会亚太区在上海换届，特奥会亚太区主席换成印度的特奥会主席。就像联合国一样轮值，该轮着印度了。我当时作为特殊贡献嘉宾也去参加了。会场都是同声传译，印度的亚太区总监上台以后，他立的一个规矩，其中有这样一段对话：“从此以后特奥会亚太区如果跟国际特奥会有信件往来，必须要经过我。”当时新加坡的特奥会主席马上就站起来了，特别尖锐地说：“那我们私人 E-mail 也要经过你吗？我们私人的事情，我希望他下次给我女儿带来一个非常漂亮的发饰来，也需要你批准吗？”特别尖锐，当时就有点要吵起来了。他说完了，菲律宾的 Jack 就起来了，他更不乐意了，说：“我们之间说一些私密的话，也要通过你吗？你这样说，我觉得你当这个总监是不是有点……”人家说得很斯文哈。

当然了，轮值肯定就是他当主席。这个会结束以后，容先生就联合了韩国、日本、香港、澳门、蒙古搞一个东亚区，香港和澳门当时有独立参加特奥会的名额，算一个独立团体。他说亚太区我们也参与，东亚区作为一个小组形式，特奥会东亚区就是这样来的。特奥会东亚区就类似于中国智协，是一个民间团体。中国特奥会现在跟东亚区也没有隶属关系，中国特奥会隶属于特奥会亚太区，特奥会东亚区是单独分出来的。它跟智协不一样，特奥会东亚区又受国际特奥会指派，国际特奥会认证他，但是特奥会亚太区不承认。①

特奥会东亚区创始人是容德根，他退休之后，特奥会东亚区第二任总裁是美国的乔治·史密斯，第三任钱恩培，第四任是安娜，到现在是第五任，是上海的顾抒航。容德根看美国人不是在搞中国的事情，在香港又找了一个总裁钱恩培，得到了国际特奥会的认可。钱恩培比较教条，他懂体育，是非常地道的一个体育人。但是，他退休以后没有坚持在这个领域做，他的有些想法和观念已经滞后了，最后阻碍了发展。然后换成了钱恩培在香港带的专业队的队员安娜，是美籍华人，她一直跟着容德根打开中国特奥会的大门，安娜在的时候正好是中国特奥事业的鼎盛时期。

安娜卸任时，国际特奥会在中国已经达到推广的效果了，不可能再派人过来了，就让中国内部自己推荐人上来做总裁。总裁这个位置一定要沟通非常流畅，外文水平一定要高，还有这方面经验的。各方面衡量，这个人不错，顾抒航是最佳人选。总裁都换了几茬儿了，唯独副总裁一直是曹忆菊。

问：那您现在还带特奥会的训练和比赛吗？

张育才：2007年作为中国田径队的主教练，带队参加完比赛后，我就退回到北京队。作为北京的一个主教练，我带北京队参加了2010年中国第五届特殊奥林匹克运动会。同时也是主席团成员，在训练的时候，统管各个项目；指导其他教练去训练；抽调到北京团团部，在各个赛场巡视。

2010年特奥会结束以后，我就在北京市的竞赛中做组织工作了，不再带队参加比赛了，但是一直在一线训练和上课。只是给他们一些指导和建议，因为年轻人一拨一拨的，都要给人家机会嘛，咱们不要老占着这个位置。比如说学校要组队参加一些市区的比赛，我就会给年轻人一些机会。我能跳出来做一些竞赛的组织和筹划工作，帮忙完成其他外围的一些工作。但是，像一些基础训练也是在坚持做。

我的想法是，这些孩子需要什么，想要什么，只有和他们接触才知道。无论是作为专家也好，还是教授也好，不能靠自己认为的方式去教学。只有天天接触他们，才能了解他们的实际情况，说出来的话才有底气。人家说一件事情

① 此处讲述不甚准确。特奥会东亚区和亚太区平级，属于国际特奥会七个区域组织之一。各国特奥会与国际特奥会及其七个区域组织属于合作关系，犹如中国奥委会和国际奥委会的关系，并不存在上下级隶属关系。国际特奥会及其区域组织对各国特奥会进行指导，并提供培训和技术支持，各国特奥会给予配合，并遵守国际特奥会章程维持运营及发展。

干十年就是专家，我在特殊教育事业上干了三十多年，但是我也不敢说自己比这些专家高多少。上次北京体育频道对我有三十分钟的专访，他说："那您是专家。"我说："我不敢说自己是专家，但是我说的话是以实践性为基础的，绝对有代表性。"不是说自己到这个年龄，干到这个年头去指手画脚，我也是在逐渐地摸索和实践的过程当中进步的。

问：能说一个您训练过的孩子，参加国际特奥会或者中国特奥会的经历吗？

张育才：我给你讲一个，小李，这个孩子，概括地告诉你，所有参加比赛的孩子中，他是拿了相当不错的成绩，现在的工作也是比较满意。像最早的小王、小阎，现在基本上工作比较稳定，有开公交车的，还有在7-Eleven类似的便利店做领班的，还有邮政运输处理包裹的，经营自己的小店的，很多都做出了一些成绩。

小李从小非常瘦弱，这个孩子家里就只有他一个男孩，管理起来非常麻烦，是最头疼的一个孩子。但是一旦加入特奥训练，就像找到一个非常喜欢的玩具一样，他天天准时参加，没开始，他就在那等着，然后主动训练。当然也有反复的时候，也是情有可原。

张育才（摄于1985年9月10日教师节）

他参加了第三届、第四届全运会和2007年第十二届夏季世界特奥会。此外，他参加最多的就是单项赛。比如石家庄的东亚区篮球邀请赛、湖南的网球公开赛和自行车、海南的高尔夫单项赛。他属于全能运动员，主项是足球。

问：现在学生有哪些训练项目？

张育才：主要结合中国特奥发展的三个阶段来说。第一个精英阶段，在身体素质允许和接受能力的基础上，基本上所有特奥能够涉猎到的项目，学生基本都能参与到其中。训练时候练的就是特奥的项目。第二阶段呢，要三个不同的运动员去参加特奥比赛，这就有点难度了，难度确定在最差能力组，还有中间这一组，高能力组就不怕，因为日常训练就已经达到这个水平了。最后一个阶段，全面接触，边角旮旯全部扫出来去见阳光。那时候，就一人一样。

我有一次写了一篇文章，这些孩子是百人千面，常上常新。就是说这个孩子，你告诉他说1+1=2，明天问他，1+1等于几？他说不知道，这是常上常新。百人千面是，他今天可能高兴，明天可能不高兴，后天可能高兴与不高兴之间，他是百人千面，每一个人，都没有一个共同的点，他是独特的，没有可借鉴性。作为一个特殊教育学校的老师，如果对理论没有深刻的理解，没有丰富的经验，他抓不好这个孩子的最近发展区。我们老说：跳一跳，够一够，让他伸直了腰去学习一些适合他的东西。如果没有理论做基础，经验做保障的话，他是抓不到的，没有一个突破点，不能更好发挥孩子特长。

问：您比较满意的训练科目是什么？

张育才：我最满意的是前几年地板曲棍球那批队员，团队训练是最难的，一个掉队或者一个训练层次跟不上，影响整个队的层次。当时2002年，那拨学生是最整齐的，打得最好，能打全国第一，差一点就能打世界特奥会了。那次比赛我们拿了全国第二。当时拿第一的是黑龙江队，黑龙江队的智障人当中很多都是聋人，所以打不过，这点不怨孩子。

当时我既是带队的，也是地板曲棍球全国的总裁判长。我是搞竞赛的，训练完孩子，但是不能插手，不能带他们去比赛，让其他教练带着比赛，我还负责全国项目比赛组的工作。作为裁判来讲，我会先培训全国各地来的裁判，培训时对裁判说："对黑龙江的队员，你不仅要吹哨，一定要踩住这个球，他才能停下来，要不他听不见，他没有意识，所以你一个是吹哨，二是踩球，因为他就是聋人。"咱们也不说人家，这里面很清楚，黑龙江队也开证明了，人家智商也在70以下。

问：您在跟学生训练的过程中，有什么有趣的事情？

张育才：这就比较多了，就拿 1996 年带北京队去参加亚太地区首届特奥会说，因为学生的程度比较差，从一点一滴的训练做起。包括吃饭不能蹲着，必须要坐桌子边上。当时我说："你要是离开桌子，就不要去加菜加饭。"后来就给扳过来了。参加比赛完了以后，带他们参观时，队员问了我一句话，给我问愣了。他说："张教练，您会乐啊？"我说："怎么不会乐啊！"他说："从来没见过您乐，只是今天比赛完了，看您乐了，我还以为您不会乐呢。"当时，旁边那些人都乐了，都抱有同感。后来带队的教育局处长也说："那个队员怎么会问你这个问题？"我真是的，可能是压力，从来没有过笑脸。因为，一是时间紧，另外，方方面面造成压力也挺大的，所以说对他们比较严肃，最起码要保证一个安全。

问：现在教学过程中遇到过什么困难吗？

张育才：到现在，我从教三十四年，刨除三年的普教经历，三十一年多的特教经历。就是训练的孩子已经不像原来一样了，他们的能力一降再降，训练起来就非常吃力。包括我刚才跟你提的自闭症孩子。从国际上认证来讲，自闭症本身就不属于单纯的智障，他是精神障碍在前，伴随着智力落后。但是，就跟刚开始说的一样，有的自闭症的孩子是智力超常的，能记住几百个电话号码。

智力障碍，我们叫学习和智力双重的低下，孩子没有情绪和行为问题。自闭症的孩子伴有精神障碍，他的情绪不受约束。近一年，我也被学生打过了，原来从来没有过。原来所有的学生、运动员，非常尊重我，比较有礼貌。最近几年，这些孩子不懂这些了。

现在学生不高兴了，可能无意识地就推翻桌子。原来智障的学生有这样的情况，就是上着课哭了，你问他为什么哭，他能够跟你说清楚。我记着最早一个孩子，上着课，突然就哭了。我问为什么哭呀。他说："为什么不让我养狗？"当时不让养狗，现在可以了。我说："不让你养狗你就哭？"他说："对，不让我养狗我就哭，我不高兴了。"他能说出原因。现在的学生上课把桌子推完了，你过来，把桌子立起来，啪，他上来就给你一巴掌，就打上你了，他没有意识。在一些机构或者安定医院，对这类学生，它有特殊对待的方式，但是在特教学校，咱们就不能用特殊方式对待。我在学校负责工会，有一次工会上我就问："大家举举手，哪个老师没被攻击过？"没有老师举手，连后勤的都被攻击过。

问：现在学生有攻击教练的现象，您有想过用什么方法去解决吗？

张育才：包括习近平总书记也谈到这个戒尺的问题，就我个人而言，我觉得中国几千年的文化，称老师为“先生”，当然我们不能体罚和变相体罚，但是我觉得要有教师的教育方式，如果特殊教育学校要规定，给孩子一种深刻的感知，能给孩子一种深刻的记忆，我认为应该是戒尺。当时我跟他们探讨过这个问题，戒尺打手板，对中医来讲是活血化瘀的，也有它的道理；为什么孩子最敏感，也是比较疼的。作为老师来讲，恢复戒尺，对孩子攻击性行为可能有所改良。

当然我说了不算，只是一种我个人的观点。我举个例子，安定医院作为精神类病人的医院，比如说有电针、电棍，还有约束衣和约束床，为什么是有用的？有一个非常资深的残疾人工作者，给我讲过这么一个故事：北京市残联搞一个面对精神病人的体育运动会，场面非常壮观，但是非常乱。这个时候，负责组织的学生处处长和残联学生处处长给出了这么一个主意，把学校保健医生的白大褂，借一件，挂在主席台上，刚挂完，底下鸦雀无声，秩序井然。就是说，对精神病人来讲，白大褂的作用就是约束衣，就像巴甫洛夫的条件反射，对不管是健全人，还是精神病人都是约束。

我们这类学校最主要的问题是，现在的学生能力低了以后，对于老师的精神压力比较大。从学校的人文关怀角度来讲，我们学校工会是这样：凡是女老师检查出来怀孕了，就允许在家休息，按照规定，生完孩子，休息好了，再回来上班。一个是怕生理上孩子碰撞引起的不好，还有其他的一些心理压力。特殊教育学校不光我们这一所，其他学校也会有一些规定。即便是这样，有些精神压力受不了，还有其他压力，经常导致一些教师流失，而且慢慢会越来越多。

精神和身体的双重压力，不在第一线工作的人是理解不了的。特殊教育和其他的职业是非常不一样的，所以我觉得要有一些特殊的关怀。特殊教育行业想留住教师，是一个延续性和连续性的问题，我觉得在鼓励终身从教的基础上，特殊教育学校应该有一个五年、十年的奖励，可以借鉴港澳台或者周边好的经验。香港的教育体制，教师在这个学校工作五年、十年，工资是不一样的档次。特殊教育学校，我们应该视同于特殊工种，五年一个档，对终身从教也是一个促进，就会引导一部分人留到这个行业里面。可能女教师工作满二十五年，男教师工作满三十年，就应该允许他提前退休。

现在在物质方面，有特教费。实际上，特教费是岗位工资、基本工资和工龄总和的15%，其实没有多少钱，但是让别人听到，你们还有特教费，工资挺高，其实多不了多少。如果要是前三项的一倍或者50%，它也值得。

问：还有其他什么困难吗？

张育才：作为一个特殊教育学校，首先，要在环境、基本条件上满足体育训练的需求。前一段时间出台了一个针对全国特殊教育学校的特殊教育标准化政策，我觉得这个政策还是挺好的，但是具体落实到各个学校，可能出现一刀切的情况。我认为活动场所是重中之重，我们知道，特殊教育学校不能培养大学生，不能把孩子培养成国家栋梁，但是，最起码锻炼的环境和空间应该要有的。

问：从业三十多年的过程中，您有想放弃的念头吗？

张育才：这种想法不只有一次，很多次，但是支撑下来的就是这些孩子，真的。孩子对事情的执著，还有孩子的真诚，一直在支撑着我从事这个工作，支撑自己继续从事特教事业。比如他们问好的时候，如果他们对你好，叫你老师，你不回答，他就站着不动，谁拉也不走，你必须要回答。像这种学生就非常执著，他对你是真挚、真情、真心的。这孩子即便拿着一个你认为不成为东西的东西，他拿出来送你，他已经是下了很大决心了，他给你的，都是他认为很好的才给你。不像我们健全人，认为这个东西是随意的，他对于物品和东西，是非常在意的。

在这个学校工作三十多年，我收获到许许多多学生的成长和经历，有时候家长的一个表扬，就是对付出的最好回报，家长的一个认可，我就觉得自己非常有价值，觉得自己被需要了。

问：您觉得教练的作用在哪里？

张育才：这些孩子，不能考大学，不可能出栋梁，但是，在身体健康这方面，训练对他的生活价值、生活质量有一个很好的改观。我们不是老王卖瓜自卖自夸，我作为一线的教师、教练来讲，我们的工作，在特殊教育学校是非常重要的，不是重要，是非常、特别重要。最重要的不仅是学生技能上的提升，而是对学生心灵上的影响，这种影响是非常震撼的。

问：您会把自己在工作中的经验，与其他教练沟通吗？

张育才：嗯，应该是经常沟通，因为我从一开始，就是东亚区高级讲师，负责全国的教练员培训工作，所以经常会在全国各地开展教练员培训班。包括第三届、第四届全国特奥会，当时比赛设置是六个项目，这六个项目的裁判长，都是我去给他们讲特奥会的规则和比赛的要求。

大型比赛是从2002年开始，教练都是从国际特奥会和中国特奥会推广的各地培训班中产生的，也就是我们到一个地区去搞。比如，我们在甘肃兰州办班，在兰州开设一期，兰州的，包括兰州周边的教练都去，五十人也好，六十人也好，举办一次。基本上走了全国，有一圈多，唯独西藏没进去。

在培训班上分享的内容有很多，像我 1989 年在《中国学校体育》杂志上发表的一篇指导性文章，主要内容是“同步分组”，是全国推广的教学方法，简单介绍一下〔我的经验〕。当时特殊教育学校不知道怎么去教，尤其是体育课。可能国外是个别对待，但中国就是独特的班级授课制，后来咱们研究发现班级授课制有它独特的优势，就是我们说的“瞧街坊”理论。后来又推出“同步分组”，也和班级授课制是同一原理，就是同时上一个内容，不同能力孩子学到不同的能力。比如，我们讲苹果这两个字，高能力的学生能默写苹果，中层能力的学生应该能描写苹果，低能力的学生看着这苹果，能认识苹果。学生对信息的接收程度可以分为三类，你对他的测试也应该是不一样的。不仅是在体育这科，在整个特殊教育这块，同步分组有推广和借鉴意义。

在之前，有个“复式教学”，一个班可能这两个孩子上一年级，这个上三年级，这个上四年级的。到毕业，他们最后的差异还是很大的，造成很大的弊端。其中一个可能学会坐公交车了，另一个连公交车站牌都不会认呢，差异越来越大，带到他毕业，我总觉得是对孩子不负责。

我举个例子，比如教学画画，有的学生可以独立画，有的学生能看懂这画，还有学生会画点连线。其实，咱们教的内容是一样的，他可以达到的效果是不一样的，我对他的考核标准也是不一样的。比如说我对第三类考核，不要他画一个苹果，他能把这个连成线，就算是考核通过。分组教学虽然教学内容有差异，但是避免了学生见识的差异性。我们当时推广“同步分组”，别人理解起来可能会有所差异，但是，这个教学方式，是得到同行认可的，在各科都是适用的。当时还有一个“双曲线理论”，在特殊教育体育教学部分提出的，心理曲线和生理曲线的接近点，交汇不了，永远不交叉，这个临界点是孩子的认知度和学习指数最佳的时机。

问：可以分享一下您在授课或训练上的经验吗？

张育才：当初 80 年代，我刚入门，善于琢磨一些事。我跟德国科隆体育学院的戴默尔教授一起探讨的时候，他说这些孩子、普通孩子都一样。我问他：“体育课应该怎么上？”戴默尔教授非常直接地说：“你先让他玩啊，他上操场上干嘛来了，你跟他讲这讲那，他根本听不进去，先带他玩。”他有一个双曲线的理论，对我的影响特别大，他说：“孩子上课受心理曲线和生理曲线的影响，在操场上，孩子的心理曲线是最高点，生理曲线是最低点。这两个曲线永远不交叉，但是接近于交叉的时候，是精力最集中的时候。也就是说，你怎么能把这个孩子的心理曲线降低、生理曲线提高呢？你可以通过游戏、兴趣，让孩子的注意力达到一个双曲线的临界值。你再给他讲课，一个是他特别累了，另一个是他的心气下来了，能够在短短的五六分钟的时间内，有一个很深刻的印象。这段时间中，你跟他说什么，他的记忆都特别深，之后再去释放自己的能量。课程结束、完美收官时，还要让他对下一节课有一个憧憬和希望。这才是一堂完美的、艺术的训练课。”

因地制宜，开发运动新项目

问：在学校，您没课的时候都干什么？

张育才：就是写一些上课当中的感悟和反思，整理些材料；还有写一些比赛规则；然后去做组织竞赛的工作。即将开始的六省市的冰雪季活动，我给他们写了冰上三个项目、雪上三个项目的规则，前段时间刚完成。因为我还在中国智力残疾人及亲友协会兼着特奥活动委员会副主任、技术总监的职务，所以要写一些规则，组织些比赛。

问：能介绍一下您的兼职工作吗？

张育才：刚才提到的中国智力残疾人及亲友协会，它的简称是中国智协。这个组织是民间发起成立的，要求协会的主席必须由智障人的亲属担任，所以对智协主席来说，不管是为他人还是为自我，都要把这件事做实了。中国智协在各个省都有智协主席，如果要想成为智协主席，同样要求家里亲属当中有智障的，所以这个组织更加接地气，他们也会为这个群体想得更多，或者做更多的事情。作为我来说呢，作为智协副主任或者技术总监，首先因为我是特殊教育学校老师，对孩子的认知度会更广一些，包括对孩子的方方面面比较了解；另外搞了这么多年竞赛和体育，尤其又做过中国队的总教练，包括中国的特奥会等一些全国性赛事的技术代表，所以比较让人信服，也有这个能力，去做这个工作。我从 2011 年起，就开始帮他们做这些事。

在中国智协工作的这些年，我把旱地冰壶、软式垒球和斯奈克高尔夫引入到中国智协，都变成了比较有特色的比赛项目，也就是说除了特奥会的二十七个项目以外，我们又开发出来三个。

比如斯奈克高尔夫，我们的理念叫“贵族运动平民化”，我们的孩子只要会扫地就会打高尔夫，它是塑料杆的，软球，往吸桶上打，不是进洞的这种。它在室内也可以打，打在玻璃上也没关系。

软式垒球，安全性比较高，打玻璃上没事，打人也没事。垒球是有投手的，这个不需要投手，投手投出的球不固定性、不控制性很强。这个软式垒球，它有一个 T 台，把球架在 T 台上，直接用软的垒球棒去打，跟垒球的打法是一样的，它对孩子树立成功的自信有一定的帮助。

还有一个项目是冰壶。我们没有能力去买那些大赛用的冰壶，因为一个质量高、非常标准的冰壶，可能在使用上方方面面都很好，但从经济角度来讲也是花费挺大的，因此我们就用旱地冰壶在冰上去做。我们这个冰壶的规则和以前在运动会上看到的冰壶比赛规则还是略有区别。为什么我们特奥会的规则，和健全人的规则不一样？它有很多地方是相通的，但是又有特殊的地方。特奥会要考虑智障人群的特殊性，它在健全人规则的基础上修改，又制定了一些特殊的规则，然后，适合智障人参加比赛，让智障人能够像健全人一样，享受到竞赛的乐趣。

我们都知道奥运会的规则是，一个队员把冰壶推进去，在一个圆形的区域内，其他人员辅助，让它到达中心点。营垒和掷壶点都是一样的。旱地冰壶没有刷冰的，营垒一边一个，直接往营垒里面投。中间有一条线段是有效区，如果这个冰壶没投过有效区，要把冰壶拿下去。你只要是没有超过有效区，这冰壶不管是投到哪儿，什么挡着别人的视线那都是战术，都是允许的。但是，最后分出胜负的方式，跟健全人冰壶是一样的，谁离营垒中心越近，谁得分。旱地冰壶有个人的、双人的、四人的三种模式的比赛。

我们比赛的对抗性没有那么强，因为运动员的智商能力特别低，我们怎么做呢？我们在营垒里面放一个标志，每人打四个球，这四个球，我们量距离营垒中心最近的两个冰壶外延的距离来判别名次。我们这样打，有一个成功的喜悦，就是说自己打得好，或者旁边人看他打得好为他鼓掌，对他也是一种帮助。如果两人打呢，他还是会有一种失败，失落。我们这样打，他首先在比赛过程当中建立一种自信，可能为将来正式的冰壶比赛，或者高一级的冰壶比赛，做好准备。在自信心增强的前提下，对他将来的训练和比赛都是有提升的。个人模式，每个人有四个球；如果我们打团队，比如说，我们这次设置的团队是两人赛，两个人打的冰壶靠近标志，之后将两个人的成绩同时相加，再除以四，谁的距离小，谁就胜利。这样也可以打团队赛，四个人、八个人都可以打。

三个项目各有特色。出发点是个人的、拔高的项目就是斯奈克高尔夫。低端的就是能让所有的智障人都走出家庭的旱冰壶，接地气，就是坐不了轮椅的孩子，即便他趴在地上，也能打这个旱地冰壶。团体的项目就是软式垒球。

今年的冰雪季，又加进了六个项目，这六个项目也是我写的规则。其中，把冰车搁进去了，冰上滑冰车，单人、双人，包括我在研究冰上龙舟赛。我们今年又把这个拔河嫁接到冰上。我们出发点是这样：当我们考虑一个项目的时候，首先保证安全性，安全性是第一的，另外一个是趣味性，还有可变性和可控性问题。所谓可变性是不跟所有的项目一条思路去着想；可控性就是说，做到能力高低的尽量公平，做不到绝对公平，相对公平一些。你比如说，我们这次大胆开发了一个冰上拔河，三男三女为一队。拔河一般都是绝对力量优势的获胜，但是，后来为什么开发这个冰上拔河？因为它不是绝对力量能够获胜的，冰比较滑，它有一个反作用力，即使你有劲，但怎么把力作用到脚上，作用到冰面上，这是更重要的，就是你使劲，劲越大越往反方向走，未必力量小的赢不了，只要他攥着绳，未必输得了，也就是说我们所谓的可变性和可控性。不是因为自身的能力，而是利用环境的特点和变化来达到能力强弱的公平、平衡，冰上拔河是最经典的项目。

问：您为什么要设置冰上拔河这个项目？

张育才：首先因为这个项目我试过；另外，我也考虑过很长时间了，想法应该是四五年前我就有了，想为这个群体做点事情。比如说，比赛跑步，绝对是速度快的人获得胜利。但是，有没有环境或者其他因素影响速度变化呢？可能我们会想草地啊，沙地啊，为什么想到雪上、冰上呢？因为恰逢北京冬奥会，冰雪季都是热火朝天地上项目；中国智协正搞六省市的冰雪季，我就把这个项目直接加进去，等于是冰上三项、雪上三项。规则已经做完了，已经发到各省市，这次就按照这个比赛去搞。

冰上三项，刚才我已经介绍了冰上拔河，还有冰车项目，分单人和双人两种。冰车是坐在凳子上，凳子在一块平板上，平板下面接触冰面的是一个三角铁，类似于我们穿冰鞋的冰刀。就像我们在北海玩的那种滑冰车，但是它接触冰面的面积是小的，它是两个类似于冰刀的东西接触冰面，是比较稳当的。对于驾驭冰车的这个人呢，不能造成伤害，它的运行轨迹是通过两个冰钎，类似于我们小时候拿的捅火的火铳条似的，现在它的冰钎做得比较规矩了，有把手，拿着不会凉。我们小时候玩的时候，就拿着家里的火铳条就出来了，也很凉，戴手套也很凉，通体都是金属的嘛。现在这种冰钎呢，都有保护手的塑料把手，唯独接触冰面的那一节有点铁，就像滑雪杖一样。这项运动主要是锻炼参与者的平衡、上肢的力量和协调性。比如说我们划船，左手使劲的时候，就往右边走，右手使劲的时候，就往左边走。所以说，〔这个项目需要的，〕一个是平衡能力，上肢力量，手、眼、脑协调，多器官的配合，实用性也很强，这是冰上的冰车。

现在一谈到竞赛，好像就必须要分出胜负来，但在孩子的心灵上，兴趣是最好的老师。如果你对他讲胜负，刚入门的时候对他有一种伤害，或者对他心灵上有一个痕迹的话，他会有一种逆反。为什么智协搞的比赛是接地气的？为的是让这些孩子走出家庭，先享受到成功的喜悦。另外，我们按能力取名次，高能力也好，低能力也好，基本上能力相近的三四个人分为一组，都能拿到名次。让他在茶余饭后跟人家有的聊，说我在什么时候在什么比赛上获得过什么名次，让他感到非常自豪。家长也不会因为有了这么一个孩子不敢带出去。这孩子加入智协搞的区域性的比赛，获得了名次，人前人后，家长会表扬他的孩子。你看我们孩子，参加过什么样、什么样级别的比赛。一般对健全的孩子来讲，参加过自己市区级的比赛就相当不容易了，我们为什么搞这个区域性的比赛呢？就是在心理上，或者是在世界观上，给他一个理念或者概念。你的孩子能参加几个省市区域性的比赛，获得过成绩，对家庭也是一个推动。

我们设置这些项目的比赛目的是为了普及和提高，特奥会的竞赛规则也是这样。我们也是遵照特奥会的一些原则和规定去做的，但是我们比特奥会分得又更细一些，基本上每个参赛运动员都能拿到奖牌，所谓奖牌是说，我们尽量分到三个人或者四个人一组，每个组别都有一个一二三名，甚至第四名，我们给他一块铜牌，对他是一种激励。

问：雪上的三个比赛项目是什么呢？

张育才：雪上的三个比赛项目是：雪鞋、雪上足球射门、雪地赶猪。

首先来说雪鞋，这个项目分为雪地上走和跑，比赛也分低能力和高能力。雪鞋跑是特奥会的一个特色项目，因为一个孩子随时穿上雪鞋就能够参加，上手比较快，这一点很关键。我们设计的雪鞋他们刚开始不习惯，雪鞋穿在脚上会感觉很大，类似于穿上一只网球拍，必须要叉开腿，因为两个脚站一起就要踩到、摔倒，就像我们踩到自己鞋带一样。所以，一定要岔开才能完成赛程。这个训练起来比较容易，就是一个习惯性问题。如果训练雪板，或者其他的一些雪上项目，这些孩子最起码要经过一些训练周期。但是，为了上手快，我们只上了一个雪鞋跑、雪鞋走的特奥会项目。运动员穿着雪地靴，然后把脚固定在雪鞋上。雪鞋固定类似于现在的滚轴鞋，和松紧搭扣一样，雪鞋周围是一个合金铝材质的圈，比较轻。鞋底下是绳子绑的，比鞋大。

我们知道，在雪特别厚的情况下，真正在雪地上走，接触雪的面积越大，越沉不下去，就是说他不会陷在雪里。如果穿上雪鞋在雪地跑，雪超过半米，就类似于人在半米的水里，很费劲。雪鞋项目在深雪区的时候体验感比较强，因为着力点大，穿着雪鞋他不会塌在雪里头。所以运动员穿着雪鞋一般都是越野，越野一般是 1 公里，或者 2 公里。这次比赛设置是：能力低的运动员，做 50 米的雪鞋走或者跑；能力高的运动员，做 100 米的走或者跑。雪鞋项目的比赛成绩是用到达终点的时间衡量的，用时最短的获胜。

第二个雪上项目是雪上足球射门，定点射门，两米宽的球门，运动员距球门 8 米。这个项目也是为了锻炼他的协调能力，专门为难以走出家庭的孩子，设立的这个项目。在雪上这个球很踏实，它不会像在平面上一样乱滚，我们把五个球分别放在横线后面，要求运动员踢的时候不跑动。因为不跑动，就不需要有训练的基础。没经过训练的运动员，他也能把这个球踢起来。我们这五个球的点是固定的，球门是固定的，他就踢五脚。得分是这样规定的：每个运动员是五个球，进球门是五分；打到标志桶上是三分；没进去球门，也没打标志桶的也得一分。如果积分相同，比谁用的时间短。我们下口令，孩子开始踢球，我们掐表，孩子接触最后一个球的时候停表。这些孩子做事本身爱拖拉，雪地足球射门项目是对他精神集中的一个训练，让他做事情要快，要振作起来。

第三个雪地项目是雪地赶猪。在普通小学，健全孩子也有赶猪这个项目，他们都是在平地上用实心球，因为实心球有一定重量，用大约 80 公分长的体操棒像接力棒一样去赶这个实心球，距离是 10 米或者 20 米。我们这个雪地赶猪，虽然都是赶猪，但是和健全人的赶猪不一样。球还是实心球，实心球一般在 2.5 公斤和 3 公斤左右，有 1 公斤的。我们这些孩子不能像健全人孩子一样，拿着一个 80 公分长的体操棒去赶，难度很大。我们试过，让孩子拿 30 公分长的接力棒去赶猪。能力强的孩子能赶，能力弱的孩子还赶不了。我们这次是直接用手，运动员在雪地上，屈膝弯下身子，用手去拨球。这样减轻了难度，他的手直接控制要比拿着棍去扒拉东西精确和精准得多。

还有一个雪板的体验。我们所有的运动员都做雪板的体验，在滑雪场，18 号，大概有六个专业滑雪教练来手把手地教这些孩子。在稍微有点坡度的练习场，旁边有辊道上去，教他们滑，带着手杖、滑雪板，双脚都戴滑雪板。

总结一下，就是冰上三项加雪上三项，还有一个体验雪板，这是我们区域性比赛的整个内容，这个规则都是由我来制定的。

问：这些项目您当时是如何想到的呢？又是怎么引进到比赛里面的？

张育才：这些项目在制定的时候，不是一拍脑门就有的，我跟这些孩子朝夕相处三十多年，他们能做什么，不能做什么，在我心中都是有数的。另外一个，我在前期去看比赛场地的时候，要看场地能做什么。不是说我们非得要做什么，人家就给我们提供一些能做的环境。我们要做什么还要结合实际的环境、条件和能力，不能跟人家说，我们要雪地什么情况，或者冰上什么情况。

看人家那里有冰车，我们就说，这个冰车我们孩子能不能做。一试，他们能做，我们就搞这个。所以很多项目是以组织方的场地条件为基础，我结合现实的情况设计出来的。区域性比赛的环境因素和人为因素很是关键。比如说搞区域性比赛，有一些固定的项目，我们是要继承，但是当地的优势性项目也要给人开发出来。比赛项目不是随意制定的，但是我们在制定一些规定项目的时候，还要考虑到人家当地的传统项目和优势。比如说南方就是水的优势比较强，就设置游泳项目；北方冰的项目比较好，就设置冰雪项目；大西北的什么都不会，他就会跑了，就设置跑的项目。把重点移到一些当地优势项目来确定区域性的项目。本次区域性比赛也是一样，冰的项目和雪的项目是基于环境和条件，基于学生的能力和接受条件，我们来制定、确定项目和规则。

在项目设计的前期还要做考察，才能确定项目，这个很关键。它具备什么条件，当地是否有场地、场馆。南方要考虑阴雨天怎么办；北方要考虑刮大风或者其他的恶劣天气怎么办。每次都要结合当地的环境、气候、人文条件和当地的优势，来确定每个区域运动会的项目。一般来说，应该是在两三个月到半年之前去看场地条件、确定项目，制定相应的规则和规程。这次 18 号的比赛，时间就比较仓促，应该是元旦刚过，我就去延庆，去这个待定的比赛场地看看，一个冰场，一个雪场，看完以后就马上定项目、写规则。因为要六个省市参加，要赶快发给人家规则，很急。当天回来就要写，马上就要发。

问：您是怎么参加中国智协的？有什么契机？

张育才：在 2007 年世界特奥会的时候，现在中国智协张主席的女儿是国家田径队的一个队员，我是国家田径队的总教练。我们集训三个月再参加世界特奥会，他时不常地来看他的孩子。看他孩子的过程当中，他也看到我的工作状况，集中开会和学习的一个场景，包括我带着 17 个省市的教练来完成中国田径队的训练任务。他对我有一个深刻的印象。

他当时是中残联政策研究室的主任，中残联的理事，2007 年还没接任中国智协，等他接任中国智协以后，有一次聊天过程中就说，能不能帮他一把，因为体育专业人士在特奥会这块也是凤毛麟角。对于我来说，工作这三十多年来，见证了中国特奥会从开始到鼎盛，到现在的逐步发展壮大的整个过程，这个过程我是一同走过来的。此外，我是专业的体育教练，还经常负责北京市乃至全国的比赛工作。所以说他就找我，他说有没有兴趣帮助这个群体。我说我本身就是做这个的，搞特殊教育的，原来中国特奥会和残联等一些活动也是请我去做一些服务工作，在哪都是干。他说你要是过来呢，就帮帮我。他也刚接任中国智协主席，我就欣然答应。另外，张主席的女儿在 2007 年世界特奥会以后，认准了每周还到学校来训练两次。当时她已经毕业了，但是，她也没地去，一个女孩，今年四十岁了，后来一直坚持在我这儿训练。这个孩子也很让人感动，时不常地就说他爸爸在忙什么，然后有什么活动，就说张老师你来帮帮他吧。我说行。

方方面面的原因，慢慢一来二去，我就对这个群体产生了兴趣，一直在跟着做。后来慢慢才理解，中国智协的涵盖面要比特奥会多，国家每个地区应该都有这种民间团体。张主席做中国智协主席到现在都十五年了，他的影响力还是很大的。在这个中国智协的群里就有五百多人了，都是精英，各地的主席等。因为中国智协对我工作认同，我就加入了中国智协。中国智协跟特奥会不一样。特奥会呢，比如中国特奥会，它要搞就搞全国性的，智协在资金上不像中国特奥会一样，国家直接拨款，中国智协虽然有一部分资金，但是搞不了全国的，所以他就想搞接地气的，目的是推广和普及。它就搞区域性的比赛。原来我在帮他之前，我是各省市特奥教练，因为我有国际特奥高级讲师的资质，也为各省市的特奥教练培训班去讲课，讲竞赛和各个项目的规则，按照国际特奥会的规则去讲。但是加入中国智协以后，由于它要考虑区域性、环境和人文等因素，要在原来特奥会基础上，接地气地进行修改，让它适应和符合运动员的能力，接近低能力运动员的程度，所以制定出比特奥会，甚至比特奥会低能力规则还要简单、明了、直接的一些规则。

问：中国智协对亲属方面的服务或者支持有哪些？

张育才：对亲属的支持就比较宽泛了。亲属的活动，比如说有家庭支持网，是特奥会支持的一个项目，就是让这些智障人群家长精英，来形成一个像网络似的联系，彼此之间有一些互通和交流，然后把好的方法分享出来。

现在微信这么发达，大家建一个群〔很容易〕。现在又开始建了一个唐宝群，就是中国要建立一个国际脸谱唐氏综合征孩子的特别委员会，他们的工作主要就是宣传、呼吁和协助智协。他们建立这个的作用还是很大的，比如说成都的一个家长，做的一个“憨儿洗车房”，然后，广东也开始做了；辽宁大连做蛋糕房的，陕西的做糕点的。有的家长自己有能力，他就照顾周边的几个孩子，带着这些孩子一起做。或者，他们讲一个“抱团取暖”，这几个有能力的家长，大家凑一凑精力和经费，凑在一起，有钱的出钱，有力的出力，有思想和主意的出主意，做一些力所能及的事。

但是这两年，随着孩子的年纪越来越大，出了几档子事。前两天在网上热议的一个老太太，具体的我忘了叫什么，她实在没能力照顾她那个……应该是有五六十岁智障人，她就给那个人喝药。她实际上也是想，我要是真照顾不了你，那与其让你受罪，不如我看着你先去了。在这些智障人群、亲友当中，我听他们点评最多的是身后事，他们老说“不敢死，不能死”，就是养老的问题。最近出台安居工程的保险，在中国智协的大力推动下，跟五家保险联合推举两家来做这件事，叫“安居工程”，保险交的钱比较少，受益大，比如磕碰、伤病、赔偿比例都挺高的。现在养老，他们有一种说法，智障人跟老年公寓结合起来，那个说法我忘了叫什么，也都在实验当中。在广东汕头搞了一个叫“托养”，托养机构，跟香港学的。他们想把自己的房产、存款什么的交给一个机构，看看有没有这种机构，在他们身后来抚养这些孩子。

在中智协任职也好，亲友会任职也好，资格必须是家里有这些孩子，或者是亲友中有这类孩子。这点非常有好处，因为他们感同身受，有些想法和做法都是为了这些孩子。

慢慢我发现，现在特奥会中一些竞赛有点走形了，就是说组织者和负责的决策者不像是肯尼迪、施莱佛家族一样，家中有这样的亲属。慢慢就变成没有，没有了以后，他就不会像有的这样的家庭，去为他们去着想。国际特奥会成立的时候，就是施莱佛家族后院的一个趣味运动会，慢慢一点点的越做越大，也是由爱心人士、家长和亲友来把这个群体联合起来做成国际特奥会。如果特奥会将来这样发展下去，不依托类似中国智协这样的民间团体，它可能就不会设身处地为这类人群着想。现在各个特奥会的行政隶属都是在政府的行政机构，这样就不利于这类人群的良性发展。原来还好，一开始还是为这些孩子，为这些人群做事，后来变成了一种恩赐。到今天为止，我一直在想这个：中国智协涵盖人群和受众体要更多，而且它是设身处地为这部分人群着想。但是中国智协要依托于中国特奥会，这正好弄反了。

我爱我家，点滴生活幸福事

问：请介绍一些您的家庭情况，好吗？

张育才：我们一家都土生土长在北京，工人家庭。我父亲原来是玉器行的老手艺人，最早他一个人工作，我出生以后，母亲才工作。原来父亲一个人工作能养活一家子人，后来，孩子越来越大了，需要的经费越来越多，包括上学，方方面面的支出比较多了，母亲就出去工作了。那时我家的生活条件还是不错的。

我们家原来最早在崇文区，后来，崇文区撤销，合并到现在的东城区。崇文区我们住的那个楼，因为北京电业局占地，我们搬到朝阳区的劲松。现在一家三口人，有一个女儿。爱人叫吴琳珺，我是1992年结婚的，妻子也是做教育的，幼教，算是同行。第一次认识我妻子，是在北京市教育系统的联欢会上，当时是九几年，还是类似于计划经济似的，还没有那么开放，大家认识是以介绍为主。

张育才近照（2018年12月1日拍摄于长春）

女儿叫张一，就一横道的“一”。为什么给女儿起这个名字呢？女儿是1996年出生，当时正好在外面带队集训，准备去参加首届亚太地区特奥运动会，也没有时间照顾家里。当时呢，必须给孩子起名字。我就想到李四光取名字时候的意义，想着如果要是起简单点，就可以随便改嘛，什么最好改？“一”字最好改嘛。所以呢，我想着先起个“一”吧；另外呢，起个“一”呢，也有个吉利的话，这次比赛能够取得好成绩。然后就取了，就叫一横吧，横竖写都行。

我现在是单独住，没有跟父母住在一起，孩子在首师大读大学，大三了，学生物的，生命科学学院，她以后研究生就去科研所。对孩子印象最深的就是，她表扬我最多的是考试的时候，你给我起这个名字非常好，别人写名字的时间我都答过两道题了。为什么最后没改这个名字？因为记住特别容易，不会再特意跟人家去介绍，就是第一的“一”。

她的运动爱好，是当时我带着她去看一些训练学来的。比如说现在打篮球，那时候只是玩，我去训练的时候，她就在那玩，就是我正经教她，她不跟我学。原来在小学和中学，一说张一打打篮球，一上手打的还是那么回事。我觉得她现在性格开朗，经常参加一些社团比赛、活动等，都得益于原来不经意的练习，她现在的兴趣爱好不是运动，而是摄影。她和我一些学生的关系都挺好，大的也知道让着她，她也能关爱这些小的，都时不常还问张一怎么样。在家庭中，她妈妈照顾孩子多一点，有事我们都忙了，父母就会帮你照顾，比如说上下学啊，接送都帮。

问：家人支持您从事这项工作吗？

张育才：这主要在于自己，家人支持不支持的，首先你自己得愿意。当然，一直能无怨无悔的在这个领域，对这个领域孩子的关爱，造就了我。我老跟人家说，我也做不了别的，我也不会，就跟他们在一起嘛。

家人的支持也有。你看家里人帮着带孩子，包括哥姐也是，知道我经常出差，去比赛，带孩子，父母有时候也照顾不了，只能家人啊，兄妹帮忙照顾。家中只有我从事特教行业，家族中没有不健全的孩子。虽然我经常训练，但有孩子小的时候，必须每年带孩子出去一次，去海边，去爬山等，现在孩子大了就分开了，他们玩他们的，我们玩我们的，或者是自己玩自己的。

问：在工作之余有什么兴趣爱好？

张育才：我兴趣爱好比较广泛，从小学受哥哥、朋友的熏陶，对音乐比较感兴趣。接触最早的是吉他，吉他弹得不错，到哪种程度呢？上师范和工作那个阶段，能够到一些中学办的吉他培训班给人家讲课。那时不叫兴趣班，当时比较时髦，叫吉他培训班。工作以后，我在区工会乐队、北京市总乐队都是电吉他手。1988 年左右的时候，学校没有音乐老师，我还教过一个学期的音乐课呢。

我的爱好除了音乐，就是体育。年轻的时候，有一个阶段非常喜欢赛车，就是趴着骑的那个赛车，有一拨不错的朋友，一起去郊游，就像现在的驴友。但是驴友人家是骑普通车，我们呢，是每个人必须有一辆趴把的赛车才能加入这个团队，有这么一拨儿朋友。到冬天呢，又有一拨滑冰的朋友。那时候北京冬天基本上还能够保持两个月的滑冰期，约好了去滑冰，北海、什刹海、颐和园那块。弹琴也有一拨朋友，当时弹琴还是比较少的，不像现在这么普及。总体来说，爱好还是比较广泛的，但后来工作越来越忙了，逐渐就放下了。

问：现在的生活中，除了工作还有什么文体活动？

张育才：现在基本没有了，前一段时间还能约上朋友打个羽毛球，大家都是搞体育的，干什么都不服输嘛，打羽毛球也是凑一个队跟人家打，活动起来就像训练和比赛似的。

但是出现一个问题。我们这个团队中有一个人是老坐办公室的，一礼拜唯独就参加这一次体育活动，有一次打完球，晚上回去以后，心脏出现问题了。后来别人猜测打球太剧烈了，打完了以后冲澡，当时开的一刹那是凉水激住了还是怎么着。再一个呢，他平常坐办公室，一礼拜就赶上这一次大运动量，活动量太大，浑身出透了汗。那种感觉，好像打过的人才知道。

后来我也反思，羽毛球在球类当中的运动量是最大的，因为每一次接球，你都要跑回中心原点预备，然后再回到四个点，运动量是最大的。这个人呢，也是五十好几的人了，马上就奔六十了。当这个队友出现问题以后，我就没再参与到里面去。现在最大爱好就是长走，不管去哪，能够走的都走。不能走的再骑共享单车啊，坐公交车啊。现在很少开车，原来上班、下班都开车。

问：您有固定的朋友圈吗？都关注些什么内容？

张育才：有几个比较固定的圈子，原来谈的问题就是五花八门的，现在基本上慢慢回归到健康问题。比如说，大家聚在一起探讨一下养生、健身类的，基本上就是谈谈这些。然后，互相问候一下家里人吧，主要是老人这块。还有一拨是老人都不在了，像我父母都不在了。到类似传统节日春节，或者大的节日，有这么几位朋友，就是父母都不在的，大家相约在这个节日，就类似于大家都是亲人似的，在一起见个面。

张育才学生口述

口述者：李博（男）
访谈者、撰稿者：梁瑜欣
访谈时间：2018 年 2 月 9 日
访谈地点：北京东城区培智中心学校

问：您是张育才的学生，我想了解一下张教练的情况。您先简单介绍一下自己，好吗？

李博：我叫李博，张教练的学生。张教练教我的时间很久了，那时候也就八九岁，我是 1984 年 12 月 4 日出生的，我现在都三十三岁了，得有二十多年了，现在的工作就是给艺人做经纪人啊。

问：您八九岁是什么情况下认识的张教练？

李博：我七八岁那会，在崇文体校练足球，之后到天坛南里小学，在辅读学校上了两三年，然后来到中心学校，在上课时认识了张教练。我刚来的时候跟这个桌子一样高，然后就一点一点长大的。我们那会上午就是正常学习什么的，我基本都没有好好学过，就是他们上课，我睡觉，要不我趴在桌子上待着；中午吃完饭、睡觉，下午就开始训练了。看练什么，如果要比赛曲棍球了，就是曲棍球的课。我参加的是球类的训练，有篮球、曲棍球、足球，就是比赛的这些项目。

问：每天都是做专项训练吗？还是在比赛之前训练？

李博：就是，应该是每天。就比如说，我这个要比赛曲棍球了，学校里选，就是各个学校选拔，这边出三个，那边出三个，被挑选出来，做集中培训。在集训的时候，比如说训练俩月了吧，就去另外一个地方，进行集中的训练，每天早上起来啊，下午啊，全是训练。除了集训的时候，其他时间都是上午上课，下午训练。

问：您觉得您跟张教练的关系怎么样？

李博：我们是师生，他又是跟父母一样。我跟张教练在学校的几年，基本状态都是上课、训练，参加国际比赛。我和张教练的关系是很好的，非常喜欢张教练。毕业应该是 2000 年，但是我没走，毕业不来上学了，但是每天下午训练我来。一开始是队员，后来慢慢地变成队员兼教练，助教这个方式。直到 2007 年到上海参加第十二届世界夏季特奥会，比赛完之后，队员们就各回各家了，我就毕业了。当时也不像现在上学，有什么上学的年龄限制。

之后，总裁华为连先生推荐我到“京西国际学校”当体育助教了。就在顺义，当了助教，就是一个老师配一个助理，配合老师上课，每次课外活动之类的。我们属于什么部门呢？就是课外活动那种。那个学校全是大使馆的孩子啊，要么就是华侨啊艺人的孩子啊，那必须要有绿卡，比如说在美国、英国，必须要有那种身份。这个学校从幼儿园开始，小学、初中都有，一直到高中。我在那学校待了得将近四年，2011 年，就回来了。回来以后就是处理些艺人的安排，就是经纪人的工作。

问：为什么李博从事了现在的这个工作？

张育才：学校的校董换了，原来那个校董呢，很尊重他，明白〔特殊孩子〕是这种状况。换了一个校董，可能对这块呢，不是很理解。〔李博〕对各方面呢，有些不适应和不习惯，他自己本身有自己的自尊，他也知道好与坏，真与假，他就辞职了。

他辞职的时候也没跟我说，辞职完，回来有半年多跟我说起这事。我还在说他，为什么辞职，他才跟我说原因。他跟我说的不像我说的这么直白，是吧？他就拿事说。我后来总结呢，校董换了，方方面面，周围的人，肯定也换一拨，对他的态度啊做法啊，方方面面不像原来似的，他的自尊心挺强，就不习惯看人家的这种脸色和眼神，他就出来了。

出来呢，正好呢，有这么一个契机，一开始跟着人家，人家看他一个是挺灵的，原来〔参加〕大融合〔活动〕走南闯北，这个世面对他的成长非常关键；又有三年多在国际学校的经历。他有一个最大的优势就是，不管是熟人也好，生人也好，不管什么话题都能聊到一起，就有亲切感。他喜欢交朋友，接触人，而且他本身就没有那么多弯弯绕，很直白，很直接。所以，这点就是他为人处世的一个优势。

后来他见到湖南卫视的师父，包括方方面面的这些人，他也很直白地跟人家说，我是什么样的，他老拿着残疾证嘛，别人可能都不好意思拿着，他就直接跟人家说：“我是什么，您看，我喜欢跟您学习。”又懂得学，学完以后，人家慢慢地带他，慢慢地跟人家去合作。到最后呢，有点人脉了，网络了，就喜欢自己带。

他所走过的路磕磕碰碰的，有时候他跟我说，不是一帆风顺的。作为特奥运动员，我觉得李博是一个成长的典范，包括国际特奥会主席、亚太地区总监容德根容先生也非常喜欢他。体育总监查理他们都跟我关系不错，人家看他老是在我左右屁颠屁颠的，他也会做事情，非常懂礼貌。在一起聊天，不用人家说，他倒个水啊，方方面面做得很到位，而且他最大特点就是爱干净。

在他小的时候人家问过一句话，说喜欢哪个老师啊？他说："我喜欢体育张老师。"别人问："喜欢体育张老师哪啊？"他说："我喜欢体育张老师的干净。"他呢看我穿衣服，不管是冬天也好夏天也好，穿衣裳干净利落，也可能是我对他的影响，包括后来参加比赛就有点类似于洁癖，非常喜欢把自己打理得干净利落，这个也是学到好的地方，也是他特殊的一面。有时候跟他父亲闹意见，就是他把周围的环境搞得非常干净，他爸爸呢不拘小节，经常跟他爸爸发生摩擦，后来呢他就自己住，到现在也是自己住。他去帮助小的运动员，弄脏了衣服或者说怎么样的，他不会在乎这个，他训练的时候，会全身心地去帮助那些小的队员，或者弱的队员。这种教学方式和训练方式是我一贯提倡的，就是我去教的时候，跟他的差距很大，如果要是队员之间互相教，他们之间有他们的语言方式和沟通表达的形式，会很顺畅。

不是说当初李博在的时候，就形成这种助教的方式，他前面还有一个叫大龙的，以前也是助教，这是第一拨。这种方式延续至今，我总结是"瞧街坊"理论，非常有效。我经常跟他们讲，如果让姚明给你做投篮方式，他做完了，你也只是羡慕，为啥？你肯定会摇头说，我达不到他那种程度和目标，但是如果同伴投一个篮进去呢，你肯定有一种不服输的感觉，我肯定要试试。同伴间的互相帮助和瞧街坊理论，就是从实践当中总结出来的。

问：您平时跟张教练交流的频率大概是多少？

李博：那挺多的，比如说去外地三四天，一回来就约着一起吃个饭，聊聊。就聊一些比赛的事啊，或者上班的事啊，也聊特奥这块怎么样，我觉得没有原来好了。我觉得原来吧，体育项目特别多，现在就是少了，以前游泳啊，田径啊，铁饼啊，轮滑啊，乒乓球、篮球、足球、400 米啊什么的，我记得特别多。现在啊，项目变少了。还有一个，怎么说呢，我不知道现在特奥会在抓什么，我看见好多人在手机上发，每天发"我在外地干嘛，拍几张照片发发"；完了要不就做一个访谈，找一个学生家长做些这个。我觉得宣传层面没有大面积地去进行特奥会的宣传，没有针对实际的东西出来。

问：您参加过几届特奥会？可以大致说一下吗？

李博：我参加的太多了，印象比较深刻的比赛就是2007年。2007年我们从北京过去得有上百人吧，当时全国各地都来了，到上海参加比赛。我记忆最深的就是，从大家在一起的时候，到临别的一瞬间，我觉得就是挺那什么的。因为我们组成一个足球队，有全国各地嘛，有上海的，海南，东北，天津，还有吉林什么的，就是人特别多，哪的人都有。从上海分开的时候，天津的就回天津了，大连的就回大连了，本身是在一起的，这三个月在一起磨合啊，在一起住，在一起吃，在一起训练，完了以后，突然之间比完赛了，就各奔东西了，就一下，这个感情是挺那个什么的……

问：您和张教练在一起有什么经历，能分享一下吗？

李博：我们经历挺多的，地板曲棍球是我第一次跟张教练出去比赛，好像是青岛，那个集训时间挺长的，住的是聋哑学校，那次训练有三四个月，特别长反正是。这段时间我们都住一起，教练平时也不回家，就是他一天都跟着我们训练，吃饭、睡觉、训练都在一起。有时候夜里还加练，加练到十二点。

问：在这次集中训练之前，接触过地板曲棍球吗？

李博：没有，哦，有，之前就是选嘛。开始练了，培训是张教练做，那会练的时候，就是一个饼，布的那种东西，然后是一根杆，不是专业地板曲棍球的那种杆，完了以后还是大泥地。后来在选拔的时候，崇文的就由崇文的教练来管，西城的就由西城的教练来管，选的时候各个教练在一起开个会，然后两支队伍互相开始打比赛，教练在旁边观察，共同选出要参加的人。比如说，今天西城的到崇文来了，五对五打完了，从里面筛。通过选拔，当时咱们学校参加的有三个人，然后在一起经历三四个月的集训，然后就参加比赛。

问：当时比赛的情况怎么样？

李博：这是第一次张教练带着我参加全国的比赛，但我也没有很激动，因为原来我放暑假的时候，没有课的时候，比如说放假、春节什么的，我那会训练，住在奥体中心，住在俱乐部，已经适应过了。我这人去哪都可以，都能很快适应。比赛项目我主要就这仨，有地板曲棍球、篮球、足球，整个比赛我们住的得有十天，当时取得荣誉我们好像拿第二，成绩还挺好的，一般都是前两名。从这之后，我就开始陆续参加比赛了，每年一次的特奥会我都参加了，一年一届。除了特奥会，别的比赛都没有参加，我就是跟别的朋友一起，自己组织锻炼身体去，一块踢过球。

问：刚才我问李博，他参加的比赛比较多，他不太记得了，您还记得他参加了什么比赛吗？

张育才：先说他的主项，从小他就踢足球，踢得相当不错，跟他一起踢球的孩子在国安三线，到现在，当足球教练；因为身体和各方面原因，那他就没进国安队。李博的家庭条件，小的时候，他爷爷在的时候，经济条件非常好，就给他送到花钱的一些私人俱乐部。当时是有体校，体校原来是一个区选仨，一个是你给钱就练，他属于家里有条件，就送到体校，专门的足球班去培训，他有先天的踢球素质，他后来的体育素质和家里投入分不开，但是没踢出个模样来。后来通过在特教学校锻炼身体，方方面面接触项目多了以后，身体素质上去了，他原来的技艺又拾起来，他在足球这方面，在特奥运动员当中就显现出来了，因为也有底子嘛。

一开始可能踢得不是太好，但是身体素质上来以后，就有点凤毛麟角似的，绝对主力了。借助于他自己的专项呢，我们原来也没有上来就练足球，因为足球是一个集体项目，不好搞，也不好出成绩。我们只能简单做一些田径，比较简单点的篮球，还有一些体操的项目，逐渐加入了一些地板曲棍球，后来项目基本上达到了十几个。他属于能够一个项目高精尖迁移到其他项目，他所参加的项目，比如说，足球是主项，篮球的球性也是比较不错的，能打后卫。田径这块呢，跑、跳、投也比一般运动员成绩要好。刚才说地板曲棍球，还有网球、羽毛球，还做过什么？

李博：没了，现在不是在体验呢嘛，高尔夫。

张育才：那个高尔夫，软式垒球他也打过，高尔夫他也打过，冰壶他要打也是很顺手的。后来，因为我们运动员能力都比较强，特别注重集体项目，个人随便扒拉一个肯定是要拿奖，后来我们就弄集体项目。从北京来说，集体项目没人能比得过我们学校，在北京当时打出的口号“赢了崇文就是第一”，在全国呢就是“赢了北京就是第一”，就这种。我说的是集体项目，比如说篮球或者足球、地板曲棍球，都是这样。事实也是这样的，我们再让这些队员去撒开了，去参加一些个人单项，每个运动员都能拿五块牌以上，在北京、在全国也是首屈一指的，因为我们整体素质都上来了。

我确实不拿这个孩子当外人，我的那些朋友，比如说美国的、韩国的，还有周边国家的特奥的这些朋友，到北京以后，我都让他跟着我，见见面，包括台湾的、香港的，每次来了以后，他都见个面。人家对他都挺关心的，经常也问问李博怎样啊。有一段国际特奥会东亚区的技术总监带着孩子来，非得要学乒乓球，他和大龙两人，带着人家那个儿子，比他们还小，拉着人家打，天天去训练，那是个健全孩子，是个台湾的小学四年级，给安排好，打车去，打车回来。做人也不错，挺好。

问：后来这些年，在特奥运动这方面做过什么事情呢？

李博：我还是比较关注这方面的信息的，主要通过网上，去年我们自己做了一个公益，明年再去另外一个学校做。因为我选出了十五家学校，全国的，好多艺人、好多老板啊，我们在一起，在做这个。我前一段时间做了一个球，是我自己做的一个、开发的一个体育项目，是一个地板足球，它是不伤害人的，是从地板曲棍球改的这个地板的足球，就是跟地板的曲棍球是一样大，它的规则和玩法跟足球还完全不一样，它是有一个挡板的，塑料做的，不能踢起来，只能传，禁区外射门这种。当初想开发这个类型的足球，因为这个是不伤害身体；二呢，也是对脚底的一种磨合嘛，适用像培智学校孩子一样的，都可以用，现在东西都已经在市场上，开始使用了。

问：您跟教练在一起，记忆最深刻的一件事情是什么？

李博：最深刻的一件事，就是我妈妈去世那会，我妈去世十多年了。那时候我准备参加地板曲棍球，正好赶上我妈妈得病，完了之后就突然给张老师来了一个电话，那是训练的时候。应该是第四届中国特奥会，去哈尔滨嘛，先开始的时候打电话我不知道，好像是传达室来电话了，还是怎么着了，正好我还在训练呢，训练的时候我妈住院了，平时训练忙，也见不到，后来张老师给我叫过来说了。

问：张老师在这个时候有没有给您什么支持和帮助？

李博：就是，这个怎么说呢。

张育才：这个得这么说，他妈给我打电话，已经接近弥留之际了。他呢，平常跟他妈的关系要比他父亲好得多，比较依赖他妈。但是，他妈为了不影响他，没给他打电话，在弥留之际呢，给我打电话，意思是把他托付给我，把他当亲儿子去看待，别让他受委屈嘛。

这件事，他怎么知道的呢？他是通过我对他的看法和做法知道的。我对每个队员都非常严厉，严才能出成绩嘛。那段时间的训练，正好到了关键时期，要比赛了。我平常不会过问他吃饱了吗，吃好了没有，然后呢，突然对他特别关心。怎么说呢，他受宠若惊。慢慢地这一段时间过去了，他家也没有在这个阶段中说这个事。等比赛过去了，他妈去世了，跟他说了，他才意识到。后来呢，过了很长一段时间，他才说："跟您说什么了？"我跟他说的挺直白的，就是说："〔你妈说老师〕可以打你了，别人打不了。"他呢就，眼泪就下来了。后来呢，不管是什么情况，就特别怕我跟他说"你跟别人不一样"。

张育才同事口述

口述者：王昕（女）
访谈者、撰稿者：梁瑜欣
访谈时间：2018 年 2 月 9 日
访谈地点：北京东城区培智中心学校

问：请自我介绍一下，好吗？

王昕：我叫王昕，1972 年出生，之前在普通小学宝华里小学教音乐，2000 年到这个学校做音乐老师，教音乐课。这两年学校老师比较缺，我就带班，当班主任。此外，我还负责学校的信息宣传、青年教师管理、教研组长。

问：您当时为什么会来这个学校呢？

王昕：机缘巧合吧，我和这个学校原来的音乐老师认识，常听她提起这个学校的孩子都挺有意思的，她快退休了，就找到我，说有一些这样的孩子，要不要过来看一下。我也觉得这是另外一番天地吧。

问：那您来这里之前对这些孩子有一定了解吧？

王昕：可以这么说，就是知道有这样一群孩子，但并没有真实地跟他们接触过。到了这个学校来任教，才比较真实地跟他们在一起。

问：那真实接触后，有什么跟想象中不太一样的地方吗？

王昕：比我想象中更可爱。

问：所以您还是很欣赏这些孩子的。

王昕：和他们在一起挺好的，真不是瞎说，真是挺好的，让自己挺年轻的，也挺快乐的，老觉得自己被需要。

问：当班主任除了上课，还要照顾孩子吗？

王昕：当孩子一迈入学校，从上学到放学，中间的所有事情就交给我们了，吃喝拉撒睡，都由我们来负责了。您也看到了，我们学校的孩子跟别的孩子不一样，自理能力很弱。我现在带的小班，他们的自理能力都比较弱，包括喂他吃饭，带他上厕所，陪他们睡觉，这些都是我们的事。直到放学时，我们手拉手把他们送到家长手里，我们的工作就结束了。

问：您的班里面有多少个孩子？有其他人协助您吗？

王昕：我们班五个孩子，五个孩子的情况都是各种各样的，程度比较重，年龄比较小。两个班主任负责这一个班，我们是有分工的。午休后，一个人去把男孩子接回来，一个人去把女孩子接回来。

问：每周的音乐课是怎么安排的？

王昕：我们以前上午有音乐的教学课，下午有潜能训练。就是把班里面的孩子都打乱，能力比较强的孩子进行文艺方面的训练。张老师原来下午也有特奥组，专门训练能力比较强的。现在因为大家都生二胎，人手有点紧，现在每周，每个班都会有两节音乐课。潜能训练今年是没有了，明年还会有。

问：平时学校老师和孩子会共同参加活动吗？

王昕：我们学校的活动挺频繁的，一学期至少四五次，而且基本上学校的活动都是教师、家长、孩子共同参与的，老师单独的活动也有，但是不像普校那样。我们学校是一所融合学校，所谓融合，就是融合校外的一些资源、融合家长、融合教师。比如前两天刚刚举办完一个活动，是和东城特教的一个深度联盟，带领学生和家长到湖广会馆，一个中国传统文化的戏曲博物馆。这次活动融合了东城特教、所有学生家长。另外，每一次的活动都会有志愿者参与，例如东城地税的志愿者、北工大的志愿者。

问：您跟张教练在工作上有什么交集吗？

王昕：因为这个学校是全员育人，学校的每一个人，不管是不是一线的老师，都对学生有教育的责任和义务。可以说学校上上下下没有纯粹的行政，也没有纯粹的一线教师，所有的人都可能会对这些孩子进行照顾或教育。包括后勤、食堂、门卫的工作人员，如果你要是采访他们，他们都会对孩子如数家珍的。

我刚来的时候，这些运动员小的时候，张教练带着运动员去参赛，我们全校都要参与的。就是说他带着孩子们去参加比赛，就不是他一个人的事，是我们全校人的事。

只不过他有更多机会，他的项目是他来策划、主导和训练，但是一些后勤我们都要知道，我们都会在底下配合他。还有比如说他们去训练，去比赛了，那我们都会知道，当他走了之后，学校里面一些孩子啊，是哪个班的呀，需要干嘛，这些工作我们帮着分担。

问：您和他共事，有没有记忆犹新的事情？

王昕：我觉得张老师对体育教学特别用心，而且一心扑在特教事业上，他对特奥运动员就跟他自己的孩子差不多，很多特奥运动员跟他的关系特别好，这些我们也很羡慕。再有呢，他总能想办法帮助这些身上有这样那样问题的孩子，发挥出他们身上的优点和优势来，他用自己的小办法来帮助他们获得好成绩，或者是给他们很多机会，让他们参加更多更大的比赛啊，让他们能见到更多，得到更多帮助，我觉得这是他特别闪光的地方。

作为一个男老师，他们为数不多的几个人是学校一建校就到这里来的，我觉得这就特别的不容易；而且他在特奥这一块，应该说是非常有名的了。但是，他也放弃了很多外调的机会，还坚持在学校一线，包括到现在还在教课。

现在我们孩子的程度越来越重了，和以前不一样。以前呢，有很多小运动员啊，能力都非常强的。现在越来越重了，张老师还能在这些孩子身上发挥出他们的长处来，比如说他会用他的经验，开发很多新的训练项目，让我们大家都觉得耳目一新，让所有的孩子都能参与到特奥的训练项目中来，这点我觉得特别不容易。

再有呢，张老师不光是在这个学校里面，他的能量也辐射到全区、全市，甚至全国。同时，他是特奥讲师，这么多年他一直在智协主导这些东西，很热心，为了这些孩子做了很多，然后自己也不说，自己就是默默地在做着，为了孩子做了很多的事情。

作为一个男教师来说，也挺不容易的。他带着很多孩子去训练、去参赛，我所知道的，就有很多故事，比如说，他的女儿出生的时候，他都不在身边；母亲去世的时候，他也不在身边，带着孩子在外面比赛呢。他会把孩子和特教事业放在第一位，不是每一个人都能做到的。

张育才工作观察日记

观察时间：2018 年 2 月 9 日 9:00—16:00

观察地点：北京东城区培智中心学校

观察者、撰稿者：梁瑜欣

时　间	工作内容	备　　注
9:00—10:15	访谈张育才教练。	补充访谈特奥会情况。
10:15—10:25	张教练负责学校课间操，带领全校同学进行热身活动。	每个班级同时有两位班主任老师带领。
10:35—10:40	张育才教练上乒乓球回顾课，简要说明本节课内容。	7 名同学一个班，年龄相差 1—2 岁。
10:40—10:45	学生先练习接球，张教练讲授接球要点。	
10:45—10:50	学生排队，挨个与发球机对练接球。发球机向固定一点发球。张育才教练在旁边指导。	一名同学与发球机对练时，其他同学在旁边观看。这名同学练得好时，其他同学鼓掌祝贺，张育才教练也会引导其他学生对这名学生进行鼓励；当这名同学接球不顺时，张育才教练会手把手教学，也会让其他同学对其进行帮助。
10:50—10:55	学生排队，挨个与发球机对练接球。发球机向两个点发球。张育才教练在旁边指导。	
10:55—11:00	张育才教练单独辅导接球能力较弱的学生，手把手教学。	
11:00—11:05	张育才教练让一两名程度好的学生辅导程度弱的学生，学生也是手把手教其他同学。	
11:05—11:10	张教练因材施教，程度好的学生增加接球的难度和速度；程度弱的学生巩固一个点或两个点接球。	
11:10—11:40	班级内每位学生重复练习一个点和两个点接球，张教练在旁边指导。	
11:40—13:30	学校老师和学生在食堂吃午饭，吃完午饭后，学生和老师都会午休。	
13:30—14:30	访谈张育才教练的学生李博。	
14:40—15:30	对张育才教练补充访谈几个问题。	
15:30—16:00	访谈张育才教练的同事王昕。	

训练方式因人而异

——张本会口述

张本会，男，汉族，1971 年出生。北京市通州区培智学校体育教师。1992 年 7 月毕业于北京通县师范学校，1995 年调入通州区培智学校工作。2002 年 10 月作为教练带队参加全国特奥运动会；2009 年 9 月作为教练带队参加在青海举行的全国特奥乒乓球比赛；2010 年 6 月，作为教练带队参加在辽宁举行的全国特奥羽毛球比赛；2012 年 8 月，作为教练带队参加在福建举行的全国特奥轮滑比赛。2005 年获得国际特奥东亚区高级讲师资质。

口述者：张本会

访谈者、撰稿者：梅寒霜、胡惠敏

访谈时间：2017 年 11 月 29 日、2017 年 12 月 12 日

访谈地点：学校办公室

村里孩子都是我母亲接生的

问：张教练您好，我们是中华女子学院的特奥访谈小组成员，胡惠敏，梅寒霜。

张本会：欢迎你们。

问：请您简单介绍一下自己，行吗？

张本会：我叫张本会，是我父亲给起的名字。我们这都是排着辈儿的，“本”字辈儿，我们哥仨儿，都是“本”字辈儿。本来我这个“会”啊，是三横一竖，心字底，杨开慧的慧。我们哥仨儿呢，我大哥叫张本忠，我二哥叫张本志，然后，我应该是叫张本慧，这都是按家谱辈分排的，这都是父辈给起的，都是有意义的。但是具体意义我也不是特别清楚，它从上边传下来。后来怎么变成“会”呢？是因为后来有了身份证之后，身份证写错了，但是这个字

好写，简单一点；再加上我小时候也是刚开始写字，那个“慧”写起来比较复杂，笔画比较多，后来身份证也给登记成这样，就省得改了，改就改吧，顺其自然吧。

问：您是哪年生的？

张本会：1971 年出生的，家里面我最小，上面还有两个哥哥。〔出生的〕那个时期刚好是“文革”时期。

问：您的老家是哪里的？

张本会：我老家是通州的，就本地的。

问：能介绍一下您的家庭情况吗？

张本会：我母亲今年七十五岁，父亲比母亲大一岁，两人退休了。〔经济状况〕和村里其他小伙伴相比，还是稍微好点的。我父亲在乡里上班，是工厂工人，比父母都是农民的强一点。我小学时家里就有电视机，是黑白电视机，自行车也有。母亲是村里的赤脚医生，〔村民〕头疼脑热啥的，就给拿点药，发烧打针什么的。

问：她学过相关医学知识吗？

张本会：她以前没系统地学过医学，就是村里挑选出来，认为你比较能够胜任那个工作，经过短期培训。我认为母亲最伟大就是——接生小孩，村里妇女生小孩，都是我母亲去接生。

问：您母亲接生过多少个孩子？

张本会：那会儿没有计划生育，我母亲每年接生的小孩还是很多的，像我那会儿，上学一批有三十个学生，所以我估计那会儿一年最起码要接生三十个孩子。

问：接生会有一些收入吗？

张本会：接生是有点收入。去接生，能获得一点钱，5 块钱，10 块钱的，后来 10 块，20 块的。接生很辛苦，稍微有点动静，不分黑天白夜啊，要生小孩了，人家就来叫我妈了，我妈带着工具箱就去了。可能去一宿，很顺利，没准儿就把小孩接生下来了；也可能去一宿，没生下来，我妈再回来。她回来的那个点儿我也该上学了，她给我们做做饭，等我们上学了，我妈还要去，直到小孩生下来。有的生产比较顺利，几个小时就回来，有的就要去好几天。

问：您母亲做这个工作有多少年？

张本会：在上世纪七八十年代，我妈前后接生时间应该有二十年左右，一年要接生三十多个小孩，那得有多少个小孩啊！六百个，我的天哪！后期有条件的家庭就到乡政府〔的卫生院去〕，如果家里没有条件，没有交通工具，没有钱的，就还是我妈接生。

问：接生工作给您的母亲带来了很高的威望吧？

张本会：对，我妈是唯一一个接生了二十多年的人，没有第二个人做这个事，那时候村里生小孩都是我妈接生的，所以我妈的威望很高。庆幸的是，在我妈接生的这二十年里，没有一个失误的，在现代医疗条件〔下〕，医院都不敢保证没有失误，我妈就没有失误过，一直很顺利。

问：接生工作是怎么停掉的？

张本会：后来实行家庭联产承包责任制，大队就解散了，跟着医疗队也解散了。之后，我母亲自己经营了一段时间，在家里准备点日常用的药品，村里人为了方便，嫌路途远，不去乡里医院的，简单的小毛病都让我妈给治了。但是那时候我妈没有营业执照，维持了一些年，后来因为越来越规范，没有执照的，没有资格的，就给取缔了，她就没法继续从事这个工作了。后来我母亲就种地了，那会儿分田种地，种了几年地，后来就没做别的工作。

中专、大专到本科

问：您是什么时候开始上的学呢？

张本会：我是 1979 年，八岁开始上的学，那时候的小孩上学比较晚。我在村里的幼儿园待了两三年，村里有两个阿姨，就是村里大队选的，她们带着我们这二三十个孩子，每天在大队提供的两间房子学习。那会儿不用家长送，自己就去了，也挺爱去的，跟小伙伴在一起玩，那会儿也不看什么动画片，主要是听老师讲故事，然后就带着我们在村里玩儿。那时候生产队种白薯，大人收了之后，我们就去地里捡白薯；种麦子，大人收麦子之后，我们就去地里捡麦穗，也挺有意思的。

问：幼儿园收学费吗？

张本会：当时的幼儿园是不收费的。但是小学就收费，九年义务是后期了，我没赶上。一个学期有学费，书本费，还有杂费，订这报啊，还收些杂费，因为生炉子啊，煤费啊，都得交钱。我小学四年级之前是在村里念的，然后五年级、六年级就去离我们家有 4 里地的中心学校念的书。

问：为什么上到“一半”就去了别的地方上学呢？

张本会：因为村里就是一到四年级，再往上就没有了，要上五六年级就得去中心学校。那会儿计划生育开始了，生孩子有所控制了，人员稍微减少一些了，村里没那么多学生了，形成不了班级，把师资力量能集中在一起就集中在一起。

问：您当初是怎么去学校的？

张本会：离家比较远，所以是骑车，有时候也步行。当时的自行车叫二八车嘛，带大梁的那种，一点点学，从“掏档”开始，它不像现在车没有大梁，骑起来方便，那会儿都是这么练，小时候都这么练。还得早起，尤其是冬季，冬季还要生炉子。生炉子，主要是男生来做，所以每天起得很早，天不亮就去了，到那儿生炉子也是个很麻烦的事。现在呢，条件越来越好了，不用干这个了。中学也是在那个乡读的。

问：小时候有哪些理想呢？

张本会：那会儿老师尽问，你有什么理想啊？我 70 年代末 80 年代初上学，当时国家还比较落后，比较贫穷，提出的奋斗目标是到 2000 年实现四个现代化。所以你问的理想，那就是科学家啊，军人啊，医生啊，什么职业好说什么，那时候不像现在有这么多新兴的职业，翻来覆去都是说那几个职业。但是我不一样，可能我比较务实吧，就想在村里干好了，当个村干部，带领农民能够越来越富裕，发家致富，那会的提法叫万元户，实现万元户，那个时候就想实现这个梦想。

问：那时候也没想过做一名教师？

张本会：当老师是没有想到的，我记得当时老师的工资一般是非常低的，一个月就几十块钱，比工人的工资要低。我 1992 年参加工作，我的工资都是 100 多块，然后工厂那时候就有挣二百挣三百的，所以那时候很多人就从教育行业改行，做别的，改行上工厂。

问：您是体育老师，想了解您的运动天赋是哪来的？

张本会：我从小就好动，上边有两个哥嘛，加上家里负担也没那么大，家里有些活儿哥哥们就干了，自己就有更多空余时间玩儿。那会儿上学，上午四节课，下午两节课，课程也比较简单，语文、数学、体育、音乐、画画，也就这几样课程，没有别的了。上完课才三点多，我们就放学了，然后村里小伙伴儿一起去玩儿了。那会儿各家各户都养猪，养羊，鸡，养一些家禽，增加一些收入嘛。我们这些小学生放学就去割菜，割野菜，喂鸡喂猪。放学以后有更多时间在学校和小伙伴们玩玩球，打篮球，就这样奠定了基础。

问：初中上完之后，您面临哪些选择？

张本会：上完初中以后，基本上没有什么其他选择。那会儿参加中考，一个是考高中，一个是考中专，我念的师范就属于中专，因为只有上了中专才可以从农户转成非农户口，你上高中是转不了的，还是农民户口。那时候农民的出路就是考出去成为正式工，吃商品粮，所以家里在我身上寄托了这个希望，朝着这个目标培养，别管上什么，先转正，吃商品粮。所以说，那时候好多学习好的学生，本来能考上高中的却上了中专，就导致现在好多那个年代的人就没有经历高考啊，没有上过大学啊，那个时代是那样的。

问：您上的师范学校叫什么？

张本会：过去叫做通县师范学校，是个中专师范学校，现在改名了叫做首都师范学院，现在教的都是大学生了。我当时上了有三年，我们是普师，普通师范，就是什么都学，但是三年之后呢，你得有一个特长，音乐好的就去学音乐弹琴去，美术好就去学美术，学画画去，喜欢打球就是体育，学些体育理论，做些实践活动。

问：当时在学校里食住情况是什么样的？

张本会：上师范的时候就是住校嘛，吃饭就是买馒头、米饭，都需要粮票，票是学校做的，它是定量的，男生每个月比女生多一些。

问：为什么要有粮票啊？

张本会：〔当时〕是只有工人才有粮票，工人不像农民，农民有地，可以自己打粮食，工人就需要买粮食，国家给粮票，比如，一人一天一斤粮，一个月三十天就是30斤粮票，是这么回事。后来随着经济发展，人们越来越富裕，货币流通了，用钱可以代替了，就把粮票代替了。90年代后期用了一段时间粮票，后来粮票渐渐就弱化了，用钱也可以代替。

问：中专结束后，您又去哪里深造了呢？

张本会：中专毕业后，还上了一个大专，上完大专再考本科，所以最后大学毕业是在2008年。上大专时，我已经当老师了。那个时候有个专业叫小学教育，单科结业，有十几科，语文数学啊英语，还有几科和教育学、心理学相关的，单科结业，60分及格，这十来门功课都考过了，就给我发了大专文凭毕业证。有了大专文凭毕业证，再报考本科，参加全国成人高考，然后考上了。本科又读了三年，还是学的跟教育有关，报的是北京教育学院，周六周日上课，平时该上班上班。

对工作有感情

问：您是什么时候开始工作的？

张本会：中专毕业后，我回到老家，回到我土生土长的地方，在普通学校干了三年。三年之后，因为工作调动的原因来到这里〔通州培智学校〕。

问：具体是怎么调过来的呢?

张本会：调动还比较复杂。那会儿就是从农村调到城里来，是给农村指标的。那会儿城乡差距比较大，城市工作水平高一些，孩子上学学校质量好一些，所以好多村里的老师都想调到城里来，每年申请调到城里的有几十个，但是就给两三个指标，所以调动也挺难的。上面由通州镇管理，城区的小学都归通州镇管，几个学校，根据哪几个学校缺人，再分配到那几个学校去，正好这个学校缺一个体育老师，然后我就过来了，把我安排到这了，我才知道这里有个特殊学校，之前我也不知道，来了之后才了解这个学校，了解特殊教育。

问：您是如何从最初的体育老师做成现在的主任的呢?

张本会：刚来时是当的体育老师，后来做了行政工作。因为做了这么多年的特教老师，尤其是做体育老师，也积累了一些经验，通过特奥，跟外界接触的人也比较多，包括东亚区，包括北体大的，这些年做了一些成绩，获得了领导的认可。所以说呢就把我提上来，做一些行政工作，兼职带一些体育项目。

问：学校的师资力量、师生比例是怎样的?

张本会：我们学校是政府拨款公益学校嘛。政府拨款，现在学校的办公经费是非常充足的，过去比如说给学生买鞋啊，买拍子啊，都还比较困难，现在很方便，学校有这方面的资金。过去，还需要一些社会的资助，现在完全不需要了。我们学校教师六十个，学生一百三十多个。

问：老师都是哪个年龄段的?

张本会：三十五岁以下，年纪轻的老师比较多。女教师也比较多，体育课也有两个女老师。

问：学校招聘教师有什么要求?

张本会：招聘教师主要以学习特教专业的特教生为主，以专业性为主，现在还是缺专业人才。

问：需要工作经验吗?

张本会：也需要工作经验。

问：平时上班，一天的时间都是怎么安排的?

张本会：一般就是早晨来，先看看学校的上级给我们的文件，然后发送一下通知，组织每个老师，每个领导开会学习。我还负责学校的考勤，有哪个老师请假，今天可能来不了，或者不太舒服，或者家中有事，帮着他调调课。然后我还有个录像和录课的任务，比如学校搞评优课，评优办公会，哪个老师想录课提前跟我说，我就搬着机子去给录课。到三四节课的时候，我自己也有课。下午有时候跟着体育老师一起训练训练学生。每天的工作时间是早上七点五十开始，下午四点半下班。

问：您一般乘什么交通工具来学校？

张本会：一般来学校骑自行车就 15 分钟，所以一般就骑车。有时候也走路，家离这儿挺近的，走路半小时。

问：喜欢您的工作吗？

张本会：时间长了，适应了，我还是喜欢的，就有感情了嘛。

问：您大概年收入是多少呢？

张本会：年收入在 10 万块钱左右吧。我刚刚工作时一个月 100 多块钱，跟现在没法比。按职称、按工龄，你工作时间越长，级别越高，工资越好。我现在是小高，小高就是一级教师吧。

问：您有特殊教育津贴吗？

张本会：特教津贴我有。

问：您觉得特奥教练的工作价值，体现在哪些方面？

张本会：我觉得作为一名教特殊学生，又教给他们体育技能，还能带他们参加一些比赛〔的老师〕，挺荣耀的。比如去年我就有机会去趟美国，在其他学校一般就没有这个机会。我有机会带着学生参加全国比赛，其他学校体育老师也就带着参加一个县级比赛，很少参加到市里面的比赛。所以说，觉得挺有意义的，挺光荣的，尤其是看到这些孩子的进步。

训练方式因人而异

问：您有没有自己独特的训练方法？

张本会：针对不同项目，不同学生，因人而异吧。有的学生运动能力比较强，而且能听懂你说什么，就按照常规方法训练。有的孩子就需要想办法，比如说，有的孩子足球能力强，就让他曲线运球，距离小一点，能力弱的就曲线加宽一些；能力强的速度快一些，能力弱的速度慢一些，等熟悉了再提高。〔训练方式〕因人而异，一个是个别化，一个是分层教学。近些年，学生能力越来越弱，所以做一些特奥项目也比较难，协调性差，需要用一些特殊方法来辅助他们。比如乒乓球，正常孩子反复练习就可以，咱们这儿的孩子，时间上，要比正常孩子付出要长，辅助的时间要长。然后再借助一些辅助措施，比如颠球，咱们这的孩子乒乓球小，根本就颠不了，首先我们先用一些大一点的球，用大的拍子，来颠大球，一点点地适应，然后再开始颠乒乓球，先接触，先感受，一点一点慢慢来。

问：有残障学生，也有自闭症学生，对不同类型的学生，您的教学方式会有哪些区别？

张本会：自闭症孩子，吸引力对他的意义不是特别大，你说的话，他根本就没听进去，〔教他们的时候〕要把他们的注意力〔吸引过来〕。首先要让他看你，和自闭症的孩子交流，都是和他说："来，看着我。"让他的眼睛看着你，比划着再说〔话〕。自闭症孩子，你看着他，他也不一定能看着你，所以要以他的眼光为主，去找他的眼光。〔需要〕把注意力引过来，这是自闭症〔孩子〕的特点。智障孩子没必要这样，你喊一嗓子，他可能就跑着过来了。肢体残疾、坐轮椅的学生，他们做一些上肢运动，在轮椅上投篮。

问：您来这工作之后有没有遇到什么困难，或者想要放弃？

张本会：没有想过。因为这些年，特奥一直在支持我有事情可做。你看，我们通过特奥，跟北京体育大学联系上了，北京体育大学每年都有四五个实习生在我们这实习，带着他们上体育课。我们跟东亚区经常联系，也比较熟悉了，有些活动安排在我这，去年〔2017 年〕，国际东亚区组织全国的轮滑教练培训班，在北京培训，其中有半天实践日，在我们学校。〔当时的培训活动〕需要出一百个学生，其中五十个智障学生，五十个普通学生，然后让教练在我们学校实践一下。在这之前我要做大量的工作，首先培训我们的学生一定要有一些轮滑的基础，还要跟普通学校学生联系好，这就是有事可做。今年〔2018 年〕特奥东亚区给我们经费成立足球队，定期组织我们去北京国安俱乐部训练，上个月又参加了球队的比赛，这也是有事可做。一直有这个动力干下去。今年是这个任务，明年可能还有别的任务，活动是不间断的，不断有新的东西进来。如果没有上级安排的任务，我们可能还要自己搞一些活动，搞一些体育节，跟普通学校搞一些体育方面的融合活动。

问：从事特殊教育到现在，对您的思想、价值观有什么改变吗？

张本会：我是在农村生长的，一般农村都有一种不灵的人，叫傻子。首先，非常同情这些家长，感到老天给他们这么一个安排，家庭是很困难的。为什么这么说呢？轻度的孩子，能自己上学，比较自立，在家还不用看护；现在好多低能孩子都需要陪读，家长起码有一个要辞职陪伴着孩子，终身教育，终身陪伴。现在陪着去学校九年，念完了之后还是离不开家长，还是离不开家庭，还是不能到社会上独立闯荡，所以家长是终身陪伴。

我师范同学的孩子就在这个学校，比我家孩子小一百天，我孩子今年上高一了，那孩子还在〔特殊学校〕培训着，他们两口子都上班，没时间照顾，下学之后，需要双方父母在家看护。父母也都八十岁左右，给自己的上一代也增加了一些负担。那孩子是自闭症，有时候情绪还特别大，发脾气，推桌子，撞墙，摔东西，自己跑，摔脑袋，经常出现这种状况。

现在好多家长都催着孩子好好学习，以后出人头地，望子成龙。有时候一想到这种〔特殊儿童的〕家庭，就觉得健康快乐地成长是最主要的，这方面对我影响很大，对我身边的人影响也比较大。

问：您跟这个孩子的父母就是您的同学沟通这个事情，他们是什么样的状态？他们现在是什么样的心态？

张本会：比我孩子小一百天，同龄，一年的。小时候我们也经常交流一下，比方说，你们那孩子一岁会说话了吧，会走了不？互相问问。后来呢，他就给我打电话，说哪天咱孩子一起玩会儿，我说行。两家孩子带着去商场，商场有个大型儿童游乐设施，孩子一玩，我一看，他们家孩子离不开大人，离不开他妈妈，她妈妈抱着玩，孩子玩的兴趣也不大。

后来又给我打电话，说孩子自闭症。后来找专家，专家告诉他，这就得终身陪伴，那孩子得做康复训练。家长得研究，不能光靠机构训练，在家也要训练。怎么做康复训练呢？给他借到很多书，我们自闭症孩子的家长一般都是专家级的，他学了很多东西。后来又生老二，老二是健康的，也是男孩，在生完老二之后，他彻底放松了，他认为有一些寄托了。〔有些家长〕不想活了，我就给他们介绍，同样是这样的家庭，孩子同样也是自闭症，你看人家现在观念变了，接受了，你这日子不能不过啊，还得过得有滋有味，生活不能老围着一个孩子，你自己该上班上班，有理想的，该追求追求。

问：这些特殊孩子的家长们会有自己的联合会、交流会吗？

张本会：经常看到一些家长的群，家长有自己的组织。我有个学生，他的妈妈是大学毕业生，生了这个孩子后，就辞职了，看书，对自己孩子康复训练，也报班学习。她在教育自己孩子的同时，也给别人的家长办班，帮助别人，她也从中有一定的经济收入。我经常看到她发一些图片，带着家长，经常组织一些活动，比如上体育馆，找志愿者带孩子做游戏活动，或者有些家长带着孩子一起出去旅游。〔学校的〕社会部组织家长们自发开展一些活动，他们借我们学校的场地，周六开展活动，家长们也很支持。要不然他们去哪儿？去哪儿都得租金，你得花钱呀，在我们这儿就不收费。

咱们这样的孩子啊，有两类比较极端的：一个是父母天生就有缺陷，智商都不高，受基因的影响传到下一代，孩子智力也会有缺陷；还有一部分是孩子父母智商比较高，都有一定的文化水平，基本上都是大学毕业的，往往也有可能出现这种孩子——自闭症状态。我到这学校是 1995 年，那时候有一百二十多个学生，只有一个自闭症。现在一百三十多个学生，有四十多个自闭症。为什么增加这么多？我也在考虑。关于自闭症，主要是遗传基因的问题。〔现在还存在〕基因突变，过去咱们吃的穿的用的都没有什么污染，现在大气都有污染，这是一方面。〔另外一方面〕过去的人，没有什么压力，吃饱了就行，辛苦点，挣多挣少，能有口饭吃就行；现在的人，工作压力大，好多是外地的，外地人在北京能有一席之地就不容易。拼搏这么多年，上大学，然后结婚，买房，工作，不容易，压力大。环境压力造成人的身体出现一些问题，〔容易发生〕基因突变。这些自闭症〔孩子〕的家长都是一些高智商的，都是搞软件开发研究，手机啊，电脑啊，这些就有辐射。

问：学校除了工作日的训练安排，有没有给家长一份训练计划，告诉他们周末或者晚上给孩子做康复训练？

张本会：〔这些工作〕主要是班主任去做，都有家长联系本，留一些作业，把孩子这一天的经历、情绪都写出来，让家长去配合。现在更方便了，有微信，微信群里一发。我们有评估表，比如说这孩子能力、情绪、行为方方面面都有一套评估表。孩子现在训练的时间是怎么安排的，最后训练成什么样，家长是非常清楚的。包括我们做个别化训练，是需要家长和我们在一起研讨的，研究你们家孩子是什么情况，我能教你们家孩子什么内容，采用什么样的方法，〔这些〕是得到家长认可的。

问：这些孩子康复了没有？

张本会：总的来说，通过教育训练，孩子们是有改变的。比如说新生到学校，没有过过集体生活，一开始是不受约束的，要哭要闹。学生也坐不住，老师让他坐一节课，他根本就坐不住。开始老师是做常规教学，了解孩子们什么情绪，怎么疏导他，能够排着队上厕所，上完厕所能回来，都是常规训练。经过一学期训练，孩子的能力自然提升了，能够坐得住，情绪稳定了，不嚷了，坐下来静下来了，老师教一些知识，他能够学进去，就是有进步的。我们学校经常会搞一些评优课，上课的时候把家长请来，为什么让这么多家长陪着呀？

张本会教练（右二）在操场上教学生踢足球。

因为能看到孩子的进步。

问：您遇到的这些孩子，和正常孩子相比，有哪些品质？

张本会：我们这些孩子还是有很多非常可爱的地方。正常孩子，幼小的时候心灵是非常纯洁的，随着年龄大了，家庭影响，可能会导致他们思想行为的改变。我们这些孩子可能永远也成熟不起来，永远保持纯真的感觉。我们这些孩子不会像正常的孩子，年龄大了做事可能会偷奸耍滑，这些孩子你是看不到〔这样的情况〕的。你看我们十五六岁的孩子，见着你可能会说姐姐好，或者阿姨好，社会上的孩子可能都不跟你打招呼，有叛逆性，咱这儿的孩子没有，他还能保持七八岁那种〔心态〕。

有的自闭症孩子的能力是比较强的，自闭症孩子一般都比较会画画，也喜欢画画。美国曾经有个报道，在纽约，一个自闭症孩子坐飞机，从纽约上空飞过去了，下飞机，自己就把纽约城画下来了，这是高智商的自闭症孩子。咱这儿的，我同学的自闭症孩子，暑假的时候，爸爸妈妈带他去北戴河，回来这孩子天天画螃蟹大虾。还有一个孩子天天背银行卡号，几路车哪站到哪站，他就是有自己着迷的事情。所以他们是完全不一样的，要抓住他们感兴趣的点，去训练教育，他们还是会有所成就的。我们有一个自闭症学生，好画画，孩子毕业之后，她的妈妈就开了一个网店卖画，也挣点钱，然后参加一些比赛，发展是比较好的。

爱心和支持越来越多

问：能介绍一下您关于特奥的认识吗？

张本会：特殊的奥林匹克运动，就是咱们的智障孩子经过一定的训练，参加一些体育活动，参加一些比赛。国外的特奥训练形式跟国内的差不多，〔都是把〕过去比较激烈的运动项目转为趣味性的特奥项目。过去咱们叫游戏，不仅是足球比赛、篮球比赛，还有投沙包、骑自行车等，做一些这样的运动。我参加过一些基本的特奥知识培训，还参加了特奥项目培训，在北京参加过两次，去福建参加过一次。每次培训大约为期一周左右，国际特奥东亚区推广一些项目，我们在学校里挑选学生去训练，比如推广打曲棍球，我们在学校就尝试组织几个学生打曲棍球；比如推广轮滑，我们就组织学生练轮滑。就是推广什么，训练什么，然后参加比赛。我培训的第一个项目是地板曲棍球，〔其他项目〕有轮滑比赛、羽毛球比赛、乒乓球比赛，还有田径的比赛。

问：特奥融合运动呢？

张本会：特奥融合运动呢，就是咱们这些孩子和正常孩子在一起〔活动〕，这是现在提倡的，也是正在做的。过去我们都是自己带学生训练，〔现在的学生〕能力不行了，只能融合了，让他们融入正常人的社会，双方互相影响，互相促进，互相提高。

问：特奥运动对这些孩子的发展有什么好处？

张本会：首先是运动能力提高，还有一个是自信心的提高，认识到：我，还行！然后融入社会，感觉到这个大家庭是温暖的，有人陪他玩儿，带他玩，他不孤独。而且我们参加任何比赛，主办方都考虑特别充分，包括奖品、奖牌啊，〔参加的〕都发奖牌，让孩子感受这种发自内心的高兴，通过自己的锻炼，是有价值的。

问：您训练的项目中比较满意的是哪一项？

张本会：比较满意的是乒乓球，因为我也喜欢打乒乓球，所以我就带领学生参加乒乓球大赛，先后两次参加全国乒乓球大赛，取得过好的名次。在全北京市，我们学校有场地，所以我带了有十年左右，带出过不少学生。

问：参加过哪些大型的比赛活动？

张本会：比如在上海举办的特奥乒乓球单项赛，2002 年在陕西西安举行的特奥运动会，都是比较大型的。在大连举行的羽毛球比赛，在福建举行的轮滑单项赛，我都参加过。我们带着孩子们出去啊，他们是很开心的，这些孩子平时外出机会也不多，把他们带出去都比较兴奋，开心。我们带着孩子参加比赛，规格还是比较高的，当地政府比较重视，比如每个参加单项赛的，都有开幕式、闭幕式、招待晚宴，孩子可以吃当地的美食，喝饮料，互相敬酒，有外省的甚至还有国外的〔运动员〕交流一下，确实给他们带来一些机会，一些沟通，所以学生的家长也非常支持。去年〔2016 年〕11 月份我带了一个孩子去美国，在那里更是开阔眼界，坐飞机，吃西餐，〔体验〕当地的风俗。美国主要运动是橄榄球，谁玩过橄榄球啊，带我们参与橄榄球，这都是没想到的，然后在美国过万圣节，正好赶上嘛，都是一种体验。

问：这个孩子的情况是怎样的？

张本会：这孩子是一个比较轻度的〔智力障碍〕，去年〔2016 年〕毕业了，留学校做了保洁员，打扫卫生。

问：参加比赛都拿过什么奖励？

张本会：金牌银牌都获得过，相比之下，特奥项目和正常人项目是有区别的，正常人项目里只有一个金牌，特奥就不一样了，它是按能力分，比如 100 米分一队，先参加预赛，预赛按成绩分小组，6 秒之内一个组，7 秒之内一个组，8 秒之内一个组，9 秒之内一个组，然后每个组产生金银铜牌，这就是特奥，获奖的几率很大。获奖之后还是很为孩子们骄傲的，挺激励的。

问：从您工作至今，社会各界对特奥运动、特殊孩子的关注有什么变化？

张本会：刚开始工作那会儿，因为国家经济条件有限，学校也是这样，教师节、“六一”都去请人过来我们这献点爱心。请人都请政府机关的人、请企业的人，捐的钱，或者给学生买点儿东西，然后学校用这些钱干点事儿，过去都是这样。随着国家的强大，日子越来越好过了，不用求谁了，我们自己的办公经费都花不了。现在做公益的人也比较多了，有爱心的人也是越来越多了。过去都是被动的，我得请你去，现在是他们自己就来自愿加入，我要献爱心。就上个礼拜，国税局的一些年轻职工就到我们这儿来献爱心来，带一些吃的，牛奶、水果啊，还有绘画笔啊，然后〔孩子们〕给他们演演节目，大家都挺高兴，很开心。上上礼拜是全国排舞中心〔到这里来献爱心〕，排舞相当于广场舞，他们走进我们特殊学校，给学生捐赠一人一套运动服，一人一双鞋，然后教学生跳舞。做公益活动的人也多了，不是我们请他来，他们自愿就来帮助这些孩子，我觉得这是社会文明进步了，有爱心的人越来越多了，越来越关注弱势群体了。

问：您认为特殊教育和特奥是什么样的工作和项目？

张本会：（停顿思考……）特殊教育，因为现在这学生的〔障碍〕程度，是越来越重。原来招生都是中轻度学生，重度学生不招。现在是轻度学生不招了，就招重度学生。对我们来说，是一个很大的挑战，工作压力重了。比方说，自闭症孩子也分轻度和中度高能的。低能的自闭症孩子，就是精神上有问题，严重的大便撒尿都不知道，也没有语言〔，不会说话〕。特别重的，生活都难以自理，也上不了学，因此我们学校还有一个项目，就是送教上门。送教上门就是每周为孩子送教半天，两个小时。

而特奥就是从这些孩子当中，〔挑学生〕训练，要训练这些孩子，对我们来说也是一个挑战，需要头脑，需要配合，需要〔根据现实做出〕改变的。特训，就是找适合他们的项目，比如滚球、轮滑。滚球、轮滑谁都可以，穿上鞋，能走路，时间长了就可以了；足球呢，也就能踢踢球，打比赛就很困难了；篮球打比赛也很难。现在都提倡融合，比如我们这次足球比赛成立的学校足球队，叫融合足球队，跟北京工商大学嘉华学院〔一起〕，去参加比赛，他们出两个男生，我们出三名学生，搞融合比赛。单独指望他们〔特殊学校的孩子〕比赛就比较难了。

问：在融合比赛中，会提前让大学生和我们的孩子进行培训和沟通吗？

张本会：让他们〔大学生〕了解这些孩子，知道这些孩子的能力是不一样的，简单地做培训，这些孩子跟他们接触，跟他们一起活动，〔让双方〕知道要注意些什么，这是必然的。

问：您选拔队员的标准都有什么？

张本会：过去都是以学生能力强弱〔为标准〕，比较强的学生参加篮球、足球、乒乓球等，得先具备这样一个身体素质、能力才能参加。现在选拔呢，就比较苛刻了，现在学生能力都不强，能力稍微强一点的〔学生〕要分项目，像足球肯定得能力强一点儿的，能跑，有思维。滚球能力弱一点的就行，他〔把球〕滚到一个位置，一个区域就可以了。轮滑只要能够走就可以练。就是因人而异。

问：您带学生这么多年，教师节的时候，有没有学生给您送礼物或者说一声老师好？

张本会：教师节的时候，基本上都是老师组织，孩子们只是参与式的。比如说，学校买个花，让这些学生给老师献个花。他们有这个意识，但是咱们现在都禁止。以前学生给送个花啊，送什么都是体现一片心意嘛，现在禁止收学生送的这些东西。

问：您教的这些孩子，在毕业之后还有联系吗？

张本会：少，很少。〔毕业之后去哪儿〕也不是特别清楚，学校也缺少这方面的跟踪调查。有一些能力比较强的，比如在小区打扫卫生，做保洁；有的去麦当劳餐厅打工；还有在小区里当个保安，这都是情况比较轻的。中度〔障碍〕学生一般都是在家由父母带，离不开人，更别说自己单独来学校了，之后也没有再深造了。

问：没有再深造是因为什么？

张本会：没有这方面的机会了。但是现在小区活动还比较丰富，比如残联社区，他们会组织些活动，这些毕业生可以参加社区里的活动。

问：您觉得国家的哪些政策让您的工作得到支持，让特殊教育事业得到关注？

张本会：像今年〔2017 年〕十九大报告中就提到特殊教育。在前几年，提到要支持特殊教育，关爱特殊教育。今年提出的是：办好特殊教育。你看，从字面理解，过去是“支持”，支持是口号上的支持；后来是“关爱”，对这个特殊教育是关爱；现在是“办好”，不是一般的支持了，就是这个高度上升了。并且我所在的通州，叫城市副中心，市政府迁到通州来。在政府报告当中，我们的市委书记提出要在通州建一所国际一流的特殊教育学校，现在正在选址，2035 年建好。国际一流的特殊教育学校，学校环境特别优美，规模特别庞大，设施特别健全，不仅能够教学，还有科研，还能医教结合，培训，是国内外交流的一个窗口。所以，国家方方面面都在支持着办好特殊教育学校。

家人给了很大支持

问：家人对您的工作持什么态度？

张本会：我的家人是很支持的，比如 2002 年暑假，在西安有一个特奥体育运动会，我是北京市的教练，我的女儿也是 2002 年出生的。那一年我们带着田径队二三十个学生，白天训练，晚上还要陪着他们一起住。每个礼拜也就回家一回。我女儿比较小，工作生活两边跑，我去〔带训练〕时〔女儿〕还只会爬，不会坐呢，等我一礼拜训练回来，孩子会坐了，就挺惊讶的。我在外面训练学生，家里面给了很大的支持。

还有一年，带学生去福建搞一个单项轮滑比赛，正好那一年我父亲病了，做〔心脏〕搭桥手术，但是我要带学生参加比赛。家人支持，说你去吧，没事，都理解。

当事业与家庭发生冲突的时候，家里面都支持我去选择事业，给了足够大的支持。我爱人很支持的，因为她学的就是特教，所以她非常理解，要不然也不可能干这么多年〔特教〕工作。

问：那您的父母，他们是怎么表达支持的？

张本会：我和父母亲住在一个楼层，挨得很近，经常见，在一起吃饭，我女儿很小的时候，我父母就帮着带。

问：说说您的女儿，您想过让她去接触体育吗？

张本会：没有刻意让她去接触体育，她一个女孩子，可能没有我小时候那么爱动，还有不像我小时候有那么多时间去运动。现在女儿上高一，课业很重。实际每个孩子都好玩好动，但是现在受学校所困没有更多时间去运动。我女儿小时候，学了一些比较文雅的，吹长笛。平时我女儿跟这些孩子也没有多接触，因为她没有时间和精力。

问：女儿和您的关系亲吗？

张本会：平时都是我爱人照顾孩子多一点，所以跟她妈比较亲，接触多嘛。她妈接送她，管教她，都是她妈，跟我的关系就相对疏远。

问：您用什么方式来调节自己的压力？有什么兴趣爱好、周末活动之类的？

张本会：每天啊，工作的时候很紧张。我跟一些一线教师相比，可能还好一点。我这一周才四节课，一线教师一周要十七八节课，他们守着学生的时间更长，压力可能就更大。天天都看着这些孩子，有些孩子，通过教，有一定的进步，他进步了，老师有一定获得感。但是有些孩子，教了可能没有太大的反应，老师有时候也愁眉苦脸，怎么办才好呀？面临这种情况，我们学校〔给老师提前下班〕。一般单位都是五点、五点半下班，我们四点半就下班了，老师们可以早点回家放松一下。还有学校工会活动比较丰富，比如说乒乓球、羽毛球、健身房，闲下来之后〔去活动活动〕。我每天都是四点半下班，六点才走，在学校打乒乓球。运动会的时候，〔也会组织〕老师参加一些项目，上星期我组织教师在操场上走十个圈，然后买点奖品〔奖励老师们〕。到新年的时候，〔学校组织〕编排节目，一起热闹热闹，这都是一种放松减压的方式。

张本会同事、徒弟口述（一）

口述者：张翠（女）

访谈者、撰稿者：梅寒霜、胡惠敏

访谈时间：2017年12月12日

访谈地点：特殊教育学校办公室

问：能请您自我介绍一下吗？

张翠：我叫张翠，翠鸟的翠，今年二十九岁。我是2012年来到这所特殊教育学校的，到今年已经是第六年了。在这所学校里，我主要教一年级到三年级的运动课，跑、跳、投、篮球，以及足球之类的球类活动，什么都教。

问：您之前是学特殊教育专业吗？

张翠：不是，我是体育教育专业。

问：您之前是怎么接触到特殊教育的？

张翠：大学的时候不是都有爱心社嘛，我参加过爱心社，后来是爱心社的一次活动，第一次与那些残障儿童接触。毕业之后，正好是体育专业，跟他们〔特殊孩子一起〕，也比较有意义，也就赶巧来了这所学校，也是因为自己的兴趣，所以才选择了这所学校。

问：您跟张教练是什么时候认识的？

张翠：我刚来的时候。一来就认识了，正好是师徒关系，张老师是我的师父。跟杨老师一样，杨老师比我来得早一点，是我大师兄。

问：张教练给您做过什么教学方面的培训？

张翠：嗯……师徒结对——就是徒弟上课，师父要听课。我师父基本上有空就会进我的课堂，然后听课，课后给我指导，比如课上的一些问题，教法呀，都会给我指导，给我讲一讲。平时有什么活动，也会多带着我，让我去学学。

问：张教练在培训时很严肃吗？

张翠：没有。他很热情，很认真，因为工作经验比我多，他的想法也比我多很多，指导的时候也亲力亲为。比如说对跳的动作，他会特别认真地去给你做动作，亲自示范。

问：你们之间有没有发生过印象非常深刻的事情？

张翠：在学校，他的课比较多，基本上〔所有的时间〕都在上课。

问：是教体育的老师比较少吗？

张翠：不是，教体育〔的老师〕很多。因为除了师父给我说课的时候，其他〔时间〕很少去特意沟通。印象特别深的事，应该是刚来那一年说课的时候，到中午了，师父也没休息，给我讲课，就是讲得特别的激情澎湃。哈哈，隔壁的教室有老师在午休嘛，开玩笑说："你师父太认真了！中午给你讲的，我都听得特别清楚。"他真的是很认真的一个人，对特殊教育行业充满了激情。他会牺牲自己休息的时间，很认真地去给你讲。

问：您参与过张教练的课堂吗？听课都有什么感触或收获？

张翠：有听过课。〔张教练〕上课比较严谨，气色〔精神状态〕很好。他上课不像我们，比较幽默吧，他比较了解学生，活动设计都是根据学生的情况来设计的。我们的课程，较弱的学生，是基本不会跟着老师动的。张老师上课，除了要管比较好的学生之外，基本上都是带着残障学生亲力亲为去做，〔他〕是对较弱的学生关注很多。

问：您是怎么看待特殊教育这个职业的？

张翠：嗯……刚来的时候，满心的就是爱心。但是真的来了学校，前几个月，刚实习的时候，就跟想象中完全不一样。因为孩子真的学得很慢，你跟他说什么他真的都不懂。那个时候，有很大的落差。工作了一年，对孩子们也就有一个更深的了解。最大的转变就是，自己除了爱心之外，还有一些耐心，还有专业上的要求，也更严谨。对专业，你自己要去学很多，外出培训，看一些相关的书籍。

问：您看过张教练训练学员吗？

张翠：有，看他带学生们进行足球训练。

问：从您的角度看，张教练跟他的学生们关系怎么样？

张翠：关系很好。因为张老师性格开朗，他跟学生应该算是很聊得来吧。孩子们也很喜欢他，他不是一个很"严肃"的老师，就跟孩子们开玩笑，相互逗逗，聊聊天，孩子们看见张老师都挺开心的。

问：在同事的眼中，您是怎么看张教练的呢？

张翠：很随和，很热情。工作方面很认真，对待其他同事很热心。同事有什么需求，他会第一时间去帮助你，工作上面有什么需要，他都会很热情很认真〔去帮助你〕。生活方面是比较风趣的，说话很逗，很幽默。

问：你们生活上有没有外出聚餐等业余活动？

张翠：以前会有。刚来学校不久，寒假和暑假都组织外出和旅游的。后来就没有了，哈哈！

问：您平时叫张教练什么？怎么称呼？

张翠：张总，师父。

问：为什么叫张总？

张翠：呃，因为学校很多事情是他管嘛，他是主任，总负责人，有时候我们就会开玩笑，称他“张总”。

问：您认识张教练的家人吗？

张翠：不认识。一般不会跟他们接触。

问：您的工作生活时间大致是如何安排的？

张翠：嗯……就是，工作生活……上班下班都是按点来，到点了该干什么就干什么。可能我的生活比较单调，基本上就是工作跟家里，除了周六周日是自己的休假时光，会出去活动活动，聚一聚。在工作时间，尽量不把自己的事情带入到工作中。

问：您有没有放学了还留在学校里，跟孩子做一些活动？

张翠：我没有。因为咱们孩子有不同的情况，有陪读，有住宿。住宿的学生，老师到那个点，会接学生回宿舍。走读的学生，放学的时候家长会接走。还有安全问题，老师也不能私自带学生在户外活动。如果夏天天气暖和，学生都在外面玩，我要是下了班，也会在操场遛一遛，跟孩子们聊个天儿什么的，踢个球，活动活动，这个是有的。

问：您跟这些孩子关系怎么样？

张翠：比较好的。因为我的性格也是比较开朗，不是特别严肃的那种人，跟孩子……我教的是一年级到三年级的孩子，毕竟孩子比较小，比较单纯可爱嘛，跟他们也不会特别的〔较真〕。

问：会不会着急呀，有时候半天教不会一个词是不是很着急？

张翠：会，会有很着急的时候。孩子们上课捣乱也会急。〔这个时候我〕可能自己找自己的问题，你这个东西又教难了？就这样把火慢慢压下去，然后再让孩子们重新慢慢学，带他们再慢慢地练。

问：您对特殊教育学校和特殊教育的期望是？

张翠：希望咱们特殊教育学校，以后能够办得越来越好。教学、未来的发展能够多为咱们这个特殊的孩子们考虑吧。其次也希望，特殊儿童在毕业之后，能〔得到〕社会关注，大众接受他们，能找到工作吧，不要受到歧视，社会能够为他们提供更多的机会。希望特殊教育学校除了九年义务教育之外，能够进行一些职康的联系，让特殊学生在未来有工作可以做。

张本会同事、徒弟口述（二）

口述者：杨阳（男）

访谈者、撰稿者：梅寒霜、胡惠敏

访谈时间：2017 年 12 月 12 日

访谈地点：特殊教育学校办公室

问：请您简单介绍一下自己。

杨阳：我是通州培智学校的一名体育老师，我叫杨阳。现在在教三个班，都是中年级段，分别是一个四年级，两个五年级，平均每个班级也就七到八个人左右。现在主要是负责篮球这一块的训练，但是最近篮球比赛比较少，所以训练方向转向足球，因为前两天在顺义有个比赛活动，来自密云、顺义的，有我们学校，还有其他几所学校联合起来进行一个融合比赛。

问：张教练主要在忙些什么呢？

杨阳：他现在除了教体育，还负责行政工作，作为教务主任，主抓考勤。学校工作安排、调度都是他负责。现在主抓特奥训练，一般的体育教学慢慢在放手，因为主任的事情比较忙，班级也只教一个班。

问：能说一下您和张教练的相识过程吗？

杨阳：我一来学校报到就认识了，因为新老师报到后会有一个拜师会，就拜了张教练为师父。我们这一届有三个徒弟，有一个已经离开学校了，就剩下我和另外一个师妹张翠。他是我们体育的带头人、负责人。我和张教练一起共事有十年时间了，平时会有一些经验交流，但是这一学年教学重点是足球，所以在一块训练的机会少了。比如前年是篮球活动，训练比较多，我们几个区的老师每天放学之后聚在一起，相当于加班，张教练带领我们组织学生一起训练。

除了工作时间外，我和张教练平时的休闲活动就是打乒乓球，我打得少，所以打得没有张教练好。偶尔也会在一起聚餐。因为我这个人性格比较偏内向，所以平时就是聊工作多一点，不怎么涉及私人情感的交流。

问：请描述一下，张教练是一个什么样的人？

杨阳：突然一下子问我张教练是什么样的人，我确实不太好说。既然说到特奥，那就从特奥工作这方面说吧，孩子们玩得确实挺开心的，每天训练也挺开心的，因为不像正常训练那样苦，他们是在玩中学，玩中练，所以每天都是挺快乐的。印象中张教练这个人不严肃，态度很亲切。基本上来的新老师，都会拜他为师，他会根据我们不同的教学风格给出不同意见，对我们的指导也是因材施教。在生活上张教练是挺幽默的一个人，他是主任，但是从来不摆架子，比如在开会的时候或者到我们办公室传达任务，他说话都挺逗的，态度非常随和，没有架子，和同事之间的感情都非常好，像一家人一样。

但是张教练该严肃的时候还是很严肃的，是有原则的。在教学上，我们学校有个常规训练特别重要，比如课堂纪律这方面，张教练就抓得比较严格。不知道你们有没有接触过这些特殊学生，在特殊学校里，学生主要分为两类障碍：一是智力障碍儿童，然后是自闭症儿童，这两种类型的孩子比较多，他们不怎么遵守上课纪律。比如自闭症儿童，沉浸在自己的世界中，他们就不太理会你，尤其是在室外的体育课，没有教室的空间约束，没有桌椅，就会更没有纪律。比如有几个孩子喜欢玩蹦床，上课就跑掉了〔，玩蹦床去了〕。在室内，虽然上课也有严格纪律要求，但内容是活泼的。像刚才的课间操，我们都是跳舞的，不做操，选一些活泼的歌曲，像《小苹果》之类的。但是我跳得不太好，可能因为我性格本身就不是特别活跃，所以跳舞就更害羞。有的孩子跳得特别好，他们就是脑子上面不太聪敏，但是运动能力特别强，即使动作不是很规范，但跟着音乐动起来还是很好的。

问：您认为张教练和学生家长的关系怎么样？

杨阳：我认为挺好的，至少在我的了解下是很不错的。比如前两年篮球训练，家长们都特别配合，因为我们训练是在放学之后，虽然有部分学生是住宿，但还有走读的学生，需要家长接送的，那些家长都非常配合，等孩子训练完才接走。家长也愿意自己的孩子有一技之长，希望他们能多学点，能出去比赛，去接触更多新鲜事物。在课后训练的时候，家长也会陪着，特奥运动员的家长也是很配合的。

以前我们学校的训练重点是乒乓球，但是乒乓球比赛较少，要等到全国性比赛时才有，而且是选拔机制。我觉得我们学校的学生挺好的，但最后在北京市里面选拔的时候没选上。这个孩子，他右侧手脚都有轻微残疾的，右手没法握拍子，张教练训练的时候就因人而异，针对他就教了一个动作——就是一个左手的推挡。他这个推挡非常厉害，就可以说是：一招鲜，走遍天！这个真是训练有方，教导有方！

问：张教练还有哪些比较创新的教学内容？

杨阳：课间操这样的形式也是张教练想出来的。普校的课间操动作比较复杂，我们学校的孩子记不住，他们也没兴趣去做那样一板一眼的动作。这个音乐响起来，他们都基本能扭起来动起来，即使动作不规范，但都能参与进来。张教练是个比较有想法的人，对于低年级的学生，比如一、二、三年级的学生，我们会举办亲子运动会，这也是张主任提出来的。我们的运动会就是趣味运动会，除了基础的跑、跳、投，还有一些其他趣味项目，比如赶猪、长板鞋，就是家长和孩子一起完成任务，这样一来就能让家长了解孩子在学校的体育活动情况。

问：张教练的哪些故事让您印象比较深刻？

杨阳：拿孩子说吧！之前有个孩子，他就是智力障碍，肢体问题不太大，智商相对低一点，比 70 分低一点，日常的交流和生活自理都没问题。孩子以前挺开心的，后来有一段时间家里出了一点事儿，爷爷因为车祸去世了，他那时候整个状态就特别不好，每天就像是“行尸走肉”。上课也不在状态，每天上学、吃饭都不在状态。当时正好他在篮球队，张教练就训练他，这个孩子在训练过程中体验到了成功的快乐，一点点就恢复到以前阳光的状态了。特奥不强调竞技，主要是因人而异，像足球、篮球都是一些融合活动，他们能从中获得许多满足和快乐。那个孩子也是我们足球队的主力——进攻主力。在训练过程中呢，除了基础动作之外，其他需要自己来，比如，进球了孩子就会特别高兴。就是一点点把孩子的自信心又建立起来了。

还有就是通过情境、通过游戏来传达教学内容，都是从张教练那里学习的。以前上过张教练的一个课，有个轻物投掷的游戏——扔沙包，那时候他就设计了一个环节——打灰太狼！《喜洋洋》那个动画片大家都比较熟悉嘛，都喜欢，都知道灰太狼是个反面角色，老欺负喜洋洋，于是张教练设计了一个纸箱子，当作是灰太狼，然后教孩子们轻物投掷，用沙包扔这个纸箱子。普通孩子扔沙包就是大家比谁扔得远，但是创造一个灰太狼，大家更有兴趣，更乐于去参与课堂，这就是我学习到的东西。通过设计游戏，创造一些情境，自制一些教具，增加趣味性，就能把学生吸引到课堂当中来，学生也乐于参与。

问：家人对您的工作是什么态度？

杨阳：对于我现在的事业，家人挺支持的。当初报考这个专业，他们就了解了。现在特教普及率也不低，他们多多少少也了解一些，我的大学同学大部分在从事特教工作。还有小学同学、初高中同学通过聚餐聊天，也知道了特殊教育，也会向他们普及一些特教知识。

问：您现在对特教是一个什么样的态度？

杨阳：做了这么多年的特教工作，对特教产生了感情，自己投入蛮多的。前几周有一个青年教师的演讲，主题是“作为教师的成就感”，当时我的题目就是“作为特教老师的自豪感”。我有一个大学同学，他毕业后去了普校，获得了“紫荆杯”优秀班主任特等奖，但是我们特教不管是学生还是老师，这种评选机会是不多的。当时我演讲的内容，是讲我们的一个学生，一个自闭症小孩儿，平时不太爱理人，可能谁都不理，不太理别的同学、老师，但他比较喜欢男老师，比较喜欢我，每次见到我，他都会走过来，轻轻拉着我的手。这个孩子我就教过一段时间，现在不教了，但是依然每次见面都会和我比较亲切。我们课间操完了之后，会有一个慢跑，他每次见到我会主动过来和我一起走。我就觉得能让一个自闭症孩子有这样的表现，作为特殊教育的一名老师很自豪，很满足，就觉得自己很被人需要，被人依靠，自己感觉也很开心，感觉自己特别有价值。

张本会工作观察日记

观察时间：2017 年 12 月 12 日 14:00—17:00

观察地点：通州培智学校操场

观察者、撰稿者：梅寒霜、胡惠敏

时　间	工作内容	备　　注
14:00	张教练在准备让学员双腿跳。	
14:05	在跳跃运动时，张教练会亲自示范。根据学生节奏，将他们从慢节奏带到快节奏。	
14:08	踏步运动。张教练开始教双脚跳，学生们双手背后往前跳。	
14:13	单脚跳，学生们从操场的一边跳到另外一边，持续四个来回。	
14:17	张教练让大家在起跑线上集合，用力跑到操场另一边，所有同学都很努力往前跑，先天障碍同学也努力地往前跑。从另一边又跑回到了原点。	
14:20	准备活动结束，张教练让同学们把鞋带系紧，每人去操场旁边拿一个足球回到场地上。	张教练让学生在操场中间左右摆动和跳跃，以保持身体温暖。
14:23	张教练让学生抱住球，每人各自面对张教练事先放在他们对面的红色标志点，列队站好。	张教练让学生们把球放在脚下。运球把球运到前面的标志物，再运回到原点，请一位同学出来做示范。
14:25	示范的同学平稳地将球运回原点，张教练让所有同学一起开始运球。	这位同学运球的过程当中并没有走直线。
14:30	刚才已经运过一次球的同学，有明显进步，可以接近直线，将球运回原点，速度更快。	张教练说运球熟练的可以跑回来，大家又开始新一轮运球。
14:37	第三次运球，同学们明显都有很大的进步，速度更快。但是因追求速度，有两位同学将球踢出界。	

（续表）

时　间	工作内容	备　　注
14:40	张教练开始给大家讲解运球的技巧，让大家开始第四次运球。	上一个项目是直线运球。下一个项目是对象传球。
14:45	张教练和学生们相互踢球，让学生把球踢到自己脚下，自己再踢回去，和每一个学生做互动。	学生们开始分成两人一组。
14:50	学生们开始相互传球，两两一对。传球的过程中，学生们都十分活跃，完全没有受到天气寒冷的影响。	传球越来越快，越来越平稳。
15:00	在几次传球后，张教练喊停。要求配对的同学交换位置，再传球。	在传球过程中，张教练注意关注每位同学的动作和表现，并告知传球的要领，一定要把球先停住，再传球。张教练适时表扬传球较好的小组。
15:10	张教练开始一一和学生进行跑动传球的互动。	张教练边互动边告诉学生们传球的要领是什么，运动过程中要注意什么。
15:19	几次原地传球之后，张教练喊停，继续下一个项目。张教练请出一位同学。要求两个人保持一定距离，同学踢球后往前跑，张教练接球后将球踢向同学跑向的位置。两人平行向前跑动，传球。	
15:23	张教练和每个同学示范过之后，请两位同学出列，相互跑动传球。	两两同学一组进行跑动传球的练习。学生们每一次好的传球和接球，张教练都会表扬。学生们运动时，张教练一直在旁边指导和称赞。
15:30	传球活动结束，张教练让大家将球放在操场的一边，同学们站队到操场的另一边。自愿分成两个组，做游戏竞技赛跑。	同学们在分组时，发生争执，张教练过来进行调解。将同学们分为两组，每组四人，各组进行接力传球。
15:36	张教练参与到其中一个组与另一个组进行比赛。	
15:40	获胜一组表现出非常开心的样子。	学生们传球的积极性特别高，非常兴奋地传球跑动。

（续表）

时　间	工作内容	备　　注
15:47	张教练将学生分组打乱，进行新一轮的比赛。一共进行了三轮比赛。大家玩得都很开心。	
15:55	大家在篮球架下休息，围成一团，欢快地让张教练给讲故事。张教练说天太冷，让大家活动一下。	三个同学抱着球到操场中间活动了。
16:00	张教练和学生们互动足球射门。 学生们的活动兴致很高。	三个学生去操场的另一边玩蹦床。
16:10	休息时间结束，张教练让同学们过来集合。	
16:13	张教练开始讲话：“天气比较冷，但是从这里能看出来大家的意志，有的同学双手插兜怕冷，但有的同学就很精神抖擞地站着。”张教练引导大家一定要表现好，才能够出去比赛，所以大家一定要好好表现。	
16:17	下一个项目是射门练习。 首先是定点射门。	每人拿一个球，张教练开始亲自示范守门员的动作，两手张开，双腿微曲，将手放在腿上。一位同学当守门员，其他同学站在张教练指定的位置点。张教练教导大家将球踢向球门。
16:20	第一个同学踢偏了，踢出了门框。第二个同学成功地将球踢到守门员的脚下，守门员将球踢回。第三个同学又将球踢偏了。这个同学将球踢倒大门守门员脚下，守门员将球抱起，扔回。第四个同学将球踢偏了。第五个同学将球成功踢向大门。第六个同学又踢偏了。	
16:26	张教练讲评刚才的动作。告诉大家，一边运球一边射门。张教练一边运球一边到刚才的定点位置，将球射进球门。	

（续表）

时　间	工作内容	备　注
16:30	示范过后，大家进行运球射门练习。张教练充当守门员。大家依次运球射门。	运球到一定位置时，张教练会指导在某个地方射门。每人再来一次。
16:41	张教练让大家站到另外一个角落，自己站在操场的中间，让大家运球将球踢到他的地方，然后从他的方向再将球射向球门。	学生每做一个动作，张教练都在不停地进行指导和提示。
16:47	第二次斜角射门。	
16:55	两轮活动结束，张教练说请一位同学去守门，其他同学传球射门。活动重复进行。	让大家依次去守门的位置当守门员。
17:00	由于天气过于寒冷，今天的室外活动到此结束，张教练让同学们将球送回，解散。	

我爱特殊教育事业

——张铁胜口述

张铁胜，男，汉族，1970年出生。吉林省吉林市人。1992年毕业于吉林师范学校普师专业，任职普通小学体育老师。2002年4月，来到吉林市昌邑区特殊教育学校，从事后勤工作。现担任吉林市昌邑区特殊教育学校副校长，从事训练、后勤、特奥工作。

口述者：张铁胜

访谈者、撰稿者：陈姗姗

访谈时间：2017年11月13日、2017年12月6日

访谈地点：吉林省吉林市昌邑区特殊教育学校校长办公室

人如其名，一定要胜利

问：您名字是谁起的？

张铁胜：哈哈（笑），父母起的。

问：有什么特殊寓意吗？

张铁胜：哦，可能我这么说你不是太了解，你是哪年生人？

问：我是1993年的。

张铁胜：嗯，我是1970年的，我父母是1940年左右的。“文化大革命”了解吗？

问：有了解的。

张铁胜：我出生正赶上“文化大革命”那个时间段，邓小平同志平反上台，于是我父母给我取名张铁胜。胜利嘛！就是一定要胜利，这么起的名字。

问：您是汉族吗？

张铁胜：汉族。

问：您有兄弟姐妹吗？

张铁胜：我们家有三个孩子，我是最小的。

问：小时候家里的条件怎么样？

张铁胜：嗯……还可以。同时期的孩子，我这个年龄段的“70后”，一些家庭就比较困难。在我印象中，那个年代很多家大米都吃不上，吃棒子面这些东西。

问：父母是做什么工作？

张铁胜：父亲在咱们吉林市的江南日报社。

问：小时候印象深刻的事是什么？

张铁胜：从幼儿园开始，我喜欢体育。印象最深的是上幼儿园的时候，吉林市每年都会搞一个幼儿园运动会，我参加一个骑小自行车比赛，拿了第一名，奖励了一本，你们现在叫绘画册，我们那时候叫小人书，我非常珍惜。

问：幼儿园比赛这件事对您成为特校教练有影响吗？

张铁胜：嗯……因为从小就喜欢体育嘛！上小学，上中学，到最后上师范都是以体育为主要的选修科目。我1992年参加工作，做了四年普小体育教师，在普通学校，我们很多孩子在区里、市里都取得了成绩。在特殊教育学校，我感觉更能发挥自身的特长，组织孩子去参加特奥体育项目。

问：小时候爱玩什么游戏？

张铁胜：小时候，毕竟是东北嘛！东北冬季时间比较长，和同学、邻居家的孩子一起玩弹溜溜，东北那些年玩的很多，现在没有了。这个项目有点类似于冰球。

问：小学呢？

张铁胜：好像是1979年上的吉林市铁合金厂子弟一小。课程基本和现在小学课程相同，主科语文数学，没有英语课。

问：小学成绩怎么样？

张铁胜：学习成绩一般，因为我喜欢体育嘛！从小学，我更喜欢做一些体育相关的活动。会参加区里每年的春季长跑比赛，全区运动会，市里运动会。在这些体育比赛中，取得一些个人的名次。

问：小学课余时间做什么呢？

张铁胜：嗯……那些年，看电影就是最大的娱乐了，那时候看电影就像现在上网一样。学校会组织去看，家长也会带我们去看。当时吉林市有四五所电影院，票价应该是一角钱，两角钱。买电影票，就像现在去火车站站队买票，排很长的队。小时候，能看一场电影就是很大的快乐了。

给我印象最深的，是内蒙电影制片厂的一个电影，虽然记不清名字了，但这个电影讲述的是草原部落当中的少数民族，家长对孩子进行骑马、射箭的培养。在电影里，看到女孩骑马和射箭的技术都非常卓越高超，当时就想，如果我也有这样的机会，能够去展现自己……这是我小时候的一个梦想。现在，作为一名体育教师、教练员，尤其是特奥教练员，让孩子能够走向世界体育的赛场，内心是非常高兴的。

问：您小时候的理想是什么？

张铁胜：小时候在体育方面有天赋嘛，但是我身高不够，要是身高够，想去上体校，或者是运动学校。

问：在哪里上的中学呢？

张铁胜：在吉林市铁合金厂的一个中学，上了一年，我们家就搬了，搬家之后，就上了吉林市五中。

问：中学期间有没有让您印象深刻的老师？

张铁胜：有，我初中读了四年。在铁合金厂的中学，一年级我病了，读了半年，就休学了。之后转到五中重新读一年级，在吉林市五中，前后一共两位班主任，尤其是第一任班主任，非常负责任。这个老师是教物理的，我在物理方面下的功夫也比较多，老师也挺重视的。包括我报考上一级学校，这个老师都给予我很大的帮助指点。

问：还记得与这位老师发生的一些故事吗？

张铁胜：这位老师，对学生非常有爱心，像我们的父母一样，对我们的学习生活方面都给了很大的关照。当时我母亲有病，家里没有精力照顾我了，班主任了解了我的情况之后，有时候给我拿一些她孩子穿过的衣服，给我穿；或者把我穿脏了的衣服拿到家里帮我洗。作为一个孩子来说，能够感到她像母亲般的爱。她在我报中考志愿的时候，帮我指导，选择学校。在我那个年代，男孩去考师范学校的很少。但是她跟我说教师这个行业，肯定会在社会受到尊重，男教师还比较少，如果从事这个行业，可能会做出一番成绩。在我报考的过程中，给了我很多的指点。

问：初中毕业读了高中还是职业学校？

张铁胜：我没有读过高中，直接上了吉林师范学校，是中专的性质，后来和北华大学合并了。

问：学的什么专业？

张铁胜：我本来想学体育的，结果体育班是隔年招生的，在我上一年有，我下一年也有，就我的那一年没有。没办法，我就报了普师，就是除了音体美，其他科目都可以教的专业。后来有选学专业，我就选了体育。

问：您是住校吗？具体情况是怎样的？

张铁胜：住校，当时是八个人一个寝室，上下铺，四张床。在寝室一般是聊聊天，看看书，有时候在一起打打扑克什么的，搞一些娱乐活动。

问：食堂条件怎么样？

张铁胜：上师范那会是1988年了，国家给补助，每个人补助16块钱，就是饭票，可以用这个去食堂打饭，吃的还算是不错的。16块钱，大部分学生都够用的。

问：您是哪一年毕业的？

张铁胜：1992年。

问：是班干部吗？有没有对您影响很大的老师？

张铁胜：在师范的四年，在班级里从事过体育委员的工作。师范男生少，我们班四十八人，十个男生，三十八个女生，所以男女各有一个体委。

学校组织参加一些文艺或体育活动，我在体育〔方面〕有一定特长，老师对我有一定的偏爱。老师在我出现一些情况的时候，像成绩落后了，或者班级活动遇到困难了，都能积极为我想办法。毕业时，我们是计划内招生，就是毕业之后可以分配的。每个人都想去一个好的学校，所以我们会到一些心仪的学校试讲，老师就会针对教案给我一定的修改和指导。

再一个就是体育老师，我在师范选修的是体育。第二年4月末开运动会，我们跟体育班学生一起比赛，可以说展现了我的体育素质，体育老师就刻意去培养我了。当时我们参加全市大中学校环城接力赛，一共十七棒男，三棒女，我作为其中一棒男去参加比赛，取得了第一名。然后陆陆续续参加市里的、省里的一些田径比赛，成绩提高非常快。这个体育老师给予了很大的帮助。

问：这两个老师叫什么名字？

张铁胜：班主任叫陈晓慧，体育老师叫常淑之。

问：您什么时候开始想做一个教练的？

张铁胜：上班之后，当时到昌邑区的教育局报到，教育局征求每个毕业生的意见，像问卷似的，问想去什么样的学校，想从事什么样的岗位。我当时就说在学校规模上没有要求，只要能从事体育方面的工作就可以，所以被分到了昌邑区第三小学。

“掰开瓤”讲解训练动作

问：什么时候来到特殊教育学校？

张铁胜：我 1992 年参加工作，在普通小学，2002 年 4 月来到这个学校。从 1992 年到 2002 年，我教了十年体育。一个偶然的机会，这个学校之前的校长问我愿意来这个学校吗，主要做后勤工作。我来到这，一步一步发展，现在是副校长，从事学生工作、后勤工作、特奥工作，还有人事工作。虽然我没有具体的课程，但是也经常训练。

问：工作之后，参加过什么培训？

张铁胜：从事普通教育的时候，主要是参加市、省里面的培训。到了特殊教育岗位上，〔培训〕就更多一些了。这个学校是 1985 年成立的，老师当时都是从普通学校调过来的，现在我们招聘的老师，都取得了特殊教育师范学历。从 2007 年开始，我们也经常参加一些特奥的培训班——高级教练培训班。有东亚区组织的，有国内的，有国外的，包括今年 6 月份我去韩国参加的高级教练培训班。通过这些培训，对我自己提高很大，尤其是和国外的教练学习交流，对于我们项目的开展也有很大的帮助。

问：有谁传授您特殊教育的方法吗？

张铁胜：实际上在特殊教育这块是真没有，不算太多。我刚到这是做后勤，后来我们有特奥运动了，就参与特奥训练比赛，是我自己通过视频，网上学习。

问：讲讲您刚参加工作发生的故事吧。

张铁胜：我 2002 年来到这个学校，就说说特殊教育吧！这些特殊孩子，参加体育运动，不能用正常〔标准〕要求他们。从组织者来看，实际上是让他们享受这种平等的待遇、正常的权利，所以创办了这些比赛。

我刚开始接触这些孩子，很难交流。原来我普小的学校和这个学校隔一条道，当时我怎么也没想到会到这个学校来。在训练过程中，每个训练动作，都得重复很多遍。正常的孩子需要〔重复〕几十次，他们需要上千次。在训练过程中，你还要鼓励他，包括给他们拿一些好吃的，糖什么的，对他们说：“你好好练，老师给你糖。”

和我在普通学校做体育训练差别很大：第一，教练员必须全身心投入；第二，一定要有耐心和爱心，对待这些孩子就像对待自己的孩子一样。看到这些孩子取得成绩，作为一个教练员，是我们最快乐的时候。尤其是在比赛的时候，就像刚才那个大男孩，我们上福州参加篮球比赛，身高挺高，1 米 9，但是在场上表现出来的技术能力呢，肯定跟你想象的不一样。但是，这是他发挥出来的最大能力了，他已经全身心投入了。他展现出了自我能力，这是我们最高兴的时刻。

问：我插一句，去福州参加比赛，成绩怎么样？

张铁胜：我们在 C 组拿了第一名，这个奖杯就是。(拿起桌子旁的奖杯)

问：学生智力分好几种类型，您怎么教育他们？

张铁胜：这些孩子智力程度肯定是不同的，出去比赛，除了集体项目，每个程度的孩子都必须得有单项比赛，因为比赛的主办方、特奥的办赛理念就要求这么去做。在训练中，有些动作，你就“掰开瓤”，一个一个说，重复多少遍他才能学会。对于〔智力障碍〕严重的，你分解得更细，以便于他去掌握，经过长时间反复，孩子才能完整掌握动作要领。通过这么多年的训练，我感觉不管〔智力障碍〕多重的孩子，只要教练员下功夫，孩子都会有不同程度的进步。

问：您训练的主要项目是什么？

张铁胜：我以地板曲棍球、游泳、速度滑冰这几项为主。

问：曲棍球训练是不是重复的次数很多？

张铁胜：曲棍球是一个融合项目，由正常人和智障孩子共同组成。今年 3 月份参加比赛，我们在去年 8 月份就开始训练了。面对了很多困难，就像家长不同意，很多孩子的家长基本素质非常低，他们理解不了。训练最初要做好家长的工作，到家里看孩子，鼓励他们参加训练。训练过程中，最主要是在场上，这些孩子和你的直视交流不会超过十秒钟，说两句他们就注意力不集中，现在有的孩子，我都喊着他，我说你瞅我，你瞅我，那都集中不了。

地板曲棍球项目，训练了大半年时间，真的很辛苦，孩子在这吃住，农村孩子都回不了家，他们取得成绩，非常不容易。短道速滑的世界冠军阿波罗，包括姚明，文艺界很多明星都和我们孩子合过影，这些孩子通过比赛，能够结识这些明星，和明星在一起交流，在一起照相，就是自豪的。

问：具体和家长是如何沟通的？

张铁胜：家长的素质参差不齐。每次集训，都有家长不同意孩子参加，而有一些项目需要大的孩子，就需要和家长沟通。先天性抑郁的孩子，家长有的也不太聪明。他没有认识到孩子参赛，出去之后会见识很多，家长对比赛的理解不够。正常人的奥运会，从国家到地方都有一定的经济奖励，但是特奥运动会没有。而且特奥运动会不允许收取任何的训练费用，宗旨是让更多孩子勇敢尝试，去参与这个竞赛，成绩不重要，重要的是参与。

昨天下午我去接孩子，有孩子不愿意参加，原因是他怕累，所以一提到比赛，包括出国比赛，都不感兴趣。家长对这个事情认识都不够高，需要反复多次去做工作，让他了解特奥是什么运动，参加特奥运动、特奥训练对孩子的影响是什么。昨天去吉林外县一个孩子家，开车需要一个多小时，正好赶上孩子和家长不在家，去市区看病去了，我们就要再找时间过去一趟。

问：您心中想要达到的训练目的是什么？

张铁胜：让更多智力残疾的孩子投入到特奥训练中。特奥的口号是：勇敢尝试，争取胜利。所以竞技比赛成绩不是唯一的，最主要是让他们都参加到这些活动中。

问：您的训练达到预期效果吗？

张铁胜：预期效果啊，在吉林我们可以说首屈一指了，在国家我们都是挂号的，在整个东北三省都有一定名气的。

问：您有自创的训练方法吗？

张铁胜：今年 7 月份，中国残联在吉林省搞了一个残疾人冰上项目的培训班，在培训过程中有一个预防伤害、急救的培训班，由我们学校来搞一个冰上体验，由我来主抓这个冰上项目，这个项目也得到中国残联的认可。

问：有比较满意的学生吗？

张铁胜：有，就说〔蛟河市〕天岗这个孩子，从十岁十一岁一直〔训练〕到现在，现在有二十三岁了，看着孩子发生的变化，看着孩子成绩提高，作为老师，心里非常高兴。

问：这个孩子叫什么名字？

张铁胜：小洪。你们的采访〔名单〕中有这个孩子。这个孩子身体条件非常好。

问：智力情况呢？和正常孩子接近吗？

张铁胜：他智力相当于三四年级的孩子，但是身体素质很好，理解动作要领非常好，战略战术贯彻得非常好。

比赛上，这个孩子贯彻教练员的意图非常清晰。小洪的主要项目是游泳，游泳非常有天赋，各类成绩达到国家二级。2015 年参加全国特奥比赛，当时参加 200 米自由泳比赛，因为标准是 50 米距离，往返两次，需要体力分配，

200 米一来一去，需要 4 个 50 米。我作为教练员，每个 50 米都有战略要求，出发要快一点，50 米游出 30 米，要把速度降下来，然后转身可能需要跟随游，需要保持体力，不能一开始消耗体力，到后来上不来了。到最后一个 50 米，就要冲出去，争取第一。这个孩子贯彻得非常好。

问：您比较满意的训练项目是什么？

张铁胜：地板曲棍球，参加过国际特奥冬季运动会。2017 年在奥地利举行的，这是四年一次的。还参加过洲际比赛。地板曲棍球项目我们学校是 2015 年开展的，对特奥运动员来说，是一个比较难的项目。第一，动作技术掌握起来比较难；再一个，它是一个集体项目，需要队员之间的配合，尤其是一个融合项目，既要有特奥运动员，又要有正常人。

在训练中，就要培养特奥运动员和融合伙伴一起训练，包括语言上的沟通，训练场地上技术动作方面的沟通等等。我们的孩子不愿意说话，最开始的融合训练，孩子们面对新的环境，面对陌生人，没有交流，我们先让他们互相熟悉，主动去交流，只有这方面做好了，到比赛时，才能积极配合，完成比赛任务。他们能主动去和其他人开玩笑，感觉到他们的适应能力提高了。

地板曲棍球项目，拿的是球杆，一开始他们都不知道球杆怎么拿，还要带

张铁胜（后排左三）与校长、教练、运动员合影。

球去传递，教练要教他们怎么去拿球杆，怎么去运球，怎么去配合。可以说吧，作为特奥教练员，我在这个项目的投入最大。

问：这个项目融合的特点是什么？

张铁胜：比赛场上，我会在场外喊、指导。但是因为比赛气氛紧张，比赛环境嘈杂，他不一定能听到我的喊声，尤其特奥的孩子，肯定更听不到。这时候就需要融合伙伴起到作用，怎么说融合伙伴起到作用了呢？因为在场上，站位、传球、防守、进攻都需要融合伙伴去督促他们。

我们分成三个组，每组都有特奥运动员和融合运动员，有的特奥运动员非常犟，教练员说他可以，但是融合伙伴说他，他不一定接受，有的时候当作听不着。在比赛过程中，也出现这种情况，融合伙伴也反映特奥运动员不贯彻赛前的要求，有的说了也不做到。

我作为教练员，跟融合伙伴说，尽可能的多接触，因为熟了之后交流就没有障碍了，所以每次比赛下来，每一组人坐在一起，说一下我们这一组在场上出现了哪些问题，融合和特奥运动员应该怎么做，做得更好。通过融合项目的训练，赛前赛后的交流，整个运动成绩提高很大。

问：请您具体举个例子。

张铁胜：有个孩子叫小王，他的智力属于轻度障碍。他是单亲家庭，与父亲在一起，身高非常高，1 米 80 多，体重 240 斤，非常胖。这个项目，奔跑能力必须强，一开始我们也非常挠头，这孩子一开始训练的时候，累了，不愿意跑了，我们就去鼓励他，想完全融入到队伍中，平时就要加强训练。在我们鼓励下，他每次训练，都会比其他运动员先到，整个训练下来，体重减了大概 40 斤。可以说，对他本人来说也是一个好事。因为他胖，心脏压力会比较大，每次〔赛前〕我都会带他去检查身体，脉搏达到 50 下，作为教练员就犹豫了，是带他去比赛还是不带？带他去会承担什么风险？他一次飞机也没有坐过，去奥地利比赛要坐十个小时的飞机，中间不停，对他心脏会有什么影响？我们都会考虑。训练了大半年，最后他表现非常好，在场上表现非常勇敢，这个孩子非常愿意说，有时候跟〔融合〕伙伴主动去说话。

问：奥地利的比赛项目都有什么？

张铁胜：一共五个项目，吉林省出的队，以游泳项目为主，还有地板曲棍球、短道速滑、雪鞋跑、花样滑冰。我们在 A 组打了第四名。A 组的概念就是参加的几十个队，无论集体项目还是个人项目，都有预赛，有评估队，再分到相应的组内，我们分到了 A 组，A 组相当于水平最高的一个组。没有拿到奖牌，都挺遗憾的。〔训练〕时间不够长，又是第一次参加这个国际比赛，教练员和运动员经验相对欠缺，以后再参加类似项目，成绩一定会有所提高，会更好。通过这个比赛，也看到了，我们与其他国家有很大的差距。

问：训练的孩子有没有错过比赛的、挺遗憾的事情？

张铁胜：应该说是我们教练员的失误。2012 年在韩国有一个冰上速滑项目的邀请赛，我们有个孩子，家长支持，他多次参加特奥运动会的速滑、轮滑项目，提前了几个月在吉林市滑冰馆训练。训练的时候，吃住都在一起，这孩子他没有饥饱〔感〕，对嘴控制不了。我们训练的时候，伙食也非常好，他可能家庭条件也差点，总是想去多盛点饭，下桌之后还偷摸回来再吃点，吃的有点多了。在出发之前肚子疼，就去医院检查，结果是肠套结，就是饮食造成的，所以比赛就没去成。

紧接着 2013 年，参加第十届世界特奥冬季运动会，也在韩国举行。他又出问题了，阑尾炎。这个孩子有个毛病，非常多动。他要离开老师，他就不是他了，所以有时候我们必须教育，这个孩子已经二十四五了，之后的比赛就不再参加了。

我们校长也说过，看孩子也挺可怜，家里生活条件不行，训练的伙食这么好，多吃点就多吃点吧。完了有病了，住院了，连续两次，都是因为吃多了，没参加成比赛。

问：您的学生都获得过什么荣誉？

张铁胜：地板曲棍球，在奥地利世界比赛中拿了第四名。其他滑冰、游泳这些单项得过很多奖项、奖牌，你看我们的奖牌、奖杯。（指着身后的奖牌）

问：教练之间有没有关于特殊教育方面的交流？

张铁胜：参加特奥东亚区，或中国特奥会的一些教练员培训班，会有交流。但有的困惑就不是我们个人或者学校能解决的，现在我们学校孩子的〔智力障碍程度〕都很重，有些体育锻炼都做不了，所以东亚区现在也很挠头。集体项目，得有集体配合的意识，他们一开始都没有，每一点进步都要榨干你的精力，所以说像篮球等集体项目，有一些战术，变化啥的，短时间内都掌握不了。我感觉融合项目挺好，他看到人家怎么做，他慢慢也会去学习，包括说话、交流什么的他们也在学。

问：当教练最大的收获是什么？

张铁胜：最大的收获是体现了我自己的价值，作为一个特殊学校的普通老师，在自己的岗位上体现出了自身价值，看到孩子的提高。

张铁胜与获奖金牌合影。

问：您怎么定义特殊奥林匹克？

张铁胜：特殊奥林匹克是为特殊孩子提供了一个展现自我价值的平台。特殊奥林匹克的口号是：勇敢尝试，争取胜利。它使更多的智障人士能参与运动。整个世界现有一百多个成员国家。中国，因为人口众多，参与的数量比较大，特奥运动也发展最快。

想把特奥运动做大

问：特殊孩子的优点是什么？

张铁胜：他们从来都不打架，从来都不。从没有口角之争。还有荣誉感非常强，在场上比赛，拿第一的时候，〔激动之情〕不亚于正常人，我一点都没有夸张，给你的感觉就像他拿到了世界冠军。

问：您的学生有没有给您过教师节？

张铁胜：他们不懂，但是家长会。我们6月份参加比赛，有个女孩，她母亲是教师，她头一次参加我们的项目——游泳。这个孩子很胖，通过各种〔方法〕减肥，效果都不太理想。通过我们的训练，减肥了，孩子更加开朗自信了，家长看到孩子的变化，非常高兴，在教师节的时候，给我们校长、教练员一人买了一束蓝色妖姬，还给学校买了大花篮。当时正好记者来采访，采访的内容我忘了，看到这个家长真的是发自内心的……家长的表现说明她肯定了我们学校、领导、教练和老师的付出，这是我们最高兴的。

问：学生大概几岁毕业？

张铁胜：按照国家教育部要求是十八周岁，但是我们参加的比赛有很多，从十岁、十一岁慢慢训练，慢慢大了，他们虽然不上学了，但是还是会参加比赛。中国特奥会是中国残联的下属单位，我们比赛是代表残联去比赛，对年龄上限没有限制，只有最低限，必须超过八岁。去国外去参加比赛，还有四五十岁的。

问：他们毕业之后都从事什么工作？

张铁胜：〔障碍程度〕比较轻的，就干一些体力活，〔障碍程度〕重的就什么都干不了了，只能在家待着。

问：教过的学生有回来看您的吗？

张铁胜：经常。昨天晚上我们比赛回来，他请我们吃饭给我们接风。

问：您一天的日常工作怎么安排的？

张铁胜：日程安排，我负责特奥，还有后勤、人事方面的工作。除了这些常规工作之外，就是全身心投入到特奥训练工作。

问：您喜欢这份工作吗？

张铁胜：非常喜欢。

问：工作中遇到过什么困难？

张铁胜：困难很多，方方面面，包括前两天训练篮球，有个孩子是外地过来了，衣服都不会穿。其他困难，最主要是来自社会的关注太少。通过宣传让人们更多了解这个群体，知道这样的孩子也可参加比赛，可以站在国际体育最高领奖台上，让更多人去关注。现在就缺乏这方面。

问：平时和其他特殊教育学校有交流吗？

张铁胜：本地的交流少，和其他省份的交流要多一些。

问：交流的形式是培训、论文还是其他形式？

张铁胜：主要是培训。论文、课题，这方面没有。

问：怎样看待特教队伍人才发展的情况？

张铁胜：作为特奥训练来说，特奥教练建设很重要。我感觉特奥教练的知识这方面必须得强大，我不是科班出身，通过自身的学习，可能也达到了目标。但是，如果要把这项工作做好，需要更多的专业人才来做。教练员队伍，从思想素质方面必须得具备，再好的老师，如果不能全身心投入到这项工作中来，那也很难做成事情。

问：从事特殊教育前后，您有什么变化吗？

张铁胜：不只我一个人，我们学校所有老师，刚到这个学校，面对这些孩子，从心里啊，方方面面都难以接受。但是通过接触，我们更多的发自内心想去帮助他们，最关键的是每个老师都有爱心，如果没有爱心的话，在这个学校，这个岗位，会很痛苦的。

问：如果没来这当教练，现在会做什么工作？

张铁胜：嗯……也许会跳出学校的圈子，上政府啦。因为我们学校，老师去政府的也很多。但是走到今天，我在工作上一直没有改变，一直从事特殊教育工作，特奥训练工作。嗯……可以说这给我带来的幸福是最大的。

问：您是一个什么样的人？

张铁胜：我觉得我是一个性格比较内向的人，但在工作中，自己能做到的，或者不能做到的，都会努力去完成。

问：您人生中比较顺心的事是什么？

张铁胜：从上学到参加工作，一直都挺好的，时时处处都碰到贵人，指引我，所以很平稳。

问：您人生中最想得到的是什么？

张铁胜：哈哈哈。我有个想法，想把特奥运动在吉林做得更大。

问：您有固定的朋友圈么？

张铁胜：主要以同学同事为主。

问：大家关注的内容是什么？

张铁胜：现在特殊教学的学生，分成三大类。一个是先天，就是智力有残疾的。再一个是脑瘫，脑瘫的孩子身体协调性比较差，一般是下肢协调有问题。还有一类——自闭症，自闭症孩子很难与其他人交流。

我在特殊教育学校工作了十六年了，这十六年全国特殊教育学校的学生都发生了很大变化。〔不仅是〕康复目标、训练目标发生了变化，家长这方面，对特殊孩子的认识也有了提升。〔以前〕孩子智力有障碍，家长不认可这件事情，会把孩子送到普通学校去，但是，到了普通学校，对孩子发展方面是没好处的。像我们这些孩子出去比赛、培训，鼓励他参加体育运动，能在运动中提高身体素质和运动成绩。这是我们经常聊的问题。

另外就特奥项目，我们教练通过微信聊天，说一些怎么样针对这些特殊孩子去进行特奥项目的训练，互相传递一些训练和比赛的信息，为这些孩子搭建更多的平台，去参加更多比赛。每参加一次比赛，对这些孩子会有很大帮助。

问：您觉得讨论的效果如何？

张铁胜：我感觉受益非常大，我去年带队，中国代表团参加 2017 年奥地利冬季特奥运动会。当时参加地板曲棍球的比赛，通过比赛，感觉孩子们变化很大。〔通过〕特奥体育运动，接触的人更多了，对自闭症孩子的康复有很大帮助。

问：您刚工作时，社会对特殊群体的关注多吗？

张铁胜：刚参加工作的时候，很少。现在社会各界关注特殊群体的相对多了。但是我感觉主要还是流于形式。主要体现在对这些困难残疾的孩子，有一定学习生活上的资助，从物质上有一定资助。

问：您会运用媒体来宣传特殊奥林匹克教育吗？

张铁胜：会，以前做的更多，现在我们比赛成绩太多了，媒体要来的也太多了。现在整个特奥训练，我感觉〔我们学校〕已经达到顶峰了，吉林市也没几所特殊教育学校，肯定是我们学校提供的内容更丰富一些。

问：您觉得媒体宣传效果怎么样？

张铁胜：还是不够，还是不能让更多的人了解这个特殊群体。有些老师，没来我们学校之前，在普通学校做老师，都不知道还有这样的学生，还有这样的学校。

市残联这块，让我们定期去吉林市电台，参加专栏节目，介绍学校的情况，特殊孩子的情况，通过这个平台，把我们学校开展特奥的情况展现给更多观众。电视台也经常到学校采访，包括教师节，到我们学校，报道特殊学校的教师节和普通学校有什么区别，最终达到宣传的目的。

问：您还有什么需要补充的吗？

张铁胜：嗯……没啥太多的补充，我就是想，从特奥的大环境来说，能够给予特殊运动更多的关注；特奥协会方面，竞技的、非竞技的活动，能够让更多的智障孩子参与。

我的家庭很幸福

问：您老家是哪？

张铁胜：吉林市。

问：您对吉林市的印象是什么？

张铁胜：吉林，我觉得它是一个非常美的城市。毕竟东北的冬季比较长，吉林有很多雾凇，还有冬天的滑雪滑冰，这些都是其他城市不具备的。

问：从小到大，您觉得吉林变化大吗？

张铁胜：非常大，主要在城市建设方面。小时候，住吉林大街边上，是平房。吉林大街很宽，开阔。那时人也少，车也少。这些年随着经济的开发，现在我们学校属于吉林市中心的老城区，后来慢慢扩建到江南那边。包括你们北华大学南校区，小时候，南校区就没有什么楼房。现在交通方便了，城市扩大了。

问：您的兴趣爱好是什么？

张铁胜：这些年比赛多了，更多的精力放在了比赛上。像以前会做一些摄影啊摄像啦，包括编辑一些视频。现在精力不那么充沛，更多的放在训练上。像这次比赛，一共两个项目，一个 11 月 5 日到 9 日，就是委托特奥东亚区委员会主办的比赛。近两年，赛事非常多，包括非竞技活动。我们既要对这些孩子进行竞技体育训练，同时还进行非竞技项目，大学生计划等等，所以就没有什么时间了。

问：您是什么时候谈的恋爱？

张铁胜：上学的时候没有，都是参加工作以后了。那个年代，都是靠介绍。我是通过亲属介绍的。

问：恋爱多久后决定结婚的？

张铁胜：〔谈了〕大约将近一年的时间。因为家里有一些特殊情况，母亲在我上师范的时候就没有了，我爸找了个老伴。当时我毕竟还小，所以对这件事情有逆反心理，一开始跟我爸还有继母一起住，然后我们之间就有矛盾了，我父母就搬出去了。我在师范一直到参加工作结婚，都是我一个人。父亲在我上学的时候，每个月都会给我一定的生活费用，支持我的学业。所以说处了不到一年时间，感觉各方面都成熟了，就结婚了。

问：您什么时候结的婚？

张铁胜：1995 年。

问：妻子是做什么工作的？

张铁胜：我爱人开一个店。

问：是怎么认识的呢？

张铁胜：通过朋友介绍的。1994 年认识，1995 年结婚。因为当时我和我爱人互相比较了解，再加上我的特殊情况，一个人生活，所以想没啥问题就结婚吧。

问：婚后是单独住还是和父母一起？

张铁胜：单独住的。

问：孩子是男孩还是女孩？

张铁胜：女孩。

问：女儿多大了？

张铁胜：我闺女是 1997 年生的，现在 21 岁了。

问：谁照顾孩子比较多？

张铁胜：我爱人照顾的时间比较多，包括孩子现在上学，基本都是我爱人在负责。

问：对教育孩子，家里有什么规矩和方法吗？

张铁胜：国家提出改变应试教育，现在普通学校很多孩子课余都去学一些课外课程，我感觉很多都没有必要。前两天我们去比赛，融合项目，由正常人和特奥运动员共同组成，现在非常提倡这项运动，能让特殊孩子在训练中、比赛中更好地接触正常人，让正常人来影响他们，让他们在身体康复、生活方面都有一定的提高。

通过比赛训练，我接触这些融合伙伴，也都大四要毕业了，问他们毕业工作怎么找，他们要找的工作与自己所学的都没有关系，我认为这种状态是很普遍的。所以我更想提高孩子的能力，不管做什么，首先得具备一定的能力，哪怕现在学习成绩再高，出去面对社会竞争，如果没有能力的话，肯定不行。我家孩子比较内向，还是女孩，所以后期要更多去锻炼她，让她更独立地生活、学习。她现在很多方面都不需要父母〔帮忙〕。

问：您孩子喜欢体育吗？

张铁胜：不喜欢，现在还好，原来可胖了，通过锻炼减肥，现在还可以了。她喜欢音乐。

问：孩子成长过程中，有什么让您记忆深刻的事情？

张铁胜：哈哈哈，记忆深刻，就是投入，花钱了。

问：具体投入在哪些方面？

张铁胜：因为一家一个孩子嘛，都希望自己的孩子成才。我们家孩子从初二的时候就去北京学习音乐了，一直到高三。初中升高中，我们想让她考音乐学院附属中学。但是非常困难，因为音乐学院附中，每年学费要交 4 万，感觉很困难。

在孩子专业课这方面，我们投入了大量的资金，要比正常孩子在普通学校多花很多钱。高中毕业，想让她考中央音乐学院，但是很难考。在三四年前，包括现在，你没有一定的经济基础，很难考上这样的音乐学府——中国最高的音乐学府。后来我们就考虑让她出国学习了。我在学校上班，年收入也就几万块钱，主要是我爱人〔来负担〕，因为我爱人做点买卖，要不然我们很难负担。

问：她现在哪上学？

张铁胜：在爱尔兰。去了两年吧。

问：孩子和父母的关系方面，是如何沟通的呢？

张铁胜：我感觉吧，从孩子上初中后，对孩子的教育更多是从能力方面去培养，再一个就是中华民族礼仪方面，从她尊重老人、善待老人这方面，我对她要求更多一些。能力方面，刚开始她在国外上学，我爱人跟她过去一年，在那边租房子。现在通过几年的学习，感觉她自身的能力有所提高。孩子出去，不是因为我们家经济条件特别好，才让孩子出国，不是这样的。我是想出去之后，对孩子是一个见识，从人啊物啊，对她方方面面都是一个提高。

问：孩子和您的学生接触吗？

张铁胜：有接触啊，那个时候孩子家里没人照顾了，我带学校来，现在特奥的还接触少点，那会在普小训练的孩子，有的他们还在一起玩。

问：过生日怎么庆祝？

张铁胜：就是家人在一起吃一顿饭什么的。从年龄来说，不是特别大，所以没有特意去搞，去年的 12 月 21 日，正赶上我们参加 2017 年冬季特奥运动会，在集训期间，当时学校领导、教练员还有参加训练的特奥运动员在一起，在学校给我搞了一个生日庆祝。

问：平时怎么照顾父亲呢？

张铁胜：父亲今年八十了，年龄也不小了，但是身体非常好，现在还在打乒乓球，经常参加体育活动，所以身体有保障。我们就节假日过去看看，打电话啥的。

问：带孩子和您父亲一起吃饭的时间多么？

张铁胜：很少。一年也就几次，我家孩子从初三开始，一直都不在吉林，都是寒暑假，过年的时候会。

问：和家人有集体外出的活动吗？

张铁胜：出去旅游，都是很近的，集中在吉林市，有的时候过节，或者周六周日会和家人，搞个郊游什么的。

问：您会做饭吗？

张铁胜：现在新结婚的，男的不会做饭的太少了。

问：您的拿手菜是什么？

张铁胜：很多。我们有时候喜欢去松花湖，那的鱼相对新鲜一些，价钱还便宜，就开车去买一些鱼，回来冻起来，给孩子们做着吃。我的水平，可能达不到饭店的水平，但孩子都喜欢吃，都吃的非常高兴。孩子在集训的时候，有时候经费紧张，饭都是我来做。孩子们要有一定的营养支撑，天天要体力运动，吃的要有保证，包括饮料，我们不买碳酸饮料，进了俄罗斯的饮料，都是挑最好的给他们准备。孩子都喜欢吃肉类，这个锅包肉、溜肉段我能做的。中午晚上我们给炖的猪肘子、牛肉炖萝卜这些炖菜。

问：平时有家庭聚会活动吗？

张铁胜：有。我爱人那边的次数要多一些。我们家有兄弟姐妹三个，姐姐她不在吉林，父亲找了继母嘛，虽然年头比较长了，但感情这方面，肯定不像自己亲生父母一样，所以我家这边的聚会相对就少。

我爱人这边一共五个孩子，她是最小的，一个哥哥，三个姐姐，因为我们的孩子最小，他们也都有教育孩子的办法，我们家孩子也是通过他们的影响，我爱人回家经常和他们聊教育孩子，孩子有现在的进步，都是我爱人家庭影响的。

问：家人对您从事特殊教育支持吗？

张铁胜：我们训练，尤其是特奥这块，没有节假日，很多项目都需要借用别的场地，得利用放学时间，所以很多训练都放在晚间。最集中的训练都是在比赛前两个月，全都住在学校或者宾馆，或者带学生去别的省参加训练，次数很多，每年都有。家里面事情都是我爱人来做的，她知道我喜欢体育，所以家里是很支持我，尤其是看孩子取得成绩了，跟我们一样高兴。

问：除了您，家里还有人从事特殊教育工作吗？

张铁胜：没有了。

问：您身边有没有智力特殊的亲属或朋友？

张铁胜：有个朋友的孩子，是 1988 年的，二十九岁了。我和他父亲是 2007 年、2008 年认识。先插一句，从特奥这来说，每参加一次比赛，家长就签订承诺书，有一项内容是赛会期间各种媒体，包括报纸、影音的，对孩子的肖像进行宣传，你得同意。如果不同意，不能参加比赛，家长拒绝也是很正常的，因为他不想让外界〔知道〕孩子是什么情况，很多家长不能面对现实，感觉让别人知道有这样的孩子会很丢面子，实际上这是非常错误的。他没有考虑到孩子的痛苦，没有看到孩子参加比赛对他的提高帮助有多大，他只看到了孩子站在最高领奖台上，或者孩子掌握了一门体育技能。当时有了特奥运动，我和他父亲说，但是他父亲不认可，认为他孩子没啥问题。

问：方便问一下您一年的年收入吗？

张铁胜：年收入啊，实发的就六七万块钱。

问：刚参加工作时的收入呢？

张铁胜：那很少啊，我记得 1992 年的时候，一个月才 150 块钱，一年不到 2 000，1 800 块钱。

问：您的收入是怎么花销的？

张铁胜：为家庭奔波，主要用在生活上。

问：您觉得收入和付出成正比吗？

张铁胜：就不能考虑〔收入和付出〕，因为我愿意和这些孩子在一起，我喜好这个，不能这么去衡量。

问：您希望哪些方面能有所改善？

张铁胜：个人收入这块，希望国家能有更好的政策，提高事业单位的工资水平。其实我们加班什么的，一分钱都没有。

张铁胜同事口述

口述者：武校长（女）
访谈者、撰稿者：陈姗姗
访谈时间：2018 年 11 月 13 日
访谈地点：吉林昌邑区特殊教育学校

问：您觉得张教练在工作中是怎样的一个人？

武校长：我们学校将近十三年的特奥历程，取得了一系列的成绩，就说孩子的进步吧，有的毕业生，已经参加工作了，还有正在读的。张校长不擅言辞，我就替他说点。他这个人不计报酬，也不怨声载道，也不讲价钱，我认为这样的人才能把事业做好。

他是副校长，有自己的那份工作；〔此外，〕他还把一线教练员的工作承担起来，深入到体育行业中。那真是没有汗水、没有常人难以想象的付出，在体育竞技上想要出成绩那是难上加难。〔特奥运动〕比正常人的体育运动，要承受更多的心理压力。

我们都是普小来的，因为工作需要来到这个岗位上。接触这个事业后，你就要用良心说话，如果拿不出真心、良心、良知，这个工作根本就做不了，为什么呢？因为你不单单是教体育竞技，它是全方位的，需要你个人的素养，高尚的师德，需要你来自内心深处、心灵深处的接纳。在这个基础上，才能把训练做好。我们是个团队，互相鞭策，互相理解，互相鼓励支持，所以这份事业才像滚雪团一样越滚越大。

我们经历过很多，比如上游泳馆，有游泳教练马上过来，跟我们说，我来教吧，你们给我教练员费就可以。他教的第一天兴高采烈的，信心百倍的，第二天就有所茫然，第三天就跟我提出来给多少钱他都不能教，因为他心里承受不了。

〔但张校长不一样〕，他把跳水动作进行分解，想办法，用现成的材料，拿拖鞋说，你跳过来，不能动我的拖鞋，孩子就咕咚跳进来。那也不对啊，必须要向前面游。没办法，在前面弄一个气球，绑一个砖头，放在水里沉下去。告诉孩子们，越过拖鞋，背向红气球，往前游，就这样反复的，让他完成。

我们带孩子出去〔比赛〕，吃饭就得照顾，然后喝水、上厕所、洗澡、洗袜子、洗内裤，你不但要教他洗，还要给他洗，要方方面面照顾他们。我们出去才二十多天，时刻怕他们丢了，天天紧绷着这根弦，其实比赛成绩无所谓好与坏，我们都能担当，但是孩子要是出现个差错，你怎么向社会交差，向家长交差呢？压力真的是太大了。

最可贵的，社会最需要的正能量，在张校长身上表现得淋漓尽致。他不计较报酬，给我费用也行，不给也行，他不把这些放在心上，最重要的是能把这份工作做好，把比赛拿好，孩子们能有进步。

问：特殊教育中孩子的优点是什么？

武校长：听话。他们互相帮助可团结了。他们想要表达，会什么都不说，上来和你拥抱。然后到一定程度了，水到渠成了，可能说出一句来，说我想你，我喜欢你。非常真诚，不会让你伤心。有啥说啥，就很直白。他的内心的事情都写在脸上。

问：教过的学生有回来看您的吗？

武校长：经常，他们特别留恋在一起训练的日子，说我还有这种机会吗。可能当时不觉得，但过后他觉得人生最有意义的还是集训的这半年。所以说做这份工作，我们是一面镜子，在他面前，没有一点点的瑕疵，不然会影响到他，所以说你要非常严谨的。

问：您当教练多少年了？

武校长：我也当过游泳教练，学校人少，不能说专职干啥。但是最专职的还是张校长，虽然地板曲棍球他没接触过，但他自学，上网去学，向专职的黑龙江的教练请教，然后自己悟，他悟性特别强，我们每次出征都是屡战屡胜的，都是这样。成绩确实是显赫。

问：您眼中的张教练是什么样的人？

武校长：憨厚，这是他最明显的〔特点〕。与世无争，宽容，踏实，踏踏实实地做事，堂堂正正地做人。目前社会上这种人太少，我工作三十多年了，我接触的朋友啊同事啊，很多很多的单位，我就碰到过这么一个人，在做人这方面这么优秀的。

问：能讲讲关于张教练印象深刻的一件事吗？

武校长：我们这次有一个特奥学生，来自别的学校。那天我们学校电路检修，张校长帮检修人员楼上楼下跑；供暖那天，又检查暖气漏不漏水，暖不暖。有一天，这个学生居然说："张校长，我们学校校长就不像你这样。你呐，你又当工人，你又干电，你还给我们报名，你还天天整材料，你还给我们当保姆呢，你还给我们做饭。"他给特奥运动员做饭，在学校做溜肉段，平时还给包大馄饨，想吃啥做啥。咱们训练也不能雇一个做饭的啊，所以他一个人就都来了。这孩子又说："你还教我们刷鞋洗衣服，你看我们校长啥都不干。"

问：能讲讲比赛时期印象深刻的一件事吗？

武校长：我们比赛走之前，站一排，从内裤开始检查，包括短裤，背心，线衣，线裤，绒衣，绒裤，包括外头穿的。这些检查了，包括皮箱子，每个人都得打开，每个人短裤得带一个，袜子带一双，带多了他拿不动啊，你要是不说，他把所有的东西都带来，棉袄棉裤都给你带着。再一个我们准备好一套洗漱用品，水果和路上吃的，都是统一给买，放在一个大箱子里，到时候统一发，每个人一根肠一个面包啊，蛋糕什么。手纸每个人都得整好了，每个人发一沓。他就像带自己家孩子一样，少哪个环节都不行。

问：您的人生中最想得到的是什么？

武校长：没有奢望，不敢想。就想这些活动更多一些，更普遍一些，更长久。想把特奥运动在吉林做得更大，但这不是我们能左右的。因为特奥运动归残联管，我们是具体的执行者。所以说政府对特殊教育、特奥运动，有整体的规划和实施方案，才能起作用。

张铁胜工作观察日记

观察时间：2017 年 12 月 6 日 8:00—16:00

观察地点：吉林昌邑区特殊教育学校

观察者、撰稿者：陈姗姗

时　间	工作内容	备　　注
8:00	到学校后，先去收发室打卡签到。	
8:07	来到办公室。	
8:10	换工作服。	
8:16	收拾办公室。	扫地、拖地、擦办公桌。
8:30	打开电脑，查找资料。	查找上级教育部门拨付特殊教育经费文件。
9:00	喝水，休息了一会儿。	
9:10	查找资料。	整理 2017 年特奥比赛文字、图片、视频、材料。
9:50	与武校长谈话。	关于 2017 年特奥比赛材料事宜。
10:10	去教室领孩子们出来到操场上。	
10:15	学生和张铁胜一起到达操场。	
10:20	张铁胜带学生做运力操。	
10:30	给学生上课。	对场地进行量度，收拾场地杂物，防止学生在练习过程中碰到突出物，准备地板曲棍球项目的练习。
11:00	下课，送学生回到班级。	
11:10	回到办公室核对查找过的资料。	
11:30	去食堂打饭，给学生分饭，照顾学生吃饭。	
12:00	收拾碗筷，指导学生刷碗洗筷子。	

（续表）

时　间	工作内容	备　　注
12:15	开始午休。	
13:00	开始上课。	让学生站好队，站成一排，练习稍息立正、原地踏步以及向左转向右转，做运力操。
13:40	下课，将学生送回教室。	
13:45	去新校舍搬运健身器材。	将新校舍的部分健身器材拉到老校区投入使用。
14:30	回到老校区，跟别的老师一起将运来的器材放到器材室。	
15:00	与武校长和其他教练开会，总结工作，讨论学生的情况。	
15:28	去卫生间。	
15:30	去班级里跟孩子们聊天，做游戏。	
15:50	回到自己办公室，换回自己的衣服。	
16:00	到收发室打卡下班。	

图书在版编目(CIP)数据

这一次　请听我说.特奥体育教练卷/廖梅总主编;
巴胜超,杜凌主编.—上海:上海人民出版社,2020
(特奥口述史)
ISBN 978-7-208-16518-2

Ⅰ.①这… Ⅱ.①廖… ②巴… ③杜… Ⅲ.①人物-
访问记-中国-现代 Ⅳ.①K820.7

中国版本图书馆 CIP 数据核字(2020)第 102916 号

责任编辑　高笑红
封面设计　陈酌工作室

特奥口述史
廖　梅　总主编
这一次　请听我说·特奥体育教练卷
巴胜超　杜　凌　主编

出　　版　上海人民出版社
　　　　　(200001　上海福建中路 193 号)
发　　行　上海人民出版社发行中心
印　　刷　上海商务联西印刷有限公司
开　　本　720×1000　1/16
印　　张　28.5
插　　页　2
字　　数　486,000
版　　次　2020 年 9 月第 1 版
印　　次　2020 年 9 月第 1 次印刷
ISBN 978-7-208-16518-2/K·2965
定　　价　108.00 元